DIREITO PENAL
DA SOCIEDADE

MOUGENOT
EDILSON MOUGENOT BONFIM

Procurador de Justiça do estado de São Paulo.
Doutor em processo penal pela universidade Complutense de Madri.
Fundador da Escola de Altos Estudos em Ciências Criminais – EAECC.
Professor convidado da Universidade de Aix-Marseille-França.

DIREITO PENAL DA SOCIEDADE

2024

Av. Paulista, 901, Edifício CYK, 4º andar
Bela Vista – São Paulo – SP – CEP 01310-100

SAC | sac.sets@saraivaeducacao.com.br

DADOS INTERNACIONAIS DE CATALOGAÇÃO NA PUBLICAÇÃO (CIP)
DE ACORDO COM ISBD
VAGNER RODOLFO DA SILVA – CRB-8/9410

B713d   Bonfim, Edilson Mougenot
       Direito Penal da Sociedade / Edilson Mougenot Bonfim. - 3. ed. - São Paulo : SaraivaJur, 2024.
       264 p.
       ISBN 978-65-5362-379-8
       1. Direito. 2. Direito Penal. I. Título.

2023-1745   CDD 345
                             CDU 343

Índices para catálogo sistemático:

1. Direito Penal   345
2. Direito Penal   343

Diretoria executiva	Flávia Alves Bravin
Diretoria editorial	Ana Paula Santos Matos
Gerência de produção e projetos	Fernando Penteado
Gerência editorial	Thais Cassoli Reato Cézar
Novos projetos	Aline Darcy Flôr de Souza
	Dalila Costa de Oliveira
Edição	Livia Céspedes (coord.)
	Iris Ferrão
Design e produção	Jeferson Costa da Silva (coord.)
	Camilla Cianelli
	Guilherme Henrique M. Salvador
	Lais Soriano
	Rosana Peroni Fazolari
	Tiago Dela Rosa
Planejamento e projetos	Cintia Aparecida dos Santos
	Daniela Maria Chaves Carvalho
	Emily Larissa Ferreira da Silva
	Kelli Priscila Pinto
Revisão	Albertina Piva
Diagramação	Tangente Design
Capa	Tiago Dela Rosa
Produção gráfica	Marli Rampim
	Sergio Luiz Pereira Lopes
Impressão e acabamento	Gráfica Paym

Data de fechamento da edição: 01-09-2024

Dúvidas? Acesse www.saraivaeducacao.com.br

Nenhuma parte desta publicação poderá ser reproduzida por qualquer meio ou forma sem a prévia autorização da Saraiva Educação. A violação dos direitos autorais é crime estabelecido na Lei n. 9.610/98 e punido pelo art. 184 do Código Penal.

CÓD. OBRA 719028   CL 608643   CAE 839662

À memória de José Viana Bonfim – meu amado pai – que encheu de luz os meus caminhos.

SUMÁRIO

PREFÁCIO	XI
NOTA DO AUTOR	XIV
APRESENTAÇÃO DA EDIÇÃO 2024	XVII

1 VISÃO PANORÂMICA DA OBRA: A BUSCA DE UM MÉTODO AO DIREITO PENAL DA SOCIEDADE 1
   1.1 AO PROPÓSITO DE UM PREFÁCIO 1
   1.2 AUTORES ANTIGOS: QUAL MODERNIDADE? PALIMPSESTO NA LITERATURA JURÍDICO-PENAL 5
   1.3 OS PROBLEMAS DE UMA TESE PENAL 7
   1.4 MAIS UM ENTRAVE À PRODUÇÃO CIENTÍFICA. OS PENALISTAS QUE CAMBIAM POSIÇÕES 9
   1.5 UM SISTEMA DE ESTUDO 13
   1.6 UM MÉTODO BRASILEIRO, PARA UM DIREITO PENAL BRASILEIRO 14
   1.7 MÉTODO "PURO" PARA UM DIREITO PENAL BRASILEIRO? 16
   1.8 APREENSÃO DO DIREITO PENAL: O CAMINHO DA TRANSDISCIPLINARIDADE 17

2 A BUSCA DE UM DIREITO PENAL BRASILEIRO 21
   2.1 O *HOMO NOVUS* E O DIREITO PENAL *PRO SOCIETATE* 21
   2.2 REFORMA "SETORIZADA" DO DIREITO PENAL: QUESTÃO DE REENGENHARIA 23
   2.3 UM RECLAMO QUE VEM DO NORDESTE: A BUSCA DE UMA IDENTIDADE AO PENSAMENTO JURÍDICO NACIONAL 24
   2.4 INDEPENDÊNCIA PENSANTE: O PROPÓSITO DE FIRMARMOS NOSSA POSIÇÃO NO UNIVERSO DO DIREITO PENAL ENQUANTO FENÔMENO CULTURAL 28
   2.5 SABER-LIBERTAÇÃO: A TÔNICA DE UMA BUSCA PARA UMA FILOSOFIA PENAL 29
   2.6 ORIGENS E CAMINHOS PARA UM DIREITO PENAL DA SOCIEDADE: TOBIAS BARRETO, ROBERTO LYRA E NELSON HUNGRIA 29

3 A IDEIA DO DIREITO (PENAL) 33
- 3.1 A IDEIA DO DIREITO (PENAL). DO NASCIMENTO À CONTEMPORANEIDADE 33
- 3.2 ATOMIZAÇÃO DO DIREITO PENAL E INFLAÇÃO LEGISLATIVA 35
- 3.3 ONDE FICA O DIREITO PENAL DA SOCIEDADE? 36
- 3.4 A DENOMINAÇÃO "DIREITO PENAL DA SOCIEDADE" 36
- 3.5 O "DESVIO" DO DIREITO PENAL 37
- 3.6 UM EXEMPLO. AS VÍTIMAS E O DIREITO PENAL: A POLÍTICA CRIMINAL BRASILEIRA E A "DESTUTELA" DAS VÍTIMAS 38
  - 3.6.1 A REPARAÇÃO DOS DANOS COMO AÇÃO INTENTADA PELO ESTADO 41

4 O ESTUDO-OBJETO DO DIREITO PENAL DA SOCIEDADE 44
- 4.1 INTRODUÇÃO 44
- 4.2 O "NOVO" DIREITO PENAL. DIREITO PENAL CIENTÍFICO E DIREITO PENAL NORMATIVO (PROPÓSITOS DE ROBERTO LYRA) 46
- 4.3 RESENHA-OBJETO DO DIREITO PENAL DA SOCIEDADE 49
- 4.4 NÃO SE ESTUDA O DIREITO PENAL PURO SEM SIMBIOSE. EVOLUIR DE CONCEITOS 51
  - 4.4.1 DIREITO PENAL/CRIMINOLOGIA/DISCIPLINAS AFINS 58

5 O DIREITO PENAL IDEAL 60
- 5.1 POLÍTICA (FILOSOFIA) PENAL E FILOSOFIA POLÍTICA: O FIM DAS IDEOLOGIAS. O PROPÓSITO DE UM NOVO TEMPO (ENSAIO SOBRE A CONTEMPORANEIDADE) 60
- 5.2 A BUSCA PELOS NOVOS MOVIMENTOS PENAIS. NOVAS TEORIAS: A POLÍTICA CRIMINAL 73
- 5.3 DIREITO PENAL. CONDICIONANTES SOCIOCULTURAIS 76
- 5.4 DIREITO, POLÍTICA E RELIGIÃO 77
- 5.5 DIREITO PENAL INDEPENDENTE 84
- 5.6 A BUSCA DA EFICÁCIA DO DIREITO PENAL BRASILEIRO 89

6 A BUSCA DA VERDADE REAL NO PROCESSO PENAL: A QUESTÃO DAS PROVAS 91
- 6.1 VERDADE REAL E VERDADE FORMAL: LIMITAÇÕES DAS PROVAS 91
- 6.2 A MENTIRA DAS TESTEMUNHAS 93
- 6.3 OS PROBLEMAS PERENES DAS CIÊNCIAS CRIMINAIS: DO COMBATE AO CRIME À PROTEÇÃO DOS DIREITOS HUMANOS 96
- 6.4 ABERTURA DAS PROVAS 98

6.5 A INVESTIGAÇÃO CIENTÍFICA E O *IN DUBIO PRO REO* 101
6.6 RESENHA DO PARADOXO PENAL CONTEMPORÂNEO 104
6.7 SOBRE OS ERROS JUDICIÁRIOS: O "COMPLEXO DE PILATOS" COMO UM OBSTÁCULO À JUSTIÇA 105
 6.7.1 O ERRO JUDICIÁRIO CONTEMPORÂNEO 105

7 UM NOVO CÓDIGO PENAL 107
7.1 SOBRE O NOSSO CÓDIGO PENAL 107
7.2 CONDICIONANTES SOCIOCULTURAIS DA LEGISLAÇÃO PENAL: A CONVENIÊNCIA DA SOCIEDADE 112
7.3 A HISTÓRIA PENAL BRASILEIRA 113
7.4 DIREITO COMPARADO: UM NECESSÁRIO MÉTODO 116
7.5 A ESTATÍSTICA CRIMINAL 119
7.6 A FALTA DO MÉTODO ESTATÍSTICO 121

8 DIREITO PENAL IGUALITÁRIO. DIREITO PENAL JUSTO 124
8.1 AINDA SOBRE CERTA DOUTRINA ESTRANGEIRA: O PROBLEMA DA TRADUÇÃO E A FORMAÇÃO DE NOSSO DIREITO 124
8.2 O DIREITO PENAL PRIVILEGIANTE: CRIMES SEM VÍTIMA E CRIMES DE VÍTIMA ABSTRATA 129
8.3 PRIVILÉGIOS DA "DEVIANCE"? 132
8.4 A CRIMINOLOGIA E A CONSTRUÇÃO DO CONCEITO "WHITE COLLAR" (COLARINHO BRANCO) 136
8.5 A SUPRESSÃO DA LIBERDADE 139
8.6 INUTILIDADE DA PRISÃO: DOGMA? 143
8.7 A LEI EM DESCOMPASSO COM OS FATOS 148
8.8 LEIS PENAIS: TEMPO E ESPAÇO 149
8.9 PROCESSO DE CRIMINALIZAÇÃO PRIMÁRIA 150
8.10 CONTEÚDO E DIREÇÃO DA LEI PENAL: O PROCESSO DE SELEÇÃO NA CRIMINALIZAÇÃO PRIMÁRIA 153
8.11 A POSIÇÃO DE ROBERTO LYRA 155
8.12 OUTRO EXEMPLO ILUSTRADOR: OS CRIMES TRIBUTÁRIOS 159
8.13 HUNGRIA E O MÍNIMO ÉTICO 161
8.14 A "COISIFICAÇÃO" DO DIREITO PENAL 162
8.15 A LEI COMO FATOR CRIMINÓGENO 163
8.16 A QUESTÃO DAS OBJEÇÕES DE CONSCIÊNCIA: O OPERADOR PENAL EM DESACORDO COM A LEI 165
8.17 OS SUBPRODUTOS DA OPOSIÇÃO DE CONSCIÊNCIA 166

9 DAS FONTES DO DIREITO À LEGISLAÇÃO PENAL **168**

   9.1 TEMPO DE "REVISÃO INDIRETA" SOBRE A CLÁSSICA TRIPARTIÇÃO DE PODERES PARA O INÍCIO DE UM REAL DIREITO PENAL DA SOCIEDADE **168**

   9.2 LEIS EM DESACORDO COM A CONSCIÊNCIA POPULAR **170**

   9.3 AS FONTES DO DIREITO, O ESTADO DE DIREITO E O PROCESSO DE TUTELA DA SOCIEDADE: A PROTEÇÃO DE QUAIS VALORES? QUEM RECOLHERÁ OS BENS À PRESERVAÇÃO? A INCUMBÊNCIA DO MINISTÉRIO PÚBLICO **171**

10 A CONTEXTUALIZAÇÃO DO DIREITO PENAL DA SOCIEDADE BRASILEIRA NA NOVA ORDEM GLOBAL **176**

   10.1 INTRODUÇÃO: O CULTO AO MITO DA GLOBALIZAÇÃO **176**

   10.2 JURISTAS AINDA HOJE? O PENALISTA-CRIMINALISTA **180**

   10.3 A GLOBALIZAÇÃO E O DIREITO PENAL **181**

   10.4 A COOPERAÇÃO DOS PAÍSES DO CONE SUL **183**

   10.5 A QUESTÃO DA TRANSNACIONALIZAÇÃO NO PROCESSO PENAL **184**

   10.6 ORIGENS DA PROPOSTA DE UMA LEGISLAÇÃO TRANSNACIONAL **185**

   10.7 CÓDIGO (PROCESSUAL) PENAL MODELO: O PROBLEMA DA UNIFORMIZAÇÃO DAS LEIS **187**

11 A FORMAÇÃO DO CRIMINALISTA **190**

   11.1 POR ONDE PASSA O PROBLEMA PENAL: O PONTO DE ESTRANGULAMENTO DA PRESTAÇÃO JURISDICIONAL **190**

   11.2 O EPÍLOGO DA OBRA COMO INTROITO DO DIREITO PENAL DA SOCIEDADE **191**

   11.3 SOBRE CERTO TIPO DE PRISÃO **194**

   11.4 PROBLEMAS NO ENSINO JURÍDICO? **197**

   11.5 ENSINO UNIVERSITÁRIO: O ESPÓLIO QUE RECEBEMOS **198**

   11.6 ESPECIALIZAÇÃO DO TRABALHADOR PENAL **203**

   11.7 AS NOVAS GERAÇÕES E A IDEIA DAS "ESCOLAS SUPERIORES" (MINISTÉRIO PÚBLICO, JUDICIÁRIO, ADVOCACIA): ONDE O FUTURO PRINCIPIA **204**

   11.8 QUAL ESPECIALIZAÇÃO? **208**

   11.9 PROMOÇÃO NAS CARREIRAS JURÍDICAS **209**

   11.10 PARECERISTAS ENCOMENDADOS: CHANCELA DE BURLA À JUSTIÇA **213**

   11.11 CASUÍSTICA ILUSTRADORA: O PROBLEMA DAS PERÍCIAS MÉDICO-LEGAIS **217**

POSFÁCIO **223**

BIBLIOGRAFIA **228**

PREFÁCIO

Li, com prazer, os originais deste livro instigante que o professor Edilson Mougenot Bonfim me deu desvanecedoramente para prefaciar. O estilo literário é agradável, leve e fluente, escorreita a redação, e o conteúdo revela o exímio conhecedor do direito penal, bem como de suas ciências afins, e o estudioso atualizado com os últimos avanços da disciplina, através de autores modernos e dos congressos internacionais mais importantes ocorridos nas últimas décadas. Influenciado, na sua formação, pelas lições de Tobias Barreto, de Roberto Lyra e de Nelson Hungria, o autor alçou voo próprio e escreveu esta obra em que oferece ampla demonstração de uma sólida preparação teórica, observações apropriadas em face das transformações por que está passando a economia mundial e, em consequência, a organização dos poderes do Estado.

Edilson Bonfim não esconde, ao contrário, registra a inspiração clara e positiva haurida na boa fonte dessas três grandes figuras:

"Desse combinado (Hungria, Lyra e T. Barreto), seleção onde cada qual não tem uma posição hirta, timidamente definida, mas incrível versatilidade, é possível extrair-se a melhor Escola, e delas, fazer escola. Encontram-se, pois, em uma forma de viver o direito absolutamente original e idealística: saber mais, melhor para lecionar e construir o bem comum!".

Não há submissão ou subserviência ao pensamento desses inspiradores, com as ressalvas feitas, contida a adesão "como método de pensar – independente, sem apriorismos, até com certa rebeldia – filio-me a essa escola, no modo de estudar, a seus estudos".

O autor traça um panorama realista da ciência penal, desde Beccaria, passando pela escola positivista do fim do século XIX, com o devido destaque à sua significação e criatividade. São-lhe familiares os autores que contribuíram, com as suas obras, para os avanços do direito penal, e os movimentos que se têm alastrado por todos os países, na sua maior parte no sentido de descriminalização, das penas alternativas e da aplicação mínima da prisão como método de ressocialização dos delinquentes. Nesse tema, o autor discorre com a desenvoltura do conhecedor profundo da matéria, mas adota uma posição prudente, vaticinando um direito penal consentâneo à realidade/

necessidade da sociedade quando combinados todos os extremismos surgidos ao longo da história... Vale dizer: prisão-retribuição, penas alternativas, caráter correctional da reprimenda e princípio retributivo, criminalização primária e descriminalização, "direito penal liberal" e "movimento da lei e da ordem", deverão sentar-se à mesa da política criminal para fazer render *pro societate*, sem apriorísticos pré-julgamentos.

A leitura deste livro é aconselhável, para os estudiosos do direito penal principalmente, porque analisa, de modo amplo, todo o movimento que atualmente ocupa a atenção dos criminalistas, com inegável aumento da criminalidade, e a todos buscar pesquisar as suas causas e os remédios para a sua contenção. Nada escapa às observações do autor, nem mesmo as medidas de natureza processual, como a narcoanálise (soro da verdade), enfrentando a opinião dominante, especialmente de Hungria, pois a sua tese é sempre a do emprego dos meios necessários para o direito penal *pro societate*. O livro cuida da responsabilidade penal da pessoa jurídica, dos crimes de colarinho branco, tributários, assédio sexual... É um estudo abrangente e chega até este momento que a humanidade está atravessando, com a chamada "globalização", contra a qual o autor se insurge, considerando-a "uma panaceia milagrosa". Arrimado na opinião de autores de tomo, Edilson Mougenot Bonfim invoca Miguel Reale, que recomenda, sobre o tema "uma tomada de consciência ética e cívica, por parte de cada povo, a fim de que não seja submergido pelas ondas da globalização, geradora de soluções uniformizantes que bloqueiam ou estancam as fontes essenciais do pluralismo e da liberdade para a instauração de uma unidade amorfa e indiferenciada. Mais do que nunca se deve ter consciência de que sem pluralismo não há liberdade possível. O autor afina-se com os descrentes do mito globalização, estuda com proficiência seus reflexos no direito, entendendo que "a ideia de Justiça Penal não será atingida pelo *processus* em curso, a não ser, como dito, atinente à certa criminalidade específica, que, a rigor, sequer pode ainda ser projetada com segurança". O assunto está na ordem do dia e resulta de toda uma mudança que se está processando a partir do desmoronamento da União Soviética, que atingiu o regime socialista, sob o qual viviam os países do Leste Europeu, cujas economias giravam em seu redor. Aplaudo o ceticismo do autor no que tange a essa "globalização econômica" que apenas vem multiplicando as oportunidades profissionais para os grandes escritórios especializados em direito econômico transnacional e em *lex mercatoria*".

Esta dúvida se encontra explícita também na obra magistral do grande historiador inglês Eric Hobsbawm (*Era dos Extremos – O breve século XX – 1914-1991*), citado pelo autor. Na realidade, a economia está em transformação e profunda crise se estende ao mundo inteiro, com o desemprego afetando a vida das classes trabalhadoras, criando perplexidades e provocando temores até nos chamados países do primeiro mundo ou, melhor, nos três grandes polos capitalistas deste tempo: os Estados Unidos da América do Norte, o Japão e a Comunidade Europeia.

Este livro encara tais problemas e, na parte penal, dá uma detalhada informação da atual situação do direito e do processo penal, com a revelação de grande erudição, com referência aos autores nacionais e estrangeiros em voga, e aos movimentos de política criminal preconizados nos congressos internacionais e na ONU.

O autor revela-se muito bem informado da sua arte, do seu ofício e da ciência que leciona.

O livro vale a polêmica que vai provocar. E será útil também por isso. Dos contrários surgem, na dialética, a tese, a antítese e a síntese, forma de discutir e de chegar à verdade.

Dada esta ligeira notícia das pesquisas e das posições do autor, aqui estou prefaciando o seu trabalho, com os encômios que merece, pela revelação de notáveis conhecimentos, por sua atualização e por sua originalidade sob muitos aspectos.

Finalmente, a minha simpatia pela revivescência dessa tríade de corifeus da nossa confraria de penalistas: – o filósofo Tobias Barreto, o jurista Nelson Hungria e o criminólogo Roberto Lyra.

Quem cultua esses mestres recebe insipirações capazes de produzir este magnífico livro.

Min. **Evandro Lins e Silva**
(Presidente do Grupo Brasileiro da
Associação Internacional de Direito Penal)

NOTA DO AUTOR

Ofereço esta obra aos jovens que me contaminam com entusiasmo sempre crescente e que me fazem acreditar no amanhã. Este estudo visa construir uma consciência de penalista, base segura na qual se alicerça a ciência do futuro. A dogmática penal já deu de si o quanto podia: agora será a vez de outros e aprofundados estudos. Será, também, o caminho da transdiciplinaridade, em que, por meio do fenômeno multidimensional, buscar-se-á a "ideia" do direito penal. A visão é, pois, poliocular, visando retirar o criminalista e estudioso do direito penal da aridez improdutiva em que a Escola Lógico-Abstrata o colocou. Sendo assim, concebi-a em três perspectivas, três eixos recorrentes e inter-relacionados, três planos que se justapõem e se completam: o *primeiro*, escrito a partir de uma perspectiva filosófica; o *segundo*, uma perspectiva institucional do direito penal, e o *terceiro*, não o escrevi, apenas o pensei. Será como consequência dos primeiros degraus, ou seja, será *para* uma perspectiva prática, donde o compromisso das gerações futuras. O pano de fundo, sempre, o direito penal, enquanto instrumento necessário à preservação para a evolução da vida em sociedade.

"Quando hoje se abrem livros de doutrina penal, que parecem representar tramas aracnídeas para a complicação de ideias como um fim em si mesmas, já não mais se reconhece aquele direito aquecido do calor da alma humana e que era o direito penal [...]. O direito penal hodierno alheou-se à essência e à lição cotidiana dos fatos humanos e sociais, desligou-se de suas próprias fontes de seiva, e tende a privar-se radicalmente de seu *élan* emocional, da sua profunda sensibilidade ética, para abastardar-se na interminável tessitura de deducões silogísticas, de distinções e subdistinções de uma dogmática que constrói no terreno das abstrações, a milhas de distância do espetáculo e efervescência do mundo [...].

Onde havia labaredas vivas e crepitantes, hoje só existem chamas indecisas de fogo-fátuo. A literatura jurídico-penal de nossos dias, não passa, via de regra, de um requintado academicismo, numa prolixidade tediosa e indigesta, a reclamar pedra-ume e ácido tânico [...].

As questões mais frívolas ou inócuas são aventadas para infindável exercício de dialética. Consomem-se camadas de tinta para demonstrar, por exemplo, a diferença entre 'ação' e 'fato', entre 'ação' e 'condição', entre 'vontade' e 'desejo'. Há obesos cartapácios para indagar se o direito penal tem caráter constitutivo ou simplesmente sancionatório [...].

E quando se lhes censura a balda de preciosismo analítico, a imoderação do espírito de sistema, a inútil fadiga de partir fios de cabelo ao comprido para ver o que há dentro, saltam com 'quatro pedras nas mãos' e acusam os censores de 'simplistas'.

Foi deplorável a transfusão de sangue que o direito penal recebeu, sem necessidade alguma, do direito civil. Os critérios civilísticos aplicados à elaboração científica do direito penal foram como gafanhotos em campo cultivado".

(**Nelson Hungria Hoffbauer**, "Os Pandectistas do Direito Penal" – Conferência, Faculdade de Direito da Universidade de MG, maio, 1949.)

"Se alguma coisa em minha obra merece ficar é a organização de uma escola brasileira em Direito penal científico chefiada por Tobias Barreto.

[...]

Aparelhemos as trincheiras de nossos precursores e seus continuadores para repelir o contrabando de um Direito Penal exótico, desalmado, dessangrado, desossado, dessorado. De tal modo ficam intoxicadas as vítimas desses esterilizadores que, quando eu disse em minha primeira aula de sociologia (1938) – se o homem não pode mais ser lobo do homem passa a ser raposa; há ódio de classe e inveja de classe – um estudante perguntou-me: – 'Quem disse isto, professor?' Respondi: 'Eu!' Talvez não acreditasse que seu patrício também pudesse pensar".

(**Roberto Lyra**, *Novo Direito Penal*, Introdução, Forense, 1980, p. 18-19.)

"...Para que o povo não faça o papel do velho cão estúpido que morde a pedra que nele bate, em vez de procurar a mão que a arremessou ..."

(**Tobias Barreto**)

APRESENTAÇÃO DA EDIÇÃO 2024

A nova edição desta obra quita um débito afetivo nascido da especial cobrança que recebi, ao longo dos anos, de meus queridos alunos, professores, operadores do direito, estudiosos das ciências criminais, que postularam reiterada e reincidentemente esta publicação. Diziam da imperiosa necessidade de que, especialmente, as novas gerações de aficionados do direito penal conhecessem *Direito Penal da Sociedade*, pelo quanto poderiam expandir seus horizontes intelectuais, desbravando a grandeza das ciências criminais em suas múltiplas e convergentes facetas.

De muitos, recebi os mais airosos comentários sobre ser esta obra *atemporal*, porquanto lançada em 1998 e, ainda assim, atual – o que poderia explicar, em parte, o grande sucesso alcançado quando das primeiras edições, pois já teriam os leitores, à época, compreendido intuitiva e sensivelmente, esta marca da obra –, daquelas que não se desatualizam pelo simples editar de novas leis.

De minha parte, temporal e intelectualmente premido por outras obrigações e trabalhos, acabei postergando inadvertidamente o pagamento da dívida – o relançamento desta obra – *et voilà!*, lá se vão duas décadas e meia!

O tempo passou na estonteante velocidade da *era da internet* e, não obstante tanto tempo cronológico e físico decorridos, ainda assim, autor e obra passam bem!

A obra renasce assim reescrita ou aumentada? Não, porque isso seria a negativa de sua atemporalidade e, de outra parte, não vislumbramos onde possa caber aumento quando, tal como em um trabalho artístico dado por findo, qualquer remendo ou acréscimo soa demasiado. O arguto olhar comparativo do qualificado público leitor, perceberá aqui e ali o *punctum saliens* que legitimou a escrita do autor e fará um cotejo *intra mentis* com tudo que se passou no país ao longo desses 25 anos. A obra, aliás, poderá ajudar a compreender por que, debalde passem os anos, continuamos mergulhados no pântano da criminalidade.

É sabido que, na ciranda do tempo, o passado já não mais se resume a uma categoria gramatical, clara e materialmente divisível, porquanto as rodas da história não trilham o simples caminho da linearidade, da continuidade, sendo algo mais complexo, com avanços e retrocessos, também circunvoluções. Recordo-me das lições do historiador Paul Imbs, que, aliás, distinguia a relação passado/presente, segundo a análise decorresse do ofício ou da classe social do observador, donde o tempo dos filósofos, poetas e teólogos seria diverso do tempo do homem do campo ou do cavaleiro, e oscilaria entre um testemunho de decadência ou um grito de esperança, a representar um fascínio do passado ou um impulso para a salvação futura.

O tempo, é mesmo, ele próprio, em si, metafórica e realmente, de difícil definição, porque sempre prenhe de tempos diversos: todo amanhã já tem uma maternidade e uma paternidade, que são o presente e o passado que o incorporam; todo passado já contém plasmado em si, e assim, algum futuro; todos os tempos verbais se fundem, parcial ou completamente, de modo próximo ou remoto, sem que, muitas vezes possamos distingui-los entre si, sobretudo no chamado *tempo social*, este que flui *motu proprio*, muitas vezes desprezando a métrica dos calendários.

Daí, de se perguntar realmente qual o tempo desta obra, já que se alista no rol daquelas afeitas ao "criticismo dogmático-filosófico" (expressão ao gosto do penalista alemão Bernd Schünemann), portanto, evocante da filosofia, mas escrita em "estilo literário", como analisou em primeiro prefácio, o grande Evandro Lins e Silva, então, membro n. 1 da nossa Academia Brasileira de Letras?! Assim, se temos aqui um pouco do tempo dos filósofos e algo ainda do tempo poético-literário, é porque o objeto do direito penal recai sobre as vicissitudes humanas – as mais humanas, talvez –, nada tendo, em absoluto, do tempo dogmático do doutrinador legal, posto que não é obra que permita *a moldura de gesso do tempo*, porque não pendurada em análise de texto algum vigente, mas, mais propriamente, no *espírito incorpóreo de uma época*.

Sua contemporaneidade e atemporalidade traduzem uma contextualização: os dramas e desafios que nos moveram à escrita no final dos anos 1990 são dramas e desafios que permanecem ainda presentes em toda a estrutura social e no pensamento jurídico-penal brasileiro da atualidade, parecendo que assim ainda permanecerão no futuro (este filho-irmão do agora), porque os velhos desafios de nossa sociedade sofrem agora o incremento precipitado da *desmaterialização da justiça penal* que, nascida formalmente na digitalização dos processos, aumentou substancialmente (ao tempo em que se liquefazia e se derretia), no amplo crescimento dos "acordos penais" ou de "não persecução penais", que fazem com que seu norte ético – o princípio da "verdade real" –, como estrutura fundante de sua legitimidade, vá se esfumando e desaparecendo na *era da volatilidade*.

O rito vai desaparecendo e dando lugar ao resultado, qualquer que seja, por mais pífio em que este possa consistir. O abandono da busca da verdade destrói a crença na justiça, porque com ele destrói-se também o dogma da culpabilidade; *resolve-se* um problema imediato, cria-se um problema mediato, talvez mais denso e profundo, que só o futuro o dirá. Na época do *dataísmo*, as contas aritméticas dos conflitos solucionados impressionam: o acúmulo de dados – esta quase-religião nascida e cultivada nas *nuvens* – que se apraz em compilar dados e não aprender, se esquece de que humanos não são números e de que a sociedade e a humanidade são bem maiores que o momento fugaz.

A perda da confiança na justiça é o pior inimigo da justiça, esta mesma que insiste em não adequar sua estrutura com número de pessoal suficiente para a solução célere e equânime dos conflitos, preferindo varrê-los, por pressa, atabalhoadamente, ainda que sob artifício de funcionalidade e eficiência, para baixo do tapete da história.

Assim, quem dirá no futuro, este tempo já grávido do presente, que "fulano" ou "beltrano" cometeram ou não um ilícito, se a fulanização do processo, ela própria, já coloca no limbo dos "pseudoculpados" os também "pseudoinocentes", em conta de faz de conta, onde por já não mais sabermos se praticaram ou não determinada conduta, fechamos os olhos éticos e dizemos meramente: "Justiça feita, menos um processo!".

Será mesmo justiça? Atende-se, assim, a expectativa de um povo, mais que isso, de uma nação? Constroem-se amanhãs, edificam-se conceitos duradouros, ou meramente se transforma a justiça penal naquela indesejável porta giratória, onde a culpa e a inocência formam multidão, passando com igual importância, e cada vez mais e frequentemente? Reafirma-se a crença na justiça ou passa-se a compreendê-la como algo realmente negociável, sem veraz solidez, sem aquela seriedade que, um dia, ao menos por imagem e som, já evocara as pancadas de um simbólico martelo?! (Do político espero a crítica, do estudioso das ciências criminais, a sincera reflexão; o primeiro atende ao momentismo do poder; os demais, a conveniência de uma gente!)

Parece ter razão o filósofo Byung-Chul Han, o "falso e o verdadeiro" se nivelam, se equivalem e já não se distinguem; a informação vai circulando *em um espaço sem referência à realidade, um espaço hiper-real*: "A verdade se desintegra em poeira informativa transportada pelo vento digital".

E por que, então, a atualidade desta obra, se ela não ensina a barganha ou o atalho (estes, servíveis, úteis, mesmo necessários, é certo, mas em casos especiais, em honrosas exceções!), mas, ao contrário, incita a trabalhar e a pensar as ciências criminais com as categorias clássicas do pensamento que lhe são inerentes?! Porque coisas e tendências podem vir e desaparecer ou soçobrar, como são os modismos, pois ainda que *novos*, são temporais, circunstanciais, fracos e cambiantes; mas, o que não desaparece jamais – ao menos, não enquanto a espécie humana primar pela autopreservação –, são as ideias consistentes, a imorredoura inteligência e a sabedoria profunda, estas que podem transitar entre os diversos mundos – do passado ao futuro, passando pelo presente, nas mais diversas geografias – porque são densas matrizes de um pensamento vital, trazendo validade invariável enquanto durar a espécie.

Não por outra razão, um penalista-humanista do porte do referido Ministro Evandro, anota sua simpatia pela "revivescência dessa tríade de corifeus de nossa confraria de penalistas – o filósofo Tobias Barreto, o jurista Nelson Hungria e o criminólogo Roberto Lyra" em que lastreamos a obra, ao tempo em que elogia a "não submissão ou subserviência do autor ao pensamento desses inspiradores", aduzindo a grandeza desse trabalho, ainda muito especialmente, pela "polêmica que vai provocar", porquanto "dos contrários surgem, na dialética, a tese, a antítese e a síntese, forma de discutir e de chegar à verdade" (*vide* Prefácio).

Porque deve ser dito que o que mais o Brasil das últimas décadas produziu na seara das ciências criminais foi um pensamento nada mais que homogêneo, um mais-do-mesmo-pseudocientífico, trabalhando categorias hipotéticas ou desejáveis ("ressocialização penal", "falência do direito penal", "direito penal mínimo") como verdades inconcussas e estabelecidas, quando não, meramente se utilizando de truques semânticos para, na arte de repintar com palavras ideias desbotadas, disfuncionais, publicar "bulas de remédios vencidos", como se fossem a quintessência da ciência contemporânea.

Assim, se algo de minha obra merece ficar, que se tribute à doce ousadia com que busquei fincar o pressuposto de um novo pensamento penal que nasceu balizado nos mais antigos, é certo, porque perfilado com aqueles que, já no passado, porfiaram no terreno das ideias, movidos pela ética e sério estudo, tijolo e cimento sem os quais não evolui a humanidade, ao que adequamos nossas mais profundas reflexões; buscamos a verdade, sem hipocrisia e por amor ao país. Sem admissão de amantes, como aqueles que, aqui vivendo, se emprestam à vassalagem de interesses internacionais.

Desse modo esta obra posicionou-se como trincheira de resistência (e ao lado dela logo foram se alinhando tantos valorosos autores, conscientes de que algo andava errado com a chamada inteligência nacional) contra um recital de ideias estabelecidas e autorreferentes, que mais pareciam prestar um desserviço à nação, do que edificar amanhãs, tornando refém de um pensamento único boa parte da academia e da prática jurídica.

Assim vicejou um pensamento totalitário, porque não aceitava ser antagonizado, dizendo-se libertário, corporificado naquele sofismático discurso de simples comiseração para com o criminoso – como se todo crime fosse fruto de acidente de destino, na biografia impoluta de seu autor, ou mero fatalismo social, de quem nascera em *país emergente* – olvidando-se tal e massificado discurso, das peculiaridades dos diferentes tipos de crime e de criminosos (daí a criminologia), ademais de uma realidade nacional de desbragada violência – em muitos pontos comparável à do velho oeste norte-americano –, como se esta pudera ser domada, nesta quadra de nossa história, com páginas romanceadas de um direito penal terno e ficcional.

No país, em que se dizia que "a lei reina, mas a jurisprudência governa", a realidade já faz anos, é algo mais cruenta, porque aqui a lei muitas vezes também se propõe a *desgovernar*, eis que ela própria – falta de *legisprudência* – resta vela sem prumo, com essas labaredas bruxuleantes e ébrias, ao sabor dos momentismos, que tanto depõe contra o Legislativo nacional, pela reiterada atecnicidade, ferindo mortal e seguidamente a *nomografia* (Bentham), como desejável arte e técnica de bem redigir (leis), oferecendo uma técnica redacional tão atabalhoada e contraditória, muitas vezes, que se questiona mesmo como puderam produzir tantas e medonhas *legais* criaturas; depois, como se não bastasse, a situação se agrava com a jurisprudência vacilante, inimiga inconfessa do *princípio da segurança jurídica,* aquela consistente na *desbordada libido interpretativa,* na expressão de Virgilio Zapatero, a que tanto os culpados aplaudem.

Este livro não aponta um culpado, pois ninguém tem, nem essa triste importância e nem a suprema desonra de sê-lo singularmente, na primeira pessoa, donde não há um, mas, uma legião, ou melhor, uma infinidade de responsáveis. O Brasil soçobra como sociedade em sua incapacidade de repensar-se por inteiro, adiante de pessoas, partidos e momentismos, quando, é certo, é fruto de seus azares, percalços históricos, processos de aprendizado e erros reiterados, refém de crenças infundadas que a ciência e a experiência desacreditam, comprovam e expurgam.

É um país cujo similar só encontrará se mirar-se em seu próprio espelho, pois, único em suas vicissitudes, não conhece análogo paralelo, portanto somente nele próprio encontrará a solução que não virá de fora, jamais, senão de nós mesmos.

Este livro, pois, foi escrito por amor à verdade e ao próximo, aquele amor que não se define em palavras, mas fundamenta um juízo, porque move, como combustível, por eflúvios, o próprio ideal.

Direito Penal da Sociedade foi concebido, assim, por imperiosa necessidade de consciência, cujo trabalho exaustivo deu-se pela originalidade do método aplicado, quando, ao entrecruzar saberes criminais antes esparsos, em pioneira pesquisa sobre os arcanos da inteligência dos saberes penais no Brasil, pude finalmente apresentar ao país, pela primeira vez em uma só obra, três de seus maiores filhos e, com eles, congraçar épocas que se sucedem, confluem e se misturam, interconectando suas respectivas inteligências, reflexões e legados, na busca de respostas e soluções para a miséria nacional dos gigantescos níveis de criminalidade em que vivemos constantemente, era após era, imersos.

Tenho, pois, orgulho em dizer que apresentei tais mestres às novas gerações, que de acadêmicos a professores, conhecia-se apenas – ou se ouvia falar –, quando muito, em Nelson Hungria, mais raramente em Roberto Lyra e, nunca, talvez, quase nunca, em Tobias Barreto, a quem se deve a criação de uma "Escola Científica de Direito Penal" no Brasil.

Desse modo, às margens das ideias aqui nascidas e da história nesta obra contada, floresceram também teses e dissertações acadêmicas, diversos livros e artigos por todo o Brasil, votos e pareceres, nessas mais de duas décadas, sobretudo, emprestando-se enlevo a uma ciência e arte de aprender, com *elegantia juris*, as mais profundas lições das ciências criminais postas a serviço do país.

Recordo-me, por fim, de que um amigo, festejado professor de processo penal, disse-me, quando do lançamento da primeira edição: "Não sei se era sua pretensão, mas você escreveu na juventude uma obra como o *Tratado de Direito Penal* de von Liszt, só que ele a produziu na velhice". Agradeci o encômio, naquele doce exagero somente compreensível pela afinidade e pelo afeto. Mas, recolhi o elogio no claustro da consciência, porque, se vinha de um amigo, é certo, vinha também de um muito qualificado leitor – como ele o é – e sabia por que o dizia: até ali, tudo quanto se falava e se discutia de direito penal no Brasil era precipuamente doutrina e dogmática; quando não, pura obra crítica, sem filosofia ou sem respeito a qualquer antropologia das ciências criminais.

A partir dali, nascia uma obra e um modelo de pensar pautado pelo estudo integrado da *enciclopédia penal* (expressão de von Liszt e sua Escola de Marburg), e se apresentava às novas gerações uma forma muito mais robusta de pensar, um método de estudar o fenômeno do crime e de buscar soluções, do que o mero e matemático estudo da dogmática, esta que sendo um necessário ponto de partida para o conhecimento, jamais pode ser seu porto final, porque pouco diz com a verdadeira realidade da prática penal e, sobretudo, avanço das ciências correlatas.

Afinal, o país assistira a um dessoramento, uma perda do viço, do brilho das ciências criminais já nos anos 1980-1990, porquanto dois fantasmas assustavam sua inteligência: o primeiro, o ensimesmamento do estudo penal, como dito, transportado para a mais pura e seca dogmática, fazendo o fenômeno do crime ser conhecido por uma ótica reducionista; seguidamente, o puro e predador estudo das ciências criminais em obras oriundas do expansionismo das ideologias políticas (por todas, as chamadas *criminologias críticas e contestativas),* fazendo que ambos os vetores, em suas voracidades tigrinas, dominassem as ciências criminais a tal ponto que estas passaram a consistir em simples espaço de luta política ou mero diletantismo acadêmico, e ambos sob pressupostos *libertadores.*

Bem, já faz umas duas décadas, também, li nos espanhóis, que a *dogmática alemã já dava sinais de cansaço,* mostrando a produção de uma doutrina, naquela época, já pouco inventiva, por esgotamento de seu mundo, onde tudo estava razoavelmente pronto – mérito alemão, sem dúvida – e tudo quanto nascia parecia menos obra de engenharia e arquitetura, e mais, simples arte de decoração.

Acredito que, com a idade, mais fatigada esteja para fazer frente à realidade do dinâmico e desafiador corpo social que corre sempre à frente do hirto enquadramento dogmático.

Quer gostemos ou não, a realidade é assim, insubmissa aos nossos anseios. Em época de interdisciplinaridade, cada vez mais de mútua complementaridade entre os diversos saberes, espero que *Direito Penal da Sociedade* possa corresponder ao pressuposto desta era que busca conhecer e avançar, ainda que por caminhos tortuosos e um tanto na contramão dos rumos que *temos tomado* – veja que maravilhoso tempo verbal composto – na atualidade recente. Este tempo que, com seus erros e eventuais acertos, também rápido passará, e será, então, simples passado a fecundar o futuro embrionário com os seus experimentos. Só permanece mesmo o que tem a solidez da inteligência, por isso o resgate de um modo de pensar e de nossos maiores pensadores. Afinal, esta é a busca civilizacional desde Bernardo de Chartres e sua sábia imprecação de que, *nanus positus super humeros gigantis*. Sim, se vimos mais, foi porque subimos nos ombros dos gigantes e, talvez isso, com humildade devamos recitar e aplicar, nesta época em que o progresso tecnológico produz uma inteligência artificial que não meramente é imponente, mas que pode ser aterrorizante, na medida em que reduz a inteligência humano-natural ao pouco ou quase nada, porque o homem parece ter abdicado do ofício de pensar.

Edilson Mougenot Bonfim

VISÃO PANORÂMICA DA OBRA: A BUSCA DE UM MÉTODO AO DIREITO PENAL DA SOCIEDADE

Sumário: *1.1. Ao propósito de um prefácio. 1.2. Autores antigos: qual modernidade? Palimpsesto na literatura jurídico-penal. 1.3. Os problemas de uma tese penal. 1.4. Mais um entrave à produção científica. Os penalistas que cambiam posições. 1.5. Um sistema de estudo. 1.6. Um método brasileiro, para um direito penal brasileiro. 1.7. Método "puro" para um direito penal brasileiro? 1.8. Apreeensão do direito penal: o caminho da transdisciplinaridade.*

1.1 AO PROPÓSITO DE UM PREFÁCIO

Diz a mitologia grega que Afrodite – ou Vênus – a deusa do amor puro, surge da espuma provocada no mar pelo sangue e esperma de Urano mutilado por Crono. Surge nua e límpida, chamada por Platão, no *Banquete*, de Afrodite Urânia, a inspiradora de um amor superior, imaterial, por meio do qual se atinge o amor supremo, que se desliga da beleza do corpo para elevar-se à beleza da alma[1]. É o amor sentimento, a forma embrionária do amor total que levará à fecundação, à criação.

---

1   Vide JUNITO BRANDÃO, *Dicionário Mítico-Etimológico*, v. I. Petrópolis: Vozes, p. 29 e s.

Transporte-se a **idea** ao campo jurídico: já se falou que o **primeiro amor** do estudante de direito é o **direito penal**, depois é que surgem os **casamentos de conveniência** com os demais ramos do direito (civil, comercial, tributário). Eis então o ponto de partida desta empreita: a busca de um amor de estudante que, a rigor, não se perdeu no tempo, por ideal! Dele, o produto que ora nasce, fruto de total entrega, fruto de uma concepção cordiana que se comunica às vias intelectivas pelo fluxo e refluxo da maré que é a própria história da humanidade: a razão e a paixão, indo e vindo, combinando e se confundindo, decidindo e procriando...

***

O próposito, como não poderia ser diverso, dá-se por meio das palavras, "vestido das ideias", como as chamava Vieira de Castro[2]. E estas – as palavras – precisam desde logo de uma explicação: alguém falou que a alta produção verbal deve trazer implícita em si uma espécie de indeterminação em relação ao seu destinatário; vale dizer: a alta produção intelectual não deveria ter destinatário certo, determinado. A ideia deve ser aproveitada para a produção escrita. Este livro, busca-a. Não é um livro-desabafo, de crítica[3] pura ou de doutrina manifesta, ou de agradecimento e de loas. Não é escrito a favor ou contra o acusado, a favor ou contra a vítima. Não é obra escrita **para** o juiz, **para** o promotor, ou a *favor* do advogado. Pode ser de utilidade ao acadêmico de direito, e o queremos. Pode levar um jurista à detida análise, e temos esta pretensão. Não é a defesa do Estado, tampouco o discurso de sua derrocada.

---

2   J. C. VIEIRA DE CASTRO (1838-1872) foi membro da Câmara dos Deputados em Portugal e proferiu famoso discurso – nominado – "Pugnas Estéreis das Palavras" – naquela casa em 4 de abril de 1865, como resposta a alguns parlamentares que haviam clamado contra "as lutas estéreis da palavra". "Até onde te rebaixaram, tribuna parlamentar", dissera-lhe, em ofensa, o deputado governista Gavicho. Com a vigorosa contestação ofertada através de seu discurso – mostrando a importância dos debates e das palavras –, Vieira de Castro firmou-se como o maior orador do parlamento português de sua época: "... Lutas estéreis da palavra! Pugnas da palavra, para que são? E que reprimi-las e pôr-lhes mão, se a razão nos arrasta para elas e as produz? Pugnas estéreis da palavra! Mas, quais são as lutas brilhantes que nobilitam e engrandecem o homem? Fora das lutas da palavra, conheço só as lutas do circo, as lutas do mundo velho. As sociedades antigas debuçavam-se nos parapeitos dos anfiteatros e assistiam ao feroz e cruento combate do homem com a fera; as sociedades modernas enconstam-se na varanda das galerias dos parlamentos, assistem às lutas incruentas da ideia e do pensamento, às lutas da palavra, porque a palavra é o vestido da ideia, assim como como a eloquência é a 'toilette' elegante do pensamento...".

3   A palavra "crítica" é derivada da palavra de origem grega *crise*, cujo verbo de origem é *krino*, apresentando os significados de "escolher": separar, distinguir, discernir o verdadeiro do falso, julgar; na voz média, significa "escolher para si", "explicar", não havendo nisso qualquer "rastro de negatividade", conforme acentuado por GERD BORNHEIM, mas, ao contrário "há a força de escolher, julgar, discernir, debater... palavras ligadas à força do pensamento e, portanto, à criação da filosofsia, da ciência", "Crise da Ideia de Crise", in ADAUTO NOVAES (org.), *A crise da razão*, Companhia das Letras – Funarte, 1996, p. 49.

Não é a favor da prisão, nem contra. Tudo tem hora e lugar, porque "não há mal absoluto e todo bem é relativo". Einstein triunfou com sua "Teoria da Relatividade", e foi o cientista por excelência. A toda tese sempre correspondeu uma antítese. Esta obra busca um *direito penal da sociedade* – sem eufemismo! –, a ser encontrado pelo *homo juridicus* enquanto operador do direito penal. Um direito que, embora produzido pelo Estado, venha em socorro aos reais interesses sociais, que não são nem serão propriedade dos delinquentes ou posse das vítimas. Não pode, bem assim, ser obra de excesso, de radicalismos, sectarismos ou corporativista, com destinatário certo. Também não pode ser fruto do acaso ou do casuísmo. "Do vento norte" ou "vento sul", do vento a favor ou contra, como aqueles que somente se manifestam sobre algum ponto controvertido ou nebuloso após sondarem preventivamente as birutas dos aeroportos políticos, ideológicos, doutrinários ou jurisprudenciais, para saberem "para onde sopram os ventos" (das tempestades ou bonanças), para amoldarem-se então, depois, ao sabor das situações e conveniências.

Em suma: é obra de amor à ciência penal, escrita com tintas do coração, desenhadas em favor da sociedade.

***

Visa pensar grande, porque não busca somente na reflexão do autor a razão de sua existência; mas porque busca no diálogo com o leitor a explicação de sua gênese. Tem-se dito que toda obra cria entre o leitor e o autor um certo clima de cumplicidade. E isto é bom, questionador, porque intimista e produtivo. Essa cumplicidade às vezes se faz tão grande que eu mesmo chego ao ponto de entregar-me ao direito de fazer uma reclamação calorosa aos meus autores preferidos: protesto sempre, por que não escreveram mais?!

Desse modo, adiante da ótica do indivíduo é que se escreve... e se quer muito além da visão do Estado, e se questiona, se lobriga ou se elocubra. A sociedade precisa falar por seus membros, por quem dela participe. É um livro que se pretende, bem assim, livre. Há quem escreva para a crítica, outros para o mercado, para o leitor-consumidor, outros para elogiar, enaltecer. Escreve-se aqui para o leitor cidadão, leitor bacharel, estudiosos do direito penal, sem que me esqueça – assim o fazendo! –, das palavras de Cícero: *Unus sustineo tres personas – Mei, Adversarii et Judicis* (Constituo-me em três pessoas: a minha própria, meus adversários e os juízes).

É um livro que visa, pois, construir. Este o escopo último! Pela oração, *oratio*, entrega-se *pro societate* uma oferenda, *oblatio*.

***

Théophile Gautier, contemporâneo de Vitor Hugo na França, subscreveu prefácios "sobre a utilidade dos prefácios". Como sabido, a palavra **prefácio** tem origem latina; origina-se de *praefatium*, do verbo *fari*, do prefixo *prae* e significa **falar antecipadamente (que antecede uma obra escrita)**. Foi nesse sentido que o antigo advogado J. Gualberto de Oliveira, escrevendo a seus colegas de corporação, disse, a respeito dos prefácios nas apresentações da obra, que, estes, precisam apresentar o que os italianos chamam de *la salsa del libro* (o "molho do livro") que ao ser adquirido, da "estante da livraria ou no trajeto da casa para o escritório, deve excitar, como um bom aperitivo, o apetite intelectual, ou melhor, a curiosidade do leitor"[4].

A desobediência ao conselho franco-itálico que ora subscrevo – embora pagando o tributo do reconhecimento à técnica recomendada – tem uma finalidade: esclarecer a obra, para que se possa compreendê-la. Portanto, nada de bombástico ou artificioso nesta introdução, mas de explicitador do **método** de trabalho utilizado e uma resenha, o quanto possível do pensamento deste autor, acerca de variados pontos do direito penal ou questões a ele vinculadas.

***

Não concordo, bem assim, como Pitigrilli que dizia serem inúteis os prefácios porque ninguém os lê. Ao contrário, sinal dos tempos, hoje até se publica, e é vendável (vai um testemunho de consumidor), um livro somente de prefácios, denso, aparatoso, como aquele subscrito por Nietzsche[5] ou mesmo por Sérgio Buarque de Holanda[6]. Vale à literatura? Vale para a história, vale ao direito, vale ao direito penal. Simone de Beauvoir filosoficamente afirma que tudo é mesmo literatura (até a história... mesmo o direito). O prefácio há de ser obra do coração de quem o pede, a quem se solicita, por isso, sempre hei de encaminhar – como neste trabalho o faço –, um pedido terno, de acolhida, a quem respeite pela distinção intelectual e

---

4 GUALBERTO DE OLIVEIRA, João. *História dos Órgãos de Classe dos Advogados*, São Paulo, Lex Editora, 1968, p. 15.
5 NIETZSCHE, Friedrich. *Cinco prefácios para cinco livros não escritos*, trad. Pedro Süssekind, Sette Letras, 1996, 93 p.
6 Há quem se delicie tanto com prefácios que, de olho no mercado editorial, a Companhia das Letras converteu em obra impressa uma coletânea destes, sob o título o *Livro dos Prefácios*, de SÉRGIO BUARQUE DE HOLANDA, publicado em 1996.

altaneiria humanística que timbram e caracterizam uma vida. Uma vida, *pro vita*. Daí sim se poderá obter um verdadeiro prelúdio, um prólogo racional à obra, porque já sem as tintas da suspeição do autor, pelo próprio retrato ético-moral do apresentador.

1.2 AUTORES ANTIGOS: QUAL MODERNIDADE? PALIMPSESTO NA LITERATURA JURÍDICO-PENAL

Levamos aos novos os já velhos caminhos que percorremos. Prestam-se como guias, eventual balizamento, em reverência a alguns jusfilósofos e penalistas ilustrados ou em referência crítica a outros, servindo ao peneiramento das impurezas, na apuração de defeitos ou, quando menos, ao levantamento de perquirições. Depois é que se lapidam as joias; primeiro há de se joeirar a ganga bruta na bateia onde se busca o tesouro.

Para tanto, citamos e citaremos terceiros que primeiramente pensaram o que agora secundamos. Desenterramos, por conseguinte, em exumação intelectual, alguns autores que, aliás, jamais poderiam ter "morrido", ou se falecidos, jamais inumados. Deles, alguns, os leitores mais jovens sequer tiveram notícia, informação qualquer, jamais tomaram conhecimento do pensamento original, da inteligência, ou mesmo dessas existências ilustres. As editoras aí estão a confirmar o dito: vendem bem mais os livros de autores vivos. Mortos? Mortos, por mais brilhantes que tenham sido, por mais atuais que sejam, são esquecidos e, pelo argumento financeiro, de regra, não mais se reeditam suas obras. Contudo – asseguro! – os bons, são mais jovens e verdadeiramente "originais" que muitos jovens **reprodutores**, cujas obras já caducam ao choro do parto da primeira publicação: seja pela mudança da jurisprudência seja pelo câmbio da legislação. Há mesmo casos de publicação de comentários a determinadas leis em que, ao lançamento, a lei analisada já foi revogada pela edição de nova legislação, nascendo a obra já **morta**, falecida *ex-nativitate*[7].

---

[7] *Mutatis mutandis*, aproveite-se, aqui, a imagem de JEAN CHESNEAUX: "Muitos estudos especializados produzidos hoje com base nessas falsas evidências parecerão um dia tão vazios e artificiais como essas imensas bibliotecas de centenas de volumes, consagradas nos séculos XVII e XVIII a problemas que, hoje, simplesmente deixaram de existir: é o caso das 'evoluções terrestres' (técnicas de manobra dos soldados de ofício em campo) do 'flogístico' (princípio imaginário da combustão dos corpos), do 'brasão' e da heráldica (as armaduras das famílias nobres, a ciência de seu arranjo, de suas convenções e de seu significado). A história conheceu no passado muitos exemplos de *nulificação* do saber ...e conhecerá muitos outros...", in *Devemos fazer tábula rasa do passado? Sobre a história e seus historiadores*, trad. Marcos A. Silva, São Paulo, Ática, 1995, p. 79.

Obras cuja inteligência e atualidade se protraiam no tempo, independentemente da legislação em vigor, concluamos, são raras, viram clássicos, ganham vida e sopro próprios[8].

Afinal, somos mesmo, em maior ou menor grau, sempre, caminhantes de velhos caminhos, senão seguidores de alguém, ao menos vultores de algo, inspirados por uma crença, uma trilha, um flamejar de fé... mesmo **fé** em uma ciência. O que importa é que sejam bons os guias. Assim, identificados os bons, sigamo-lhes os passos, como Cícero seguira Demóstenes, como Virgílio imitara Homero, como Vieira – o sábio jesuíta – trilhara São João Crisóstomo.

A rigor, no Palácio da Justiça, tão logo se abra a porta que acesse o túnel do tempo, se verá que não existe nenhuma **Sala** reclusa, indevassável, onde com afeto e interesse os **Passos Perdidos** não possam ser encontrados. Não há, pois, semanticamente, **Sala dos Passos Perdidos**.

Assim era e sempre será, no curso da humanidade ao se fazer correr um veio antigo. Se nem a terra é nova – que nova, se aquele que foi pó ao pó tornou? –, não somos, assim, ciclicamente, em síntese e em última instância, senão aquilo que já foram outros. O que se faz é dar passagem, como um canal, à água que correra na formação do primeiro regato. E assim, mesmo a busca hoje já não é difícil, porque há um fanal, um norte, um guia, um exemplo do passado. O notável Eliézer Rosa, lembrou Eça de Queiroz, ao afirmar que os cruzados que, primeiros, saíram a defender o Santo Sepulcro também não sabiam onde ficava Jerusalém[9]. Hoje, com boa referência, fica até mais sensato sairmos em defesa da justiça, peregrinarmos por uma verdade. Esta a perpetuação da procura, o encaminhamento do saber, a (re)conquista do progresso deixado por cada geração passada, pela descoberta de cada geração futura. Esse o elo que irmana os tempos, recambiando direções. Daí o palimpsesto.

***

---

[8] Nesse sentido, TOBIAS BARRETO – já faz tempo – assinalou as dificuldades da pesquisa: "O historiador literário – já eu o disse uma vez – que chega a ocupar-se de produtos da atualidade, quer se estenda a todos os domínios da vida intelectual, quer se limite a uma contribuição para a história do expírito de um povo, nesta ou naquela forma de seu desenvolvimento, acha-se de ordinário diante das quatro seguintes ordens de fenômenos: obras *vivas* de autores *vivos*, obras *mortas* de autores *mortos*, obras *mortas* de autores *vivos* e obras *vivas* de autores *mortos*...", Estudos de Direito I, *Obras Completas de Tobias Barreto*, Edição Comemorativa, São Paulo, Record, 1991, p. 105.

[9] ROSA, Eliézer. "Romeiro Neto, o último romântico da advocacia criminal", prefácio às *Defesas Penais* de Romeiro Neto, Rio de Janeiro, Liber Juris, 3. ed., p. 25.

É preciso mesmo revisar certos conceitos sobre modernidade, certas concepções sobre a justiça. **Modernizar** a justiça, não é como imaginam alguns, fazer becas de *jeans*, advertiria o filósofo popular. Também não é sentar-se em cima de bolorentos conceitos, rançosas definições que o desuso e a descrença já trataram de sepultar. Ao contrário, modernizar é alvitrar soluções, buscando o valor do novo, ou revisitando o antigo que detenha méritos; é não ter reumatismo espiritual, é pensar adiante, não se dar ao emperramento da alma, ao enrijecimento do coração, ou ao embotamento do cérebro. É preciso, nesse sentido, separar o novo, a novidade, do modismo. É necessário, mesmo, diríamos, não desarrolhar os garrafões da moda senão para a exposição de uma ideia verdadeiramente nova e feliz, aquela que substitua com precisão o conceito antigo. Do contrário, a palavra de ordem deve ser mesmo **reciclar**, aproveitar valores, reprocessar para melhor render, até porque se sopra hoje, a pretexto de novidade, muita poluição cultural, contra a qual o **meio ambiente** do direito penal precisa se precatar.

***

A **nova onda** da Justiça Penal não é mesmo resolver a metafísica da culpa com que debateram as Escolas Clássicas e Positivista, e não é mais a construção da dogmática como aquela com a qual a Escola Técnico Jurídica se preocupou. Mas é de efetividade de seus serviços, da boa operacionalização de seus trabalhadores (juízes, promotores, advogados).

1.3 OS PROBLEMAS DE UMA TESE PENAL

O que incumbe esclarecer é que não se trata de uma tese. Afinal, seria preciso uma tese para se provar que o direito penal substantivo/adjetivo/produzido/aplicado pelo Estado não é o mesmo desejado ou necessitado pelo interesse social, ou que recomenda esse interesse social? Até porque, sobre o assunto, uma tese acadêmica impediria – pelo rigor da técnica! – a liberdade do pensamento, recolhendo o autor às vestes do academicismo/tecnicismo, que acabariam por limitá-lo em demasia. E esta – a faculdade de pensar – pretende-se livre para esta obra. Mais que um *habeas corpus*, um *habeas menthis*, pro (r)eu!

O propósito se justifica desde a escolha pronominal para a escrita: "Sei também que é inusual no discurso acadêmico-erudito – e sobretudo no jurídico – a identificação direta e clara de quem escreve pela utilização sistemática do pronome pessoal singular. A minha insistência do uso do **eu** não é inconsciente nem casual", precisou se explicar Maria Teresa C. Pizarro Beleza, em sua dissertação de doutoramento apresentada à Faculdade de Direito de Lisboa[10]. Da mesma forma, faço minhas as palavras coletadas, para dizer que me utilizo não inconscientemente e não casualmente do pronome pessoal singular – como o próprio Roberto Lyra e Nelson Hungria fizeram em seus livros, colocando **vida/alma** onde, quem sabe (quem sabe?!), **deveria** ser apenas **fria** técnica – e ora alterno para o "nós" – pronome pessoal plural –, e ainda, por vezes, conjugo o verbo no **impessoal**.

Portanto, *venia maxima concessa* dos puristas da linguagem que antes de me execrarem, acreditem: há muitos clássicos assim escritos, mesclando a conjugação pronominal (*vide* "O Príncipe" de Maquiavel, na literatura política, os "Princípios de Direito Criminal" de Ferri, na literatura penal e "A defesa tem a palavra" de Evandro Lins e Silva, sobre a **literatura da vida**, em um *case* brasileiro). E que não tivessem: jamais, de minha parte, deixaria sucumbir pelos rigores da forma, uma ideia que buscasse valer pelo seu conteúdo. E este? Este ora é impessoal, ora pessoal, ora "eu", ora "nós".

***

Mas os problemas não cessam. Por isso é grande o número de valorosos autores inéditos que frenam frente aos primeiros obstáculos. Não sem razão Umberto Eco[11] ressaltou a dificuldade de se escrever sobre teses panorâmicas, recomendando o **microscópio** da especialidade, centrado no tempo e no espaço, curtos, precisos. Narra, por conseguinte, uma situação passível de constrangimento:

"O grande crítico contemporâneo Gianfranco Contini publicou em 1957 uma *Letteratura Italiana-Ottocento-Novecento* (Sansoni Academia). Pois bem, se se tratasse de uma tese de licenciatura teria ficado reprovado, apesar das suas 472 páginas. Com efeito, teriam sido atribuídas negligência ou ignorância ao fato de não ter citado alguns nomes que a maioria das pessoas consideram muito importantes, ou de ter dedicado capítulos inteiros a autores ditos "menores" e breves notas de rodapé a autores considerados "maiores".

---

10 PIZARRO BELEZA, Maria Teresa Couceiro. *Mulheres, Direito, Crime ou A Perplexidade de Cassandra*, Lisboa, edição da Faculdade de Direito, 1990, p. 46.
11 ECO, Humberto. *Como se faz uma tese em ciências humanas*, Editorial Presença, 2. ed., p. 31.

Depois, perdoou-o: "Evidentemente, tratando-se de um estudioso cuja preparação histórica e agudeza crítica são bem conhecidas, toda a gente compreendeu que estas exclusões e desproporções eram voluntárias, e que uma ausência era criticamente muito mais eloquente que uma página demolidora".

Pede-se o favor supremo da compreensão. Sem a rigidez manietadora das teses de licenciatura, mas com a rebeldia sagrada da liberdade em sistematizar reclamada pelos livres-pensadores, dentro do amplo espectro das matérias aqui tratadas, por óbvio, a luneta da análise por vezes particularizará autores e situações – justificando-se pela importância dos mesmos, ou simples preferência deste autor, até pela estética... "não se troca uma rosa por uma batata" dizia Anatole France! – e por vezes "vislumbrará à distância" outros autores e temas passando à *vol d'oiseau*.

O grande crítico literário Harold Bloom confessou dificuldade semelhante e se explicou ao eleger seus "cânones" da literatura e pensamento humanos[12], seus autores ou obras de relevo. Até porque, como sabido, o **poder discricionário** do escritor é como o "motivo do crime", que, se passa pelas vias intelectivas, tem também forte contingente de caráter afetivo, ditame da preferência[13].

1.4 MAIS UM ENTRAVE À PRODUÇÃO CIENTÍFICA. OS PENALISTAS QUE CAMBIAM POSIÇÕES

O escritor, arrimando-se em outros autores, não lhes pode consultar, perguntar se mudaram de opinião à nova edição de uma obra, ou se nunca pensaram assim, embora parecesse, na escrita, que assim o fosse. Para Luis Alberto Warat, entendedor da semiótica, qualquer pesquisa é o resultado de uma seleção arbitrária e fragmentada de informações. Concordo, discordo e vou além. A interpretação unânime, sobre obra ou pessoa, jamais vi. Ademais, a unanimidade é obtusa. Sabido e ressabido. "Morre-se de unanimidade, como

---

12 HAROLD BLOOM, in *O Cânone Ocidental* (tradução de Marcos Santarrita, São Paulo, Objetiva, 1995) assim se justifica: "Este livro estuda vinte e seis escritores, necessariamente com certa nostalgia, pois tento isolar as qualidades que os tornam canônicos, ou seja, obrigatórios em nossa cultura. 'O Valor Estético' é às vezes visto mais como uma sugestão de Immanuel Kant do que como uma realidade, mas não tem sido essa a minha experiência em toda uma vida de leitura. Tudo desmoronou, o centro não resistiu, e a pura e simples anarquia se desencadeia sobre o que antes se chamava de 'mundo culto'. Não estou interessado em macaquear guerrinhas culturais; o que tenho a dizer sobre nossas misérias autais está em meu primeiro e último capítulos. Aqui, desejo explicar a organização deste livro e minha escolha desses vinte e seis escritores, entre as muitas centenas do que antes se considerava o Cânone Ocidental" ("Prefácio e prelúdio", p. 11).

13 Sobre as dificuldades ensejadoras da diagnose do "motivo do crime", vide o nosso *Júri – Do inquérito ao plenário*, 2. ed., São Paulo, Saraiva, 1996, p. 64 e s.

se morre de anemia" disse-o o precitado Eliézer Rosa[14]. "A unanimidade é a morte no plano das ideias, o atestado de óbito do pensamento", completou. Nunca haverá unanimidade sobre interpretação de uma obra de arte – para uns é um encantamento, *alumbramiento*, a outros, uma mediocridade –, e o pensamento é a mais bela obra de arte da natureza (eis aí já, um juízo meu!). E todos, todos, em uma obra, ou no curso de uma vida, em várias obras, em alguns momentos, todos, mais ou menos se contradizem em algo, em alguma coisa. Enrico Ferri ora defendeu o caráter preventivo geral das penas, apoiando-se em Romagnosi, ora defendeu o caráter especial, lastreando-se em Garófalo. Tobias Barreto, "monista ou pluralista do direito?", que tem despertado análises variadas de Evaristo de Moraes Filho[15] à Zaffaroni[16], foi chamado de "homem pêndulo"[17] por Roberto Lyra que, de sua parte, não oscilou menos que este em muitas de suas convicções[18]. Se tomarmos um

---

[14] ROSA, Eliézer. Prefácio oferecido à obra *Crimes Passionais* de Sérgio Nogueira, Rio de Janeiro, Itambé, 1975, p. 12.

[15] EVARISTO DE MORAES FILHO, Antonio. Tobias Barreto – Pluralista do Direito?, *Revista Brasileira de Filosofia*, São Paulo, 1975 (jul./set.), p. 259-280.

[16] ZAFFARONI, Eugenio Raúl. Elementos para uma leitura de Tobias Barreto, *Ciência e Política Criminal em honra de Heleno Fragoso*, Forense, 1992, p. 175-185.

[17] LYRA, Roberto. *Tobias Barreto, o homem pêndulo*, Rio de Janeiro, Coelho Branco, 1937. Também escreveu sobre Tobias 'Os Crimes de Tobias Barreto', *Revista de Direito Penal*, Rio de Janeiro, maio/junho de 1939 e Tobias Barreto e o Direito Penal, *Revista Forense*, v. 81, Rio de Janeiro, 1940.

[18] *Vide* o ardor com que Roberto Lyra defendia a condenação dos passionais à prisão quando jovem promotor e, depois, com mais idade, quando penitenciarista, como se postou contrário à instituição da prisão, demonstrando notável mudança.
Impulsionado por uma sólida formação jurídica que dava sustento a um cérebro incrivelmente pensante, quando jovem, derrotou a teoria defensória e a prática no Júri da "escola do passionalismo", onde se absolvia, a pretexto de defesa da honra, em nome da "perturbação dos sentidos" prevista no art. 27, § 4º, da Consolidação das Leis Penais, aquele que desfechava vários tiros ou inúmeros golpes de faca na mulher que o traíra, inclusive contestando competentemente aqueles que invocavam a desnecessidade da pena para o "passional" porque este não reincidiria, seria um criminoso ocasional, circunstancial, homem de um crime só... então, "por que punir?" Consulte-se "Os Crimes Passionais e a Tolerância da Justiça", *Vida Policial*, Rio de Janeiro, 1926; "Como um Passional se pronuncia sobre o seu crime, sua vida, sua prisão", *Boletim da Sociedade Brasileira de Criminologia*, Rio de Janeiro, 1932; "O Amor e a Responsabilidade Criminal", São Paulo, Saraiva, 1932; "Confidências com Criminosos Passionais", *Revista do Direito Penal*, Rio de Janeiro, abril de 1933; "O Amor no Banco dos Réus", *Revista do Direito Penal*, Rio de Janeiro, maio de 1933; *O Delito Passional na Civilização Contemporânea*, de Enrico Ferri (Lyra traduziu e prefaciou), Livraria Acadêmica Saraiva & Cia., São Paulo, 1934; *O Suícidio Frusto e a Responsabilidade dos Criminosos Passionais*, Rio de Janeiro, Tipografia do Jornal do Comércio, 1935; "Crime Passional", *Revista Forense*, v. 76, Rio de Janeiro, 1938; "Criminosos Passionais", *Revista de Direito Penal*, Rio de Janeiro, abril de 1940; "Legítima Defesa da Honra", *Revista Forense*, v. 108, Rio de Janeiro, 1946 etc.
Depois, mudou radicalmente sua postura:
Vide "Penitência de um Penitenciarista", *Revista de Identificação e Ciências Conexas* n. 25, Belo Horizonte, 1º semestre de 1957; Edição do Instituto de Criminologia. Rio de Janeiro, 1957; Arquivos do Ministério da Justiça, n. 60, Rio de Janeiro, 1956; Edição *Revista Forense*, Rio de Janeiro, 1957. *Vide*, ainda, sobre o seu pensamento "Penitência de um Promotor Público, I", *Revista de Identificação e Ciência Conexas*, n. 39, Belo Horizonte, 1º semestre de 1965; "Penitência de um Promotor Público, II", *Revista de Identificação e Ciências Conexas*, n. 40, Belo Horizonte, 1º semestre de 1966; *Justitia*, n. 52, São Paulo, 2º semestre de 1966.
Sob o título "Penitência de um Penitenciarista", *in Direito Penal Normativo*, José Konfino, 1977. Rio de Ja-

contemporâneo, o italiano Alessandro Baratta, veremos que como líder da "Criminologia Crítica" mudou profundamente de postura quando acatou o princípio da legalidade, uma das pilastras do Estado de Direito[19].

Todos, em menor ou maior grau, revelam sempre a feição mutante do ser humano de perceber o fenômeno natural/cultural.

Hungria mudou, também se contradisse em muitos conceitos, reviu posições[20] e proclama-se, com acerto e não obstante, o "Príncipe dos pena-

---

neiro, 2. ed., p. 183 e s., demonstrava já um saturamento do otimismo do antigo promotor, mais parecendo um liberal advogado criminalista falando: "a melhor prisão é causa de doenças e vícios. Não é o lugar que vicia e enlouquece é a condição, é a vida do preso. Doença físicas e não somente morais e mentais. Ninguém contesta que a prisão enriqueceu o elenco psiquiátrico com a chamada psicose carcerária, psicose da situação, hoje redistribuída e rebatizada, e que propicia outras doenças e perturbações mentais, além de novos capítulos da patologia sexual". "... O Estado condena por vadiagem e sustenta vadios. Difunde e cultiva a sujagem cerebral, facilita o envenenamento moral, realiza o confisco da personalidade, condena esposas à renúncia ou à miséria e filhos à perdição. Inutiliza vontades, esmaga caracteres, prende consciências e solta instintos, de alto a baixo da 'família carcerária'". Em certos aspectos foi excessivamente simplista: "A prisão visa a prevenir e a reprimir crimes. Ora, a prisão é causa de crimes. Logo, a prisão é contraproducente. Por que conservar como efeito o que é causa, sem, sequer, tentar recursos novos – real e não aparentemente – na exata medida das necessidades?" ...A par de jamais conseguir ofertar alternativa válida para a completa substituição da pena de prisão, pretendeu o insensato: "Fechar prisão é, especificamente, obra cirúrgica de prevenção criminal".

19 Vide BARBERO SANTOS, Marino. *A Reforma Penal – Ilícitos Penais Econômicos*, Forense, 1987, p. 9-10.

20 *Ad exemplum, vide* o câmbio operado na temática da função apenatória. Por ocasião dos debates relativos ao tema "Orientações contemporâneas sobre a reforma dos Códigos Penais", incluso da pauta das "Jornadas de Derecho Penal" (Buenos Aires, agosto de 1960), NELSON HUNGRIA afirmou: "Também fui partidário convencido da pena-retribuição. Tenho sido, como tal, um dos autores de um Código eminentemente retribucionista, que é o Código Penal Brasileiro. Mas a lição, a experiência dos acontecimentos do mundo atual, levaram-me a uma revisão do pensamento, a uma revisão de raciocínio, para renegar, para repudiar, uma vez para sempre, a pena-castigo, a pena-retribuição, que de nada vale, que é de resultado ineficaz" (Jornadas de Derecho Penal, Buenos Aires, p. 88). Ao redigir o art. 35 de seu anteprojeto do Código Penal (1963), HUNGRIA consignou sob a rubrica "Função finalística das penas privativas de liberdade": "A pena de reclusão e a de detenção, aquela sob o regime mais rigoroso que esta, são cumpridas em estabelecimentos ou em seções especiais do mesmo estabelecimento, e devem ser executadas de modo que exerçam sobre o condenado uma individualizada ação educacional, no sentido de sua gradativa recuperação social", *apud* RENÉ DOTTI, "O Passageiro da Divina Comédia" (discurso em homenagem ao centenário de nascimento de Hungria, pronunciado no STF, em 5 de junho de 1991, cf. *Revista Jurídica Mineira*, p. 18-19).
Questionar-se-ia, se o emérito penalista, com a contínua mutação social e a ascensão da criminalidade, não revisaria novamente parte de seus conceitos em nome da defesa social?
Também, conhecida a aversão de NELSON HUNGRIA sobre o Júri onde não poupava adjetivos para suprimi-lo do ordenamento jurídico brasileiro ("Osso de megatério", "Justiça de véspora, justiça de roleta, justiça de loteria"), esteve prestes a reconciliar-se com o Tribunal Popular, conforme atesta a carta-prefácio que encaminhou a CARLOS DE ARAUJO LIMA, ao seu *Os Grandes Processos do Júri* (Rio de Janeiro, Liber Juris, 5. ed., 1988, v. II, p. IX-X): "Talento, erudição, habilidade de expressão, tudo se conjuga para o realce dos debates de que V. nos dá notícia. Há ali cintilações de espírito que obrigam a gente reler, uma e outra vez, os trechos que as contêm. Promotores e defensores competem tão galhardamente no jogo da dialética, que não se sabe a quem dar palma. O seu livro vem desvelar o segredo da 'encruzilhada de dúvidas' a que são comumente levados os juízes de fato. Eu mesmo, com a minha experiência de velho juiz togado, a pôr-me de sobreaviso contra o poder aliciante da tribuna de acusação ou de defesa, deixei-me fica perplexo ou indeciso, em mais de uma passagem, com o 'fogo trocado' que perpassa nas páginas do seu *compte rendu*. Motivo da mais justa vaidade foi para mim o saber que sou frequentemente citado *ab utraque parte*, como V. acentuou na amável dedicatória do exemplar que me remeteu. E como Vocês do *barrreau* conseguem tirar de vulgares 'pedras no meio do caminho' sonoridades e reflexos de cristal!

listas brasileiros". Estavam certos os autores à primeira edição da obra? À segunda? Ou quem sabe à quinta, ou ainda somente ao novo livro retificador do antigo? Quem sabe no primeiro escrito ou no rascunho que fora ao lixo[21]?

Nós nos identificamos, bem assim, com a ideia. Não seguimos o homem por todo o sempre, mas a ideia que perdura, o conceito que solidifica, a mensagem que permanece. Se congelarmos a imagem, se fizermos o quadro a quadro do curso da vida de um homem, todos teremos contradições fixadas. Todos terão! Resultará na imagem paradoxal do ser humano, misto de pecados e virtudes, erros e correções. Aí os pegamos, aproveitamos e os enaltecemos, ou os largamos, por isso, e os repudiamos. A glória, o cetro – em caso de os altearmos, elogiando-os – ou os pomposos funerais de nosso desprezo e esquecimento.

***

Creio que nem a interpretação autêntica, feita na fonte pelo próprio autor do pensamento impresso, é fiel ao produto mental que vigia no momento de sua elaboração. Que o diga a filosofia. Pode o autor afirmar: "não quis dizer isso, fui mal interpretado". Não foi (ou foi!). Quis dizer (ou não quis!). O dolo e a culpa, assim como o erro, são vícios de vontade e inteligência que aí estão e estarão sempre, punindo pelo exercício da língua, tantos corpos ilustres (a língua, dizem, é o castigo do corpo!). Assim, às vezes, convoco algum autor, colega, doutrinador ou pensador, para acompanhar-me na liturgia do ideamento. Não posso preocupar-me se agora, muda ou mudou de opinião, ou não se dispõe à coautoria ou ao aval de nossos entendimentos, interpretações ou análises. Quando muito, penitencio-me como filósofo ao dizer que Montaigne não o perdoaria de um mal-entendido, de um descuido ou indelicadeza de fazê-lo partilhar da companhia – "para ele tão incômoda" – dos que aspiram a transformações. Afirma, "em certos pontos esse homem, sempre tão tolerante e complacente, parece intransigente – *intraitable*". "Eu voltaria do outro mundo", diz ele no terceiro livro dos *Ensaios*, "para desmentir

---

Sinto-me tão envaidecido com isso que *quase chego a me reconciliar com o tribunal do povo...*".

21 A propósito, *vide* o artigo "Os ensaios de Foucault" de RENATO JANINE RIBEIRO, no qual demonstra o entendimento diverso sobre o assunto entre Foucault e Goldschimidt: "Foucault pensava a leitura de modo diferente de Victor Goldschimidt. Para Goldschimidt, historiador da filosofia, só podem dizer-se de um autor os textos que ele assinou, autorizando que fossem publicados. Outras obras suas – e isso vale sobretudo para os póstumos – merecem, quando muito, atenção matizada, porque não sabemos se o autor as endossou por completo: podem ser rabiscos, rascunhos, ensaios repudiados. Já para Foucault essa divisão não cabia. Não pensava num autor dominando sua obra, mas num campo mais vasto, de que fazem parte todos os textos, até os falhos...", in *Folha de S.Paulo*, "Jornal de Resenhas", 12-7-1996, p. 1.

aquele que me fizesse diferente do que fui, ainda que com a intenção de me honrar (livro III 9)"[22]. Não acredito em assombração.

Montaigne foi um homem. Por isso falível, sujeito à retórica, aos desmentidos por conveniência. Creio em filosofia, na paixão e na poesia. Creio no direito. "E se voltasse?", perguntariam outros, aludindo aos montaignes de todos os tempos; diria, sustentaria, que falou tal e qual. "E se negasse?", insistiriam. Perguntaria se suportaria que o sabatinássemos, publicamente. Ora, solta uma palavra, impressa no papel, o logocentrismo se instala, e vivemos agora quase escravizados por ela, fazendo toda uma realidade e busca do conhecimento girarem em torno dessa palavra. Este o venerando acórdão a que nenhum escritor escapa. Nem Pero Vaz escapou. A palavra, Caminha.

1.5 UM SISTEMA DE ESTUDO

Isto significa, por analógico, em defesa do "sistema" e postura de quem foi mestre das palavras (na "facúndia e especiosa arte de dizer", conforme Latino Coelho), o escritor e poeta paranaense Paulo Leminsky, que se intitulara não ser um teórico "no sentido como a universidade entende", mas uma espécie de **pensador selvagem**, porquanto de pensamento assistemático "vou lá, ataco um lado, ataco o outro lado ...aliás eu acho que é assim o pensamento criador. O pensamento que alimenta e abastece uma experiência criativa tem que ser pensamento selvagem, não pode ser canalizado por programas"[23]. Paul Feyerabend insurgiu-se também contra essa opressão sistemática, publicando, dentre outras obras, o panfleto "Contra o método. Esboço de uma teoria anarquista do conhecimento", que como acentuado pelo *Le monde,* "apaixonado e provocador" sem ser anarquista, "esse libelo por um saber libertário – o grau zero de uma metodologia pluralista – insurge-se contra o dogmatismo oculto das epistemologias clássicas – obra desses **funcionários do pensamento**"[24]. Faltaria o que os técnicos chamam hoje

---

[22] CARDOSO, Sérgio e outros. "Paixão da Igualdade, paixão da liberdade: a amizade em Montaigne", *in Os Sentidos da Paixão,* Funarte/Companhia das Letras, 1995, p. 159.
[23] LEMINSKY, Paulo e outros. *Os Sentidos da Paixão,* ob. cit., p. 284.
[24] Entrevista de PAUL FEYERABEND (físico e homem de teatro, em Welmar e depois em Viena, posteriormente professor em Berkeley, na Califórnia) ao *Le Monde,* em 28-2-1982. Acentue-se, sua resposta, à pergunta do entrevistador: "Não me considero um anarquista, apesar de já ter escrito um livro anarquista. Do mesmo modo, o fato de ter defendido a epistemologia anarquista não quer dizer que a aprecie. Pareceu-me, indispensável defendê-la, pois há muitos cientistas, defensores da razão, que estão contra ela. Quis provar que o raciocínio deles não era tão irredutível quanto pretendiam. E qual é a melhor maneira de demonstrá-lo? Defender o ponto de vista contrário. Mas nunca revelei minha própria opinião", *vide Ideias Contemporâneas,* trad. Maria Lúcia Blumer, São Paulo, Ática, p. 32.

nos meios acadêmicos de "completividade". É que prefiro, muitas vezes, a própria ambivalência como forma de reflexão.

"Mas aonde vou eu?", então sem um rígido sistema/esquema matemático ao escrever, perguntaria Tobias Barreto e responderia: "Com razão disse Emerson, o filósofo Americano ... que todo escritor é um **patinador**: vai em parte para onde quer ir, e em parte para onde o levam os **trenós**"[25].

Assim, como autor, deixo a pena *escorregar* no papel – **dolo eventual, com a atenuante da confissão** – visando frutificar sinceridades não cabresteadas por outro compromisso senão aquele de produzir a minha fé, como homem pensador e aplicador do direito! Ademais, "na atual crise de valores", lecionou Tullio Ascarelli, "O mundo pede aos juristas ideias novas, mais que sutis interpretações"[26]. E é nesse sentido que afirmo ser preciso pôr fim ao *apartheid* do mercado de consumo livresco, que por vezes se contenta em pedir obras mais que mastigadas para o leitor, obras verdadeiramente já digeridas, subprodutos do *produtivismo*[27] – desse modo se caracterizam algumas coletâneas de ementários jurisprudenciais[28] – como o ativista negro Steve Biko (1948-1977) pretendeu, protestando contra o *apartheid* racial e publicando o sugestivo trabalho cujo conteúdo se desenha já em seu título:

"Escrevo o que EU quero"[29]. "Meu problema é escrever" – confirmou o curitibano rebelde Dalton Trevisan – não imprimir livro"[30].

1.6 UM MÉTODO BRASILEIRO, PARA UM DIREITO PENAL BRASILEIRO

Um **método** que tem por sistema o não sistema – *complicatio* primeiro, depois a *explicatio*! – se *sistema* for de ser entendido apenas como um regramento

---

25 BARRETO, Tobias. *Estudos de Direito I*, edição comemorativa. Governo de Sergipe-Secretaria do Estado de Cultura, Record, 1991, p. 68.
26 *Apud* ORLANDO GOMES. "Em Torno da Formação do Jurista", *in RT* 558.248, também citado por FERRAZ JUNIOR, Tércio Sampaio, *in* 'apresentação', à *Teoria do Ordenamento Jurídico*, NORBERTO BOBBIO, Brasília, Polis-UNB, 1991, 2ª reimpressão, p. 17.
27 JEAN CHESNEAUX, *in Devemos fazer tábula rasa do passado?*, ob. cit., p. 76, afirma que "O discurso histórico, enfim, é *produtivista*. É preciso produzir, e num ritmo furioso, Esse verdadeiro doutrinamento implícito, vindo dos Estados Unidos (*publish or perish*, diz-se nos campi), é hoje admitido por todos. São necessárias teses e outras 'obras magistrais', artigos 'sugestivos', publicações de materiais, contribuições para colóquios, simpósios e seminários...".
28 Obviamente que são coletâneas necessárias; mas, *obviamente* que *é pouco...*
29 BIKO, Steve. *Escrevo o que EU quero*, trad. Grupo Solidário São Domingos, 2. ed. São Paulo, Ática, 1990.
30 Em carta de 6 de fevereiro de 1963, a um crítico, publicada no *Estado de São Paulo*, D6, de 20 de julho de 1996: "Meu Caro: Você está me estragando com os seus elogios. Publico minha literatura em cadernos por falta de editor, que aliás não me faz falta: meu problema é escrever, não imprimir livro".

uniforme de aprendizado – tomado aqui analogamente ao significado de método – para o que não seja uma ciência exata, como o direito, enquanto entendimento de "ciências jurídicas e sociais", consoante melhor denominação para os cursos jurídicos[31]. Não deixa, contudo, de ser um **método** o que se expõe, enquanto este seja "um sistema qualquer de princípios logicamente coordenados, com o auxílio do qual, partindo de noções conhecidas, se pode chegar ao conhecimento da noção que se procura" na lição de Queiroz Lima[32].

Portanto, nenhuma *ruptura* epistemológica, mas algo próprio e inerente à própria natureza da obra, ampla, por vastíssimo e inesgotável ser o assunto de que se trata. Assim, valemo-nos ao correr da escrita, sem abrir mão da precisão científica, do método positivo, do indutivo – aqui seguindo a lição do emérito penalista Winfried Hassemer[33] –, da experimentação, da observação, do método histórico, comparativo, até na argumentação à base de litotes e hipérboles, muitas vezes lavrado à ensaística e à memorialística, o que quase acabaria, em pressurosa análise, em filiação ao **sistema** de um dos inauguradores da busca de um genuíno pensamento brasileiro, Sílvio Romero (Combatido? Autêntico!): "Meu sistema filosófico reduz-se a não ter sistema algum, porque um sistema prende e comprime sempre a verdade".

Mas é de ser feita a ressalva: entenda-se, por necessário, o sentido filosófico do propósito, e não o meramente metodológico, afinal, o método é uma questão de estilo, e *le style c'est l'homme*[34], no célebre dizer de Buffon[35].

---

31 *Vide* a ressalva de Manuel Cavaleiro Ferreira de que "o método e o sistema não são, porém, arbitrários, porque dependem do seu objeto ...", in Lições de Direito Penal. Parte Geral. A Lei Penal e a Teoria do Crime no Código Penal de 1982, 4. ed., Lisboa, Editorial Verbo, 1992, p. 13.

32 LIMA, Queiroz. *Sociologia Jurídica*, 4. ed., Livraria Freitas Bastos, 1936, p. 79.

33 HASSEMER, Winfried. *Fundamentos del Derecho Penal*, trad. para o espanhol por Francisco Muñoz Conde e Luis Arroyo Zapatero, Barcelona, Bosh, Casa editorial, S/A, 1984, p. 17.
"El método inductive. La literatura para la formación de los penalistas complementa sus explicaciones ultimamente con casos prácticos, los cuales presentan grandes diferenciais desde el punto de vista de la magnitud, el origen, la cercanía a la realidad y la suficiencia de información. Las diferencias se explican en parte porque con los casos se persiguen objetivos pedagógicos diversos, al menos éstos son seleccionados con sentido común. Los tipos de libros pueden ser clasificados según la clase de casos que se emplean. La oferta de esta clase de literatura de formación es en la actualidad muy amplia. El muestrario va desde la forma clásica de exposición de la materia, en la que los casos sirven meramente para su ilustración o concreción...".

34 "O estilo é o homem".

35 A sentence de BUFFON, prolatada nos longes do tempo – "Sobre o Estilo", discursou Georges Louis Leclerc, conde de BUFFON na Academia Francesa em 25 de agosto de 1753 – ainda faz efeito e ecoa na atualidade. Todo escritor, antes de partir para a empreitada da produção literária, deveria reler as verdades pronunciadas pelo ilustrado naturalista, precursor de Darwin e Lamarck, autor da monumental obra *História Natural* escrita em 36 volumes que lhe ocupara toda a existência.
Pertencem a ele as bem lançadas assertivas que se extraem do discurso com que ingressou na Academia Francesa em 1752.
"O estilo não é senão a ordem e o movimento que se põem nos pensamentos. Se os encadearmos, restringindo-os se os ajustarmos, o estilo será firme, vigoroso, conciso; mas se os deixarmos suceder-se lentamente, se os unirmos apenas por palavras, por mais elegantes que sejam, tornar-se-á redundante, desalinhavado e fraco...

1.7 MÉTODO "PURO" PARA UM DIREITO PENAL BRASILEIRO?

Ademais, qual método puro estudaria um direito penal como o direito brasileiro que, como sabido, é forjado na proto-etnia de escolas e correntes[36], dificilmente – e verdadeiramente – embalado a um só autor, a uma só linha filosófica, buscando uma só tendência de pensamento? Por isso, esse método quebrado, sincopado, eclético: para um direito brasileiro, multifacetário e mutante, complexo desde sua raiz[37], e confuso até em sua aplicação, seja pela variante de suas interpretações díspares (*vide* a abissal divergiência jurisprudencial), seja pela profusão de seus efeitos. Direito penal brasileiro? A ser estudado **brasileiramente**, hibridamente, desde sua formação, coexistência e interação de escolas e tendências, miscigenado, visando homogeneizá-lo para melhor render – quando for o caso –, distingui-lo para entender – se preciso for –, assim como deve ser o estudo da formação do próprio "Povo Brasileiro[38], para compreendê-lo e fazê-lo evoluir, como à luz da antropologia/sociologia, buscou seus caminhos e trilhas o incansável Darcy Ribeiro, como buscavam os estudos de Euclides da Cunha[39] e as penadas de Gilberto Freyre.

...Pela falta de preparação, por não haver refletido bastante sobre o tema, eis as razões por que um homem de espírito pode se encontrar confuso, sem saber por onde deve começar a escrever. Apercebe-se, simultaneamente de um grande número de ideias e, como não as comparou nem classificou, nada há que o obrigue a preferir uma às outras; assim, fica perplexo. Mas, quando tiver organizado um plano, quando já tiver agrupado e posto em ordem os pensamentos essenciais do seu tema, perceberá facilmente o instante em que deve tomar a pena...
...As regras – dizeis ainda – não podem suprir o gênio; se ele falta, elas serão inúteis. Escrever bem é, ao mesmo tempo, pensar bem, sentir bem, exprimir bem; é ter, simultaneamente, espírito, alma e gosto. O estilo pressupõe a reunião e o exercício de todas as faculdades intelectuais", *in* Coleção "Os Titãs", seleção de Lázaro Liacho, tradução de Silvano de Souza. Livraria "El Ateneo" do Brasil, RJ/SP, v. X, p. 293-300.

36 *Vide*, dentre vários, REBELLO PINHO, Ruy. *História do Direito Penal Brasileiro. Período Colonial*, São Paulo, José Bushatsky, 1973. Editora da Universidade de São Paulo, 236 p.; PIERANGELLI, José Henrique. *Processo Penal. Evolução histórica e fontes legislativas*, Bauru, Javoli, 1983, 823 p.

37 *Vide*, sobre a formação do direito brasileiro, o excelente trabalho de CÉSAR TRÍPOLI, *História do Direito Brasileiro* (ensaio) em dois volumes (v. 1 – época colonial; v. 2 – época imperial), São Paulo, Revista dos Tribunais, 1936 e 1947. Também, o alentado *O Direito do Brasil* de Milton Duarte Segurado, José Bushatsky, Editora da Universidade de São Paulo.

38 RIBEIRO, Darcy. *O Povo Brasileiro. A Formação e o Sentido do Brasil*, 2. ed., São Paulo, Companhia das Letras.

39 Euclides da Cunha (1866-1909), o fabuloso autor de *Os Sertões*, nascido no Rio de Janeiro, engenheiro civil e militar, foi tido por "homem de gênio", cujo cadáver foi autopsiado por Afrânio Peixoto e Diógenes Sampaio para análise à luz do que era então a nova antropologia. Não foi sem razão que em 1931, Roberto Lyra escolheu-o como patrono, quando da fundação da Sociedade Brasileira de Criminologia. "Euclides da Cunha foi o criador de nossa sociologia criminal", apontou Lyra. "Em toda a sua obra, e não só no 'Os Sertões', mas, sobretudo, neste livro, há dominações, penetrações e antecipações sociológicas específicas. Não se limitou à 'deliquência sertaneja', tratando, essencial e profundamente, de fenômenos análogos em todo o País.
Antes dele, ignorávamos que os soldados eram tão atrasados e supersticiosos quanto os perseguidos. Euclides da Cunha enxertou a alma sociológica no corpo psiquiátrico e ostentou as causas de paranoias,

1.8 APREENSÃO DO DIREITO PENAL: O CAMINHO DA TRANSDISCIPLINARIDADE

Mas e o próprio direito penal, como deveria ser apreendido?

O seu objeto, como deveria ser perseguido? Nesse sentido, recomendamos o caminho da interdisciplinaridade e transdisciplinaridade das ciências[40] para seu estudo – para a formação do **criminalista**, mais que **penalista** –, posto que o delito é somente traduzível como um fenômeno dos mais complexos – verdadeiro *planetarium* –, e para o qual concorrem e gravitam em seu contorno, em regra, uma multifatoriedade causacional, como múltiplos são seus efeitos. *Tam multae scelerum facies* (tão múltiplas sãs as faces do crime), na expressão de Virgílio (70-19 a.C.)[41]. Para compreendê-lo e estudá-lo, portanto, sem pudores epistemológicos excessivos, devem trazer um pouco daquilo que Edgar Morin chamou de "contrabando do saber"[42]. Depois a especificação: gênero e espécie. "Um por todos" – as ciências contributivas do direito penal – "e todos por um" (visão de Dumas, a emprestar "mosqueteiros" idealistas ao direito). Da união das disciplinas e de seu estudo conjugado, nascerá a ideia-força que será outra vez especializada, gerando daí novas e "gerais" perquirições; daí o desenvolvimento. Onde a verdadeira ciência e o verdadeiro profissional. Donde o *processus*. Sem

---

epilepsias, psicoses maníaco-depressivas, delírios, como os da hemeropatia, pirexia e, principalmente, da 'loucura do deserto'. Seus diagnósticos e prognósticos desdenharam de quadros nosológicos e períodos médico-legais convencionais. Há intuições prodigiosas de uma higiene e de uma medicina social operando na coletividade.
Ele devassou, com descrições analíticas e explicações sintéticas, o fenômeno da multidão criminosa. Transportou o tema da psicologia para a sociologia, através dos condicionamentos radicais.
Estudou as lutas de famílias entre os pobres Maciéis (Antonio Conselheiro era Maciel) e os ricos Araújos, inciadas em 1833, na região em que ambos viviam, tendo como sede principal a povoação de Boa--Viagem, cerca de dez léguas de Quixeramobim. Assinalou a 'prepotência sem freios dos mandões da aldeia e a exploração pecaminosa por eles exercida sobre a bravura instintiva dos sertanejos. ...Luta de família – é uma variante apenas de tantas outras'. Os Araújos eram 'senhores de baraço e cutelo'. Não faltavam então como não faltam hoje facínoras de fama que lhes alugassem a coragem...", in *Novo Direito Penal. Introdução*, ob. cit., p. 81-82.

40 Edgar Morin (sociólogo, epistemologista, ex-diretor em Paris do Centro de Estudos Transdiciplinares da *École Pratique des Hautes Études en Sciences Sociales* e diretor de pesquisas no *Centre National de la Recherche Scientifique* (*CNRS*) sustenta: "O que me interessa não é uma síntese, mas um pensamento transdiciplinar, um pensamento que não se quebre nas fronteiras entre as disciplinas. O que me interessa é o fenômeno multidimensional, e não a disciplina que recorta uma dimensão nesse fenômeno. Tudo o que é humano é ao mesmo tempo psíquico, sociológico, econômico, histórico, demográfico. É importante que estes aspectos não sejam separados, mas sim que concorram para uma visão poliocular. O que me estimula é a preocupação de ocultar o menos possível a complexidade do real", entrevista ao *Le Monde* em 29 de novembro de 1981, tradução de Maria Lúcia Blumer, vide Ideias Contemporâneas, Ática, p. 35. Principais obras editadas no Brasil: *Cultura de massas do século XX; o espírito do tempo* (ed. Forense Universitária); *Introdução à política do homem* (Forense Universitária); *Para sair do século XX* (ed. Nova Fronteira); *O enigma do Homem* (ed. Zahar).

41 *Geórgicas*, I.

42 *Id., ibid.*

que se caia – vale a ressalva – nos "excessos de especialização, fazendo perder de vista a floresta pela análise exaustiva de cada árvore", consoante alerta de Soares Martinez[43]. Isto porque, o direito, conforme lembrado por Faria Costa não é só um *uni-versum*, mas um *multi-versum*, com feição pluridimensional, que pode ser apreendido de jeito incoincidente com as metódicas sistêmicas[44].

Até porque o próprio estudo do direito reflete, historicamente, uma variedade de métodos, conforme registro também feito por Jiménez Asúa[45].

***

De se esclarecer, no entanto, que o modo de exposição do tema não deixa, em verdade, de ser um sistema, natural, empírico e que, a meu ver,

---

[43] MARTINEZ, Soares. *Filosofia do Direito*, 1. ed., Coimbra, Almedina, 1991, p. 2.
[44] COSTA, Faria. *O Perigo em Direito Penal*, 1. ed., Coimbra, Coimbra Editora, 1992, p. 139.
[45] Explicitando as diferentes óticas para o problema da metodologia na apreensão do direito, Jiménez Luis Asúa (*Principios de Derecho Penal. La Ley y el Delito*, Buenos Aires, Abeledo Perrot, Editorial Sudamericana, 1990, p. 28/29) leciona:
"Método es la serie ordenada de los medios con los que el hombre busca la verdad, y tiene que estar adaptado a la ciencia que investiga.
a) Método jurídico: El derecho, como ciencia cultural, no puede ser indagado con métodos experimentales, y si, como hemos dicho, una ciencia se caracteriza por su objeto y su método privativo, el Derecho ha de poseer un método jurídico. Parece ser que fué Brugi quien habló de él en el año 1890, apesar de que Radbruch atribuye a Otto Mayer la gloria de inventar-lo.
Se dice a menudo que el método lógico-abstracto es proprio del Derecho, y nada hay más falso que esta afirmación. No solo porque hablar de método lógico se presta a confusiones, sino también porque el contenido del derecho es muy vario y no puede esclarecerse con esa metodologia.
b) Método experimental: Los positivistas trataron de sustituir aquel mal llamado método lógico-abstracto por el método experimental, creyendo que el Derecho era susceptible de ser estudiado como las Ciencias naturales. Por entonces resonó, con acento apocalíptico, el grito de Ferri: "Abajo el silogismo!" Pasaron los años, y la Filosofia positiva, en que la escuela criminológica italiana se basó, hubo de hundirse a los embates críticos de un neoidealismo activista, que culminó en Gentile.
Entonces Ferri dijo, con gran desenfado, que la escuela que él capitaneaba no tenía como esencia la Filosofia positiva, sino el método experimental, que hasta fué por él cambiado de nombre, recordando que Galileo, en el Saggiatore, el año 1618, hubo de proponerlo por vez primera. En una interesante conferencia, el joven profesor argentino Francisco Laplaza demonstró también que el denominado método experimental fué incluso requerido en la esfera jurídica por algunos de los antiguos clásicos.
Pero es lo cierto que hasta los positivistas, que dieron a la escuela un sesgo jurídico, tales como Florián y Grispigni, tuvieron que reconocer que, para el Derecho, ese método experimental es inaplicable. En cambio, Ferri siguió en sus últimas obras – como en sus *Principii*, escritos poco antes de su muerte – abominando de la "jerga jurídica" y del método jurídico.
c) Método teleológico: Si el Derecho es una ciencia finalista, require un método teleológico, que se ha defendido como reacción al formalismo últimamente imperante. Este método teleológico, que en Derecho civil recibe el nombre de *interessenjurisprudenz*, ha sido hoy ilustrado en interesantes monografias por Grünhunt, Schwinge, Hippel, Treves, etc. Pero antes de ellos, Liszt había fundado su famoso *Lehrbuch* en las ideas de "fin" expuestas por von Jhering.
El método teleológico averigua la function para que fué creada la Ley; explora la formación teleological de los conceptos; esclarece el bien jurídico; desentraña el tipo legal; se vale del método sistemático, etc., etc., y con ello logra una correcta interpretación de la Ley, descubriendo la voluntad de ésta, según veremos más tarde. El método teleológico admite todas las variedades: es *inventivo*, para los nuevos hechos; *ordenador y constructive*, para la Dogmática, y *expositivo*, para la docencia. Se vale del análisis, de la síntesis, de la deducción, y hasta de la inducción cuando es preciso".

bem se adapta ao estudo da ciência jurídica, disciplina integrada às ciências humano-sociais, enquanto preservante da vida em sociedade e promotora de seu desenvolvimento; enquanto saber de natureza enciclopédica para a possibilitação do alcance do bem comum[46]. Quando necessário, conceituamos, simplisticamente, na melhor advertência de Aristóteles, que dizia ser o conceito a grande arma do pensamento para captar a lógica da realidade. Quando necessário, exemplificamos (porque "os exemplos dizem muito", como lembrado pelo Padre Vieira); quando necessário, criticamos, visando "fazer aparecer o invisível" (Michel Miaille[47]) no visível; quando necessário, integramos-nos na relação experiência-natureza-pensamento, para buscar "o invisível da idealidade", na expressão de Merleau-Ponty[48]; quando entendemos de contestar, contestamos, protestamos, eis que o compromisso que ora se firma é com o estudioso, e este tanto concorda, conceituando, como protesta, discordando, visando sempre ao aprimoramento do saber e, em última análise, à busca incessante do apossamento da verdade. Esta, em síntese, a ideal exegese para uma verdadeira dialética do conhecimento humano. Donde o papel do **escrevente** e do **escritor** distinguidos inteligentemente por Roland Barthes[49].

Remanescerá, sinteticamente, e ainda com maior elasticidade, o sistema de Lyra (a rigor assemelhado ao de Sílvio Romero) para o ensino do **direito penal científico**[50]: "Há unidade de método e pluralidade de objetos, meios e fins. Não há meios proibidos ou exclusivos e, sim, meios peculiares e

---

[46] Perguntou-se a Edgar Morin: "Sua pesquisa transdiciplinar para a elaboração do 'método dos métodos' reflete-se em sua linguagem neológica, jogando com palavras e ideias. Isso se nota até nesta sua máxima: 'o único pensamento vivo é o que se mantém na temperatura da sua própria destruição'". Respondeu: "Essa máxima expressa minha profunda convicção de que o pensamento que pesquisa move-se na interface entre a lógica e a não lógica, entre o racional e o irracionalizável. Não foi por acaso que Pascal pensou até os limites da razão, e Hölderlin até os limites da loucura". Depois, completou, dizendo da necessidade do saber "enciclopedante" ('não no sentido pedante do termo') "no sentido da autoeducação, ou seja, de uma aprendizagem que coloca o saber em ciclos, tentando articular o que está disjunto e deveria estar junto. Minhas viagens através dos territórios do conhecimento fizeram de mim um contrabandista do saber, e é por isso que os sentinelas atiram em mim" (entrevista ao *Le Monde*, 29 de novembro de 1981, trad. Maria Lúcia Blumer. Vide *Ideias Contemporâneas*, Ática, 1989, p. 40).

[47] MIAILLE, Michel. *Uma Introdução Crítica ao Direito*, trad. A. Prata, Moraes, Braga, 1979, p. 17.

[48] *Vide* Adauto Novaes, "A Lógica Atormentada", in *A Crise da Razão*, Funarte-Companhia das Letras, 1996, p. 17.

[49] *Vide* Jean Paul Sartre, *Em Defesa dos intelectuais*, Ática, 1994, p. 59: "É com muita propriedade que Roland Barthes distinguiu os escreventes e os escritores. O escrevente se serve da linguagem para transmitir informações. O escritor é o guardião da linguagem comum, mas ele vai mais longe, e seu material é a linguagem como não significante ou como desinformação; é um artesão que produz um certo objeto verbal através de um trabalho sobre a materialidade das palavras, tomando como meio as significações e como fim o não significante".

[50] *Vide* capítulos seguintes.

preferenciais"[51]. O fito é o ideal da verdade, a perseguir-se com a obra em matéria criminal, a *elegantia juris* de Langdell no Direito – mesmo que não concordemos com seu *case book* como "método" de ensino[52], que seja, uma integridade *lógica* do sistema como sistema.

***

Não me ative, bem de ver, à preocupação no curso da obra, de fazer com que os assuntos guardem uma imediata conexão com outros temas sequencialmente tratados. Essa busca desenfreada da concatenação por uma lógica imediatista, faz com que muitas boas ideias se dispersem por não acharem o comboio de outros ideamentos ou consequências "na próxima linha". A par disso, quantas vezes se veem obras em que os assuntos se encaixam com precisão aritmética ao primeiro olhar e, ao final, descobre-se que a essência, a maior verdade que se procurava, inexistia, carecendo da verdadeira lógica, como *ultima ratio* de qualquer obra que vise legitimar a pesquisa, a produção e a consulta: faltaria **inovação** ou aprimoramento, questionamento ou elucidação. Não basta, pois, a simples remarcação.

O que se quer mesmo é levar o leitor ao pensamento, induzi-lo à reflexão; esta, mais que um método, é a meta, o principal objetivo do autor! Ensinar, hoje, é trazer temas para o debate. Afinal, se o problema é meramente de forma de trabalho e se o princípio-meio-fim são encontrados, ainda que esparsamente, aleatoriamente, como quebra-cabeças (tão logo se altere a estrutura **lógica** da obra), pediria, se fosse o caso, que se seguisse o conselho do príncipe em *O Leopardo* de Lampedusa, ao recomendar a seus pares: "Mudem tudo, mas apenas o suficiente para manter tudo exatamente como está".

---

51 LYRA, Roberto. *Novo Direito Penal. Introdução*, Forense, 1980, p. 155.
52 A tradição do *Common law* inglês inaugurou novos métodos para o ensino jurídico, incorporando nos Estados Unidos o método do ensino do *case system*, que remonta à Inglaterra do século XIII. Seu "aprimoramento", tentando revestir-se de ideia norte-americana, provém do final do século transato através de uma publicação de Christopher Columbus Langdell (Harvard Law School) de um *case book* sobre contratos, o qual estendeu-se como método para todo o ensino jurídico. Parte-se do *case*, do fato em concreto, para o entendimento dos princípios jurídicos aplicados, visando a apreensão do direito do *common law*, fazendo-o de forma interdisciplinar, observando-se no sistema uma analogia entre a ciência do direito e as ciências naturais. Não se estuda do abstrato (leis, doutrinas etc.) para o concreto, como no Brasil; mas do concreto, para o abstrato (ou concreto!). A vida imitando a ciência e, por conseguinte, facultando-lhe o estudo pela ocorrência do fato jurídico.
Esse modelo, que se adequa a um "costume" e cultura norte-americanos (inclusive criticadíssimo pelos próprios aplicadores, que não veem sequer como reformular o ensino), opõe-se ainda de outro modo à formação do estudante brasileiro, que é bastante distante da formação do estudante norte-americano, e que torna-se ainda de distância mais abissal se se observar a concepção bastante diversa das instituições de Justiça daquele país, comparadas às nossas.

A BUSCA DE UM DIREITO PENAL BRASILEIRO

Sumário: *2.1. O Homo novus e o direito penal pro societate. 2.2. Reforma "setorizada" do direito penal: questão de reengenharia. 2.3. Um reclamo que vem do Nordeste: a busca de uma identidade ao pensamento jurídico nacional. 2.4. Independência pensante: o propósito de firmarmos nossa posição no universo do direito penal enquanto fenômeno cultural. 2.5. Saber-libertação: a tônica de uma busca para uma filosofia penal. 2.6. Origens e caminhos para um direito penal da sociedade: Tobias Barreto, Roberto Lyra e Nelson Hungria.*

2.1 O *HOMO NOVUS* E O DIREITO PENAL *PRO SOCIETATE*

E como se estuda, nessa perspectiva, o direito penal? Por lembrança, faz-se necessária a advertência do filósofo lusitano Paulo Ferreira da Cunha[1]:

"Nas suas aulas de pós-graduação, o saudoso Professor Doutor Cabral de Moncada – pelo menos assim reza a lenda – costumava prender a atenção sempre um tanto aérea dos estudantes com uma peremptória e delimitadora frase de abertura: **"Nesse ano letivo, vamos tão só estudar o século XVIII"**. O olhar e os sorrisos de muitos discentes abriam-se, face à cativante perspectiva de se verem desembaraçados de mais de oitenta por cento do programa de História da Filosofia do Direito e do Estado, para nem sequer contabilizar uma evidente dispensa de material da parte doutrinal e crítica

---

[1] *Pensar o Direito – Do realismo clássico à análise crítica*, Coimbra, Almedina, 1990, p. 85.

(e isto fazendo apenas as contas ao texto dos dois volumes das Lições dadas à estampa pelo insigne jusfilósofo e historiador).

Iam ainda os escolares de leis na pré-gustação (não ainda verdadeiro saborear) do seu lazer filosófico, quando o Mestre atalhava, completando-se: "**Evidentemente: o século XVIII, para trás e para diante**".

E é assim que dentre os ledores, a licença que se pede é um brevíssimo historiar da questão, ao se tratar do problema da Justiça Penal, intrínseca e extrinsecamente considerada, para o século que anuncia. Para isto é preciso, "escovar a história a contrapelo" na expressão de Rouanet[2], nadar por vezes na "contracorrente do fluxo do tempo", conforme Chesneaux[3], quando em busca do desenho de um *homo novus* e de um direito penal *pro societate* poderemos, até onde seja possível, atingir o macroconceito de justiça que auguramos.

Essa, a perspectiva de que se falava: dar-se-á uma análise crítica e um *corsi e ricorsi* nos ponteiros do tempo[4], conjugando-se ora com o método do filósofo Abraham Moles – que "pensa o *presente* a partir do **futuro**" – ora com o da ciência clássica – para a qual o **futuro** determina-se pela análise do passado – ora através da noção exposta por Jacquard, para quem, através do **presente** "pode-se determiner um número quase infinito de **possíveis**"[5] ...é que não cremos em uma *philosophia perennis*.

E não existirá, por certo, *currente calamo* – ao correr da pena –, ao tratar do tema, nenhum rigor de paleontólogo que se apraz em exumar o pretérito para celebrá-lo; senão o necessário repassar do ontem para podermos desenhar caminhos ao amanhã, sob o signo e a consciência da

---

2 ROUANET, Sérgio Paulo, apud PEREIRA DOS SANTOS, Gerson, in *Do Passado ao Futuro em Direito Penal*, 1. ed., Porto Alegre, Antonio Fabris, Editor, 1991, p. 16.
3 "É preciso, e isso recordando ainda mais nossos hábitos, tomar consciência do fato de que a reflexão histórica é regressiva, que ela normalmente funciona a partir do presente, na *contracorrente do fluxo do tempo*, e que essa é sua razão de ser fundamental ...". CHESNEAUX, Jean. *Devemos Fazer Tábula Rasa do Passado? Sobre história e os historiadores*, ob. cit., p. 60.
4 *Vide* Gianbatista Vicco e Miguel Reale, *Paradigmas da Cultura Contemporânea*, ob. cit., p. 122.
5 Cf. Albert Jacquard e Pessis-Pasternack, entrevista do primeiro no *Le Monde*, 26 de setembro de 1982. Devo esclarecer que a pluralidade dos métodos filosóficos vem em homenagem à busca da verdade, para o aprimoramento do saber e o despertar de soluções, como recomendava o nosso Euclides da Cunha de que não nos filiássemos às escolas filosóficas: "O que é um verdadeiro absurdo na mocidade, na quadra exuberante em que, para a formação imprescindível da consciência, nos voltamos indistintamente para todas as ideias, abrindo com igual interesse e igual curiosidade todos os livros, ouvindo com igual respeito toas as crenças e tributando igual veneração a todos os sábios...", cf. discurso proferido no Instituto Politécnico reproduzido no *Estado de São Paulo* (24-5 e 1º-6-1892), agora coligido em obra denominada *História – Euclides da Cunha*, Walnice Nogueira Galvão (org.) e Florestan Fernandes (coord.), Ática, 1984, p. 65 (coleção Grandes cientistas sociais).

historicidade, conforme lembrada pelo insigne mestre português Taipa de Carvalho[6]. Afinal, nosso direito não se iniciou com os lusos? Citemo-los, sem pejo e pelo valor, porque, quando o caso e a seu tempo, queremos também a legitimidade para a crítica.

2.2 REFORMA "SETORIZADA" DO DIREITO PENAL: QUESTÃO DE REENGENHARIA

Ao utilizar-me da expressão "direito penal da sociedade" busco também princípios para a própria **reengenharia** – termo hoje já no condomínio doutrinal tendente às novas propostas de Estado, empresa – **do direito penal**, fazendo-o com a mesma concepção de método intentada pelas comissões que se constituíram para a apresentação de anteprojetos de reforma da lei processual[7]: ou seja, busca-se, primeiro, a detecção de certas questões necessárias a uma reflexão, depois a proposição de algumas mudanças tópicas, pontuais, setorizadas, ante a inviável ideia de uma "mudança total", posto a própria noção de "Justiça", enquanto função do Estado, não comportá-la à luz de uma teoria mais realística.

---

[6] "O pensamento dos grandes filósofos – mesmo o destes", refere o ilustre mestre lusitano, aludindo a Kant e a Hegel, "não é estranho às interpelações do momento histórico em que escrevem. Disto se esquecem, muitas vezes, os comentadores. Tal esquecimento-inconsciência provoca, normalmente, uma de duas atitudes: idolatria da obra e tentativa de aplicação dogmática a um tempo diferente ou, opostamente, recusa global da obra por imprestável para um momento histórico com novos problemas. Ora a atitude razoável será a da consciência da historicidade da obra e, simultaneamente, da validade (quando a tem), da racionalidade desse pensamento que, numa diferente situação histórica, poderá levar a diferentes respostas aos diferentes problemas concretos do presente. – À racionalidade da obra a racionalidade da reflexão sobre ela", TAIPA DE CARVALHO, Américo A., Condicionalidade Sociocultural do Direito Penal. Análise histórica. Sentido e limites. Separata do número especial do Boletim da Faculdade de Direito de Coimbra – *Estudos em Homenagem aos Profs. Manuel Paulo Merêa e Guilherme Braga da Cruz*, Coimbra, 1985, p. 60.
Nesse sentido, buscar-se-á, por vezes – feita desde já a ressalva do necessário de se analisar o homem à sua época, sua obra à sua história – o sentido do presente trabalho, não somente no pensamento contemporâneo, mas por vezes, mesmo em autores indevidamente inumados pelo passar do tempo, mas que se fazem sábios e atuais, mais ainda, que muitos atuais sábios de agora.

[7] No dia 30 de março de 1992, o *Diário Oficial da União* publicou a Portaria n. 145 do então ministro da Justiça, Célio Borja, designando o ministro Sálvio de Figueiredo Teixeira para presidir as comissões de juristas encarregadas de promover estudos e apresentar propostas visando à reforma do Código de Processo Penal e do Código de Processo Civil. Referidos juristas entenderam de aplicar cinco posicionamentos adotados como metodologia dos trabalhos: *a)* localização dos pontos de estrangulamento da prestação jurisdicional; *b)* afastamento das divergências doutrinárias ou meramente acadêmicas, assim como outros setores a serem reformados, para se concentrar nos objetivos de simplificação, agilização e modernidade do processo; *c)* o encaminhamento da reforma em mais de um projeto, com características setoriais, para facilitar a publicidade, discussão e tramitação no Congresso Nacional; *d)* o aproveitamento da própria disposição topográfica dos artigos de lei existentes, abrindo espaços para novos se for necessário, mas sem alterar a fisionomia do Código; *e)* a busca de consenso em relação às propostas apresentadas, cf. Athos Gusmão Carneiro e Sálvio de Figueiredo Teixeira, A Reforma do Processo Civil, artigo publicado no suplemento do *Correio Brasiliense* em 14 de dezembro de 1992, p. 3-7, Direito e Justiça, vide, a propósito René Dotti, Anteprojeto do Júri, *in Revista Brasileira de Ciências Criminais*, n. 6 (São Paulo, abril-junho de 1994), p. 294 e s.

Oferece-se um esboço, um ensaio, para viabilização de seu aperfeiçoamento, a salvaguarda de uma infraestrutura e uma filosofia de ação, com reflexos extramuros, obviamente, *pro societate*, sobretudo visando adequar-se à nova era, perspectivando-se a centúria que se avizinha. Fixa-se assim a tintura de um primeiro ponto, para com o friso de um traço subjetivo, buscar-se objetivamente o *disegno*. Alvitra-se amoldar-se à transcendente ideia de **interesse social**, vale dizer, nem político-ideológico ou de Estado, eis que a noção que se nutre acerca da ideia de "direito penal da sociedade" aqui considerada, encontrará apenas **limite territorial** – a geografia brasileira, a realidade nacional – e **limite temporal** – para a sociedade que se constrói e o tempo que está por vir[8].

2.3 UM RECLAMO QUE VEM DO NORDESTE: A BUSCA DE UMA IDENTIDADE AO PENSAMENTO JURÍDICO NACIONAL

"Tobias Barreto foi um desses espíritos em que convergem as mais distantes correntes do pensamento e cuja curiosidade desperta, conduz a diferentes rumos do saber.

Com essa aguda capacidade de aprender e dominar os vários temas da cultura, doutrinou aqui em diversas cátedras, deixando em cada uma delas o traço acentuado de seu espírito renovador.

Mas, nesse forte pensador inquieto e dispersivo, cuja estatura excedeu de muito as proporções do seu tempo, afeição mais interessante para o estudioso das questões jurídicas é a do mestre do Direito Penal.

Foi aí que ele consolidou seu renome de jurista e criou as mais fortes expressões de sua obra na ciência do direito" (**Anibal Bruno**[9]).

"O pioneirismo de Tobias é inconteste, quer no campo da filosofia, ao abrir novos horizontes inspiradores de nosso pensar; quer nos domínios do direito, reconhecendo-lhe os pressupostos históricos e sociais; quer no campo da política, reclamando atenção para seus fundamentos

---

8   *Vide* Miguel Reale, *Paradigmas da Cultura Contemporânea*, recém-lançado pela Saraiva, SP, 1996, 23-37 (Cultura e História).

9   Excerto da conferência pronunciada em nome da Congregação da Faculdade de Direito do Recife, na sessão comemorativa do primeiro centenário de nascimento de Tobias Barreto (1939).

doutrinários, quer na tela social, ao defender os direitos da mulher; quer na esfera..." (**Miguel Reale**[10]).

"Voltar a Tobias é progredir... nós não voltamos a ele, foi ele que com seu gênio chegou até nosso século e atravessará os séculos futuros" (**Brasil Bandecchi**[11]).

O que levaria Zaffaroni, um dos maiores penalistas vivos da América Latina, a estudar e recomendar o estudo de Tobias Barreto (1839-1889)[12], passados mais de cem anos de sua morte[13]?

Talvez a paixão pelo homem de gênio, aquele cérebro privilegiado e inconstante que, de sua leitura, obriga-nos a pensar, de seus ensinamentos, leva-nos à admiração, outras vezes à reflexão e, daí, à derrubada de dogmas e mitos. Portanto, sem a necessidade de pagar tributo único a pensadores contemporâneos – se a definição de atualidade-modernidade for simplesmente cronológica[14] – creio podermos buscar uma feição filosófica e um discurso de ação à Justiça Pública e ao direito penal, arrimadas no gênio poliédrico de Tobias Barreto, cuja inteligência protraiu-se no tempo e no espaço[15] e ainda hoje é atual.

---

10 Tobias Barreto-Edição Comemorativa, *Estudos de Direito*, 1. ed., Governo de Sergipe, Record, p. 42. MIGUEL REALE, *in* 'Tobias Barreto na Cultura Brasileira'. *Vide*, por oportuno, em obra editada em homeagen ao Prof. Reale, quando Vamireh Chacon ressalta – com evidente precisão – que "A primeira grande fonte do culturalismo no Brasil é Tobias Barreto, com suas pioneiras distinções entre natureza e cultura ('o conceito de *cultura* é mais amplo que o de *civilização*... A civilização se caracteriza por traços, que representam mais o lado exterior que o lado íntimo da cultura')", *in Direito, Política, Filosofia e Poesia. Estudos em homenagem ao professor MIGUEL REALE no seu octogésimo aniversário*, LAFER, Celso e SAMPAIO FERRAZ JR., Tércio (coord.), São Paulo, Saraiva, 1992, p. 429; *vide*, também, Gláucio Veiga, ob. cit. (Direito, Política...), p. 457, o tópico "O Culturalismo de Tobias".
11 BRASIL BANDECCHI, *in Obras Completas*, cit., volume "Crítica Política e Social", artigo "Fortuna Crítica", p. 257.
12 Tobias Barreto nasceu na então Vila de Campos, no sertão de Rio Real, Estado de Sergipe, no dia 7 de junho de 1839.
13 ZAFFARONI, Eugênio Raúl. Elementos para uma leitura de Tobias Barreto, *in Ciência e Política Criminal em Honra de Heleno Fragoso*, ARAUJO JUNIOR, João Marcello de (org.), Forense, 1992, p. 175.
14 ...Outra vez os problemas e purismos linguísticos. "Modernus" é um vocábulo medieval, lembra o historiador Peter Burke que, em artigo denominado "As máscaras seculares do 'moderno'", demonstra as questões não resolvidas suscitadas sobre o que seja "moderno" ou "pós-moderno", relembrando, quanto a este último ...e vale para toda tentativa de etiquetação – que:
"Do ponto de vista de uma história cultural, pelo menos, o termo 'pós-moderno' é um tanto estranho. Em primeiro lugar, ele é um rótulo para um período no qual os rótulos foram repudiados como parte daquela 'Grande Narrativa' da história mundial criticada por Jean-François Lyotard ao final da década de 70. Em segundo lugar, o termo 'pós-moderno' é útil somente se já estivermos de acordo sobre o que significa 'modernidade', infelizmente, o conceito de modernidade é tão impalpável que melhor seria descartá-lo por completo ..." (*Folha de S.Paulo*, 14-7-1996, caderno 5, p. 7).
15 O "velho mundo" prestou homenagens ao chefe da "Escola do Recife" destacando-se, inclusive, na alta intelectualidade alemã, sobretudo o grande Rudolf von Jhering (1818-1892) que rendia loas à

Não é apenas o precursor de uma ciência do processo penal brasileiro que aqui se festeja. Não é apenas o reconhecimento ao penalista tantas vezes ilustre[16] – são recitadas ainda hoje suas críticas a Lombroso[17], Carrara[18] etc. – e ao criminalista de fogo e ação que agora se celebra. Mas é nesta figura de gênio inquieto e espírito independente que se busca[19], mesmo no paradoxo e nas contradições, e retilíneo pensamento *pro societate*, de altivez de propósitos, para balizar, nas variantes e vetores que caracterizam e timbram com sinuosidade a própria história do pensamento jurídico nacional, uma seta a apontar rumos ao futuro.

Foi Tobias, no dizer de Reale, "o maior dos pensadores do Nordeste", e "o homem mais eminente que o Brasil produziu na segunda metade do

---

sua inteligência. Ao conceito de Jhering, o mestre de Göettingen, como sendo o "direito o conjunto de condições existenciais da sociedade *coativamente* asseguradas' (*vide* a tradução de seu *Zweck im Recht*, por Abel D'Azevedo, *A Evolução do Direito*, Lisboa, José Bastos & C. Editores, s.d.) Tobias acrescentou, verdadeiramente retificando: "Se ao epíteto *existenciais* adicionarmos *evolucionais*, pois que a sociedade não quer somente *existir*, mas também desenvolver-se, teremos a mais justa concepção e definição do direito" (*vide Estudos de Direito*, T. BARRETO, Salvador, Livraria Progresso Editora, 1951, p. 106/108). Sobre o tema, *vide* "Os Correspondentes Alemães de Tobias Barreto", por Mário Losano – da Universidade de Milão – na obra *Direito, Política ...em homenagem ao Professor MIGUEL REALE*, cit., p. 435-444.

16 *Vide* de Tobias Barreto "Menores e Loucos e Fundamentos do Direito de Punir", em suas *Obras Completas*, ob. cit., dentre outros escritos.

17 *Vide* sobre Lombroso, referência no índice onomástico.

18 Carrara viveu 83 anos, foi discípulo e continuador de Carmignani na cátedra de Pisa, dando sistematização aos princípios penais. Ferri chamava-o por sua genialidade de "o sumo mestre de Pisa". Sobre sua personalidade e inteligência confira-se o prólogo que Sebastian Sóler ofertou à sua obra quando da tradução para o espanhol *Programa del curso de Derecho Criminal dictado en la Real Universidad de Pisa*, Buenos Aires, 1944-46). No dogmatismo penal é considerado o maior expoente da Escola Clássica, com lições que ainda hoje são consultadas com proveito, cf. o seu clássico *Programma del corso di diritto criminale* (1. ed. em 1859). Referida obra foi vertida ao português (a parte geral) por José Luiz V. de A. Franceschini e J. R. Prestes Barra (São Paulo, 1956). Posteriormente publicou também outra grande obra, *Opuscoli*, em sete volumes, onde tratou de temas particulares e *Reminiscenze di cattedra e foro* em 1883 (este ainda traduzido recentemente para o castelhano) e *Lineamenti di pratica legislativa* em 1874. *Ad curiositatem, vide* que entre seus seguidores destacam-se: Pessina (*Elementi di diritto penale*, 1882); Puccioni (*Il codice penale toscano, ilustrato*, 1855/1856); Giuliani (*Inst. di diritto criminale*, 1856); Tolomei (*Diritto e procedura penale*, 1876); Paoli (*Nozioni elementari di diritto penale*, 1882); Canonico (*Introduzione allo studio del dir. pen.*, 1872); Luchini (*Corso di dir. Penale*, 1884); Bucelatti (*Inst. de dir. e proc. penale*, 1884); Brusa (*Sinossi del lezioni di diritto e proc. pen.*, 1881 e *Prolegomeni al dir. penale*, 1888).

19 Polemista invulgar, é de Tobias Barreto uma das mais ardorosas defesas da "analogia" em direito penal, onde pretende proclamar o desacerto do pensamento penalístico que a veta, e canta louvores aos seus méritos. Faz acurado estudo das decorrências do *nullum crimen, nulla poena sine lege* e, tratando a analogia como decorrência desse princípio, demonstra como exsurgem vantagens aos "criminosos" beneficiados pela vedação da analogia, face às imperfeições e lacunas da lei penal. A propósito, *vide* a análise sobre Tobias e a analogia feitas por Anibal Bruno, *in* "Tobias Barreto Criminalista", "Conferência pronunciada em nome da Congregação da Faculdade de Direito do Recife, na sessão comemorativa do primeiro centenário de nascimento de Tobias Barreto – 1939", reproduzida nos "Estudos de Direito II" (*Obras Completas de Tobias Barreto*), ob. cit., p. 273.

século XIX"[20], no entender de Viveiros de Castro. Então, ao Sul e ao Sudeste o Nordeste "pede passagem", como aos jovens um ancião pediria licença a lecionar novos caminhos ...

Ademais, porque, sem o pretender, Tobias acabou por dar uma definição que bem se amolda à ideia conjugada do conceito de Justiça Pública, ao aludir à trindade que se unifica no "homem-sociedade-Estado":

"O cidadão é a forma social do homem, como o Estado é a forma social do povo devendo o Estado ser a sabedoria no poder"[21].

Poder-se-ia invocar muitos outros grandes homens públicos ou filósofos brasileiros, mas, por justiça, deve-se a Tobias a referência de uma filosofia própria, pois foi ele quem primeiro e mais eficazmente reclamou essa necessidade brasileira de "pensar por nossa conta"[22]. "Trata-se, então de pioneirismo. Entreguemo-lhe, por justo direito, por reclamo da história, essa "posição exclusiva de pioneiro na abertura do Brasil para o diálogo universal das ideias", como fez bom registro o citado e notável Miguel Reale[23], adequando, de outra parte, o melhor, do então "mais atualizado pensamento importado", para a necessidade nacional[24].

---

20 CASTRO, VIVEIROS. *A nova Escola Penal*, Rio de Janeiro, 1913, p. 7.
21 *Vide Estudos de Direito*, ob. cit., V. I, p. 41/42.
22 Tobias era germanófilo – nenhuma contradição nesse fato –, cultura de sua preferência para buscar soluções às suas inquietações de gênio.
   Vide Os Correspondentes Alemães de Tobias Barreto, por Mario Losano, cit., p. 435 e s. Teve variadas aptidões e foi retratado (embora, também, cultuado) pelo nosso Roberto Lyra, como "pêndulo", que ora oscilava por uma corrente filosófica ora para outra Escola ...no que aliás, a história registra ao próprio Lyra. Contudo, sem jamais ter saído do Brasil, "provavelmente único morador de Escada que falava alemão à sua época", acentuam-lhe os biógrafos, estabelecia polêmicas intelectuais internacionalmente, criticando e corrigindo o direito penal da época de Carrara, a antropologia de Lombroso, conceituando a filosofia de Littré, Haeckel e Comte, assim como intrometendo-se em todos os domínios da cultura da época (música, poesia, literatura...!) O fato é, que, pobre, perdido no interior de Pernambuco ou na capital, protraiu sua inteligência para além fronteira (variados tradistas da Europa teciam-lhe considerações), e chegando até os dias atuais. Foi um marco na história do pensamento altivo brasileiro; foi acentuadamente, "mulato altaneiro", produto-mescla da gente brasileira.
23 REALE, Miguel. Obras Completas de Tobias Barreto – Edição comemorativa, *Estudos de Direito vol I*, publicação do governo de Sergipe (Secretaria de Cultura) – Record, 1991, p. 39.
24 Tobias teve a seu lado Silvio Romero – aliado de primeira grandeza da "Escola do Recife" –, para quem, no registro de Cruz Costa, "*a mercadoria intelectual de importação* passa a constituir objeto de menor importância e os problemas nacionais ...passam a ocupar a atenção dos nossos letrados" (*in Contribuição à história das ideias no Brasil – O desenvolvimento da filosofia no Brasil e a evolução histórica nacional*, 1. ed., Rio de Janeiro, Livraria José Olympio Editora, 1956, p. 135). Declaram, juntos, a necessidade de "pensar brasileiramente" os "problemas nacionais", e dentro ou fora do Brasil, produzir, purificar, "apertar e torcer", modelos ou receitas, para encontrar soluções "à nossa gente".

2.4 INDEPENDÊNCIA PENSANTE: O PROPÓSITO DE FIRMARMOS NOSSA POSIÇÃO NO UNIVERSO DO DIREITO PENAL ENQUANTO FENÔMENO CULTURAL

"Quem conhece as impressões de seus discípulos, pode assegurar que TOBIAS foi o maior professor de Direito Penal que os nossos cursos jurídicos já possuíram. Ele se gabava de despertar o apetite intelectual" (**Roberto Lyra**[25]).

Não engolia Tobias a já enxundiosa produção livresca gálica, germânica ou itálica sem uma demorada e consciente mastigação intelectual, após o que expurgava a gordura e o sebo, ficando apenas com os nutrientes e vitaminas, se porventura houvesse. "Importava" a ciência germânica, mas reprocessava-a em seu intelecto, cotejava-a e amoldava-a ao querer de um pensamento idealístico à nossa necessidade. Se errava, ao menos tinha "credo". Nesse sentido, Tobias chamou-nos a atenção sobre "a necessidade em não nos contentarmos apenas com a grandeza do Rio Amazonas, ou com as belezas tropicais, cabendo à nossa gente afirmar-se no plano da cultura"[26].

Marca-se, pois com o "mulato sergipano", reverenciado pela alta intelectualidade brasileira – Bevilácqua, Lyra, Antonio Paim, Paulo Mercadante, Pinto Ferreira, Evaristo de Moraes Filho[27] – o contexto da presente: a necessidade de um direito penal que se adapte à realidade de nossa gente – ideia base de **eficácia** –, para depois obtermos uma Justiça aparelhada e apta a empregá-lo.

---

25 LYRA, Roberto. "Crônica: Tobias Barreto e o Direito Penal", *Revista Forense*, fevereiro 1940, p. 235.
26 REALE, Miguel, ob. cit., p. 38.
27 BEVILÁCQUA, Clóvis. 'Tobias Barreto', *in Juristas Filósofos*, Salvador, Livraria Magalhães, 1897, p. 107-130; BEVILÁCQUA, Clóvis, *Época e individualidade*, 2. ed., Salvador, Livraria Magalhães, 1895; BELO, José Maria, *Inteligência do Brasil*, São Paulo, Companhia Editora Nacional, 1935; AMADO, Gilberto, *Minha Formação no Recife*, Rio de Janeiro, José Olympio, 1955; CARPEAUX, Otto Maria, *Pequena bibliografia da literatura brasileira*, 2. ed., Rio de Janeiro, Ministério da Educação, 1935; COSTA, João Cruz, *A filosofia no Brasil*, Porto Alegre, Globo, 1945, p. 63-65, 82-84; PINTO FERREIRA, Luis, *Tobias Barreto e a Nova Escola do Recife*, 2. ed., Rio de Janeiro, José Konfino, 1958; LYRA, Roberto, *Novo Direito Penal – Introdução*, Rio de Janeiro, Forense, 1980, p. 27-42; LYRA, Roberto e ARAUJO JUNIOR, João Marcello, *Criminologia – Reforma do Homem pelo Homem* (*Tobias Barreto*), 2. ed., Rio de Janeiro, Forense, p. 119; EVARISTO DE MORAES FILHO, Antonio, *Medo à Utopia: O pensamento social de Tobias Barreto e Silvio Romero*, Rio de Janeiro, Nova Fronteira, Brasília, INL, 1985; EVARISTO DE MORAES FILHO, Antonio, Tobias Barreto, Intérprete do Caráter Nacional, *in Tobias Barreto. A Questão do Poder Moderador e outros Ensaios Brasileiros*, Petrópolis, Vozes, Brasília, INL, 1977, p. 21-63; do mesmo autor, *Tobias Barreto – Pluralista do Direito?*, São Paulo, Revista Brasileira de Filosofia, 1975 (jul./set.), p. 259-280; REALE, Miguel, O Culturalismo na Escola do Recife, *in Horizontes do Direito e da História*, São Paulo, Saraiva, 1956, p. 225-233; BRUNO, Anibal, Tobias Barreto, Criminalista, *Revista Acadêmica da Faculdade de Direito do Recife*, ano XLVII, Recife, 1938, p. 425; MENDONÇA, Carlos Sussekind de, *Silvio Romero: Sua Formação Intellectual*, São Paulo, Companhia Editora Nacional, 1938, p. 339.

2.5 SABER-LIBERTAÇÃO: A TÔNICA DE UMA BUSCA PARA UMA FILOSOFIA PENAL

Portanto, busca-se um "saber-libertação", um "saber mais e melhor", a contrariar o "saber-prisão". Um saber que encontre razão de existir na **necessidade** de uma gente e que encontre defesa em existir, na viabilização de sua execução prática. Nada do apenas e filosófico *homo theoreticus*[28] – "filósofo de poltrona" na expressão de Machado Neto[29] – obstinado pelo valor da verdade enquanto teoria, mas a formação de um *homo juridicus* comprometido com o *praticus*[30].

Reclamou, Tobias, contra os que pretendem "modernidade" na "última edição": "não me enfileiro com os que seguem sempre a doutrina expendida pela última obra que lhe chegou às mãos". Anunciou poderação: "Ninguém mais do que eu está sempre disposto a reformar, a abandonar mesmo, como imprestáveis, as opiniões mais queridas, quando recai sobre elas qualquer suspeita de erro. Mas, quero ver as razões que me convençam".

Este, penso, aproximadamente um matiz filosófico que pode nos guiar à ação, como os antigos *philosophes* "especialistas do saber prático": homens da lei, como Montesquieu; das letras, como Voltaire e Rousseau, e matemáticos, como D'Alembert. Sem arroubos, mas um pouco rebelados para vislumbrar caminhos à mudança, vale dizer, um pouco, também do "homem contradição", o intelectual de Sartre, comprometido com a ação[31].

2.6 ORIGENS E CAMINHOS PARA UM DIREITO PENAL DA SOCIEDADE: TOBIAS BARRETO, ROBERTO LYRA E NELSON HUNGRIA

"Aí está, senhores doutores, o segredo do descrédito em que caiu a ciência que cultivamos.

É preciso levar a convicção ao ânimo dos opiniáticos.

Não se crava o ferro no âmago da madeira com uma só pancada de martelo.

---

[28] Vide SPRANGER, in Formas de Vida, apud REALE, Miguel, *Filosofia do Direito*, 13. ed., São Paulo, Saraiva, 1990, p. 229.
[29] A. L. MACHADO NETO, *Sociologia Jurídica*, 6. ed., São Paulo, Saraiva, 1987, p. 193.
[30] Vide FERREIRA DA CUNHA, Paulo, ob. cit., p. 334.
[31] SARTRE, Jean-Paul, *Plaidoyer pour les intellectuels*, Paris, Éditions Gallimard, 1972.

É mister bater, bater cem vezes e cem vezes repetir: o direito não é um filho do céu, é simplesmente um fenômeno histórico, um produto cultural da humanidade. *Serpens nisi serpentem comederit, non fit draco:* – a serpe que não devora a serpe não se faz dragão; a força que não vence a força não se faz direito: o direito é a força que matou a própria força" (**Tobias Barreto**[32]).

"De mais a mais, o jurista-filósofo e jurisconsulto debate os mais interessantes problemas da ciência do direito, divulgando os novos ensaios de von Jhering, praticamente desconhecidos num ambiente onde se ensinava teologicamente o direito com um doce perfume de sacristia. Concebe o direito como um princípio de seleção legal na luta pela vida, entendendo-a dialeticamente como conjunto de condições existentes e evolucionais da sociedade cativante asseguradas pelo poder público" (**Pinto Ferreira**[33]).

Conjugue-se assim o verbo, no passado e no futuro, de minha admiração pela independência e inventividade de Tobias Barreto que ensejaram a Escola do Recife[34], no pretérito mais remoto[35], em cuja forma de trabalho

---

[32] BARRETO, Tobias, "Ideia do Direito", discurso de paraninfo em colação de grau, proferido no dia 10 de abril de 1883, vide *Obras Completas de Tobias Barreto*. Edição Comemorativa, Governo de Sergipe, Secretaria de Cultura, Rio de Janeiro, Record, 1991, p. 46.

[33] FERREIRA, Pinto, *História da Literatura Brasileira*, V. III, edição da Faculdade de Direito de Caruaru, 1982.

[34] Com precisão, anota Luiz Antonio Barreto, *in Tobias Barreto*, Sociedade Editorial de Sergipe, 1994, p. 138-139: "No Brasil Tobias Barreto foi dos raros pensadores a ser aceito no ambiente da Faculdade de Direito, onde fora aluno e desafeto dos surrados e emboloradas compêndios. Seus companheiros, como Silvio Romero e Artur Orlando, com quem manteve total entrosamento e intimidade, foram barrados na entrada da escola, derrotados nos concursos a que se submeteram. Por isso mesmo a Faculdade de Direito do Recife, cenário e depois palco das transformações mentais da juventude, não produziu, depois de Tobias, qualquer vertente inovadora de cultura, ainda que por ela passassem figuras notáveis que honraram a memória do combate intelectual...

...A independência mental de Tobias Barreto, diante dos sistemas e das correntes filosóficas, desnorteou a trajetória das ideias no Brasil. O comportamento normal, nos países latino-americanos, que também vigorava no Recife ao tempo de Tobias, era o da união perpétua entre o leitor e o outro, o professor e o filósofo, a cátedra e a pregação das ideias abaraçadas. Com Tobias Barreto, as ideias perderam o tônus de ensinamentos permanentes, para serem ferramentas efêmeras de transformação cultural. O pensador sergipano percorreu escolas e sistemas, desbravando-os, num processo contínuo e coerente de reflexão, deixando nos jornais e nos livros a marca de seu labor crítico".

[35] Aludo aqui, à formação de Lyra, plúrima, aberta, arejada, mesmo, como dito, com a rebeldia que caracteriza esses grandes pensadores. Inovaram, abriram caminhos, não se contentaram com velhas lições sem um percuciente trabalho de análise e discussão. No campo do direito penal, Lyra, buscando o substrato da criminologia para seu direito penal científico, anotou a primazia do sergipano no trato com a matéria: "Se alguma coisa em minha obra merece ficar é a organização de uma escola brasileira em Direito penal científico chefiada por Tobias Barreto", *in Novo Direito Penal. Introdução*, Rio de Janeiro, Forense, 1980, p. 18.

Também restou o registro do tributo a Tobias Barreto no que tange ao *direito penal normativo*.

"O próprio Direito penal normativo deve a Tobias Barreto criações e críticas, como em relação à imputabilidade, aos crimes comissivos praticados por omissão, à tentativa, ao mandato, à coautoria, ao 'direito autoral' (expressão por ele formada), ao menor, à mulher, ao doente mental. A ele devemos as bases para uma doutrina em direito adjetivo anterior à de direito substantivo. As questões de forma passaram a ter fundo", ob. cit., p. 40.

abeberou-se Roberto Lyra (1902-1982)[36], também fazendo Escola e prosélitos. As novas gerações de acadêmicos em direito penal, por defeito do ensino, sequer deles ouviram falar. Ambos tinham um estilo de pensar e de agir que não aceitava a rigidez do pensamento (e isto é novo!), senão a busca satisfatória de mudanças (e isto é antigo), tendentes à transformação do direito em instrumento da paz e progresso sociais (e isto é ideal consagrado!). Refiro-me à necessidade de se filosofar, pensar o próprio direito penal e, por outro lado, objetivamente, buscar razões para a formação de um direito penal científico, qual seja aquele que se incorpora na criminologia, para posterior melhor formação do direito penal substantivo-normativo, dogmaticamente pensado.

***

A ambos os pensamentos, combinando-se os dois autores, acresçam-se os ensinamentos tirados a um mestre incomparável, como fora Nelson Hungria[37], "um puro-sangue do vernáculo" como o chamou Evandro Lins e Silva[38], um esteta da palavra, como o chamamos nós. Um escritor da literatura jurídico-penal que desenvolvia uma ideia adjetivando-a e fazendo a frase respirar pela abundância e precisão de seus vocábulos, pela musicalidade de seu pensamento. Um doutrinador que, como Ferri, buscava subsídios sempre oportunos na literatura clássica, para precisar, delimitar e circunscrever os conceitos jurídicos.

---

36 Roberto Lyra nasceu em Recife-PE, no dia 19 de maio de 1902, falecendo no Rio de Janeiro no dia 28 de outubro de 1982.

37 A grande ressalva, contudo, que se faz a Nelson Hungria, é a que pertine à sua conhecida aversão à criminologia. Por tal postura, conforme se acentua nos meios jurídicos, a criminologia acabou sofrendo longo atraso no país, eis que Hungria comandava o estudo do direito penal sempre emprestando ares de mera "hipótese de trabalho" à criminologia.

38 "De Nelson Hungria falei vezes sem conta, e outras tantas falarei até onde o fôlego e o ânimo permitirem, para cultuar a memória de uma figura exponencial de jurista, mestre incomparável do direito penal, autor consagrado por uma obra cujo estilo revela um puro-sangue do venáculo, sábio humanista, com o domínio dos clássicos da literatura de todos os tempos ...
A produção que Nelson Hungria legou à posteridade é um vetor inesgotável de sabedoria. Vocação torcida de advogado com assento na magistratura, a paixão pela causa da Justiça levou-o, muitas vezes, à veemência de uma linguagem que provocava a perplexidade e o assombro na mansuetude dos tribunais. Polemista eximio, sempre encontrou a réplica desconcertante aos opositores de sua tese, com eloquência faiscante e dialética contundente. Dono de um poder verbal extraordinário, manejando o português com a mestria dos grandes conhecedores da língua, Nelson Hungria marcou época nos diálogos do poder judiciário...
...Aqui cabe uma revelação que me parece altamente significativa para a própria histórica jurídica do país. A *Exposição de Motivos* do Código Penal de 1940, assinada pelo ministro Francisco Campos, é de autoria de Nelson Hungria. Como se sabe, tal *Exposição* é uma das grandes páginas do direito penal brasileiro, síntese do conteúdo e das inovações, e, ao mesmo tempo, roteiro para a hermenêutica da nova legislação que se implantava". LINS E SILVA, Evandro, in "Nelson Hungria, um puro-sangue do vernáculo" (Sessão solene do Tribunal de Justiça do Rio de Janeiro, em 26-12-1991), reproduzido o discurso em *Arca de Guardados. Vultos e Momentos no Caminhos da Vida*, Rio de Janeiro, Civilização Brasileira, 1995, p. 93-95

Até por justiça, quando se pretende algo novo, deve-se buscar para o estudo a fonte primitiva, daquele que – como deve ser divulgado – foi o verdadeiro autor da brilhante "Exposição de Motivos" do Código Penal de 1940 assinada por Francisco Campos[39]. Desse combinado (Hungria, Lyra e T. Barreto), seleção em que cada qual não tem uma posição hirta, timidamente definida, mas incrível versatilidade, é possível extrair-se a melhor Escola, e deles, fazer escola. Encontram-se, pois, em uma forma de viver o direito absolutamente original e idealística: saber mais, melhor para lecionar e construir o bem comum!

As ressalvas que se fazem a todos, também se emprestam, por óbvio, a estes, mas como método de pensar – independente, sem apriorismos, até com certa rebeldia – filio-me a essa escola, no modo de estudar, a seus estudos. Depois, vou seguindo, agregando entendimentos próprios, outros somados de outros, visando **dessomatizar** uma ideia torta, ou de um não direito, a desservir a sociedade. Porquanto, penal ou não penal, é dela – sociedade – que, na melhor análise, o direito parte ou deve partir para sua formação (fontes, costumes, tradições) e a ela mesmo que ele se destina. Ao contrário, fala-se em um "direito do Estado" que quantas vezes conflita com o interesse social porque vinculado a outros interesses. Não é, pois, a expressão máxima de um direito concebido em regime democrático. "O verdadeiro solar do liberalismo é a democracia", acentuou Tobias, "onde o povo não é tudo, ele torna-se nada"[40].

---

39 *Vide* nota anterior.
40 *Vide* capítulo sobre a formação da legislação.

A IDEIA DO DIREITO (PENAL)

Sumário: *3.1. A ideia do direito (penal). Do nascimento à contemporaneidade. 3.2. Atomização do direito penal e inflação legislativa. 3.3. Onde fica o direito penal da sociedade? 3.4. A denominação "direito penal da sociedade". 3.5. O "desvio" do direito penal. 3.6. Um exemplo. As vítimas e o direito penal: a política criminal brasileira e a "destutela" das vítimas. 3.6.1. A reparação dos danos como ação intentada pelo Estado.*

3.1 A IDEIA DO DIREITO (PENAL). DO NASCIMENTO À CONTEMPORANEIDADE

O direito contemporâneo fragmentou-se nas escolas, nas ideologias, nas tendências, nas doutrinas. O **todo**, o direito, fragmentou-se na especificação. Ganhou-se em método, perdeu-se em objeto. Desvendaram-se mistérios, esqueceram-se objetivos e regras comezinhas, falava-se em "direito", que nas sociedades primitivas como primeiro ramo do direito positivo era somente o penal, conforme Durkheim e Trespiol[1]. Deu-se o *multiversum* jurídico, bifurcando-se, em um primeiro momento, em civil e penal. Aquilo que antes era um amálgama de normas consuetudinárias, confundindo-se em conceitos, em costumes, moral, religião e direito, foi ganhando forma,

---

1 Vide DURKHEIM, *De la Division du Travail Social*, 2. ed., Paris, 1902, p. 42; TRESPIOLI, *Saggio per uno Studio Sula Coscienza Sociale e Giuridica nel Codici Religiosi*, Parma, 1902, p. 171. Em sentido contrário, no sentido de que a lei penal foi uma segunda justiça: DEL VECCHIO, *Études de Philosophie Juridique*, Paris, 1938, p. 50.

epistemologia de ciência jurídica. No sincretismo do "civil" e do penal, sentiu-se a necessidade de outra bipartição, agora mais de forma, que de fundo – posto sempre haver um modo de se aplicar o direito positivo –, nominando-se-os, direito substantivo e adjetivo (processual). Já eram quatro, que por quatro, de novo, multiplicou-se. Hoje temos os grandes troncos do direito público e do privado, com ramagens que se distinguem e se entrecortam – **direito do consumidor** já *extraneu* ao direito comercial – com personalidade própria corporifica-se o **direito da infância e juventude**, distanciando-se do direito civil e do direito penal. FIlhos da mesma *Themis*, já se luta pelo **direito das mulheres** – as delegacias especializadas, as obras assim intituladas, as teses são sempre formas embrionárias da ideia –, pelo **direito dos velhos** – uma simples circunstância atenuante genérica pode evoluir para uma forma de *delitum exceptum* (crime priviliegiado com minoração da reprimenda) em uma nova legislação, daí para uma excludente de criminalidade, até a uma ideia de estudo específico **criando direito** no direito penal. Nesse campo, fala-se ainda em um **direito penal** militar, direito penal internacional, direito penal fiscal, **direito dos presos (estudado no direito penal executivo)**, em um **direito das vítimas**.

    Embora uma ideia da *old fashion*, apresenta-se, cada vez e sob novas denominações com ares de novidade, **um direito penal econômico, o direito penal financeiro ou ainda um direito penal industrial**[2].

    Primeiro é a ideia, depois a criação. Diz-se que a sensação está mais na *notícia* que no *fato*, e, por conseguinte, não custa à luz de uma ideia fragmentária, sobretudo pelo sabor novidadeiro, fazer com que esta "desabroche logo no fato", a seguir-se antiga imprecação de Eça de Queiroz. Seria a confirmação do que a neurolinguística diz hoje que a **linguagem cria a realidade**.

    Aliás, mesmo a denominação sobre ser "direito penal" ou "direito criminal" (como prefeririam os positivistas) desperta de longa data acendrados debates, com uma infinidade de designações doutrinárias para o estudo do mesmo objeto. "Muitas vezes", leciona Nilo Batista "tais designações, nem sempre significam *nomear*, senão orientar o direito, ao contrário do que pode supor o iniciante"[3].

---

2   Vide ICHERNOFF, *Traité de Droit Pénal Financier*, Paris, 1931; ABEILLE, *La Simulation dans le Droit des Sociétés*. Paris, 1938; MARCEL ROUSSELET e MAURICE PATIN, *Délits et Sanctions dans les Sociétés par Actions*, Paris, 1938.
3   Ob. cit., p. 47.

Exemplifica:

"*Derecho protector de los criminals*, sempre lembrado em textos brasileiros de iniciação, não é o nome de um anteprojeto de código elaborado por Dorado Montero, e sim o nome da segunda edição revista e aumentada, em dois volumes (1915), de seus *Estudios de derecho penal preventivo*[4].

3.2 ATOMIZAÇÃO DO DIREITO PENAL E INFLAÇÃO LEGISLATIVA

Existe uma inequívoca atomização do direito penal, uma excessiva departamentalização, que reflete igualmente em uma "legislomania", ou seja, uma multivariedade de leis extravagantes, especiais, que não se encontram no Código Penal, que colidem entre si nos pressupostos de aplicabilidade e dificultam sobremaneira do conhecimento à interpretação das mesmas. Essa fragmentarização secciona, ainda mais, o direito repressivo e sancionador que, se por um lado, pode ser entendido como um progresso da ciência penal, de outro, não, pois acaba conferindo verdadeira autonomia a ramos subsidiários do direito substantivo/adjetivo, enfraquecendo a *celula mater*, dentro da referida **legislomania**, acarretando uma **inflação legislativa**[5] que descodifica o direito penal, prejudicando seu estudo, seu conhecimento e, consequentemente, sua aplicação.

Ferreira da Cunha, com o olhar aguçado pela filosofia, assim se expressou:

"Ante o caos real ou advinhado pelas diabruras do aprendiz de feiticeiro, há a tentação de este, quebrando o vidro de segurança, brandir como varinha de condão esse 'extintor' de bolso que é a legislação. A tentação é grande. A febre legislativa pode derivar de diferentes causos, provir de diversas explicações ou intenções diversos motivos dos vários aprendizes. Ele é o Estado que tem vergonha de haver uma parcela do real e da vida que se furta ao ser furor normativo. Ele é a política que, com o idêntico *horror vacui*, por força, há de querer opinar acerca de tudo, e o partidarismo que verá diferenças ou consensos, conforme a tática da conjuntura.

Eles são os juristas, também. Uns, para quem a lei é deusa, clamam por ela no desconforto do vazio legal expresso (porque há muitas normas

---

[4] Ob. cit., p. cit.
[5] A expressão é de FRANCESCO CARNELUTTI, "La Crisi dela legge", in *Discorsi intorno al Diritto*, p. 178.

utilizáveis, por analogia e mercê de outras técnicas hermenêutico-normativas). Esses querem a lei para proteger, para obrigar, até para permitir... Sem lei não têm norte nem alcançam bússola.

Outros, que superaram o positivismo, não comungando plenamente da fé nas virtualidades mágicas do 'abracadabra' legalista, cuidam, bem-intencionados, que, para este ou aquele aspecto mais gritante, faria bem uma 'leizinha'.

Finalmente (*but not the least*), clamam também por leis os cientistas, os médicos, os 'engenheiros genéticos'. E aí há também diversos modos de clamar[6].

3.3 ONDE FICA O DIREITO PENAL DA SOCIEDADE?

Como se não bastante a setorização, ainda houve campo para o florescimento de um direito não normativo, **alternativo**, que encanta seguidores, fazendo prosélitos. E perguntamos: tirante todo o sectarismo e atendimento aos interesses corporativistas e mais imediatos, separadas as escolas, ideologias, métodos interpretativos e tendências, onde fica a semente mãe de toda essa ramagem, a ideia-cerne que frutificou exemplos brotados na grande árvore do direito? Sem especificismo, onde fica, dentro então da ótica penal-social, o **todo** inicialmente concebido, a ideia motriz do **direito penal da sociedade** que soa quase metafísico?![7]

3.4 A DENOMINAÇÃO "DIREITO PENAL DA SOCIEDADE"

"La libertad es, en efecto, un don del hombre; pero, como todos los atributos que el hombre posee, ha de ser manejada con un criterio finalista. Si la libertad fuera un valor por sí sola, admitiria la maximilización: cuanto más libertad, mayores bienes. Y basta hacer mentalmente el ensayo, para convencerse de que la libertad llevada a tales extremos caería en el libertinaje.

La libertad es un instrumento para bienes más altos. El hombre es libre para conseguir la exaltación de la personalidad, de la humanidad y de la cultura.

No debe olvidarse esto cuando se construya el Derecho penal del futuro. Mientras tanto, y puesto que la libertad no es un valor en si, sino

---

[6] FERREIRA DA CUNHA, Paulo, "Falta mesmo legislação para 'acompanhar o progresso'", in *Pensar o Direito*, v. II, ob. cit., p. 216-217.

[7] Até porque, é plenamente possível diferenciar os interesses do Estado com os da sociedade. Seja em regime de exceção, seja mesmo, em uma democracia. E a sociedade precisa delimitar o campo de seu direito, denunciar, esclarecê-lo, postulá-lo, para que o Estado sistematize e o ampare.

que persigue un fin, tendremos que proclamar que no hay libertad contra la libertad, y que el Estado tiene derecho de defenderse.

Pero, mirando al futuro, acaso pueda llegarse más lejos" (**Jiménez Asúa**[8]).

Sim, a liberdade não é um fim em si mesma, mas "manejada com critério finalista". O direito penal sancionador/protetor, precisa também revelar o fim a que se destina, eis que tendo por pressuposto de existência a pena que simbolicamente/historicamente é estereotipada na supressão da liberdade.

É sabido que não é o rótulo que dá essência à coisa ou, noutras palavras, a natureza do material independe do rótulo que se lhe empresta, até porque mudam-se etiquetas, sem se mudarem os produtos[9]. Então, a que fim mesmo, destina-se o direito penal? A quem serve e tutela?

No caso, o título – *direito penal da sociedade* – é autoexplicativo.

3.5 O "DESVIO" DO DIREITO PENAL

Direito penal da sociedade?

De tal denominação se prescindiria, não fosse a alentada ideia que nutrimos de ter o direito, também, ele próprio, sofrido uma *déviance*, por razões históricas (porque criado por homens), perdendo um pouco do direcionamento *pro societate* com que se deve gerir, nutrir e frutificar. Sinuoso, ora perde seu prumo e caminha contra o cidadão integrante do *corpus* social (que o diga o direito concebido nas entranhas das ditaduras), ora perde seu rumo e fica à deriva, com uma legislação profusa, verdadeiramente infensa às reais necessidades sociais, como nos tempos de democracia. Diz Baudrillard[10], filósofo contemporâneo, que "o excesso de realidade pôs fim ao real" (*vide* o **virtual** desaparecimento do mundo real substituído pelo mundo **virtual**), "o excesso de comunicação pôs fim

---

[8] ASÚA, Luis Jiménez, *Principios de Derecho Penal. La Ley y el Delito*, Buenos Aires, Abeledo Perrot, Editorial Sudamericana, 1990, p. 73.

[9] Outras vezes, contudo, a "etiqueta do produto" dá uma ideia do norteamento ou da noção da matéria: citáramos Dorado Montero, da Universidade de Salamanca, e este, movido por ideia altaneira nominou "Direito Protetor dos Criminosos", direcionando-lhes um caráter tutelar e não sancionador. José Maria Valdés propôs no seu "Direito Penal" que os penalistas escolhessem entre duas expressões diversas, tal fosse o fim a que se destinasse a disciplina: "Direito Restaurador" ou "Direito Sancionador". *Vide* ITA-GIBA, Ivair Nogueira, *Homicídio, Exclusão de Crime e Isenção de Pena*, Rio de Janeiro, 1958, t. I, p. 31.

[10] Jean Baudrillard (1929, Reims, França), Professor de sociologia na Universidade de Paris X – Nanterre, Diretor da Revista *Traverses*, publicada pelo Centre Georges Pompidou, Paris. Principais obras publicadas no Brasil: *Sistema de objetos* (Perspectiva); *Esquecer Foucault* (Rocco); *À sombra das maiorias silenciosas; o fim do social e o surgimento das massas* (Brasiliense); *América* (Rocco).

à comunicação"[11] (*vide* as novas formas de comunicação em que há um distanciamento da realidade e do antigo conceito de **comunicação**). Da mesma forma – tomemos a metáfora! – o **excesso** de democracia (democratismo?) também produziu esse fenômeno onde o direito acaba já não sendo um instrumento democrático, a serviço do povo, ainda que, a seu pretexto seja formado e exercido, e por sua própria prática democrática. Logo, se vê, não se trata de culto à heurística, senão da diagnose e sistematização do problema, objetivando métodos de discussão, análise e estudo. Ademais, "não me preocupo com o nome da fórmula de salvação, desde que, realmente, salve"!

3.6 UM EXEMPLO. AS VÍTIMAS E O DIREITO PENAL: A POLÍTICA CRIMINAL BRASILEIRA E A "DESTUTELA" DAS VÍTIMAS

Rousseau afirmou ser a família o "primeiro modelo das agremiações políticas", que como manifestação do direito natural antecedeu ao surgimento da sociedade. É preciso que o direito penal tutele os calores da família, que proteja o homem dela integrante, que se respeite a mulher, o velho e a criança, que volte seus olhos à "agremiação do bem", e que, embora respeitando o delinquente, respeite igualmente/mais a vítima, porque vítima, visando sua tutela enquanto potencialmente "vítima", buscando a reparação do dano se já ocorrido o processo de vitimização[12], salvaguardando-se, desse modo, o direito social.

G. O. W. Mueller lembrou que "a ideia de se proteger a vítima foi mencionada pela primeira vez no Código de Hammurabi, há 3 e ½ milênios"[13]. Nos tempos modernos, contudo, somente em 11 de dezembro de 1985, a Assembleia Geral das Nações Unidas adotou as medidas constantes da Resolução n. 40/34, com a anexa "Declaração de Princípios Básicos de Justiça em Favor das Vítimas de Crime e Abuso de Poder". Embora sua redação não tenha a força linguística, a pureza semântica e conclamativa

---

11 Artigo "Baudrillard diz que homem não terá direito ao futuro", in *Folha de S.Paulo*, 18 de outubro de 1996, 4-11.
12 *Vide*, por todos, SCARANCE FERNANDES, Antonio, *O Papel da Vítima no Processo Criminal*, Malheiros, 1995, 253 p.
13 MUELLER, G. O. W. "A Declaração das Nações Unidas de Princípios Básicos de Justiça em Favor das Vítimas de Crime e Abuso de Poder: Dez Proposições Relativas À Implementação", in ARAUJO JR., João Marcello (org.), *Ciência e Política Criminal em Honra de Heleno Cláudio Fragoso*, Rio de Janeiro, Forense, 1992, p. 192.

da "Declaração Universal dos Direitos do Homem", sonhamos poder vê-la significar na história do Direito Penal tanto quanto significa aquela conquista; assim se alvitra por consenso ético-moral um balanceamento da preocupação da política criminal, ou mais abrangentemente da ciência criminológica do trato e recuperação dos criminosos, para igualmente dar-se o trato, a preocupação e a recuperação ou reparação de danos para com as vítimas.

Esta **destutela** para com as vítimas em nosso direito tem gerado um inegável clima de tensão social, onde florescem oportunísticos "discursos políticos dos crimes", dos aproveitadores de ocasião. Hoje, o direito penal, está inegavelmente **com a balança pensa**. Mister, sobretudo pró-vítimas, deitar-lhes uma "atenção" mais efetiva. De nada adianta, a afetividade choramingas das carpideiras de plantão, se absolutamente nosso direito positivo pouco faz pelos vitimados, objetivamente.

Anexo da Resolução Adotada pela Assembleia Geral das Nações Unidas[14]:

"A Assembléia Geral.

Recordando que o Sexto Congresso das Nações Unidas para Prevenção do Crime e o Tratamento dos Delinquentes recomendou que as Nações Unidas continuassem seu presente trabalho no desenvolvimento de normas e princípios concernentes ao abuso de poder econômico e político,

Reconhecendo que milhões de pessoas em todo o mundo sofrem danos, como resultado de crime e do abuso de poder, e que os direitos dessas vítimas não têm sido adequadamente reconhecidos,

Reconhecendo que as vítimas de crime e as vítimas de abuso de poder, e frequentemente suas famílias, testemunhas e outros que as ajudam, estão injustamente sujeitos a perda, dano ou injúria, e que elas podem, em acréscimo, sofrer injustiça quando comparecem na instauração do processo dos delinquentes,

1. **Afirma** a necessidade de se adotar medidas nacionais e internacionais a fim de assegurar o universal e efetivo reconhecimento, e respeito, para os direitos das vítimas de crime e de abuso de poder;
2. **Enfatiza** a necessidade de se promover progresso em todos os Estados em seus esforços para este fim, sem lesar os direitos dos suspeitos ou delinquentes;

---

14 Vide MUELLER, G. O. W., ob. cit., p. 202 e s.

3. **Adota** a Declaração de Princípios Básicos em Favor das Vítimas de Crime e Abuso de Poder, anexa à presente resolução, que é destinada a assistir os governos e a comunidade internacional em seus esforços para assegurar a justiça e a assistência às vítimas de crime e às vítimas de abuso de poder;
4. **Conclama** os Estados Membros a tomarem as medidas necessárias para dar efeito às provisões contidas na Declaração e, a fim de reduzirem a vitimização conforme referido em seguida, a esforçarem-se:
   a. Para implementar políticas sociais, de saúde, incluindo saúde mental, educacionais, econômicas e de prevenção específica do crime para reduzir a vitimização e encorajar a assistência à vítima em situação aflitiva;
   b. Para promover esforços da comunidade e participação pública na prevenção do crime;
   c. Para rever periodicamente sua legislação e práticas vigentes a fim de assegurar a responsividade para circunstâncias variáveis, e para ordenar e forçar a legislação a prescrever atos que violem normas internacionalmente reconhecidas relativas a direito humanos, conduta corporativa, e outros abusos de poder;
   d. Para estabelecer e fortalecer os meios para se investigar, processar e sentenciar os culpados por crimes;
   e. Para promover revelação de informações relevantes para expor a conduta oficial e corporativa ao exame público, e outras formas para aumentar a responsividade para intesses públicos;
   f. Para promover a observância de códigos de conduta e normas éticas, em particular princípios internacionais, por servidores públicos, incluindo pessoal de serviço de execução da lei, correcional, médico, social e militar, bem como o quadro de funcionários de empresas econômicas;
   g. Para proibir práticas e procedimentos condutivos a abusos, tais como lugares secretos de detenção incomunicada;
   h. Para cooperar com outros Estados através de mútua assistência jurídica e administrativa, em matérias como investigação e perseguição de delinquentes, sua extradição e a confiscação de seus bens, para serem usados para a restituição às vítimas;
5. *Recomenda* que, nos níveis internacionais e reginonais, todas as medidas apropriadas sejam tomadas:

a. Para promover atividades de treinamento destinadas a encorajar a adesão aos princípios e normas das Nações Unidas, e conter possíveis abusos;
b. Para patrocinar uma ação investigativa colaborativa de formas que a vitimização possa ser reduzida e as vítimas ajudadas, e para promover trocas de informações nos meios efetivos de fazê-las;
c. Para pensar ajuda direta aos governos requerentes, destinada a ajudá-los a conter a vitimização e aliviar a situação das vítimas;
d. Para desenvolver meios e modos de se prover recursos para as vítimas, onde os canais nacionais forem insuficientes;

6. **Requer** ao Secretário-Geral solicitar aos Estados-membros que informem periodicamente à Assembleia Geral sobre a implementação da Declaração, bem como sobre as medidas tomadas por eles para este efeito;

7. **Também requer** ao Secretário-Geral fazer uso das oportunidades, que todos os corpos e organizações relevantes dentro do sistema das Nações Unidas oferecem, para assistir os Estados-membros, sempre que necessário, na melhoria de meios e modos de se proteger as vítimas, tanto no nível nacional, como através da cooperação internacional;

8. *Além disso, requer* ao Secretário-Geral promover os objetivos da Declaração, em particular assegurando a sua mais ampla disseminação possível;

9. *Urge* que as agências especializadas e outras entidades e corpos do sistema das Nações Unidas, outras organizações intergovernamentais e não governamentais, e o público cooperem na implementação das provisões"[15].

3.6.1 A reparação dos danos como ação intentada pelo Estado

Afinal, era já preocupação registrada por Enrico Ferri aos tempos de sua Escola Positiva que "... desde os seus primórdios, pôs em grande relevo a condição jurídico-social da parte lesada ou vítima do crime e a

---

15 *Vide*, ainda, sobre a "restituição pelas perdas ou danos sofridos", "compensação do dano" e "assistência" as recomendações transcritas na obra citada, p. 206/207. Por oportuno, observando-se uma tendência mundial de empenho e preocupação com as vítimas e a consequente reparação de danos, *vide* também, A Reparação do Dano como Medida de Política Criminal e a Reforma do Código Penal Brasileiro. Observações em Direito Comparado, Kurt Madlener, *in Ciência e Política Criminal em Honra de Heleno Fragoso*, ob. cit., p. 377 e s.

obrigação, além da conveniência social de lhe tutetar mais eficazmente os direitos e interesses. Na minha segunda preleção (novembro de 1881) na Universidade de Bolonha, eu sustentei precisamente que os protagonistas na Justiça penal, em vez de dois são três, pois que, além do réu (sujeito ativo) e do Ministério Público, há a parte ofendida (sujeito passivo) – pelo que concluí que a indenização do dano produzido pelo crime não é relação de direito privado (como, por exemplo, a proveniente do não cumprimento de um contrato), mas sim de direito público, porquanto provém *ex-delicto*, que é ação contrária ao direito penal e, por isso, público, Portanto, deve ser função do Estado da mesma forma que o é a inflação da pena"[16].

Conquanto não se possa concordar com sua colocação de que a obrigação do dano referente ao crime seja relação de "direito público" – a ser cumprida pelo Estado, portanto –, vale a ressalva para salientar-se a obrigação do Estado em buscar a reparação do dano em favor do ofendido, cobrando-a do ofensor. Não basta a previsibilidade do art. 63 do Código de Processo Penal e do art. 91, inciso I, do Código Penal, que "torna certa a obrigação de indenizar o dano causado pelo crime" (efeito extrapenal genérico da condenação). É preciso um passo adiante. Note-se que, conforme assinala Kurt Madlener[17], nesse aspecto, seria paradigmático para a legislação e o Ministério Público brasileiros, o exemplo do México ou da Espanha.

O promotor espanhol ("fiscal") também é obrigado a pedir *ex officio* reparação do dano em favor da vítima (art. 108 da Ley de ejuiciamento criminal de 1882; essa lei está em vigor, embora, o Ministério de Justiça prepare uma lei nova)[18].

No Brasil, embora tenhamos o Ministério Público com a mais avançada previsão constitucional no panorama mundial, ainda não existe uma obrigatoriedade para a proposição da ação *ex officio* ou operacionalização institucional para a reparação do dano *ex-delicto*, no sentido de aplicabilidade prática do disposto no art. 68 do Código de Processo Penal[19], a par do

---

16 FERRI, Enrico, *Princípios de Direito Criminal*, p. 376.
17 Ob. cit., p. cit.
18 *Vide*, ainda, sobre 'A reparação da vítima', a bem produzida obra de Manuel da Costa Andrade *A Vítima e o Problema Criminal* (especialmente p. 243-263), Dissertação para exame do Curso de pós-graduação em Ciências Jurídico-Criminais da Faculdade de Direito de Coimbra, separata do Volume XXI do *Suplemento ao boletim da Faculdade de Direito da Universidade de Coimbra*, Coimbra, 1980.
19 Art. 68 do Código de Processo Penal: "Quando o titular do direito à reparação do dano for pobre (art. 32, §§ 1º e 2º) a execução da sentence condenatória (art. 63) ou a ação civil (art. 64) será promovida, a seu requerimento, pelo Ministério Público".

que, a rigor, já é um artigo de elaboração tímida, acanhada, porquanto as vítimas pobres, não esclarecidas, via de regra não ofertam o requerimento necessário à postulação indenizatória.

E diga-se, em arremate: no estágio da atual sociedade, onde o discurso do *homo oeconomicus* – a luta "material" pela sobrevivência – dá a tônica da contemporaneidade, tão necessária quanto a punição do infrator é a reparação do dano em favor do vitimado.

***

Muitas vezes, sequer sabem os desafortunados e infelizes ofendidos que o Estado tenha identificado o criminoso e esteja intentando-lhe uma ação penal. Sobretudo nos grandes centros, comumente se observa a total alheabilidade da vítima sobre eventual processo penal. Alguns magistrados em São Paulo, em muito boa hora, instituíram a prática de enviar às vítimas cópias das sentenças a que se sujeitaram os infratores. Excelente providência, que se a um tempo mitiga o sofrimento do ofendido (minorando em seu espírito eventual sentimento de revolta frente à impunidade, melhorando, por extensão, o conceito da Justiça penal face à comunidade) ainda lhe possibilita a necessária ciência para a proposição de ação reparatória de danos e/ou execução cível da sentence penal condenatória.

Certa feita soube de um promotor de Justiça que, *sponte sua* e às suas expensas, encaminhava à vítima ou à família desta cópia da denúncia proposta em face do infrator. Foi chamado e advertido (informalmente!) pelo então órgão corregente! Eu o aplaudiria, premiando seu devotamento e iniciativa, fazendo lavrar um elogio em seu **prontuário**. Ora, *de pronto*, mostrava-se o Ministério Público vigilante – *custus vigilat!* –, possibilitando à família vitimada ou ao próprio ofendido, um melhor acompanhamento da ação penal, um conforto prévio, poderiam fornecer provas, indicar testemunhas ou querendo, e por direito seu, apresentar representante particular à assitência processual. Enfim, seria cientificado ao ofendido ou aos seus, que o **representante da sociedade** estava, já no início da ação penal, comunicando-lhe que o Estado se mobilizava para a prestação jurisdicional. Antídoto eficaz contra eventual sentimento de vingança; confiança na justiça; benéfica inovação ministerial; gesto de amor e respeito ao ofendido; oportunidade de conhecimento sobre outras provas.

Enfim, à citação pessoal do acusado, os novos tempos reclamam uma previsibilidade da obrigação em notificar-se o ofendido.

O ESTUDO-OBJETO DO DIREITO PENAL DA SOCIEDADE

Sumário: *4.1. Introdução. 4.2. O "novo direito penal": direito penal científico e direito penal normativo (propósitos de Roberto Lyra). 4.3. Resenha-objeto do direito penal da sociedade. 4.4. Não se estuda o direito penal puro sem simbiose. Evoluir de conceitos. 4.4.1 Direito penal/criminologia/disciplinas afins.*

4.1 INTRODUÇÃO

Pode-se, então, aludir, que as ideações oriundas de Tobias Barreto e que culminaram com o aprimoramento do **direito penal científico,** imaginado por Roberto Lyra, sofrem agora, a par de novos propósitos, sobretudo uma nova interpretação, azada pelos novos tempos, porquanto outra vez conjugado com a análise e integração do **direito penal normativo.** Lyra acabou por emprestar excessiva importância à sociologia[1], muitas

---

1 Sob a influência da Escola Positivista/Sociológica de Enrico Ferri, pretendeu: *"O Direito (de-dirigere) criminal é a parte do ramo jurídico da Sociologia criminal que estuda as normas jurídico-penais,* à luz da doutrina (de *docere,* ensinar), da jurisprudência, da técnica legislativa, da legislação comparada, no tempo e no espaço e, portanto, a organização preventiva e repressiva contra a criminalidade", *in Introdução ao Estudo do Direito Criminal,* Rio de Janeiro, Editora Nacional de Direito, 1946, p. 47.
Depois, em sua obra *Criminologia* (coautor João Marcello de Araujo Junior), 2. ed., Forense, 1990, p. 10-11, sob o título "Sociologia e Criminologia" escreveu:

vezes em detrimento do próprio conceito social a que serve o direito penal/criminologia e, sobretudo, porque impregnados seus estudos da votação e exercício ideológicos[2], enquanto Tobias Barreto repudiou-a, como ciência[3]. Ambos se excederam, logicamente.

Mas, se o mundo mudou, o direito penal não ficou estagnado. Há sempre, como dizíamos, um *corsi e ricorsi* de história. Amoldando-se aqui e ali o direito a uma nova realidade, ainda que por vezes seja operacionalizado por métodos ou ideias antigas, poderá em dado momento constituir mais que novidade, mas solução ou, quando menos, busca de aperfeiçoamento. Desse modo, o antigo engajamento ideológico de Lyra precisa sofrer o aparo de um novo tempo. A proteção penal de estar em harmonia com o **espírito da época**, para aproveitarmos uma sugestiva imagem de Larenz. O espírito hoje, democrático, representa – aos que gostam do galicismo – a expressão francesa da *volonté générale*, a vontade (mais que isso, a **conveniência**) permanente e constante da maioria, advinda de um *sensus communis*[4] (ideia de um senso comunitário), que precisa ser extraída, interpretada, como forma de atingir sua *fonction sociale* – ideia raiz do *publicae utilitatis* (interesse público) –, para que não reste – manipulada pela minoria, a pretexto de fazimento/conveniência da vontade do povo. Segue daí,

---

"Acima da Criminologia, que nem começa e nem acaba hierarquia, ficará a Sociologia, o que representará o máximo de importância, descortino e rendimento. Ao lado da Criminologia, estarão as outras ciências sociais em comunhão serviçal. Outra posição, além de limitar a Criminologia, degradá-la-ia à técnica, aliás secundária, para aplicações na planície administrativa, como a Polícia Científica, a Polícia Técnica, a Criminalística, a Medicina Legal, a Penologia etc. e até a Criminologia em sentido restrito.
A Criminologia, sem o pretexto normativo de Direito Penal, que tem a responsabilidade dos provimentos imediatos, não poderá fugir para um eruditismo espesso e exangue. Seu vocabulário aparatoso, destina-se, talvez à decoração de gráficos e relatórios, em trânsito para arquivos e museus.
A Sociologia libertará a Criminologia, tanto do rastejar no chão técnico quanto do bracejar nos remígios filosóficos desesperadoramente transcendentes. Há quem procure o fundo de coisas que não têm fundo ou acender lâmpadas ao sol.
Como abranger, em todas as dimensões, a incomparável dinâmica da criminalidade? Como tatear o fremir da natureza e da sociedade? Como operar o fenômeno inexcedivelmente complexo, flutuante, perturbador, fugidio, encoberto, sem substâncias, palpitações e luzes sociológicas?
Nas alturas da Sociologia, apuraremos a insignificância das controvérsias sob história, objeto, método, fim, divisão, relações da Criminologia. Esta aproveitará, não as ideias e os fatos (terá os próprios), mas os dados de todas as ciências, artes e técnicas úteis. O domínio do superorgânico será aprofundado pelas penetrações pertinentes no orgânico e até no inorgânico.
A Sociologia desintoxicará a Criminologia de particularismos e diletantismos, conjeturas, preconceitos, sem dispensar qualquer cota".

2 "*Desde a primeira aula, identifico-me ideologicamente perante os meus alunos: um livre-pensador convencido de que só há uma solução para todos os problemas brasileiros e universais – o socialismo. Ficam todos prevenidos, pois, do endereço de minhas ideias e aspirações*". ROBERTO LYRA, in Guia do Ensino e do Estudo do Direito Penal, 1. ed., Forense, 1956, p. 243.

3 Vide análise de ZAFFARONI, Eugênio Raul, *in Ciência e Política Criminal em Honra de Heleno Cláudio Fragoso*, ob. cit., p. 176.

4 Vide KANT, Immanuel, *Crítica da Faculdade do Juízo*, trad. Valério Rohden e Antonio Marques, Rio de Janeiro, Forense Universitária, 1993, p. 139-140.

uma nova interpretação e valoração da própria política criminal para uma construção conceitual teleológica. Segue daí, o próprio primeiro objetivo do direito penal, que é na proposição de Karl Binding "sempre o de obter a compreensão do Direito do seu tempo".

4.2 O "NOVO" DIREITO PENAL. DIREITO PENAL CIENTÍFICO E DIREITO PENAL NORMATIVO (PROPÓSITOS DE ROBERTO LYRA)

"Enquanto os criminalistas ou teóricos (segundo as abstrações doutrinais) ou práticos (interpretando as leis vigentes) consideraram o crime tão somente como uma infração e a pena apenas como um castigo a ela proporcionada, toda a ciência penal se reduzia a uma única disciplina jurídica. Mas, quando esta esgotou a sua missão de anatomia jurídica do delito, pelo que Carrara recomendou aos novos o entregarem-se ao estudo do processo penal, pois que o campo do direito penal estava já gasto, a Escola Positiva, por meu intermédio, pôs estes problemas: qual é o motivo por que em cada ano, em determinado País, se comete um dado número de crimes, enquanto a grande maioria dos cidadãos deles se abstêm? E qual a razão por que em todos os países sucede que num ano o número dos crimes ou aumenta ou se reduz a uma centésima parte, em confronto ao ano precedente?" (Enrico Ferri[5]).

"Para una 'moderna' *compreensión del Derecho penal* la expuesta es una afirmación sorprendente y quizá también inaceptable. Hoy parece algo imprescindible el hecho de que el sistema del derecho penal deba estar informado con tanta preción como sea posible sobre el campo de que se ocupa. Cómo podrá el legislador estabelecer instrumentos bálidos para la mejora del delincuente y para la contención de la delincuencia en una sociedad y cómo va a poder el Juez aplicar adecuadamente tales instrumentos si tanto uno como otro poseen tan poco e incorrectos conocimientos acerca de los implicados en el caso penal? Cómo podrá la Administración de Justicia garantizar que causa mayor benefício que daño cuando adolece de orientaciones insuficientes sobre los elementos de la realidad de los que está llamada a ocuparse? La exigencia de tomar en consideración los casos penales y de interacción de las ciencias sociales en la formación jurídico-penal es expresión de ese desacuerdo con un Derecho penal falto de información y de interés por lo empírico.

---

5   FERRI, Enrico, *Princípios do Direito Criminal*, ob. cit., p. 90.

Ese desacuerdo a que se ha hecho referencia viene históricamente condicionado. No habría comprendido en tiempos pretéritos que, por otra parte, no nos son todavía muy lejanos: el conocimiento empírico sobre el autor y la víctima sólo es merecedor de interés cuando el sistema del Derecho penal está orientado hacia sus consecuencias. Un sistema penal que se limita por el contrario a la retribución por el delito cometido y a la expiación de la culpabilidad criminal no está interesado en el conocimiento empírico" (Winfried Hassemer[6]).

Para o aperfeiçoamento/aproveitamento do direito penal, é bem pouco louvável enxergá-lo somente com os grossos óculos da dogmática jurídica. É mister abranger o ensino jurídico penal, o trato e o conhecimento dos protagonistas diretos do drama penal – acusado e vítima – para que possa decuplamente render a ciência do direito, tornando-a proveito *pro societate*. É verdade, todavia, que não se confunde direito penal e criminologia, criminologia e sociologia. Mas a verdade é que se comunicam entre si, e não podem restar alheios de conhecimento a quem se proponha ao estudo/prática da ciência penal, sobretudo a quem pretenda uma visão global do crime, somente possível sob a ótica da "enciclopédia penal"[7].

O aparo dos novos tempos consiste em retirar-se os exageros do chamado "positivismo científico" onde a "dogmática penal perderia sua autonomia e personalidade, integrando-se como capítulo de uma Sociologia Criminal (Ferri) ou de uma ciência interdisciplinar como a Criminologia (Garófalo)"[8]. Todavia, mister, como se disse alhures, ter a visão do todo e do específico, saber destrinchar a dogmática da criminologia e demais disciplinas[9], mas, sobretudo, saber entender o crime – daí a contextualização das disciplinas afins –, donde o verdadeiro direito penal, como um fato humano e social, veja

---

6 HASSEMER, Winfried, *Fundamentos del Derecho Penal*, Traducción y notas de Francisco Muñoz Conde y Luis Arroyo Zapatero, Barcelona, Bosch, 1984, p. 34.
7 *Vide* WALTER COELHO, *Teoria Geral do Crime*, Porto Alegre, Sérgio Fabris, Editor, 1991, p. 167 e s.
8 *Vide* WALTER COELHO, ob. cit., p. 160.
9 Essa preocupação de não confundir-se o direito penal (como ciência normativa), e a criminologia (de natureza causal-explicativa, não normativa) vem registrada em obra recente de Marcelo Fortes Barbosa que, após aludir à interpenetração entre os diversos ramos do direito, salienta: "Todavia, bem é de se ver que os limites entre um e outro ramos do Direito têm de ser preservados, com seus princípios, regras e axiomas pois, caso contrário, ocorrerá um fenômeno já muito sentido na literatura jurídico-penal norte-americana, qual seja, a invasão do Direito Penal pelas ciências criminológicas de natureza-causal-explicativa, que visam a estudar o comportamento humano em face do crime, e os desajustes do homem diante da conjuntura social, mas não são ciências normativas. Urge efetuar com clareza esta separação. Tais ciências visam a estabelecer o suporte que inspira o legislador, mas não substituem as leis e sua aplicabilidade, tarefa esta do Direito Penal ...", in *Direito Penal Atual*, São Paulo, Malheiros Editores, 1996, p. 17-18.

na juridicidade (construção dogmática) somente o necessário pressuposto de ciência normativa para a própria salvaguarda dos direitos humano-sociais.

***

Sob o título de um "Novo Direito Penal"[10], lastreado ainda em muitos propósitos e influências da Escola Positivista de Ferri (embora mitigado)[11], Lyra dividiu em método próprio o direito penal para fins de estudo entre **direito penal científico** (direito penal integrante da ciência social, o direito) e **direito penal normativo** (disciplina jurídica componente do direito público), identificando-se pelo objeto humanista, em muito, com a futura Escola da Nova Defesa Social de Marc Ancel[12].

Em sua lição, o **direito penal científico** estuda, "verticalmente", a criminalidade, ou seja, dentro de um conceito sociológico; o **direito penal normativo** estuda, "horizontalmente", o crime (conceito jurídico).

Cabe ao *direito penal científico* o trato:
a. do estado perigoso da sociedade;
b. da prevenção geral e indireta;
c. da política social específica para a orientação do provimento assistencial. Valeu-se, para tanto, da *criminologia*, cujo objeto estaria compreendido no "direito penal científico".

Ao *direito penal normativo* incumbe tratar:
a. do estado perigoso do indivíduo;
b. da repressão;
c. da prevenção especial e direta.

Depois, subdividiu o **Direito penal normativo** em **direito penal substantivo, direito penal adjetivo e direito penal executivo**, aludindo que os programas de direito penal substantivo, adjetivo e executivo conterão uma introdução, também, aos estudos das bases sociológicas (e outras ciências afins), a parte geral e parte especial (normas legais e suas implicações sociológicas).

---

10 *Vide Novo Direito Penal. Introdução*, Rio de Janeiro, Forense, 1980, p. 1-2.
11 *Vide* os *Princípios de Direito Criminal* de ENRICO FERRI, ob. cit., sobre a influência do Positivismo em Lyra. Igualmente sobre o tema, *vide* breve remissão de Nilo Batista, "Introdução Crítica ao Direito Penal Brasileiro", Rio de Janeiro, Revan, 1990, p. 45-46.
12 *Vide* ARAUJO JUNIOR, João Marcello e LYRA, Roberto, *Criminologia*, ob. cit., 159-161.

Sobre o estudo das normas, disse abranger, "principalmente":

a. na *sede substantiva*: regras gerais, infrações, sanções; na *sede adjetiva*: investigação, instrução, julgamento, recurso;

b. na *sede executiva*: execução em geral e em especial; internacionalização, especialização e excepcionalização das normas; doutrina teórica e doutrina prática, esta última entendida como a firmada pela jurisprudência.

4.3 RESENHA-OBJETO DO DIREITO PENAL DA SOCIEDADE

Consoante se verá, os conceitos fundem-se e se confundem no trato do **direito penal da sociedade** (leia-se mais o **substrato** que o rótulo). É que da proposta de Lyra – com ressalvas que se fazem e se farão – surge um estudo-proposta que hoje é abandonado ou minorado em importância nas Academias de Direito. Bate-se, no ensino, pela pura dogmática penal. A criminologia é abandonada, até porque muitas faculdades não contemplam mesmo tal cadeira por falta de mestres que nelas se assentem.

É assim, nesta contextualização, jurídico-filosófica, que se estuda o **direito penal da sociedade** e se o procura, por se entender que a sociedade contemporânea não se pode imaginar regida espiritualmente por uma espécie de deus bifronte, onde uma cabeça (corrente ideológica) pretenda a propriedade do direito penal ou sua própria abolição (escolas abolicionistas do direito penal, "criminologia radical"[13] etc.), cometendo, para tanto, verdadeiro despautério em quase sacralizar-se – quantas vezes! – perigosos delinquentes, a pretexto de "culpa social", e outra, por conseguinte, a pretexto de "tutela das vítimas", que acaba recrudescendo o discurso e tornando à época do terrorismo penal, como certa vertente do "Movimento da Lei e da Ordem"[14]. Ambas, pelo extremismo, se opõem ao verdadeiro interesse

---

[13] A criminologia radical – se apresentou expressamente como uma *criminologia marxista* – surgiu na década de 1960/1970 quase concomitantemente nos Estados Unidos e Inglaterra, disseminando-se, posteriormente por Itália, Alemanha, Holanda, França e Países Nórdicos. Na Inglaterra, desenvolveram-se estudos e bases teóricas, configurando-se como centro irradiador, sobretudo, da conhecida obra de I. Taylor, P. Walton e J. Young, *The New Criminology: For a Social Theory of Deviance* (1973).
No Brasil, seguiram as orientações da Criminologia Radical, Roberto Lyra Filho (*Criminologia Dialética*, 1972), e Juarez Cirino dos Santos (*Criminologia Radical*, 1981).

[14] *Vide*, sobre o assunto, Damásio E. de Jesus,"Diagnóstico da Legislação Criminal Brasileira: Críticas e Sugestões", *in Revista do Tribunal Regional Federal 1ª Região*, v. 7, n. 4, Brasília, 1995-Separata, 26 p.

social e se refutam rotineiramente, na conjugação dialética e constante do justo e do injusto, do direito e do não direito, do ofensor e do ofendido. O homem, hoje, não pode perder sua condição/construção histórico/cultural de "humano" com suas conquistas de direitos/garantias e, nestes, repousa o direito de **ser, por inteiro, cidadão constitucional**, e não mero "cidadão de papel", soprado ao primeiro vento da ideologia política de plantão.

Logo, se não basta ao direito o estudo de sua normatização, precisamos também do substrato social para entendimento de sua íntima significação e delineamento do mapa ao progresso, pelo que se invoca por acertado, e porque atual, o referido por Tobias Barreto: "Nenhum valor terá o estudo do Direito se os que a ele se consagram forem obrigados a considerá-lo, não como uma ciência do direito, mas uma ciência da lei. O Direito é a pacificação dos antagonismos das forças sociais, da mesma forma que, perante o telescópio, os sistemas planetários são tratados de paz entre as estrelas".

Com esta advertência, desenvolve-se como proposta e **objeto** de análise sobre o qual recai(rá) o friso subjetivo do autor, porque importante ao **direito penal da sociedade,** a par das citadas noções do **direito penal científico** e **normativo** (neste, menos o estudo das normas):

a. *objeto do direito penal: a quem tutela, o que tutela e como tutelar;*

b. *a relação do direito penal com as disciplinas ou ciências auxiliares, contextualizando-as*[15];

c. *propósitos sobre a formação do operador do direito penal,* posto que o direito só se realiza cumprindo sua finalidade, com a perfeita unidade e integração da jurisprudência – entendida esta como a legislação vigente – com a ciência jurídica, e isto somente ocorrerá com a correta formação de seu aplicador-intérprete.

E é possível, assim, tal tentativa de análise e estudo? Sim, dentre outros, recentemente, Hassemer (para os que gostam dos exemplos estrangeiros) assemelhadamente também o propôs em seus "Fundamentos del Derecho Penal", conforme prólogo de Muñoz Conde[16].

---

15 *Vide* WALTER COELHO, em primorosas lições, *Teoria Geral do Crime*, ob. cit., p. 161, 167-168.
16 "De éstas y de otras muchas cuestiones se ocupa WINFRIED HASSEMER en el libro que aqui presentamos" – anota Muñoz Conde –. "En él se exponen los fundamentos no sólo de la Dogmática juridicopenal, sino también de la Criminologia, de la Política Criminal, del Derecho Procesal Penal y del Derecho penitenciario, en una feliz síntesis premonitoria de lo que puede ser en el futuro un modelo de Ciencia integral del Derecho penal." *Fundamentos del Derecho Penal*, ob. cit., p. XIX.

4.4 NÃO SE ESTUDA O DIREITO PENAL PURO SEM SIMBIOSE. EVOLUIR DE CONCEITOS

"E nem sempre os códigos escritos compreendem que a vida é muito mais multifacetada que os artigos, as alíneas, os parágrafos" (**Alfredo Tranjan**[17]).

Dentro tantos, trago ainda outro pecado, *mea culpa*. Não consigo conceber o direito penal com aquela palidez do vegetal sem sol, de que falava Louis Lambert. Aficiono-me a uma imagem referida por Romeiro Neto, para quem a alma humana é muito grande para ser contida nas estreitezas de uma norma penal[18]. Já não se concebe o penalista *pur sang*, alma de mármore, *pedigree* importado, a estudar e recitar os decorativos pressupostos da dogmática penal[19], enquanto necessária *jurisprudência superior*[20], mas distanciando da realidade fático-bio-mesológica, alheio ao que se passe no *theatrum mundi*. Esta a *materia peccans* que nutre os **matemáticos do direito**.

"É um céu teórico" satirizava Jhering (1818-1892) "em que o prático do direito não pode respirar... Os 'conceitos' não têm relação com a vida; eles têm um mundo bastante por si mesmo, em que existem somente por si, fora do contato com a vida. Os olhos do teórico estão habituados a ver no

---

[17] TRANJAN, Alfredo, *A Beca Surrada. Meio século no foro criminal*, Civilização Brasileira, 1994, p. 259.

[18] *Vide* ROMEIRO NETO, *Fora do Júri, em outras tribunas*, editora EBRASA, s.d., 135 p.

[19] Não sem razão Muñoz Conde assinou protesto contra esse "ilhamento" do direito penal das demais ciências sociais e humanas:
"...la situación actual de la Ciencia del Derecho penal sigue caracterizándose por su aislamiento del resto de las demás Ciencias siciales y humanas. A ello ha contribuido y contribuye todavía hoy una hipervalorización del pensamiento dogmático sólo preocupado por atrapar en sus rígidas leyes teoricocognoscitivas aquellas partes de la relidad que se reflejan en las normas jurídicas. Todo lo que está más allá de las previsiones normativas jurídicas, es soslayado, cuando no olímpicamente despreciado, como irrelevante o carente de interés. La idea que sirve de base a esta construcción es, desde luego, certamente atractiva: construir, a partir del Derecho positivado en la ley, un artificio sistemático perfectamente coherente, sin fissuras de ningún tipo, con el que poder solucionar los casos previamente seleccionados, aplicando solamente el aparato conceptual jurídico elaborado por la Dogmática.
En no pocos juristas esta situación produce un alto grado de auto complacencia y el sentimiento, sin duda agradable de pertenecer a una 'casta', si no superior por lo menos diferente a la del resto de los ciudadanos. En otros, en cambio, el sentimiento es más bien de frustación, al ver cómo las sutilezas de un lenguaje críptico y de una técnica que sólo los muy iniciados conocen alejan a los ciudadanos del mundo del Derecho, contribuyendo a su aislamiento y a dificultar aún más la solución satisfactoria de los casos", *in* "Prólogo" à obra de HASSEMER, cit., p. XVII.

[20] Não se questiona hoje que o método do direito penal deva ser o da Escola Técnico Jurídica, ou seja, o lógico abstrato, dogmático, dedutivo. Tal método, representa-se, como ressabido, em duas (ou três etapas, para alguns): a exegese (interpretação da lei) e a dogmática (a ciência do direito), enquanto a terceira etapa, a crítica (cuja finalidade é fornecer subsídios e propostas para reformas ou modificações no direito já constituído), muitos dogmáticos não a aceitam como integrante do método, eis que o direito penal a ser aplicado não admite considerações filosóficas. A "Jurisprudência superior" é expressão de Jhering, a caracterizar a construção dogmática do direito, estabelecendo seus princípios gerais, organizando e identificando os institutos, bem como examinando-os dentro de todo o quadro do sistema legal, atividade que se segue depois da primeira etapa exegética (interpretação da lei).

escuro: quanto mais obscuro é o objeto de que trata, tanto maior atrativo ele tem para ele... Aqui é o reino dos 'pensamentos abstratos' e também a lembrança das coisas terrenas lhe é completamente vedada"[21].

Busca-se, então, socorro em outras searas, da literatura à criminologia, para a tentativa de explicar o direito ou compreendê-lo[22], para ensiná-lo e aprimorá-lo, para sua conformação, sobretudo. Não se trata de compactuar com as "criações judiciais" ou o "direito alternativo", com o "direito justo" de Stammler ou todas as formas de "direito livre" desde Kantorowikz – longe disso, *Vade retro Satane*[23]! – de regra, práticas tão perigosas. Busca-se, sim, compreendê-lo em sua essência, eis que julgar e aplicar o direito, *intra legis*, já demanda algo muito mais profundo que a solução de simples álgebras técnico-jurídicas podem conceber. Não basta saber conceituar o **furto famélico** à luz exegética do **estado de necessidade** (art. 23, I, do CP). É preciso trazer exemplos ao estudo, para que se entenda **mesmo** que *necessitas caret leges*, como diziam os latinos, para a correta subsunção do fato ao permissivo legal. É bem certo que não é preciso sentir em si próprio o nefasto e deletério processo da fome – "um homem com fome não é um homem livre", assinalou o líder liberal Adlai Stevenson[24], para julgar um caso análogo. Mas o direito penal normativo busca explicações nas ocorrências da vida, em suas vicissitudes, quando não nos exemplos da literatura para dissecação e estudo. Desta socorreram-se Ferri, Lyra, Hungria, Nogueira Itagiba e tantos penalistas ilustres.

Esta "fome", que *ad exemplum* se toma, para intepretação da norma à vida, quem sabe encontrar-se-ia descrita na urgência *intermitente*, episódica, da sede e da inanição descritas no **Filebo** de Platão combinado às penadas dos "Miseráveis" de Vitor Hugo (1802-1885), com a comovente sina do operário Jean Valjean; ou mesmo retratada na obra homônima da natureza pobre ("Fome") do norueguês Knut Hamsun (1859-1952). Assim, melhor conhecendo o *processus*, mais facilmente a injustiça não será **fomentada**, seja distinguindo

---

21 *Apud* FERRI, Enrico, *Princípios de Direito Criminal*, ob. cit., p. 85-86.
22 Escreveu Winfried Hassemer, *in Principios del derecho Penal*, ob. cit., p. 119:
"No se trata por lo tanto, de una contraposición entre 'dogmática' y 'realidad'. Las posibilidades que se ofrecen a la Ciencia del Derecho penal y a la práctica penal por parte de las ciencias sociales no consisten tanto en una aproximación a la 'realidad', en la ampliación del volumen de datos que la dogmática jurídica elabora, como en el planteamiento de nuevos interrogantes, en una nueva sensibilidad para lo desconocido, en una atención mayor respecto de la "realidad ajena": los prejuicios, los criterios de relevancia respecto del autor, la víctima y otros implicados".
23 Evangelho de São Mateus, capítulo 4, versículo 10.
24 ADLAI STEVENSON (1900-1965), *"A hungry man is not a free man"*, discurso em Kasson, Minnesota, 6 de junho de 1952.

o verdadeiro necessitado, absolvendo-o, seja condenando o impostor-furtador. Seja buscando a vida e suas nuances, seja distinguindo-a da arte. Há muitos exemplos, igualmente, que poéticos somente subsistem na literatura invocados *pietatis causae* para réus culpados que não se amoldam em exemplos.

Fome de alimento! E fome de amor? Para tanto, não basta diferenciar **defloramento** de **sedução** para se fazer justiça em essência, o pluricombinado da busca e da necessidade da vítima com a técnica do sedutor somente nasce do perfil estudado no binômio criminoso/vítima, vitimologia e criminologia, para se entender o *factum*. Há igualmente sedutores e seduzidos. Vítimas e vítimas, réus e réus. Do mesmo modo o real estudo do **estupro** deve ser buscado a fundo, individualizado, investigado, punido. A criminologia etiológica que pergunta das causas que levavam o réu ao crime, ao lado da vitimologia que pergunta dos contributos da vítima na eclosão do delito. Separar, distinguir da investigação à aplicação da pena, é ir adiante das estreitezas de uma norma penal. É preciso, por vezes, quantas vezes, invocar a alma e a letra do poeta para um estudo aprofundado, do lírico, para se definir o amor-entrega e a paixão-devoção veiculadas por falazes e sedutoras "promessas de casamento" tiradas à Don Juan, para que então se vislumbre a força suave de palavras de blandícia, frases melíflulas, e o efeito doce, mas devastador, destas sob o espírito humano – com fome ou sede de – e as resistências antes havidas. Os traços do **desejo** – presentes em qualquer dessas modalidades delituosas –, entenda-se a metáfora buscando à mitologia, são realmente aferíveis quando conhecido o mitológico Eros – como seu pai, "caçador terrível" – em sua essência e genealogia, desenhado pela fala de Diotima, no *Banquete* de Platão... o filho do Póros, o Expediente astuto, e de Pênia, a Penúria. Sem o *substratum* do prévio entendimento dos protagonistas do drama penal, dos conceitos-chave de cada *crimen*, toda aproximação da verdade dogmático-exegética será meramente grosseira[25].

Por certo, coíbem-se os excessos, igualmente, de quem queira sempre ver poesia e literatura, onde exista crime e subsunção a um tipo penal.

---

25 A propósito, o seguinte excerto colhido em Walter Coelho (ob. cit., p. 30): "Também Frederico Marques, no 1º v. de seu magnífico *Tratado de Direito Penal*, ao versar sobre o conteúdo da 'dogmática', nos traz valiosos subsídios da matéria. Cita o professor paulista a lição de Recaséns Siches quando diz que 'não raras vezes o sentido integral de um instituto jurídico, bem como suas consequências, somente podem ser determinados conjugando-se suas normas – formuladas ou não formuladas – com a realidade vital em que o instituto se enraíza e que pretende configurar'. Vale-se, ainda, dos ensinamentos de Norberto Bobbio, consagrado propedeuta da ciência jurídica, ao afirmar que a natureza da relação jurídica pressupõe o entendimento da natureza dos fatos, visto que a 'observação das condutas reais constitui a base da compreensão dos comportamentos presumidos hipotizados pela norna jurídica'".

Por tanto defendo o Júri – ampliando-se-lhe a competência, inclusive –, enquanto órgão colegiado que se ergue das estreitezas jusdogmáticas para a sabedoria da vida, que respeitando a lei, mas não hieraticamente técnico, faz a "jurisprudência do caso concreto"; que revirando o fato e explorando-se-o em todas as suas nuances e pormenores – como em nenhum outro julgamento monocrático – pode-se melhor conhecê-lo, aplicando-se o melhor direito.

***

É que as vezes a inteligência de uma nota penal nasce de um verso, de um conto, de uma música ou de uma tela, que se conjuga e se completa com mais profundidade que somente as inextricáveis noções de dogmática ou aranhóis da processualística. "Quem só conhece o direito", sentenciava Holbach, "não conhece o direito"[26]. Nenhuma ideia é um *corpus hermeticus*, algo fechado em si mesmo. A casa da "zona sul" suntuosa que se abre à força para um roubo terrível, evoca dois destinos que se comunicam, a marginália e a vítima; encontram-se o vitimado e o vitimante. Até aí não pisavam a mesma geografia e um dia encontraram-se. Todo terreno, seja físico ou temporal, sempre se encontra, de uma ou outra forma. E a vida vale um estudo. E o direito está para servi-la. Dela saem os protagonistas do drama penal que precisam ser conhecidos, analisados, distinguidos, separados, delimitados, classificados, amparados ou punidos. A malandragem "do morro", os pelintras que por vezes e(in)voluíram para os pilantras – o estelionatário melhor definido –, com certeza será melhormente conhecido – processado, defendido, julgado, condenado ou absolvido – por quem mergulhar na própria essência da alma popular, donde faz mais vigor, lecionando *ex catedra*, um cancioneiro do povo, do que um tenor elitista; melhor entenderá o *stelium* do tipo bem brasileiro (conto do vigário *v.g.*) um conhecedor do sambista Moreira da Silva, do que um *expert* em música erudita... por vezes mais saberá sobre penas – sim, penas, mesmo! – quem conhecer a literatura romantizada do que um livro de direito esqualidamente seco, como demonstra com acerto a própria obra de Georges Jarbinet[27].

---

26 *Vide* NOGUEIRA ITAGIBA, Ivair, *Homicídio, exclusão de crime e isenção de pena*, Rio de Janeiro, 1958, t. II, p. 543.
27 Tomemos, *ad exemplum*, para análise, a questão da pena máxima já concebida pelos penalistas, a pena de morte. Pois é na obra de literatura do romantismo francês de Georges Jarbinet, *Les Mystères de Paris d'Eugène Seu* (Société Française d'éditions Littéraires et Techniques, Paris, 1932) **e não em uma obra jurídica**, que o estudioso encontrará o maior número de informações sobre esta e outras questões penais do século XIX. *Vide*, também, mais recentemente, as questões que interessam ao mundo jurídico-penal levantadas em

Ademais, é da cosmovisão que surgirá sempre e, ao sabor da necessidade, um direito novo ou, quando menos, a interpretação/integração máxima de um direito antigo. A própria dogmática, enquanto técnica que visa reconstruir os diversos elementos que integram a lei, organizando-os como **sistema**, deve à astronomia e à teoria musical do início do século XVII a própria ideia de **sistema**, conforme anotado por Luhmann[28]. Essa a macrocomunicação e a expressão máxima de certo culturalismo.

***

As advertências de Kelsen com sua "Teoria do Direito Puro" que não aceitava ingerência de outras ciências ou disciplinas, serão sempre sopesadas[29]. É preciso, pois, um medear da balança, a procurar o ponto de equilíbrio para que não se sistematize o homem como produto de laboratório – por um lado – por outro não se trate o direito anomicamente, estabelecendo-se a insegurança da justiça para os jurisdicionados, tão apropriada à justiça da conveniência de um *füher* em épocas de ditadura, quanto de um proprietário da "teoria do ponto de vista"[30], em épocas de "democracias desregradas". Acentuou com primor Menna Barreto, sobre a "simbiose dogmático-criminológica" que "no

---

obra não jurídica – mas recheada de informes –, como a de Ruth Harris, *Assassinato e loucura – Medicina, leis e sociedade no fin de siècle*, trad. Talita M. Rodrigues, Rio de Janeiro, Rocco, 1993, 390 p.

28 *Apud* BATISTA, Nilo, *Introdução Crítica ao Direito Penal Brasileiro*, Rio de Janeiro, Revan, 1990, p. 118.

29 Lembramo-nos que, para KELSEN, o direito não se situa no mundo do "ser", mas do "dever ser": as normas jurídicas, nesse sentido, não enunciam o que sucedeu, ou sucede, ou ocorrerá, mas o que "deve ser". Para captar tal realidade, não se cogita da causalidade, mas sim da *normatividade*. O pensamento de Kelsen afirma que as normas jurídicas não podem ser concebidas como a lógica aristotélica da Natureza, que utiliza como cópula de seus juízos o verbo "ser", mas sim, a lógica do direito é normativa e utiliza como cópula o verbo "dever-ser", referente a uma lógica imputativa. Desse modo, não trabalha a disciplina do Direito com objetos ideais, como a lógica e a matemática, senão como objetos reais, pois o Direito é ciência de experiência.

30 Assim referi sobre certas "invenções" que buscam institucionalizar a "ditadura do ponto de vista", em meu *Júri – Do Inquérito ao Plenário*, 1. ed., São Paulo, Saraiva, 1994, p. 179-181.

"Como no direito, enquanto toda a maré vagueia para um lado, também sempre existe alguém remando em sentido oposto, há também aqui uma solitária minoria disposta a divergir do espírito da lei, porque 'entendem' que o legislador não autorizou expressamente... Aduzem 'livre convencimento', como se fora o próprio principio aplicável à valoração das provas. Mas este *livre convencimento*, conquanto inegável conquista para a judicatura e o próprio mundo do direito, mostra-se também um perigo – o surgimento do juiz *legibus solutus* – como visto por Giovanni Leonne, 'perchè il princípio del libero convincimento può transformarsi in arbítrio".

...É preciso *entender*, sim, mas, interpretando logicamente e sem sofismas o espírito do legislador: 'Quien juzga por lo que oye e no por lo que entiende' anotava Quevedo – '...es oreja y no juez'.

...Tal postura não se compraz com a *mens legis*, causando um dano monstruoso à manifestação da Justiça, porque *faz escola* ao pretender instituir a *ditadura do ponto de vista*. O motivo na adoção de tal postura é o *entendimento solitário* (*o ponto de vista*, único), e este, como *motivação*, diga-se, nada vale em uma democracia, pois o que separa o arbítrio da discricionariedade é a obrigação da motivação das decisões, que, no caso, apenas ensancha o diafragma que separa o poder discricionário do arbítrio, como aduziria Brícola.

Deve ser passado de longo tempo o sepultamento das *autoridades autoritárias* – juízes, promotores, delegados e outros – ...dos *inventores – detentores* do direito".

Estado moderno, a função do Direito Penal não mais se compatibiliza com estruturações rígidas, que formentam a doutrina do isolacionismo jurídico.

O racionalismo técnico-científico, embasado no método de natureza lógico-abstrata, não basta hodiernamente para justificar a relevância da atuação da lei penal como instrumento de defesa dos bens fundamentais que tutela, mediante o equilíbrio entre a vontade individual e o interesse coletivo.

Ao contrário, nenhuma ciência remanescerá valorizada em compartimentos estanques, diante do que já se convencionou chamar de aceleração do curso da história"[31].

Depois recitou E. de Magalhães Noronha: "Cumpre evitar excessos do dogmatismo, pois a verdade é que, como reação ao Positivismo Naturalista, que pretendia reduzir o Direito Penal a um capítulo da Sociologia Criminal, excessos se têm verificado, entregando-se juristas a deduções silogísticas infindáveis, a distinções ociosas, a questões supérfluas, a temas de todo estranhos à teleologia penal, a discussões terminológicas etc., desumanizando o ramo mais humano da Ciência do Direito"[32].

Conjugando, a seguir, Aníbal Bruno, para quem a sistemática do Direito Penal não é "pura indagação lógica-formal, elaboração fria e abstrata de esquemas jurídicos em que o Direito Penal perca totalmente contacto com os seus dois pontos de apoio necessários – a significação social do crime e o conteúdo humano que lhe vem da personalidade do criminoso; mas como uma ciência, que, sem deixar de ser essencialmente jurídica, se alimenta da substância das coisas: da realidade social e dos aspectos fenomênicos do crime, para fim de compreender melhor o próprio direito vigente e favorecer-lhe a sua missão prática de disciplina da criminalidade"[33].

Insuperável, nesse sentido, a lição sempre lembrando de Nelson Hungria:

"A vida não é para os teoremas – afirmava – mas estes para aquela. Não o que a lógica exige, mas o que a vida, o convívio dos homens e o sentimento jurídico reclama é que deve acontecer, seja ou não possível dentro da lógica. Os preceitos jurídicos não são textos encruados, adamantinos, intratáveis, ensimesmados, destacados da vida como poças d'agua que a inundação deixou nos

---

31 MENNA BARRETO, João de Deus Lacerda, Estudos Jurídicos em Homenagem ao Professor Oscar Tenório, *A simbiose dogmático-criminológica*, Universidade do Estado do Rio de Janeiro, 1977, p. 335.
32 Ob. cit., p. 336.
33 Ob. cit., p. cit.

terreiros ribeirinhos; mas, ao revés, princípios ricos, que, ao serem estudados e aplicados, têm de ser perquiridos na sua gênese, compreendidos na sua *ratio*, **condicionados à sua finalidade prática, interpretados no seu sentido social e humano. Ciência penal não é esse leite desnatado, esse bagaço remoído, esse esqueleto de aula de anatomia que nos impingem os ortodoxos da jurisprudência pura**. Ciência penal não é a jurisprudência isolada em si mesma, a alimentar-se de si mesma, a desdobrar-se, introvertidamente, em cálculos jurídicos e *subtilitates juris*, indiferente às aventuras do mundo exterior. Não é ciência penal a que somente cuida do **sistema ósseo** do direito repressivo ou se limita a tessituras aracnídeas de lógica abstrata, fazendo de um Código Penal, que é a mais alta e viva expressão da ética de um povo, uma teoria hermética, uma categoria de ideias hirtas, um seco regulamento burocrático, uma inexpressiva tabela de aduana. Ciência penal não é só a interpretação hierática da lei, mas, antes de tudo e acima de tudo, a revelação do seu espírito, a compreensão do seu escopo, para ajustá-la a fatos humanos, a almas humanas, a episódios do espetáculo dramático da vida. O crime não é somente uma abstrata noção jurídica, mas um fato do mundo sensível, e o criminoso não é um impessoal 'modelo de fábrica', mas um trecho flagrante da humanidade. A ciência que estuda, interpreta e sistematiza o direito penal não pode fazer-se cega à realidade, sob pena de degradar-se numa sucessão de fórmulas vazias, numa platitude obsedante de mapa mural de geometria. Ao invés de livrar-se aos pináculos da dogmática, tem de vir para o chão do átrio onde ecoa o rumor das ruas, o vozeio da multidão, o estrépito da vida, o bramido da tragédia humana".

***

Provou-se, nesse contexto, estéril a discussão sobre o dolo encontrar-se no tipo ou na culpabilidade... menos importa o purismo denominativo sobre ser "defloramento" ou "sedução", a bizantinice acadêmica de "aborto" ou "abortamento", "prejuízo e dano", "mata e floresta" e já não basta ao estudante de direito definir o conjunto dos elementos descritivos do crime contidos na norma penal, o tipo. A operação, embora em um primeiro momento silogística, para adequação do fato à norma, multiplica os questionamentos legais e supralegais quando se toca ao endereçamento da pena, à sua utilidade ou não, à função ou disfunção do direito positivo[34]. A doutrina alemã, desen-

---

[34] *Vide* as ponderações de Enrico Ferri, em seus *Princípios de Direito Criminal*, trad. Paolo Capitanio, Campinas, Bookseller Editora, 1996, p. 109.

volvida sobremaneira a partir de Binding, com seus estudos sobre a dogmática jurídico-penal, é página insuperável na história do desenvolvimento e estudo sistemático do direito penal, mas também é mostra segura de que o excesso de especificismo acaba por acarretar discussões e conceituações que, irrelevantes à luz do "direito", obrigam o cultor da ciência à mais pura perda de tempo... e talento. É necessário um passo adiante para vislumbrar a amplitude não somente da lei ou do permissivo legal, mas, sobretudo, do espírito da lei e, melhor ainda, da ânsia por lei e sua segura aplicação, buscada pela sociedade. Se o estudo doutrinário conduz à generalização, à abstração (necessários para a impessoalidade dos conceitos), o fato é que o aplicador do direito concretiza e individualiza; para tanto, há que estar preparado a fazê-lo. **Sem dúvida, esta a missão social do direito penal: atender à conveniência da sociedade como** *forma* **...atendendo à conveniência da humanidade como** *fundamento*.

4.4.1 Direito penal/criminologia/disciplinas afins

Não se fala em direito penal/criminal sem se falar em estudo do crime. Do fenômeno criminoso. Então há que se investigar o crime sob o amplo espectro das "enciclopédias penais". Não se concebe mais tratar do direito penal na atualidade sem que se trate, conjuntamente, da criminologia, como ciência que se preste a informá-lo. Não se fala de criminologia sem aludir-se à vitimologia. O binômio vítima-delinquente está e será estudado, sempre. A relação do problema criminal como horizontal (forma/dogmática/vertical (fundo) do direito penal sempre apresentará para o estudo conexão, vale dizer, é necessária essa constante conjugação. Senão não haverá futuro perfeito, para passado infeliz. E será infeliz, já no presente, quem não se disponha a averiguar o passado do crime: "como e por que isso aconteceu? Quais as causas/concausas para a eclosão do delito?". Daí sim, o futuro do direito penal se excederá e exultará com o sucesso. A antiga Escola Tecnicista ou Dogmatista do Direito que tratava o delito apenas como uma relação jurídica – não se indagando de suas origens, não aceitando, por conseguinte, a contribuição da criminologia, psicologia, antropologia, biologia – está praticamente sepultada[35].

---

35 A escola Tecnicista ou Dogmatista do Direito Penal – cujas características poderiam ser resumidas em Arturo Rocco, que temia que o direito penal sucumbisse e fosse consumido por qualquer disciplina sociológica – estabeleceu os seguintes princípios: *a)* a luta contra o crime é tarefa única dos juristas, a estes pertencendo; *b)* o penalista deve abstrair-se das indagações de natureza filosófica e de todas as ciências afins; *c)* o direito penal reclama autonomia, portanto, deve se ocupar unicamente da lei positiva; *d)* rejeita, por

Mezger, da Alemanha, voltado para o direito dogmático, teve que presenciar em seu próprio solo o notável Hans Welzel, criador da teoria da ação finalista, promover um "terremoto no campo do dogmatismo"[36]. Welzel chegou a questionar quais seriam os caminhos da ciência penal no futuro, admitindo que ela, "provavelmente, conservará os conhecimentos dogmáticos dos últimos cem anos, mas deixará de ser a dogmática no sentido que teve até agora"[37].

Mesmo assim, o crime, ainda hoje, configura-se em um "enigma" ainda insolúvel, não muito diferente do que era aos tempos de Cristo. Estamos em verdade, retornando ao "ponto zero do saber criminológico", no dizer de Qutschinsky[38]. Do que caracterizou a Escola Clássica do Direito Penal no século XIX – *Le stupide dix-neuvième siècle*[39], na sátira corrosiva de Daudet – a diagnose e o combate à criminalidade, pouco mudou ou mudou – no efeito – quase nada.

Por outro lado, a dogmática, o tecnicismo cresceu mais do que previa Welzel, à evidência. Mas, o que é a forma frente a um problema de fundo, qual seja, o crime em sua verticalidade, nos subterrâneos de suas raízes para sua prevenção e tratamento? É mister pôr fim à abstração de certos penalistas que antepõem, de um lado o deontológico, a norma, e do outro, o ontológico, factual, entendido este como a exteriorização fenomênica do delito, como se ambos não houvessem de dialogar, questionar-se e se completar para melhor render.

---

conseguinte, toda a contribuição da criminologia, da antropologia, da psicologia, da biologia; e) o crime consiste em uma relação jurídica, portanto, não há que se indagar de sua criminogênese; f) o estudo técnico jurídico tem que se ater ao direito penal vigente e feito através de processos de pesquisas exegéticas, dogmáticas e críticas; para tanto, a exegese cuida do exame do texto legal vigente, da lei penal e da interpretação lógica da norma positiva; a dogmática tem por missão a construção sistemática dos institutos jurídicos através da uniformalização das normas e princípios criminais e penais, incumbindo à crítica a avaliação do desempenho da dogmática, visando aprimorá-la, sugerindo outros institutos, principais ou regras.

36 Expressão de Paulo Pinto de Carvalho, *Direito Penal, Hoje*, ob. cit., p. 25.
37 *Apud* PEREIRA DOS SANTOS, Gérson, *Do Passado ao Futuro em Direito Penal*, Porto Alegre, Sérgio Antonio Fabris Editor, 1991, p. 38. A quem se interesse pela dogmática penal na perspectiva comparada, vide "A Nova Dogmática Penal e a Política Criminal em Perspectiva Comparada", in JESCHECK, Hans-Heinrich, *Ciência e Política Criminal em honra de Heleno Fragoso*, Forense, 1992, p. 217-247.
38 *Apud* MOLINA, Pablos, "Momento atual da reflexão criminológica", in *Revista Brasileira de Ciências Criminais*, publicação oficial do Instituto Brasileiro de Ciências Criminais, editora Revista dos Tribunais, dezembro de 1992, p. 7.
39 "O estúpido século XIX".

O DIREITO PENAL IDEAL

Sumário: *5.1. Política (filosofia) penal e filosofia política: o fim das ideologias. O propósito de um novo tempo (ensaio sobre a contemporaneidade). 5.2. A busca pelos novos movimentos penais. Novas teorias: a política criminal. 5.3. Direito Penal. Condicionantes socioculturais. 5.4. Direito, política e religião. 5.5. Direito penal independente. 5.6. A busca da eficácia do direito penal brasileiro.*

5.1 POLÍTICA (FILOSOFIA) PENAL E FILOSOFIA POLÍTICA: O FIM DAS IDEOLOGIAS. O PROPÓSITO DE UM NOVO TEMPO (ENSAIO SOBRE A CONTEMPORANEIDADE)

Interessa ao "direito penal da sociedade" a consciência de que o *bon sauvage*[1] de Montaigne (1533-1592) caso tenha existido, aculturou-se, e hoje o *homo urbanus* **é** quase maioria, mas sempre integrado à consciência universal pelo progresso da comunicação e pelo natural perpassar das gerações e da história que integram e deixam o lastro do aculturamento social contemporâneo. O direito penal, fruto dessa mesma sociedade, condicionou o homem e tutelou-o, restando como **último descendente** dos primevos apenas o aborígene, silvícola absolutamente irresponsável à luz do direito penal, que *ainda* pode entoar solitariamente o refrão do **bom selvagem** Montaigniano: *sans foi, ni loi, ni roi* (sem fé, nem lei, nem rei).

---

[1] *Vide,* em português, o excelente ensaio "O bom selvagem como *philosophe* e a invenção do mundo sensível", por GERD BORNHEIM, *in Libertinos e Libertários,* organizado por Adauto Novaes, MINC-Funarte, São Paulo, Companhia das Letras, 1996, p. 59-76, especialmente, p. 64 e s. "O conceito de bom selvagem".

De mais a mais, estamos hoje facultativamente sujeitos à *fé* – como liberdade de crença constitucionalmente assegurada –, a majestade do **rei** apenas foi substituída pelo Estado do Direito a que devemos respeito[2] e este tem por sustentáculo o próprio respeito devido às **leis**.

Nesse sentido, para tal ponto a que chegamos, foi – e é – longo o périplo pela terra do humano em busca de solução (novidade) no direito (penal) e em sua filosofia para a solução dos conflitos que a convivência em sociedade criou. "Olhou para o céu", perguntou de Deus e buscou soluções aos problemas que elaborou na terra: é fase de um direito sagrado, eclesiástico, todo inspirado ao Divino, vertente do direito natural. Basta que se pergunte nesta fase, da barbárie havida e do equívoco cometido (face ao obscurantismo da Idade Média a Beccaria), quando os interesses palacianos (era o Estado) eram exercidos em nome divino e vinculavam-se ao direito penal por errôneas interpretações "cristãs" e maltratava-se a humanidade a pretextos de heresia (religiosa, política etc.). Marcou-se como o advento da **Escola Penal Clássica** o chamado **período humanitário do direito penal**[3].

---

2 Utilizo-me de Novoa Monreal – porque bastante abrangente, em conceituação lata – para a melhor qualificação de "Estado do Direito", adotando-a, como se segue:
"O conceito de Estado de Direito se apoia na ideia de que o Estado realiza uma concepção de organização social que ampara os valores da personalidade humana, devendo ficar, ele próprio, submetido, do mesmo modo que os cidadãos, a normas jurídicas objetivas, o que se expressa em:
a) afirmação de que corresponde uma primazia à norma geral da lei, pois essa norma geral cria justiça e segurança, à base de regras e consequências jurídicas predeterminadas, válidas para todos os casos;
b) afirmação dos direitos humanos fundamentais, o que impede seja negado o valor da pessoa;
c) um sistema de responsabilidade da Administração e dos funcionários públicos, dotados, ambos, de faculdades que sempre crescem, dentro da sociedade moderna, e que chegam, cada vez mais, a zonas mais extensas da vida humana, e o estabelecimento de recursos legais que permitam prevenir e sancionar os atos administrativos ilegais; e
d) a existência de um controle jurídico da legislação, a fim de evitar o surgimento de leis que excedam os marcos do Direito". NOVOA MONREAL, Eduardo. *O Direito como Obstáculo à Transformação Social*, 1. ed., trad. Gérson Pereira dos Santos, Porto Alegre, Sérgio Antonio Fabris Editor, 1988, pp. 78-79. *Vide*, também, o histórico e a conceituação de BOBBIO, Norberto, MATTEUCCI, Nicola e PASQUINO, Gianfranco in *Dicionário de Política*, 2. ed., trad. Carmen C. Varrialle e outros, Editora Universidade de Brasília, Gráfica Editora Hamburg Ltda., p. 401 e s.

3 Na *Escola Penal Clássica*, iniciada por Cesare Bonessana, o Marquês de Beccaria, nascido em Milão em 15 de março de 1738, não exatamente um jurista, mas filósofo e jornalista, discípulo de Rousseau e Montesquieu, iniciava-se o chamado "período humanitário" do direito penal. Procurava-se pôr cobro à barbárie das penas, enquanto o mundo clamava por um "devido processo legal". Beccaria abeberou-se nos ensinamentos humanísticos de Buffon, D'Alembert, Diderot, Hume, Helvetius: "obras imortais, são minha leitura contínua, objeto de minha ocupação durante o dia e de minhas meditações no silêncio das noites". Produziu entre março de 1763 até os primeiros meses de 1764 o seu *Dei Delitti e dele pene*, chamado por Faustin Hélie como "o pequeno grande livro", publicando-o em 1764 quando contava 26 anos de idade. "Seu discurso humanitário" diz Gérson Pereira dos Santos "é o espelho de seu débito aos *philosophes* de seu tempo (em carta a Morallet, Beccaria chegou a dizer: 'io debbo tutto ai libri francesi') e aos espaços dialéticos e teóricos da *Enciclopédia*. Ninguém nega a Beccaria a condição de precursor da ciência penal moderna e, em particular, de uma tradição jurídica entre representantes do classicismo italiano (Filangieri, Romagnosi, Rossi, Pessina e, principalmente, Carrara)" *in Do Passado ao Futuro em Direito Penal*, cit., p. 27. Lyra resumiu-lhe as ideias: "Beccaria pugnou por um Direito penal leigo, preventivo, com

Mas, o homem seguiu em busca incessante, foi ao positivismo jurídico[4], abandonou-o, por momentos, ao direito livre de François Gény (1861-1938) e Kantorowicz (1877-1940)[5] e chegou (chegaram alguns) ao "alternativismo" contemporâneo, retornando outra vez seu *circulus vitiosus* na busca por novidade: jurídica, filosófica, religiosa, para a solução de sua constante "crise existencial", "crise social", ou apenas "crise do homem", rótulo que pode abranger todos os subprodutos dos desacertos, desencontros, crimes ou infelicidades.

***

Desde que F. Nietzsche, prócer do niilismo, anunciou em 1882 a "morte de Deus" por meio de um de seus personagens de *Gaia Ciência*[6] – pretendendo que dos domínios da razão pudessem unicamente sair a regência para a domesticação da natureza e a organização da vida em sociedade –, o homem (o gênero!) fez-se **mais** materialista. E aludiu a um *Crepúsculo*

---

bases e limites, pela prévia legalidade de crime e pena, pela publicidade, regularidade, rapidez e lealdade do processo e do julgamento. Pela pureza e certeza da prova, pelo direito de asilo, pela proporcionalidade entre crime e pena, pela abolição da prisão preventiva, da pena de morte, da tortura, da infâmia, do banimento, do uso de por a cabeça a prêmio, do 'suplício da incerteza', pela aplicação da pena somente em caso de necessidade, impondo-se sempre a menor, segundo as circunstâncias" (*in Novo Direito Penal. Introdução*, Forense, 1980, p. 8/9). A Escola Clássica – também chamada de Escola Idealista ou Primeira Escola – pode ser dividida em dois períodos: o período teórico, chefiado por Beccaria, onde prevaleceu o racionalismo sobre o dogmatismo, culminando a influência do Iluminismo, onde Cesare Bonesana tinha seu manancial de inspiração e estruturação humanística; e o período prático, comandada por Francesco Carrara (1805-1888), onde se deu o estudo jurídico do crime e da pena, estabelecendo-se lições de dogmática ainda hoje aproveitadas à compreensão do direito penal. E é nesse contexto que tem-se por "Clássica" a Escola que reuniu diversos afluentes anteriores ao **positivismo** (que originará a segunda Escola) quando se distinguiu a justiça humana da justiça divina e, sobretudo, quando se gizaram os direitos e garantias individuais contra o Estado absolutista de então, a par de dar-se a sistematização das normas repressivas por Feuerbach (Criminalista alemão desenvolveu as ideias de Bentham), Romagnosi (Constitui reação à teoria do Contrato Social de Rousseau), Carrara (discípulo e continuador de Carmignani na cátedra de Pisa, dando sistematização aos princípios penais) etc. Se na verdade o nome "Escola Clássica" fora proposição irônica e crítica dos sucedentes positivistas, forçoso é reconhecer também que no período e na "escola" que se titulou chamar "clássica" vivificaram correntes e fundamentos penológicos bastante diversos. Contudo, viam a maioria dos expoentes e defensores da referida Escola a pena como *retribuição* ao criminoso, alguns dando-lhe caráter divino (Bekker, Stahl), outros, jurídico, como Hegel (1770-1831) e Pessina e ainda, moral com Kant (1724-1804), para quem a lei penal é um "imperativo categórico", apenas uma justa retribuição, não podendo ser considerada meio para qualquer *fim*.

4   *Vide*, sobre "Direito Natural" e "Direito Positivo", VAN CAENEGEM, R. C., *Uma Introdução histórica ao Direito Privado*, trad. Carlos Eduardo Machado, Martins Fontes, São Paulo, 1995, p. 119 e s.

5   François Gény, de origem francesa, imbuído de boa-fé, revolucionou a metodologia jurídica de seu tempo ao defender a tese da *livre investigação do direito* pelo próprio juiz, quando faltassem ao caso normas próprias a serem aplicadas (*Méthode d'interprétation et sources en droit privé positif. Essai critique. Préface de Raymond Saleilles*, 2. ed., Paris, LGDJ, 1954, v. 2). Posteriormente, desenvolvendo a já denominada "Escola do direito livre" (*Freirecht*), surge na Alemanha Hermann Kantorowitz propugnando a colocação da justiça acima das leis... Como lembrado por Pinto Ferreira, tal escola é apenas *um direito natural rejuvenescido*, in Comentários à Constituição Brasileira, São Paulo, Saraiva, 1992, v. 5, p. 16.

6   "Onde está Deus? Vou lhes dizer, nós o matamos, você e eu. Deus está morto, Deus continua morto."

dos Ídolos (1888) reforçando nessa obra seu entendimento de que a ideia de um mundo verdadeiro não passaria de uma fábula. Era o século XIX, o **Século da biologia** no direito penal, a influência de Lamarck[7] e o apogeu de Darwin, até o estudo do **homem criminoso**. Era o despertar de Cesare Lombroso e prosélitos, o advento da **Escola Positivista** do Direito Penal[8].

---

[7] J. B. Lamarck (1744-1829), naturalista francês, antecedeu a Darwin publicando em 1809 "Filosofia Zoológica", onde discorre sobre a teoria do transformismo, sustentando que a ação do meio, a necessidade e o hábito aos poucos acaba por provocar a transformação das espécies vegetais e animais, em outras. Posteriormente, Charles Darwin (1809-1882) publicou *Viagem de um Naturalista em Redor do Mundo*, corroborando a tese de Lamarck e, em 1859 fez publicar sua mais famosa obra *A Origem das Espécies*, onde defendeu a tese do evolucionismo humano. Sobre *fixismo, transformismo e evolucionismo* consulte-se Lahr, C., *Manual de Filosofia*, 7. ed., Porto, Edição da Livraria Apostolado da Imprensa, 1958, p. 714/717. Evolucionismo ou **darwinismo** no geral hoje são tomados por significação análoga, a tese, tomada ao nome do criador, Darwin ao impor sua teoria às ciências naturais provocou uma verdadeira revolução científica, afirmando que a espécie humana partira de formas inferiores, evoluindo para formas mais complexas ou superiores. Após o triunfo nas ciências naturais, o **darwinismo** também passou a ser modelo de aplicação para as ciências sociais. No direito, o mais famoso influenciado por sua teoria foi Von Jhering que, em suas obras, tratou da evolução do direito romano e, sob ótica evolucionista, enfocou o direito como uma face da luta pela vida (Soibelman). No Brasil, pode-se destacar entre outros juristas da segunda metade do século XIX, como de influência **darwinista**: Silvio Romero, Clóvis Bevilacqua, Artur Orlando etc., cf. Soibelman, Leib, *Enciclopédia do Advogado*, 5. ed., Biblioteca Universidade Estácio de Sá/Thex Editora, p. 156, e com idas e vindas, namoros e desacertos, o grande Tobias Barreto através do **monismo haeckeliano**, para o qual tudo se explica pela natureza e leis naturais, em síntese um princípio único – o movimento – sob a forma de energia regendo pelo determinismo a constante evolução de tudo quanto exista). Sobre a epopeia tobiática de uma visão monista do direito, *vide* Evaristo de Moraes Filho, *in Estudos Jurídicos em Homenagem ao Professor OSCAR TENÓRIO*, no artigo "TOBIAS BARRETO – Pluralista do Direito?!", Rio de Janeiro, Universidade do Estado do Rio de Janeiro, 1977, p. 211/229 onde o autor contraria muito competentemente o artigo escrito de Clóvis Bevilácqua que afirmava ser Tobias um "pluralista" (*in Juristas Filósofos*, Bahia, 1897).

[8] A partir de uma sucessão de experimentos sobre a sociedade, em uma conjugação de ciência e filosofia (Comte, Darwin, Lamarck, Haeckel, Spencer, Esquirol, Morel, Virchow, Broca) começa o surgimento de novas premissas, que ditariam novos rumos ao direito penal. É a Itália que, entre 1875 e 1880 e a partir principalmente da "doutrina da evolução" de Darwin, notadamente, e do predomínio do pensamento positivista (Comte) no campo da filosofia inicia a chamada **Escola Positiva**, também nominada **Segunda Escola**, **Escola Antropológica**, **Escola Moderna** ou **Nova Escola**. Marca esta fase o início da experimentação científica na matéria: começa-se a "diferenciação" dos homens. É o surgimento do médico Lombroso (1835-1909) e sua teoria sobre o criminoso, que revolucionaria a ciência penal jamais deixando-a no conformismo do "livre arbítrio" da Primeira Escola. Baseou-a no atavismo, no crime como uma hereditariedade, uma degenerescência da espécie em que quando presentes certos estigmas em determinada pessoa, e presentes certas circunstâncias ambientais, tais portadores estariam propensos ao cometimento de delitos. Jamais negou a importância do *meio* para a eclosão do crime, porém afirmou que este não seria o fator determinante na delinquência, mas sim a predisposição biológica. A **Escola Antropológica** ou **Positiva** tem em Lombroso o seu marco histórico e revolucionário, pelo que pode ser dividida para fins de estudo em três períodos distintos: 1. Antes de Lombroso; 2. Período Lombrosiano; 3. Depois de Lombroso.
Cesare Lombroso nasceu em Verona (em 6-11-1835, morto em 1909), filho de pais ítalo-judeus originários da Espanha, já na infância alertou-se para a primeira noção de monstruosidade do crime. Filho de família rica e tendo recebido boa educação, seu mais íntimo amigo furtou-lhe um vintém vendendo-o para obtenção do dinheiro. Passou, de então, à ideação de que somente um impulso mórbido poderia explicar tal comportamento (*Vide* RIBEIRO, Leonídio, *Criminologia*, Rio de Janeiro, Editorial Sul Americana, v. l, p. 3). Publicou seus primeiros ensaios aos dezesseis anos e, em 1852, inscreveu-se no curso de medicina na Universidade de Pavia, onde estudou até 1854 ocasião em que se transferiu para a Universidade de Pádua e, em seguida, para Viena, quando tomou contatos com os grandes mestres da medicina, interessando-se mais especificamente pela psiquiatria. Nesse terreno recebeu a influência dos psiquiatras franceses Morel e Esquirol que ao lado dos frenologistas, das teorias **darwinianas** e lições **comtistas**, da antropologia do francês Broca e da patologia do alemão Virchow, formaram, consoante Wolfang as suas vertentes espirituais. Retornou posteriormente para a conclusão de seu curso em Pavia, onde se formou no dia 13 de março de 1858. Foi médico do exército e procedeu à medição antropométrica de mais de 3.000 soldados

Surge Enrico Ferri[9] – socialista como Lombroso – e passa a perscru-

---

buscando a caracterização e estudo das diferenças físicas entre os nativos de diversas regiões da Itália. Em 1871, ao abrir o crânio do bandido *Vilela* e constatar certas anomalias, disse Lombroso ter sentido a súbita iluminação para o problema da natureza do crime. Descobriu na base do crânio de *Vilela* a fosseta média no osso occipital – já havia presenciado anormalidades variadas: orelhas em asa, zigomas salientes, insensibilidade à dor física (analgesia) e insensibilidade moral, extraordinário poder visual, maxilares proeminentes, face longa e larga apesar do crânio pequeno, cabelos abundantes, barba escassa etc. –, elaborou a ideia da origem bio-psíquica do criminoso, ou seja, a delinquência como fenômeno atávico, porquanto a referida "fosseta média no osso occipital" era característica de certos vertebrados inferiores (macacos antropomorfos etc.) ou raças primitivas. Posteriormente, ao estudar os crânios de *Verzeni* – um estuprador sádico – e de *Misdea* – um soldado epiléptico e assassino – sentiu-se fortalecido em suas convicções. Deu grande atenção ao estudo das tatuagens. O que se convencionou chamar *tipo lombrosiano* com "constituição deliquencial" ficou caracterizado por um conjunto de anomalias somáticas, anátomo--craniométricas, fisiológicas e psicológicas, variando nos diversos tipos de crimes e criminosos.
Bem de ver que os sinais, estigmas denunciadores da criminalidade hereditária, de acordo com Lombroso, são extensamente catalogados e, quando estigmas psicológicos, acarretam a atrofia do senso moral que leva seus portadores, quando muito, a roubarem, mas não matarem, ou matarem mas não roubarem. É a abstenção de certas práticas criminosas e o cometimento de outras, a que Ferri nominou **"daltonismo moral"**.
De qualquer sorte, reconheceu que os estigmas por ele catalogados também estavam presentes em pessoas normais e homens (muito embora em proporção menor do que a encontrada nos criminosos) e que não constituíam mais que indícios que não teriam valor se fossem constatados isoladamente, conforme acentuou o mestre de Turim: "Direi que, para mim, as anomalias isoladas não representam senão um indício – uma nota musical de que não pretendo nem posso extrair um acorde, senão após havê-la encontrado em companhia de outras notas físicas ou morais".

9   De Enrico Ferri pode-se dizer a trajetória máxima na cátedra, com a reminiscência de alunos ilustres (foi professor de Enrico Altavilla, autor do clássico *Psicologia Judiciária*) que perpetuaram seus ensinamentos e que se voltaram, ainda depois de sua morte, na continuidade das experimentações por ele iniciadas. Pode-se ainda dizer do advogado por excelência, imbatível na tribuna do júri, embora por ironia, do Júri fosse adversário, ressalvados os casos de julgamentos para crimes políticos ou que se estivesse em questão a pena de morte.
    Nasceu filho de pais pobres na província de Mântua e estudou Direito na Universidade de Bolonha (1856/1929). Em 1878, com o título "Da teoria da imputação e a negação do livre arbítrio", publicou sua tese de doutorado na qual nega o livre-arbítrio em que se assenta a Escola Clássica, argumentando com a impossibilidade de lastrear-se no mesmo o fundamento do direito de punir, com o que pretendeu negar valor ao princípio retributivo, aderindo, destarte, ao entendimento de Romagnosi sobre a defesa social. Posteriormente, passa às ideias do professor de Direito Penal da Universidade de Nápoles, o magistrado Raffaele Garofalo (1851-1934) anuindo à ideia da pena como prevenção especial. Em 1879 segue para Turim, estudar com Lombroso, tornando-se a seu lado a primeira personalidade em importância.
    Após a morte do mestre, anotou:
    "O crime é a resultante de uma rede complicada de causas naturais, em parte existentes na pessoa degenerada, ou doente, do criminoso, em parte na dependência das condições do ambiente telúrico e social. Lombroso teve o mérito incontestável de descobrir, e insistir, mais especialmente sobre os fatores biológicos da delinquência. A escola tradicional do Direito Criminal tornou conhecida dos homens a Justiça, enquanto a escala lombrosiana fez conhecer a Justiça aos homens. Humanizando-a, a ciência fez com que a Justiça Penal se tornasse mais eficaz. A descoberta de Lombroso apontou as possibilidades da ação fecunda da Higiene Social, como recurso preventivo do delito, em substituição aos meios tardios de repressão, mais ou menos selvagens e vingativas. Nos países civilizados e de maior senso prático, livres dos preconceitos da tradição acadêmica, como a Inglaterra e as duas Américas, uma série de reformas da legislação penal pôs em foco a verdade da doutrina lombrosiana, em sua aplicação prática, tais como manicômios criminais, segregação indeterminada para os delinquentes habituais, trabalho agrícola em substituição às penitenciárias monumentais, tratamento especial dos menores criminosos. Lombroso criou uma ciência nova e uma Escola de Antropologia Criminal, nascida na Itália, e que se espalhou pelo mundo civilizado, ensinando-nos a procurar, na constituição orgânica do indivíduo, no meio familiar e no ambiente social, as causas e as raízes do delito, cujo conhecimento permitirá a descoberta de seus remédios eficazes" (*apud* RIBEIRO, Leonídio, ob. cit., p. 46).
    Imprimiu à teoria lombrosiana o aspecto sociológico, desatrelando-a de um determinismo exclusivamente antropológico ou biológico. Aos fatores criminógenos *antropológicos e físicos*, acrescentou os *sociais*. Logo, era adepto de teoria **multifatorial** do delito. Reprimiu a repressão e bradou como lema – impulsionado pelo socialismo que professava: "Menos justiça penal, mais justiça social". Formulou as

tar os contributos sociais no advento da criminalidade. A biologia agora é completada pela sociologia ferriana marcando o **terceiro período** da Escola Positivista (pós-Lombrosiano). Já se denota, daí, o que seria para a ciência penal o **Século da Sociologia**, invadindo-se o direito penal pelas portas do criminologia. Do propósito das duas grandes e primeiras Escolas Penais, surge o pluricombinado da **Terceira Escola** ou **Escola Eclética**.

Filosoficamente, neste passo, o homem pensava na supremacia da razão sobre o Divino, dando-se a substituí-lo tomado de uma cobiça pagã: já se cria o Super-Homem. Ou assumia, em nome da sociedade, as culpas pelas mazelas que ela mesmo criara. E o crime significou por longo período a **culpa social** (*vide* diversas teorias criminológicas). Os marxistas, que já haviam surgido **plenos de verdade**, a seu tempo, também condenavam à morte o Supremo e decretavam o culto à matéria. Cantados pelas comunidades acadêmicas embevecidas, vieram Jean Paul Sartre[10], Jacques Prévert[11] e outros intelectuais que já nesse século fizeram seguidores ao lado de cientistas como o Prêmio Nobel Jacques Monod, que com **pesquisas e ciências** pretenderam a garantir que o Universo e o homem eram apenas fruto do acaso. E o homem comemorou, **crente** que, valorizado pelas descobertas e doutrinas, não haveria de temer ou reverenciar nenhum Ser Superior – seu **rival** – colocado no Olimpo da espiritualidade. Ao sabor do liberalismo exacerbado – um "universalismo político abstrato", na expressão

---

chamadas *leis de saturação* ("Do mesmo modo que num determinado líquido, numa determinada temperatura constante ocorrerá a diluição de certa quantidade de determinada substância, sem uma molécula a mais ou a menos, assim também, em determinadas condições sociais, serão produzidos delitos, nem um a mais, nem um a menos") e de *supersaturação criminais*. Classificou os criminosos em natos, loucos, passionais, ocasionais e habituais (*Vide* o seu "Il *Delinquente e la Legge Penale*, 2. ed., Napoli, A. Morano Editore, p. 404 a 407, 409, 421 etc.). Deu exemplos à luz da literatura shakespeareana com a tríade famosa de homicidas: Machbeth o criminoso *nato*; Hamlet, o criminoso *louco* e Otelo, o *passional*. Exerceu enorme influência na legislação de sua época (O Projeto Ferri de 1821 foi o ponto de partida das legislações penais dos países latinos: Argentina, 1923; Peru, 1924; Costa Rica, 1924; Cuba, 1926; Colômbia, 1927; Projeto Pedro Artiz, no Chile e Sá Pereira, Bulhões Pedreira e Evaristo de Morais no Brasil), porquanto humanizando a defesa da sociedade, acenou com as medidas de segurança para aqueles psicopatologicamente comprometidos.
Sellin (*apud* MANNHEIM, Hermann, ob. cit., p. 324), tratando da criminologia, resumiu seus predicados: "uma das mais influentes e impressivas figuras na história da criminologia ...o chefe incontestado da chamada escola positivista da ciência criminal, um advogado de enorme sucesso. Membro do Parlamento, editor do jornal socialista *Avanti*, infatigável interventor público, professor universitário, autor de obras universitárias de valor, fundador de uma grande revista jurídica e um incansável polemista na defesa dos seus ideais".

10 *Vide As Moscas*: "Não há mais nada no céu, nem bem, nem mal, nem ninguém para me ditar ordens, pois eu sou um homem, Júpiter, e cada homem deve inventar seu caminho".

11 De sua pena: "Pai Nosso que estais nos céus/ Permanecei aí/ E nós permaneceremos sobre a Terra/ Que é, às vezes, tão bela (...) Com todas as maravilhas do mundo/ Que estão aqui/ Simplesmente sobre a Terra/ Oferecidas a todo mundo".

de Miguel Reale[12] –, proclamaram outros a "morte do Estado". Sublimado pela imaginação de quase-Supremo, deu-se a abater o Leviatã, a golpes de teoria e dogmatismos. Foram e voltaram, correntes de nihilistas, céticos, agnosticistas de toda ordem. Como na arte, também estruturalistas, pós--estruturalistas, desconstrutivistas etc[13].

***

Surgiram teorias e teoremas penais. Teorias e teoremas políticos. Sábios por todo o mundo profetizaram no campo do conhecimento humano soluções, e o homem escravizava-se a eles, ora pelo **argumento de autoridade** dos formuladores de teorias, ora escravizava-se aos Códigos pelos formuladores do "direito", e a criminalidade, como todos os problemas naturais/sociais, somente aumentando. Nem o direito penal solucionaria a criminalidade, tampouco um Estado sem o direito penal poderia fazê-lo. A melhor conjugação de verdades é aquela que justapõe o "século da biologia" (a culpa do homem criminoso) ao lado do "século da sociologia" (a culpa social). Sem extremos, e por "contaminação", eis que a moderna criminologia responde para a etiologia do delito com as chamadas **teorias multifatoriais**, ou seja, aquelas que dizem da (con)causalidade, a concorrência de diversos fatores para a eclosão do crime.

Desse modo, não somente "biologia" e não somente "sociologia" poderiam explicar o crime e solucioná-lo, como a própria assertiva de Roberto Lyra mostrando a impossibilidade da solução da própria miséria humana:

"A medicina, só resolverá o problema dos menores quando descobrir o soro da miséria".

***

Revogaram (grande parte!), enfim, os humanos, os mandamentos – e os Códigos se revogam por avalanche, *vide* as teorias abolicionistas –, ao sabor dos novos valores (ou negação deles) e categorias, em que nem o "mínimo ético" necessitou ser obedecido, porquanto contraposto à própria ideia de valor.

E o direito penal? O direito era – e é, e continua a ser! – a moeda da conveniência que a utilizaria ou a substituiria quando melhor lhe aprouvesse, alargando ou restringindo seus espaços, suas hipóteses de incidência. E

---

12 *Vide* a precisa crítica de REALE, Miguel, *Paradigmas da Cultura Contemporânea*, ob. cit., p. 127.
13 *Vide*, por todos, o excelente *Era dos Extremos – O Breve Século XX 1914-1991* do historiador crítico ERIC HOBSBAWM, trad. Marcos Santarrita, Companhia das Letras Editora, 1995, 1ª reimpressão, p. 178-197.

chegamos ao homem deste final de século – aquele que sem crer no "direito ao divino" (como dogma e fé) e sem "direito ao direito" (espécie de fé em seu dogma), bem poderia resumir-se no homem que "fez do diabo uma piada e de Deus uma lenda"[14]; que "triunfante" por ter contestado a fé proclamou, em paralelo, no apogeu de seu laicismo, também a erosão da efetividade e da autoridade do Estado contemporâneo[15].

***

Mortas as ideologias, atestou Ferreira da Cunha, todos os paraísos foram sepultados[16]: sociedade sem classes, *american dream*, Estado Social, *american way of life*. Restou-lhe somente um misto de **dúvida** no Supremo e na autoridade terrena; já sem curvar-se plenamente ao poder espiritual ou devotar obediência ao poder secular; das desilusões do espírito e da matéria, originou-se mesmo esse prototípico **homem-paradoxo**. Poderia representar-se – para aumentar o paradoxo, pelo *argumentum ad absurdum* – no *homo religiosus* – tomado como um dos segmentos da sociedade ainda remanescente às destruições da fé –, pois mesmo ele, quando crente e receoso da força e dos "poderes do céu", se apresenta, cada vez com maior frequência como a sucumbir aos "pecados terrenos", quantas vezes seduzido pela busca do poder do *homo politicus*. Outros? Outros atraídos pelas posses do *homo oeconomicus* (já em um misto de matéria /fé, **privatizaram** a última, industrializaram-na, para conquistarem a plenitude da primeira).

Miguel Reale chamou esta de **civilização do orgasmo**, desenhado o modelo de um "homem disponível" (desprovido do sentido ético e disposto a tudo barganhar pelo prazer fácil e imediato) em que "ao invés do super-homem, proclamado com tanta ênfase pelo gênio de Nietzsche, o que o progresso científico nos proporciona, dada a quebra do suporte ético próprio da subjetividade autônoma é o *sub-homem* massificado e uniformizado, ficando submersa e comprometida no bojo da consciência coletiva a consciência individual, sem cuja autonomia e singularidade não há que falar em 'ser pessoal' em sua plenitude"[17].

---

14 SARAIVA, Railda, *Poder, Violência e Criminalidade*, 1. ed., Rio de Janeiro, Forense, 1989, p. 100.
15 FARIA, José Eduardo (org.), *Direito e Globalização Econômica*, São Paulo, Malheiros Editores, 1996, p. 10.
16 FERREIRA DA CUNHA, Paulo, *Pensar o Direito. Da Modernidade à Postmodernidade*, ob. cit., p. 34.
17 *Paradigmas da Cultura Contemporânea*, 1. ed., São Paulo, Saraiva, 1996, p. 136.

No campo penal, indubitavelmente, o grande sintoma da existência dessa quebra de valores é a destruição da clássica busca da **verdade real** no processo penal, pela substituição pragmática da **verdade consensuada**, dos **acordos penais**[18]... não tardará, com o fortalecimento do perfil do *homo oeconomicus* o direito penal ser exercitado no futuro *cum anima lucrandi*. Até que, se diga, na sociedade globalizado que *Romae omnia venalia esse* (Em Roma tudo está à venda), repetindo-se a antiga sentença de Salústio (86?-35 a.C.), a ser conjugada brevemente – provavelmente em inglês – em moeda dolarizada.

***

Mas esse ser – humano – continua, contudo, à espera da "salvação", resistindo nos recônditos de sua alma uma assaltada ideia da busca ao desenvolvimento, só que já sem a utopia de outrora.

Vitimado agora pelas novidades dos progressos da ciência e da informática – *ultima ratio* – se encaminha para a nova tábua de salvação que seu

---

[18] Não se olvide que mesmo diante das limitações impostas pela Lei n. 9.099/95, os acordos ali existentes, são formas embrionárias que levarão à discussão e eventual futura adoção de "acordos" mais amplos em nossa legislação penal, como hoje adotados pela justiça norte-americana, pretexto de economia de tempo/dinheiro. É a fase da "justiça negociada", na qual, a propósito, anotou Paulo Pinto de Carvalho: "Vitoriosa a *plea bargain*, na sua intensa vigência, presa aos critérios do *time consuming* e *public money* tão caros aos americanos, cumpre dizer que poucos instrumentos do direito processual dos EEUU têm despertado um clima de suspeita e desconfiança pública como essa instituição", *in Ministério Público, direito e sociedade* (juntamente como outros autores), Porto Alegre, Sérgio Antonio Fabris, 1986, p. 106. "A *plea bargain*, a *plea bargaining*, ou a *plea negotiation*, consiste, fundamentalmente, na barganha entre o Ministério Público e a defesa no sentido de que o acusado assuma uma confissão de culpa, na qual, perdendo, inicialmente, pode ganhar a final, na desclassificação de um crime de maior para menor gravidade ou na redução do número de crimes... E o Ministério Público americano barganha, transige, acomoda, concilia e descobre, de comum acordo com a defesa, um caminho para 'sepultar', para 'matar', para evitar os contratempos do *streptus judicii*, em torno de 95% dos casos da criminalidade aparente, isto é, dos crimes que chegam ao conhecimento dos órgãos das instâncias formais de controle", cit., p. 104.
Aponta, ainda o citado professor comparatista:
"Em verdade, a *plea bargain* importa em destruir os princípios seguintes:
1. *adversary model*;
2. presunção de inocência;
3. verdade material.
Em primeiro lugar, desaparece a regra dualística, o princípio do contraditório, a liça judicial sob o comando do juiz. Em segundo lugar, a presunção de inocência, que é um postulado histórico, que se consagrou nos diretos dos cidadãos na Revolução Francesa, que ganhou foros de cidadania no elenco dos Direitos e Garantias do cidadão na própria ONU, é posta de lado, como uma peça de museu, e, em terceiro lugar, não se persegue a verdade material ou real, senão por vezes inidentificáveis interesses, subreptícia ou larvadamente disfarçados.
Em particular, nos Estados Unidos, que se jatam de ser uma nação modelo no mundo da democracia política e social, a *plea bargainig* é uma faca de dois gumes, uma vez que os réus pobres têm menos poder de barganha e a *plea guilty* por eles admitida pode importar numa condenação de inocentes que não dispõem de experiência ou de advogados de renome adequadamente remunerados", cit. p. 105.

gênio criou, a divisão das responsabilidades e esperanças, naquilo que se adapta à ideia dos "sub-homens da nova ordem global" – mais a metáfora que a essência – como chamou-a o citado mestre paulista[19]. Nisto se encaixa nova perplexidade, confundindo noções (às vezes intransponivelmente confusas) de economia/direita/Estado, como confusas são nesse particular as noções de história/direito/geografia: enquanto se mostra o homem com maior propósito em negar vigência ao Estado – pelas portas de uma economia mais ou menos liberal (?), cobra e aguarda deste soluções milagrosas que o primevo homem esperaria **cair dos céus**.

***

Ademais, o Direito Penal é apenas mais um integrante do vasto *instrumentarium* do Estado posto a serviço de uma determinada nação/sociedade na busca de evolução. Assim, insere-se dentro de uma noção de *sistema* como integrado e uma ordem jurídica constitucional que supera os arcaísmos da disputa de primazia (*v.g.* "o que é mais importante, o direito ou a economia?"), apenas como tal e, não como meio para asseguração de um interesse social-geral. Por outro lado, e assim (por filosofia), **geograficamente** se incorpora ao "tempo global" – mais que "aldeia global" na expressão de MacLuhan.

Mas, o momento é tormentoso, a tarefa que se busca não é pequena, porquanto o *Homo Politicus sive Universalis*[20] – com o qual se lida hoje, que é fiscalizado, processado, tutelado, punido, jurisdicionalizado, enfim – que foi descrito por Mira Y Lopes há setenta e cinco anos, embora envelhecido, remanesce com os mesmos e antigos problemas. Agora, porém, já sem a virtude da crença que a juventude trazia.

Traz ainda uma agravante: antes, as "verdades" prenunciadas pelos grandes sistemas políticos (e penais) tinham crentes e seguidores fiéis – o

---

[19] REALE, Miguel, ob. cit., p. 137.
[20] Emílio Mira Y Lopez, antigo Psiquiatra e Professor da Universidade de Barcelona (posteriormente viveu no Brasil), em seu clássico *Os Quatro Gigantes da Alma*, aduziu: "O Século XX marca o advento do 'Homo Politicus sive Universalis' e canalisa grandes torrentes de ódio para os dois grandes setores humanos: o que se 'sente oprimido' e o que 'deseja continuar oprimindo'. Esta é a verdadeira atitude que permite traçar a linha divisória, ainda em ausência de critérios econômicos e nominais há membros de partidos comunistas que têm 'mentalidade opressora', e há adeptos de partidos conservadores que, inversamente, têm 'mentalidade oprimida'. Aqueles buscam subsconscientemente o poder político-social como substituto do poder econômico de que carecem. Estes querem a 'ordem', qualquer que seja, como meio de achar uma tranquilidade existencial que não conseguem alcançar com todas as suas riquezas. E por isso, a cada passo, se produzem 'expurgos' em um outro bando contendente; porque não basta a aquisição de um *'carnet'* para adquirir uma 'postura mental' coerente e consequente com a *visão do mundo* e a *missão* no mundo que o dito 'carnet' implica". *In Os Quatro Gigantes da Alma*, Rio de Janeiro, Livraria José Olympio Editora, trad. de Cláudio de Araujo Lima, 1949, p. 121.

homem tinha norte, rumo e fé – e hoje o que se tipifica e se denota na cruzada do milênio, é em realidade uma grande "Crise" caracterizada por uma verdadeira e universal perda da noção de processo – o "para onde vamos?" é a tônica do discurso contemporâneo –, e mesmo que esteja no caminho certo resta uma **sincera** descrença (o otimismo e a prudência não devem apartar-se!), o homem já não crê firmemente em sua "escola", tantas foram as desilusões dos périplos político-filosóficos deste século. Com a queda do comunismo (enquanto ideia não vencedora) ou do antigo liberalismo, propostas radicais, caiu de há muito a ideia da prisão-solução (*v.g.*) ou de outro extremo, o abolicionismo penal, como exemplo[21]. Tais **crenças**, antes havidas messiânicas e demiúrgicas e que chegaram ao ápice no final do século XIX[22], retratavam uma época de **verdades incontestáveis e descobertas** que se pretendiam perenes, mas deixaram hoje, apenas a recolher-se das ruas e vilas o "homem com seus problemas", já sem uma fé absoluta (enquanto patrimônio espiritual) e na constante busca de bens e patrimônios (material) para sua sobrevivência, sem mais nenhuma grande solução utópica-**viável** ou ucrônica-**verdadeira**[23], apenas, como antes, buscando nas antigas formas de controle social – somente que miscigenadas entre si, combinadas sempre, originando teorias híbridas – para sua

---

21 *Vide* sobre o abolicionismo penal em Filippo Gramatica, em capítulos posteriores.
22 KUJAWSKI, Gilberto de Mello, *A Crise do Século XX*, 2. ed., São Paulo, Ática, 1991, p. 24/25. Por consentâneo ao tema, *vide* LECRERC, Jacques, *A Revolução do Homem no Século XX*, Coimbra, Armenio Amado, Editor Sucessor, Coleção *Studium*, 1966. *Vide*, também, o excelente *O Breve Século XX – A Era dos Extremos* do historiador Eric Hobsbawn. Também *Modernidade, Postmodernidade e Direito. Pensar o Direito no Passado, no Presente e no Futuro*, de Paulo Ferreira da Cunha, ob. cit., v. II, p. 17 e s. Tudo para arrematar com Eric Fromm: "É curioso", diz ele, "que tantos homens acreditem que viver bem não dá nenhum trabalho", em entrevista a Gérard Khoury no *Le Monde*, em 21 de outubro de 1979.
23 "Como seria a história mundial se tudo fosse diferente?", pergunta Ariel Palacios em "Ucronia quer transformar história mundial" (*O Estado de São Paulo*, 21-7-1996, p. D5), e esclarece: "Em 1931, foi publicada uma coletânea de textos sobre o tema 'Se, ou a História Reescrita', que inaugurava um novo estilo de leitura: a ucronia, ou a história, como poderia ter sido. **Se utopia significa lugar inexistente, ucronia quer dizer tempo inexistente**. Imaginar caminhos não percorridos é uma forma de pensar sobre o momento presente da história e as pessoas que a fizeram até hoje. São relatos que se baseiam nas possibilidades de mundos alternativos. Assim, em nome da ucronia-*verdadeira* (vale dizer, o que seria, se não houvesse sido poder-se-ia indagar: '...E se D. Pedro II tivesse resistido ao golpe do marechal Deodoro? E se inexistisse uma derrota alemã em Stalingrado? E se Hitler fosse vencedor? Se Kennedy não estivesse no caminho da bala de Lee Harvey Oswald? Se o xogunato permanecesse no Japão? Como seria o mundo de Ronald Reagan tivesse persistido em sua carreira em Hollywood e jamais tivesse ambicionado a Casa Branca? E se Churchill houvesse morrido, atropelado por Mário Contasini em 1931?'. Desse modo, a ucronia e a utopia residem no tempo-espaço comum: o tempo-espaço inexistente, o imaginário-virtual, o 'ainda quê', o talvez, o 'se fosse outro modo', como aliás, redesenhou de frente para trás um pequeno pingo de hipótese, perguntando, como seria tudo se tudo fosse diferente: Galileu descobre o primeiro planeta extrassolar. Tudo é muito diferente de nosso tempo, porque Druso, filho de Augusto, não morre antes de chegar ao trono. E com ele se levanta uma decidida estirpe de Césares, no lugar da pusilânime linhagem de Tibério. Para completar, um tal Jeshua, guru de uma seita denominada 'cristãos', não é morto numa cruz, o que poderia tê-lo feito um mártir. Sua seita desaparece, quase anônima em meio a tantos candidatos ao cargo de messias da Palestina" (Ariel Palacios, analisando *Esperando os Olimpianos* de Fredrick Pohl).

assecuração de subsistência enquanto espécie. Eterno *circulus vitiosus*, repita-se, no imutável *theatro mundi*. Muda o periférico, o agregado, a realidade exterior, mas na sua **essência**, o homem remanesce quase atavicamente, donde seus problemas e reflexos externos.

É possível a noção, o paralelo entre o fim do radicalismo das escolas penais – mesmo de muitas ideias de penalistas tidas por verdadeiros dogmas – e o fim das ideologias radicais. Para muitos – é certo – o muro de Berlim ainda não caiu, remanescendo um "muro interior" como chagas do passado a dividir irmãos... enquanto, para outros, aliás, nem chegou... Há retardatários e há falsos progressistas; há o verdadeiro transformador – consciente e responsável – que não se confunde com o "transformista". Os intelectos mais abertos, as mentes mais arejadas, sobre o terreno político (e penal!), para a pós-modernidade prenunciam não mais a unidade monolítica, a oposição funesta e radical do capitalismo *versus* ordem socialista, mas assumiram um socialismo que já admite a iniciativa privada e um liberalismo não mais resistente à intervenção do Estado na economia; um dos traços dessa pós-modernidade é justamente aquela ideia de "contaminação" lembrada por Vattimo[24]. É passada a fase das ideologias totalitárias, que se reduzem, segundo Hannah Arendt "à lógica de uma ideia"[25]. Da mesma forma, surgirá um direito penal consentâneo à realidade/necessidade da sociedade quando combinados todos os extremismo surgidos ao longo da história, dividindo-se-os, aparando-se os excessos, buscando o novo mesmo que por vezes já tenha sido abandonado por antigo, buscando-se, portanto, a **solução sem idade**, sem o engessamento do pensamento. Vale dizer: prisão-retribuição, penas alternativas, caráter correcional da reprimenda e princípio retributivo, criminalização primária e descriminalização, "direito penal liberal" e "movimento da lei e da ordem", deverão "sentar-se à mesa da política criminal" para fazer render *pro sociatate*, sem apriorísticos pré-julgamentos.

***

E hoje é mister não mais um "medo à utopia", mas o pisar na realidade em um discurso terra a terra, primeiro em sua própria "casa da cidadania pessoal", depois na realidade nacional – agora com vistas à transnacional –; lanterna na não à espreita do futuro, sobretudo com a advertência histórica

---

24 *Apud* KUJAWSKI, Gilberto Mello, ob. cit., p. 25/27.
25 *Vide* LEFORT, Claude, "O Imaginário da Crise", *in A Crise da Razão*, cit., p. 29.

de que a conceituação do progresso não mais aceita dogmas intelectuais, políticos, econômico-financeiros. Senão – e parece metafísico – uma *vontade de acertar*, em que é mister se cruzar as antigas fronteiras ideológicas, para, com uma visão ampla, alargada, permitir-se enxergar e reunir valores esparsos, coletar verdades em prol do bem comum, e dar-se à melhor "contaminação"[26] para coletivamente alvitrar rumos a um **progresso visado** e não mais a um **progresso perdido**.

Sem juízos aprioristicos, sem manietamentos da inteligência a messiânicas e dogmáticas correntes filosóficas/penais. O anarquista de *fin de siècle* (XIX) que deixava o fogo alastrar-se em sua casa sem chamar o bombeiro, pertence à história, *ancien regime* de pretensão ultrapassada; como pertence à história certa corrente de filósofos estoicistas, individualidades que se mantinham impassíveis ante a dor e o infortúnio (próprios ou alheios!); e a história que está por vir não admite mais **proprietários da verdade** nem **profetas do apocalipse**, senão os aglutinadores das inteligências, os verdadeiros democratas do espírito humano. Este o *fiat* do desenvolvimento, se posso valer-me daquela "álgebra superior das metáforas" discernida por Ortega y Gasset[27].

***

E agora? Agora, impõe-se um repensar os rumos, perscrutar as direções, e uma honesta revisão de ideias e valores. Uma pluralidade de padrões ajustáveis a cada caso e circunstância substituem uma antiga "uniformidade de desenvolvimento". As verdades absolutas e as interpretações unilaterais da vida, que há um século anunciavam a revolução do homem, hoje não são mais que lembranças doces das vias cordianas.

A pena de Miguel Reale em obra recente, robora-nos, socorrendo-nos a ideia e reclamando um retorno ao humanismo. *Mutatis mutandis,* vale ao direito penal e sua política criminal, o que vale aqui às ideologias políticas:

"Para tanto será indispensável que, tanto no campo liberal como no socialista, haja revisão crítica de posições geradas pelas contingências de antigos conflitos de ideias e interesses, a fim de que prevaleça uma atitude de sadio realismo pragmático, que, sem ceder às pressões do utilitarismo sôfrego, não veja na queda do Muro de Berlim um absurdo fim da história,

---

26 *Vide* KUJAWSKI, Gilberto Mello ob. cit., p. 25/27.
27 ORTEGA Y GASSET, José, *La deshumanización del arte/Ideias sobre la novela,* Santiago de Chile, Ed. Cultura, 1937, p. 29.

mas antes um ponto de partida para a comum reconquista do humanismo integral iniciado pelos gregos e potenciado pelos pensadores, cientistas e artistas do Renascimento e por quatro séculos de atrasos em experiências.

A retomada do humanismo integral pressupõe, penso eu, a consciências de um revisionismo integral no plano das ideias político-sociais até agora dominantes, a fim de se poder determinar com serena objetividade qual deve ser a atual missão da sociedade civil e do Estado em um mundo cada vez mais unificado em virtude da globalidade da economia e das conquistas científicas e tecnológicas"[28].

Posto isso, incumbe dentro desse panorama às instâncias formais de controle, ao Ministério Público/Judiciário Penal, nesse direcionamento, como melhor tarefa político-penal, ajudar na construção da sociedade civil, dentro da ordem legal construída, que seja a transposição dos valores de seu povo, tutelado e protegido.

5.2 A BUSCA PELOS NOVOS MOVIMENTOS PENAIS. NOVAS TEORIAS: A POLÍTICA CRIMINAL

Falara em moda, modismo: e os há, bons, maus, daqui, d'além-mar. Incumbe distinguir, sem a *boycottage* do prejulgamento, escolher a conveniência. Com o agigantamento do Leviatã hobessiano, o monstro voraz, a sociedade restou perplexa e impotente frente ao Estado interveniente, que acabou, tantas vezes, desconhecendo o valor autônomo do indivíduo frente à sua potestade de Estado. Esse mesmo Estado, agigantado, polvo tentacular e dominador, também não soube mais o que fazer, sob a ótica do direito penal (enquanto manifestação de seu poder), para resolver e dar solução satisfativa à demanda de justiça penal, frente ao problema da criminalidade. O mundo contemporâneo oscila entre os princípios de um movimento abolicionista penal (Grammatica), de um **Direito Penal liberal**, de uma **Nova Escola de Defesa Social** (Marc Ancel) ao recrudescimento penalístico que se evidencia a cada vez que a criminalidade emergente assume níveis insuportáveis.

Ao lado da **justiça consensuada** – em que já não mais se fala em busca da **verdade real**, mas da **verdade consensuada, do acordo**[29]

---
28 REALE, Miguel. *Paradigmas da Cultura Contemporânea*. 1. ed., São Paulo, Saraiva, 1996, p. 141-142.
29 Veiculada dentre nós pela edição da Lei n. 9.099, de 26 de setembro de 1995, que institui os Juizados Especiais.

– como última expressão de nosso processo penal, fortalece-se o chamado **princípio da intervenção mínima**[30], donde surgiram verdadeiras teorias do **minimalismo penal,** expressão buscada ao *little world fashion* (já que o negócio é moda!). Menos roupa, mais elegância. Menos tecido, menor o gasto (mesmo a poesia dá sinal desse *tour de force* contemporâneo, por meio dos minimalistas e econômicos *haikais*).

E os novos movimentos penalísticos querem **enxugar a gordura estatal** do intervencionismo nos espaços de liberdade do cidadão, aduzindo que o Estado não suporta a carga das causas penais que recebe à solução, daí as questões da Política Criminal[31] e seus consectários: a **descriminalização** de certas condutas (face ao costumes da época, retira-se a previsão de tipicidade penal sobre certas infrações); os **delitos bagatelares**[32] (questão ligada ao

---

[30] Vide BATISTA, Nilo, ob. cit., p. 84-90. Assim leciona o citado professor no introito de sua lição acerca do princípio da intervenção mínima: "Montesquieu tomava um episódio da história do direito romano para assetar que 'quando um povo é virtuoso, bastam poucas penas'; Beccaria advertia que 'proibir uma enorme quantidade de ações indiferentes não é prevenir os crimes que delas possam resultar, mas criar outros novos', e a Declaração dos Direitos do Homem e do Cidadão prescrevia que a lei não estabelecesse senão penas 'estrita e evidentemente necessárias' (art. VIII). Tobias Barreto percebera que 'a pena é um meio extremo, como tal é também a guerra'. E, de fato, por constituir ela, como diz Roxin, a 'intervenção mais radical na liberdade do indivíduo que o ordenamento jurídico permite ao estado', entende-se que o estado não deva 'recorrer ao direito penal e sua gravíssima sanção se existir a possibilidade de garantir uma proteção suficiente com outros instrumentos jurídicos não penais', como leciona Quintero Olivares. O conhecimento de que a pena é, nas palavras deste último autor, uma 'solução imperfeita' – conhecimento que, de Howard até a mais recente pesquisa empírica, a instituição penitenciária só logrou fortalecer – firmou a concepção da pena como *ultima ratio*: o 'direito penal só deve intervir nos casos de ataques muito graves aos bens jurídicos mais importantes, e as perturbações mais leves da ordem jurídica são objeto de outros ramos do direito'. O princípio da intervenção mínima não está expressamente inscrito no texto constitucional (de onde permitiria o controle judicial das iniciativas legislativas penais) nem no Código Penal integrando a política criminal; não obstante, impõe-se ele ao legislador e ao intérprete da lei, como um daqueles princípios imanentes a que se referia Cunha Luna, por sua compatibilidade e conexões lógicas com outros princípios jurídico-penais, dotados de positividade, e com pressupostos políticos do estado de direito democrático.
Ao princípio de intervenção mínima se relacionam duas características do direito penal: a *fragmentariedade* e a *subsidiariedade*. Esta última, por seu turno, introduz o debate sobre a *autonomia* do direito penal, sobre sua natureza *constitutiva ou sancionadora*" (ob. cit., p. 84-85).
Vide, também, o abrangente estudo "Os Processos de Descriminalização", de Raúl Cervini, tradução de José Henrique Pierangelli e outros, Revistas dos Tribunais, 1995, 254 p. Sobre o tema, ainda, LUISI, Luiz, *Os Princípios Constitucionais Penais*, Porto Alegre, Sérgio Antonio Fabris Editor, 1991, p. 25 e s.; GARCEZ RAMOS, João Gualberto, *Audiência Processual Penal. Doutrina e Jurisprudência*, Belo Horizonte, Del Rey, 1996, p. 431; RIBEIRO LOPES, Maurício Antonio, com a monografia "Princípio da Insignificância no Direito Penal", Revista dos Tribunais, 1997; RAÚL ZAFFARONI, Eugenio e PIERANGELI, José Henrique, *Manual de Direito Penal Brasileiro. Parte Geral*, Editora Revista dos Tribunais, 1997, p. 80 e s. e, bem como, a profunda reflexão que faz FERRAJOLI, Luigi em *Derecho y razon. Teoria del garantismo penal*, 2. ed., Madrid, Editorial Trotta, 1997, 991 páginas.

[31] Disciplina paralela ao estudo do Direito Penal, que a ele se vincula por integrar a Crítica Penal, esta que, por sua vez integra a Dogmática Penal servindo, pois, a Política Criminal de *ponte* entre o Direito Penal e as demais ciências que estudam o fenômeno do crime.

[32] Vide, por todos, GOMES, Luiz Flávio, *Suspensão Condicional do processo Penal*, 2. ed., Revista dos Tribunais, 1997, p. 35 e s.

princípio da insignificância[33], de Claus Roxin, que complementa a **teoria da adequação social,** de Hans Welzel[34]) e a discussão do **princípio da oportunidade** no processo penal[35]; a **despenalização** (substituição da pena de prisão por outras sanções substitutivas); a **desjudicialização**[36] (supressão da competência do poder judiciário penal, deslocando-se determinadas ações para apreciação pelas esferas civis ou administrativas), donde a pretensão de fazer o direito penal "voltar às suas origens, refluir às suas margens" como acentua, à beira da Guaíba, Paulo Pinto de Carvalho[37].

***

O Estado Brasileiro, fruto de todas as políticas, de todas as épocas, promulgador de uma Constituição elaborada ainda sob o **signo da dor** (o regime de exceção é lembrança ainda presente), lastreada em feridas, cicatrizes e, sobretudo, dívidas, acabou não sabendo contabilizar, ele próprio, no balanço de todas as contradições sociais, os direitos/garantias de réus/vítimas, buscando equacionar com sua tutela a proteção da sociedade. Nesse sentido, acabou abrindo um imenso hiato, entre os valores da pessoa humana e a conveniência social, tantas vezes, confundindo-se tais valores como se houvesse o próprio direito à criminalidade, tamanha a complacência – os exemplos são muitos e multifários – no trato para com o criminoso, como se o delinquente comum, ainda fosse hoje aquele vitimado político do regime

---

33 CF. SANGUINÉ, Odone, *Fascículos de Ciências Penais*, Porto Alegre, 1990, v. 3, p. 47, "o fundamento do princípio da insignificância está na ideia de *proporcionalidade* que a pena deve guardar em relação à gravidade do crime, nos casos de ínfima afetação do bem jurídico, o conteúdo de injusto é tão pequeno que não subsiste nenhuma razão para o *pathos* ético da pena. Ainda a mínima pena aplicada seria desproporcional à significação social do fato".

34 *Vide* WELZEL, Hans, *Derecho Penal Alemán*, Ed. Jurídica do Chile, 1987, p. 83-86. *Vide,* também, JESCHECK, H. H., *Tratado de Derecho Penal*, Barcelona, Bosch, 1981, v. II, p. 1046-1052.

35 Como sabido, o *princípio da oportunidade* representa uma novidade da política criminal contemporânea, mitigando o *princípio da obrigatoriedade* (ou de *legalidade, oficialidade, indisponibilidade,* decorrente do CPP, arts. 5º e 24) que impõe à Polícia Judiciária e ao Ministério Público o dever de investigar e denunciar a infração penal por mínima que seja, impossibilitando à luz da lei, posteriormente, já no curso da ação, de desistir (dispor) da persecução penal. Destarte, principalmente na Europa (a origem, contudo, vem da tradição do direito anglo-saxônico/americano), tem-se desenvolvido e acatado o *princípio da oportunidade* em face da *criminalidade pequena e média* (existente pouca lesividade social e leve culpabilidade, dentre outros requisitos) possibilita-se ao titular da ação penal (o Ministério Público), *dispor da ação penal*, seja deixando de exercitar a *persecutio criminis in judicio* ao *não propor* ação penal – quando o órgão do *parquet* postula o arquivamento do inquérito –, seja dela desistindo em prosseguir. *Vide* FLÁVIO GOMES, Luiz, *Suspensão Condicional do Processo Penal*, ob. cit., p. 43 e s.

36 Também chamada *desjudiciarização* ou *desjudicionalização*. A respeito, *vide* a *Revue Internationale de Droit Pénal*, v. 54, Toulouse, France, 1983, que publicou os atos do Colóquio Internacional de Direito Penal (Tóquio, 1983).

37 CARVALHO, Paulo Pinto, *Direito penal, Hoje*, 1. ed., Porto Alegre, 1974. Impresso pela Escola Champagnat, p. 25.

autoritário. Nesse panorama, o surgimento do **Movimento da Lei e da Ordem**[38] encontrou guarida e fortaleceu-se perante a opinião pública e muito – repise-se, muito! – se deve aos próprios doutrinadores e legisladores que não souberam balancear os direitos históricos conquistados pelo **Direito penal liberal** com a necessidade da tutela social, face ao avanço da criminalidade. Faltou a aplicação do antigo *in medio virtus*. À falta de segurança, a sociedade desesperada clamou pela severidade das penas e resvalou para o próprio vandalismo desumanitário, pisando conquistas cristãs, em que colheu uma **criminologia espontânea** ou **profana**[39] nas ruas, porquanto, à massa multiforme social, o infrator, no momento da prática delitiva, é um **indivíduo**, um *inimicus* da ordem, alguém que desagrega e destrói, e não exatamente o substantivo ético-moral que evoca a palavra **cidadão**! E ficou o Estado, mercê de suas dúvidas, refém de umas políticas de autoconveniência e de sua própria história dos regimes de exceção, sem o pão fermentado das ideias, sem o alimento de soluções, para aquietar a fome de segurança que tisna o progresso social no final de século. Este o dilema atual, a última e grande questão da ciência penal: ou se encontrará o **ponto ótimo** dos "direitos e garantias" de criminosos/vítimas, delinquentes e inocentes, dando uma resposta satisfatória de justiça e segurança públicas, ou a sociedade soçobra, ainda mais, náufraga no mar da desesperança, repensante no porquê da entrega do *jus puniendi* ao Poder Público: daí os **meios informais** do controle da criminalidade ("justiceiros", Lei de Lynch etc.) que maculam e chacinam o alto conceito da justiça.

5.3 DIREITO PENAL. CONDICIONANTES SOCIOCULTURAIS

Sustenta-se com Tobias Barreto que "o direito não é um produto natural, mas obra do homem mesmo". Não é uma força ou uma lição organizada da natureza – como se supunha –, mas algo criado pelo homem, que hoje,

---

[38] Com o aumento da criminalidade hodierna, sobretudo com os crimes atrozes, surgiu o chamado Movimento da Lei e da Ordem que está na exata contramão do Direito Penal liberal e da Escola da Nova Defesa Social (Ancel), postulando em sua essência a pena de morte e a severidade das penas como resposta punitiva-retributiva aos criminosos (*Vide* FRAGOSO, Heleno Cláudio, "A Reforma da Legislação Penal", *Revista Brasileira de Direito Penal e Criminologia*, Rio de Janeiro, n. 35, p. 12, 1983).

[39] Expressão de Paulo Pinto de Carvalho (*Prefácio a OLIOSI DA SILVEIRA, José Francisco, Violência: Causa e Extinção*, Porto Alegre, Vendramim, s. d., p. 13) para designar assemelhadamente o *petitum* comunitário pela exacerbação das reprimendas (como desejado pelo Movimento da Lei e da Ordem, *vide* nota específica) e criação de novos tipos penais.

inclusive, se dispõe a tutelá-la. Não mais o homem que se pretendia protegido pelo direito natural, mas o direito criado pelo homem protegendo o próprio meio ambiente, a natureza. Assim, sustenta-se que o direito sujeita-se ao **tempo** e ao **espaço**, imprescindindo, portanto, aprimorar seus sábios conceitos, amoldando-se-os à atualidade.

São as condicionantes socioculturais do direito penal, como suscitadas por Taipa de Carvalho, d'além fronteira[40]. O tempo operando revisões. Tiradentes que o diga: outrora criminoso, hoje herói reverenciado... Afrânio Peixoto[41], baiano ilustre, lembrou que a Igreja colaborara com o poder temporal para levar Joana d'Arc à fogueira, por heresia, tida por feiticeira e inimiga dos ingleses. Passados cinco séculos da execução, os ingleses unidos aos franceses erigiram estátuas à heroína e a mesma Igreja pôs então no altar, a já **Santa** Joana d'Arc. "Os mesmos fatos, a mesma pessoa, crimes ontem, ontem criminosa, hoje benemerência e santidade" acentuou Afrânio, para concluir: "Até o cabelo cortado à *la garçonne*, de Joana, lhe foi agravante; hoje todo o sexo, com os tais cabelos, fazem-na precursora da moda"[42].

5.4 DIREITO, POLÍTICA E RELIGIÃO

Também antes, com a vinculação do poder temporal (Estado) com o poder espiritual (Igreja), se fazia o direito, em nome da fé[43]. O *homo religio-*

---

[40] CARVALHO, Taipa. "Condicionalidade Sociocultural do Direito Penal", Coimbra, 1985, Separata do número especial do Boletim da Faculdade de Direito de Coimbra, *Estudos em Homenagem aos Professores Manuel Paulo Merea e Guilherme Braga da Cruz-1983*, 113 p.

[41] PEIXOTO, Afrânio, *Criminologia*, 3. ed., São Paulo, Companhia Editora Nacional, 1936, p. 20.

[42] *Id. ibid.*, p. 20.

[43] Já de longa data, as distinções de "estado" e "cultura" leigos, como expressão do Laicismo distinguindo-se ao conceito de "clericalismo" (*Vide Introdução Histórica ao Direito*, John Gilissen, com tradução ao português por A. M. Hespanha e L. M. Macaísta Malheiros, 2. ed., Lisboa, Fundação Calouste Gulbenkian, 1995, p. 136 e s). A autonomia reclamada para as funções do Estado remontam a John Locke (*vide Epístola de tolerantia*, 1689, que com mais autoridade, ao lado das ponderações de Alexis de Tocqueville (*in Democracia na América*, 1840, v. II, part. I, cap. IV), bem puderam delimitar os campos de ação das religiões e do Estado, enfocando-os em paralelo, e demonstrando que o "Laicismo", culturalmente, nada é que um método, cujas origens remontam às filosofias racionalistas e imanentistas que rejeitam a verdade absoluta, revelada. O primeiro, a bom tempo, propugnava a impediência do poder político em imiscuir-se nas matérias de fé, não lhe reservando competência para emitir juízos sobre a religião e, bem como, reclamava à Igreja a preparação do homem para alcançar a vida eterna mediante a devoção de Deus; desse modo, as leis eclesiásticas também não poderiam apelar à força ou referirem-se aos bens terrenos, porquanto seriam tarefas entregues ao magistrado civil, laico, vale dizer. Modernamente, religião e política, religião e justiça humana são conceitos que se completam para a "bem-aventurança da humanidade!", mas que gozam na teoria e na prática, da mais absoluta autonomia. Aliás, nesse sentido, confundir-se "justiça" com "misericórdia" (indulgência, compaixão, piedade, perdão), para, a pretexto do segundo alcançar-se o primeiro, sacrificando-se o conceito do "direito" como concepção humana e laica, é coisa que os melhores sistemas teológicos também já distinguiram... e negaram.

sus e o *homo juridicus* trocavam e confundiam conceitos. O progresso, a civilização demonstraram tal desacerto, a ambos[44]. Nem Vieira escapou[45] do *imbroglio*. Da mesma forma, o *homo politicus* com o *homo juridicus*[46]. Como a história demonstrou: política/direito podem até ser irmãos[47], ou guardar qualquer outra (cor)relação consanguínea (ascendência/descendência), mas não podem confundir-se, porque entidade/instituições/abstrações/teorias diversas. Aqui não ocorre a noção de "contaminação das ideias" consoante expressão de Vattimo[48], mas certa face da expressão do pensamento da década de 1970 elaborado pelo filósofo francês Bernard-Henry Lévy, que pregou a "não contaminação do pensamento pelas ideologias". É que o direito, em última instância, embora elaborado pelo Estado, deve ser uma **ideia** oriunda do pensamento da sociedade, e a seu serviço.

---

[44] Registrou Enrico Ferri, in *Princípios de Direito Criminal*, ob. cit., p. 38: "...Quando depois, com o estabelecimento do poder temporal, a Igreja assume poderes soberanos, também fora do seu círculo e vida interna, continuando o ensino dos Santos Padres de que 'a punição dos crimes é dever do príncipe e do magistrado' e o 'poder punitivo não pertence aos particulares' ela exerceu 'por delegação divina' também a repressão dos crimes. Desde então, o direito penal eclesiástico cede continuamente ao espírito dos tempos e, conservando contudo o preceito *sententiam sanguinis nullus clericus dictet aut proferat* (Cap. 9, X), confiou ao 'braço secular' a execução das penas mais atrozes, que muitas vezes se estendiam aos descendentes, aos parentes, aos concidadãos do réu. Ademais, uma vez que a pena (penitência) devia levar ao réu o arrependimento e que a primeira manifestação do arrependimento é a confissão do mal feito, desta maneira – com o processo inquisitório (que, exceto na falta de controle público, era forma processual tecnicamente superior ao processo acusatório), também para tranquilizar a consciência do juiz acerca da culpabilidade do imputado (pois que a confissão era considerada a 'rainha das provas') – chega-se à aberração de exigir sempre a confissão mesmo mediante a tortura, levando assim a justiça penal aos excessos, que continuados em parte nos estatutos comunais e nas leis das grandes monarquias, com a atrocidade das penas, provocaram o sentimento universal de protesto de que César Beccaria se fez o eloquentíssimo intérprete". No Brasil, mais precisamente, vale a leitura de Virgílio Donnici, *Polícia. Um estudo de criminologia*, Forense Universitária, 1990, p. 46: "Antes do Primeiro Império, vigorava o Livro das Ordenações Filipinas, onde o crime era confundido com o pecado e com a mera ofensa moral, consagrando a desigualdade de classes perante o crime, quando o juiz aplicava a pena segundo a qualidade das pessoas. Era o Código Penal dos Fidalgos, vigorando de 1603 até 1830...".
[45] Com o Padre Antonio Vieira, pode-se buscar um bom exemplo dessa inserção da política na religião, desta, por sua vez, no campo jurídico, e tudo, outra vez (confundindo-se entre si), a desembocar no político/jurídico/ eclesiástico, a evidenciar o *circulus vitiosus*. Com efeito, o messianismo do Padre Vieira – sustentam críticos e estudiosos –, dava sustentáculo teológico para objetivos políticos, sobretudo para o fortalecimento de Portugal. Nesse sentido, entrou sob a esfinge de "jurídico", o direito penal a (des)servir à Igreja e à política: o conhecido processo inquisitorial que o Santo Ofício moveu ao pregador, levando-o inclusive ao cárcere, sob a acusação (a principal delas!) de "presunção de judaísmo". Em dezembro de 1667, Vieira é condenado a ficar privado para sempre "da voz ativa e passiva", ou seja, de exercer qualquer autoridade, inclusive restando-lhe vedado o "poder de pregar", ficando condenado a permanecer perpetuamente recluso em casa jesuítica. Posteriormente – seis meses depois – foi perdoado, remanescendo, somente, a proibição de não tocar nos "assuntos proibidos" que o levaram ao processo. *Vide*, sobre o caso, *Os autos do Processo de Vieira na Inquisição*, edição, transcrição e notas de Adma Muhana, Editora Unesp, 1996, 461 p.
[46] *Vide* CABRAL DE MONCADA, L., *A Filosofia do Direito e do Estado*, v. II, Coimbra Editoria, 1995, p. 260.
[47] Confira-se a propósito, o excelente ensaio de Cândido Motta Filho "Política e Direito", nos *Estudos Jurídicos em Homenagem ao Professor Oscar Tenório*, UERJ, 1977, p. 165-174.
[48] *Vide* capítulo anterior "Filosofia penal e filosofia política: o fim ideologias".

Contrario sensu, e a confirmar o exposto, relembre-se que não houve pior direito produzido no passado recente, senão aquele dos Estados totalitários, eis que fizeram o próprio terrorismo penal[49] com as criações **do direito penal da vontade** (*willensstrafrecht*) e do **direito penal de autor** que, via do seu "tipo normativo de autor" – dentre outras criações – fez ruir o princípio da legalidade inerente ao Estado de Direito[50]. Este

---

[49] Assim tratou Jiménez Asúa do autoritarismo do direito penal soviético: "Cuando se instaura el bolchevismo en Rusia, se derogan las leyes del zarismo, y con ellas cae el derecho penal. Las comisiones encargadas de impedir la contrarevolución y el sabotaje juzgan conforme a la 'consciencia revolucionaria'. Los 'Principios' de Derecho penal de 1919 son breves y elementales. Luego aparece el Código Penal de 1922; más tarde los 'Principios' de 1924, y, por último, el vigente Código de 1926. Se trata de una legislación de tipo intermedio entre lo viejo y lo por venir. Su institución más típica es la analogia; es decir, la facultad otorgada al juez de incriminar acciones que no están definidas y pendas en la ley, siempre que se halle definida y penada una figura delictiva similar (análoga) ...

...Si nos referimos a los mismos caracteres del Derecho penal liberal, podremos caracterizar el Derecho penal ruso por estas notas antiliberales: Se ataca el *legalismo*, que garantizó la *libertad individual*, al quebrantar el principio *nullun crimen, nulla poena sine lege*, con la *analogia*. Se ataca la *tipicidad*, em que encarnó la *igualdad*, puesto que el Código penal ruso declara que no basta para ser incriminable que un delito esté definido en la ley, puesto que há de existir *peligrosidad del autor*. Y se desconoció el principio de *fraternidad* aplicando en grande escala la *pena de muerte* ...En los últimos tiempos la URS modifica sus leyes punitivas en un sentido de mayor severidad".

Depois, aludiu autoritarismo do direito penal alemão por ocasião do nazismo:

"En el III Reich la polémica ha sido predominantemente doctrinal, y la actividad legislativa no logró la reforma completa del Código vigente. En 1933, al poco tiempo de llegar Hitter al poder, el Ministro de Justicia de Prusia publicó un *Denkschrift* o Memoria para la reforma del Derecho penal en el que destaca la característica del voluntarismo, en un Derecho de raza y de sangre. El 3 de noviembre de 1933 trabajó en el proyecto del nuevo Código una comisión de peritos y profesores, y la Academia de Derecho intervino en la empresa desde 1934. Se han publicado los trabajos, pero el nuevo Código no ha visto la luz. En cambio, por disposiciones legiferantes, se ha reformado el Código penal hasta destruir sus garantías liberales, y leyes concretas han pretendido ejercer una proteccíon de raza y de pureza de sangre con sentido severísimo. Las enumeraremos ahora al tratar de los caracteres de este Derecho alemán. La *libertad* consagrada en el principio *nullun crimen sine lege* queda destruída con la ley de 1935, que reforma el § 2º del viejo Código penal alemán. En ella, no sólo se estabelece la *analogia*, sino que se declara que es fuente del Derecho penal el *sano sentimiento del Pueblo*. La *igualdad* encarnado em el tipo como carácter del delito, que respald además la libertad, desaparece con la pretendida *captación de la voluntad criminal*, donde queira que se encuentre. De aquí que en el citado *Denkschrift* del Ministro prussiano de 1933, se castiguen los actos preparatorios como la tentativa; se niegue toda dirrencia entre autor y cómplice, etc., mientras que los autores alemanes del régimen, como Schaffstein y Dahm, abjuram de la tipicidad y de la antijuridicidad objetiva, para poder perseguir mejor la voluntad delictuosa. La *fraternidad* queda definitivamente muerta. En el nacionalsocialismo se niega, a los que no están dentro de esa comunidad, la categoría de semejantes. La pena de muerte ejecutada com fines selectivos de política, según la ley de 4 de abril de 1933; la de esterilización de anormales, de 14 de junio del mismo año, y, sobre todo, la de castración de delincuentes, de 24 de noviembre de 1933, también son prueba de que la fraternidad traducida en la dulcificación de los castigos, no existió en Alemania". Depois tratou o autor do direito penal vigente aos tempos da Itália fascista. Vide *Princípios de derecho Penal. La ley y el delito*, Buenos Aires, Abeledo-Perrot, Editorial Sudamerica, 1990, p. 70-72.

Vide, dentre tantos, os relatos de abusos, arbitrariedades que havia na prática em CARVALHO NETO, Antonio Manuel, *Advogados. Como Vivemos. Como aprendemos. Como sofremos*, 3. ed., São Paulo, Aquarela, 1989, p. 309-328.

[50] Anota Walter Coelho ao tratar da noção de crime (op. cit., p. 19-20): "Consigne-se, por fim, além da *teoria realista* (tradicional e dominante) e da *teoria sintomática*, surgiu também uma chamada *teoria voluntarística* do crime, referente ao denominado *Direito Penal da Vontade* (*Willensstrafrecht*) que, em má hora, infiltrou-se no pensamento Jurídico tudesco, com o advento do Nacional Socialismo Alemão. Segundo tal teoria, o crime seria, antes de mais nada, a 'violação do dever de fidelidade para com o Estado', ou seja, um ato de rebeldia contra a ordem estabelecida, ficando o critério do 'bem jurídico'

"direito" era a expressão máxima da política ideológica do Estado – não da conveniência social, embora em seu nome fosse exercida –, onde sempre, deveria ser profundamente ideológico à feição de um nebuloso *homo politicus et machiavelicus*[51], conforme propôs Carl Shimitt, o teórico-criador do *Füherprinzip*[52].

***

Hungria, lembrou Carrara[53,] para quem "sempre que a política entra pelas portas do templo da justiça, esta foge espavorida pela janela para livrar-se

---

apagado, em um segundo plano de mínima relevância. Essa doutrina foi estruturada pelo chamado 'grupo de kiel', liderado por Schaffstein e Dahm, os penalistas do fatídico regime nazista, e para ela concorreu de certa forma, o próprio Gallas, embora em posição mais moderada.
O *Direito Penal da Vontade* situa-se, historicamente, como uma variante do *Direito Penal do Autor* que, sob diversos rótulos doutrinários, em época distintas, se contrapôs ao *Direito Penal do Fato*. Fundamentalmente, temos hoje o Direito Penal estruturado sobre o *fato do agente* e não sobre o *agente do fato*, isto quer dizer que, em princípio, pune-se o autor do crime pelo que ele 'fez' e não pelo que ele 'é'.
...Ocorre que o *Direito Penal da Vontade*, a serviço do arbítrio e da prepotência do Nacional Socialismo, levou o *Direito Penal de Autor* a extremos incompatíveis com a liberdade do ser humano. O seu '*tipo normativo de autor*' foi uma de suas criações teratológicas, com rude golpe no sagrado e consagrado princípio da legalidade dos crimes, e nem o 'grupo de Marburgo', de Zimmerl e Klee, que se dizia fiel à inspiração de Von Liszt, logrou escapar às distorções doutrinárias da nova ordem social nazista ..."
Sobre o **direito penal do autor**, *vide*, ainda, Anibal Bruno, "Direito Penal", I, Rio de Janeiro, *Revista Forense*, 1956 e Frederico Marques, *Tratado de Direito Penal*, III Saraiva, 1966. Recentemente, também as anotações de Marcelo Fortes Barbosa, *Direito Penal Atual*, São Paulo, Malheiros, 1996, p. 121-122.

51 Maquiavel aprendeu a especificidade da política, que separou da teologia, da ética e da filosofia. Em última instância, o *homo machiavelicus* não é nada mais que o substrato a que está ligado um certo número de atributos, graças aos quais podemos justificar comportamentos estratégicos que têm por fim a busca do bem comum. A ambiguidade da *virtù*, segundo Machiavel, resulta da ambiguidade desse bem comum. Machiavel não se contenta em diferenciar a política das outras lógicas e domínios da ação social. Tende também a *autonomizá-la*, isto é, a subtraí-la ao julgamento das outras instâncias. Pode-se definir o bem comum exclusivamente em termos políticos? A "razão de Estado" pode constituir o critério supremo ou mesmo único da vida social? Maquiavel não responde a essas perguntas, que finge mesmo não fazer", R. BOUDON e F. BOURRICAUD, *in Dicionário Crítico de Sociologia*, Ática, 1993, p. 322.

52 *Vide* a precisa página de Afonso Arinos de Melo Franco, "Filosofias e Ideologias Políticas" (De um livro em preparo) *in Estudos Jurídicos em Homenagem ao Professor Oscar Tenório*, Universidade do Rio de Janeiro, 1977, p. 83-84:
"...Fora do verbalismo sem substância Jurídica dos colaboradores mais graduados de Hitler e dele próprio, podemos encontrar, no pensamento forte de um jurista a serviço mais repugnante do poder, CARL SHMITT, a tentativa de justificação teórica da ideologia nazista, feita em mais de um livro. Para ele (como era óbvio) a Constituição de Weimar desaparecera com a ascensão de HITLER. A lei de plenos poderes de março de 1933, concentrava-os todos nas mãos de Füher. Seu objetivo confesso era o esmagamento do comunismo, mas logo depois verificou-se que seu resultado virtual foi também o esmagamento do povo alemão, antes do expansionismo guerreiro que levou ao esmagamento de outros povos. **SCHMITT, o inventor do Füher-prinzip (que era uma espécie de infalibilidade do ditador no terreno temporal), não hesita em classificar de 'suicídio' a neutralidade ideológica do Estado;** em repelir a igualdade entre os 'conacionais' (alemães arianos) e os 'estranhos à estirpe' (os judeus)...".
Vide, a propósito, Jacques Treillard, *Droit privé comparé*, Polycopié Montaygne, 1977-78, p. 28-31.

53 CARRARA, *Programma del corso di diritto criminale*, § 3.938: "le novelle esperienze mi hanno pur tropo mostrato che sempre e dovunque, quando la politica entra dalla porta del tempio, la giustizia fugge impaurita dalla finestra per tornarsene al cielo".

ao céu[54]. Ferri, prócer da Escola Positivista, portador de vigorosa inteligência, desacreditou-se depois que aderiu ao fascismo[55], como Manzini, que foi "o penalista máximo" do *Duce*[56], na alusão de Canuto Mendes de Almeida[57]. Franck, o alemão genial imiscuiu-se na política e **perdeu muitos pontos** como penalista. Temos, mesmo no Brasil, exemplos eloquentes de juristas que se fizeram políticos e depois não mais souberam "distinguir as estações"[58].

---

54 O raciocínio foi buscado a Hungria, quando tratou dos "crimes políticos", eis que *mutatis mutandis*, entendo ser de todo análogo – por extensão – às suas lições para a matéria (*vide Comentários ao Código Penal*, 3. ed., Forense, 1955, p. 183-184).

55 Relembre-se que Ferri era socialista (*vide*, entre outras, suas "Difesi Penali" ...e que ao final da vida aderiu ao fascismo mussolínico. Recentemente escreveu uma bela página sobre o fato, explicando-o, Evandro Lins e Silva, citando depois palavras textuais do próprio mestre italiano ("De Beccaria a Filippo Gramatica", *in Ciência e Política Criminal em Honra de Heleno Fragoso*, João Marcello de Araujo Junior (org.), 1. ed., Rio de Janeiro, Forense, 1992, p. 13/14):
"A apostasia de Ferri, com a sua adesão ao fascismo, objeto de um longo trabalho por ele publicado em 1926, decepcionou seus seguidores, principalmente os de confissão socialista. Apesar da adoção de uma postura nitidamente anti-individualista e de defesa veemente do direito da sociedade e do Estado de lutar e de se preservar contra a criminalidade, por procedimentos preventivos e meios repressivos, Ferri não pregou o repúdio aos direitos humanos, mas apenas se insurgiu contra o que chamou de 'excessos irracionais' do individualismo, capazes de sacrificar as legítimas garantias da sociedade frente ao delito e ao delinquente. Ele exprime a sua admiração pela escola clássica, por Beccaria e seus sequazes, Carrara e Romagnosi, e manifesta a sua repulsa à estatolatria que até o fim do século XVIII desconhecia as 'mais elementares garantias de defesa para o indivíduo processado'. Vejamos estas palavras do próprio Ferri sua abjuração, intitulada 'Fascismo e Escola Positiva na Defesa Social contra a Criminalidade': 'Visto que o direito penal é um ramo do direito público e este não pode deixar de sofrer o influxo das doutrinas e das correntes políticas, é patente que a escola clássica criminal, enquanto no século XIX mais se entregou, pela sistematização jurídica, ao método dedutivo ou apriorístico – de lógica abstrata – como explicitamente declarou Francesco Carrara no seu insuperado **Programa**, nos seus primórdios ao contrário, com Beccaria e Romagnosi, mais se atém à observação dos fatos, porque sem esta não é bastante eficazmente inovadora. Mas fora do seu campo tecnicamente jurídico, a escola clássica, especialmente no livrinho maravilhoso de Cesare Beccaria **Dos Delitos e das Penas** (publicado pela primeira vez, sem nota, em Livorno, em 1764, dois anos depois da publicação do **Contrato Social** de Rousseau e 25 anos antes da Revolução Francesa), se fundou sobre a doutrina política da soberania popular contra o absolutismo político das grandes monarquias dos séculos XVII e XVIII, e sobretudo no princípio dos 'direitos do homem', acenado na revolução inglesa, proclamado em 1770 nos Estados Unidos e exaltado depois – até à incandescência – na Revolução Francesa. A justiça penal, de fato, até o fim do século XVIII, foi uma empírica exasperação de estatolatria com desconhecimento das mais elementares garantias de defesa para o indivíduo processado. E culminou no absurdo da tortura como meio para obter a confissão do réu, sem a qual o juiz, então, não se sentia com o poder de condenar (o mais das vezes à morte) sem pensar que uma confissão extorquida com tormento não podia oferecer segurança probatória de verdade, como às vezes, por si só, não lhe dá tampouco, se espontânea, por exemplo nos casos de psicopáticos autodenunciantes ou de crianças sugestionadas. Contudo, a justa reivindicação das garantias individuais na justiça penal chegou, na direção individualística do século XIX, a excessos irracionais, até a sacrificar a outro tanto legítima garantia da sociedade frente ao delito e ao delinquente".

56 *Vide*, MANZINI, Vincenzo, *Tratatto di Diritto Processuale Penale Italiano*, Turim, UTET, 1931, v. I, p. 204.

57 MENDES DE ALMEIDA, J. Canuto, *Processo Penal, Ação e jurisdição*, Revista dos Tribunais, 1975, p. 50.

58 É certo que, para o aprendizado das ciências criminais, defendemos e defenderemos sempre, um sistema multiforme. É correta a observação de Manuel da Costa Andrade, da Faculdade de Direito de Coimbra (*Vide* "A vítima e o problema criminal", Separata do volume XXI do Suplemento ao Boletim da Faculdade de Direito da Universidade de Coimbra, 1980, p. 16), quando, criticou o fato de que em nome da autonomia e da especificidade do objeto e do método – em homenagem às concepções *weberianas* da separação entre o discurso do *político e do cientista* – "se advogou uma criminologia asséptica a todas as considerações de política criminal". Diga-se o mesmo, com relação ao direito penal. O que não se aceita é a *sucumbência* doutrinal que pretende jungir o discurso científico do direito, sempre e mais, às teorias políticas ideológicas.

O direito não pode, mesmo, confundir-se com o discurso político-ideológico, como aquele jovem réu francês que, pretendendo absolvição, perguntava em código, metaforicamente, ao presidente do tribunal, querendo informar-se de suas preferências para não cair em desgraça: *"Où se trouve la justice? C'est à gauche ou à droite?"*. Onde fica a justiça: é a *esquerda* ou à *direita*? Não pode existir justiça "de direita" ou "de esquerda", tendenciosa. Isto é política ideológica[59], não real justiça!

A sociedade que, perplexa, assiste à própria perplexidade de seus líderes – que trocam de vestes ideológicas como de roupas para o serviço – não suporta mais esse discurso mil vezes ultrapassado de "esquerda, direita! esquerda, direita! esquerda, direita!"[60]. A pretexto de democracia, o som repetido – "esquerda, direita!" – enseja uma onomatopeia militar: alguém querendo aprisionar o pensamento, engessá-lo ao sabor de suas convicções.

---

59 Aliás, mesmo nesse terreno os conceitos colidem. Ocorre hoje o que Vattino chamou de "contaminação das ideias". Tomemos (mesmo!) o depoimento de um militante da esquerda política brasileira na juventude, que posteriormente, convertendo-se à direita e tornando-se um de seus maiores líderes, restou odiado pela esquerda, e neste trecho flagrante de verdades mostra dificuldades no estabelecimento dos conceitos. Falo de Carlos Lacerda (1914-1977): "Hoje em dia tenho muito medo da palavra esquerda, como tenho medo da palavra direita, porque acho que a evolução política do mundo confundiu muito essas noções. Antigamente, a gente sabia o que era um reacionário. Na Revolução Industrial, um reacionário era um lorde que vivia, sem trabalhar, à custa do trabalho dos párias indianos e do trabalho de crianças de 12 anos nas fábricas de tecidos ou nas minas de carvão; então, esse era um reacionário. Um revolucionário era quem declarava guerra a tudo isso e que fazia qualquer sacrifício para acabar com aquela situação.

Depois, numa certa época, um homem de esquerda era quem queria fazer certas reformas através da manifestação da vontade do povo: eleições livres, comícios, explicações ao povo, enfim educação política do povo, debates, para chegar a determinadas posições reformistas, ou até mais radicais; enquanto um reacionário era quem não queria eleições, queria uma ditadura, queria uma elite dominante e uma massa obediente.

A partir de uma certa altura da evolução política do mundo, isso se embaralhou completamente: os reacionários querem eleições e a esquerda não as quer. Só as quer quando está fora do poder, quando está no poder, proíbe.

Então, a pergunta que eu faço a mim mesmo muitas vezes – eu já respondi, mas não vejo os outros se fazerem suficientemente – é esta: Peron era de esquerda ou de direita? Getúlio Vargas era de esquerda ou de direita? Apenas para citar dois exemplos aqui, em casa. Se formos para o resto do mundo, também encontraremos um pouco esse mesmo tipo de coisas.

O Mussolini fez na Itália certas reformas que seriam chamadas de esquerda, até pela própria formação dele, que era eminentemente esquerdista. Por outras palavras, acho que não há nada mais parecido, nada mais próximo de um homem de extrema esquerda do que um homem de extrema direita, na medida em que, no fundo, eles se caracterizam por uma forma de elitismo, ou chame-se isso pelo nome que se quiser ...". Depois exemplificou, com o regime econômico, citando Celso Furtado, como mesmo uma nação dita capitalista (de "direita") apresenta efeitos visados pela "esquerda": "O Celso Furtado, insuspeitíssimo no caso, acaba de publicar um livro no qual declara com todas as letras – e eu sei de uma conversa onde ele vai muito além do que está escrito ali – que depois de observar muito o mundo nesse exílio, concluiu que países ditos capitalistas, como o Japão, conseguiram não só gerar riqueza, mas distribuir melhor a riqueza do que qualquer dos países socialistas" ("Esquerda, Direita e Aliados Perigosos", in Depoimento, 3. ed., Rio de Janeiro, Nova Fronteira, 1987, p. 60-64).

60 *Vide*, a propósito, as reflexões de Edgar Morin ("Pour sortir du vingtième siècle", publicado por Fernand Nathan, Paris, 1981), agora com tradução brasileira (trad. Vera Azambuja Harvey), *Para Sair do Século XX*, editora Nova Fronteira, 1986, p. 58-61, onde analisa e critica a questão das "palavras mestras" (dentre estas, o binômio "esquerda-direita").

Fratura-se a **cervical** da inteligência da sociedade, a justiça, quando se olha aos lados – esquerda/direita – pensando que assim, ideologicamente, se encontrará o que está **acima**.

Como, também, aquele crente, carola em demasia, lesionara-se por devoção a Deus, pesando que se ficasse olhando ao céu veria o Senhor. Como aqueles outros que tiveram problemas visuais, eis que, sugestionados por terceiros **videntes,** procuravam no interior paulista a Virgem Maria olhando ao céu no sol de meio-dia. "Deus como a Justiça" – diria Araujo Lima – "cabe mais na sensação que na ideia"[61]. Então é de senti-la, procurando-se-a, no coração de cada um[62] e no da própria sociedade por extensão. Soa metafísico? Quase o é! Basta que se procurem e se tutelem pelo direito penal os reais valores da sociedade.

Assim, também, outros que procuram dolosamente confundir o Sagrado com o profano e mal interpretam o direito penal lastreando-se em interpretação oportunística da Bíblia ou de sua má-fé, blasfemando, como se esta fosse de propriedade do mercador. Teme-se que o Senhor torne à terra e tire lanhas a chicote do corpo de alguns apóstatas que usaram Seu nome em vão, expulsando em boa hora do palácio da justiça alguns de seus (des) servidores, como fizera aos mercadores em seu tempo/templo.

O criminalista francês Garçon afirmou que as altas concepções cristãs penetraram no direito penal leigo, não pelo chamado direito divino, mas por obra da Revolução Francesa.

O direito penal é apenas mais um instrumento de conservação/evolução da vida em sociedade, para resgatarmos a ideia combinada de Jhering e Tobias Barreto.

"E seja-me, ao terminar, permitido repetir o que aqui já tive ocasião de exprimir oralmente: em nome da religião disse o sublime Gnosta, autor do quarto evangelho – no princípio era o Verbo; em nome da poesia, disse Goethe – no princípio era o ato; em nome da filosofia, em nome da intuição monística do mundo, quero eu dizer – no princípio era a força, e a força estava junto ao homem, e o homem era a força. Desta força, conservada e desenvolvida, é que tudo tem-se produzido, inclusive o próprio direito, que

---

[61] ARAUJO LIMA, Carlos de, *Os Grandes Processos do Júri*, 5. ed., Rio de Janeiro, Liber Juris, v. I, 486 p., 1988.
[62] O professor João Arruda citava Rodolfo Laun "O direito está no coração dos homens", *apud* Cândido Motta Filho, ob. cit., p. 165.

em última análise não é um produto natural, mas um produto cultural, uma obra do homem mesmo" (**Tobias Barreto**[63]).

5.5 DIREITO PENAL INDEPENDENTE

Assim que, no pós-fim da guerra fria, na pós-queda do muro de Berlim, reclama-se **desideologizar** (!) um pouco o pensamento de Roberto Lyra – menos política-sociologia, mais direito! – no sentido de reinquirir-se com mais vigor a responsabilidade do "homem" na gênese do crime – menos *Lyrismo*, mais Nelson Hungria –, para não deixá-lo sem freios, mercê da cômoda explicação ideologizada da quase exclusiva culpa da sociedade ou do sistema político na ocorrência do delito. Diria a escola francesa de Lacassagne[64] – em muitos aspectos plenamente vinculável a Lyra em diversas etapas de sua doutrina (jungidos a Ferri, na visão sociológica do delito) –: *tout le monde est coupable, excepté le criminel*. Todo mundo é culpado, exceto o criminoso?!

É mister, hoje, uma certa **dessocialização** (entenda-se *cum grano salis*, por óbvio, e perdoe-se o neologismo) pois a **socialização** acerbada (sociolatria) tolda o também necessário pensamento dogmático-jurídico[65],

---

[63] Respondendo à prova escrita do concurso para "Lente Substituto da Faculdade de Direito do Recife" (1882), ao ser arguido: "Conforma-se com os princípios da ciência social a doutrina dos direitos naturais e originários do homem?". *Vide* relato de Luiz Antonio Barreto, em obra biográfica *Tobias Barreto*, Sociedade Editorial de Sergipe, 1994, p. 124 e s.

[64] Após o surgimento de Lombroso com sua "antropologia" onde centrava mais competentemente seu estudo no "homem", entregando-se a uma concepção de uma teoria morfológica – "temperada" (...eis que não descurou totalmente do "fator social") e complementada sua escola, "a posteriori" com os estudos sociológicos do também positivista Enrico Ferri –, outro marco já bastante radical no trato do problema criminal, sobretudo na perspectiva etiológica do delito, deve-se a A. Lacassagne da Universidade de Lyon/França que aduzia ser o meio social o fator preponderante para a ocorrência do delito. Assim se manifestou Lacassagne, ao explicar que as condições econômicas representariam o maior papel no surgimento do crime, como configuração unifatorial na etiologia do delito: "É o mal da miséria que produzirá o maior número de criminosos. O meio social é o caldo de cultura da criminalidade; o micróbio é o criminoso, elemento que tem importância no dia em que encontrar o caldo que o fará fermentar. A sociedade é culpada de todos delitos. A prisão corrompe e as sociedades têm os criminosos que merecem. O indivíduo é integrante do organismo social. O delinquente é o homem desencaminhado pelo meio social: "*Tout le monde est coupable, excepté le criminel*". Ferrenho adversário de Lombroso, consolidou um pensamento poético que se tornou recital de apressados criminalistas: "o meio social é o caldo de cultura da criminalidade e o criminoso é o seu micróbio. Este só se torna nocivo, quando o caldo o faz fermentar ...". Alimena, por ocasião do Segundo Congresso Internacional de Antropologia Criminal (Paris/1889) ofertou-lhe a seguinte resposta: "Eu não posso aceitar a metáfora do micróbio e do caldo, metáfora que diz que o criminoso é o micróbio e que a sociedade é o caldo, porque o caldo não produz micróbios, ao passo que a sociedade produz muitos criminosos ...". Ferri foi mais preciso em sua objeção: também o caldo, sem os micróbios, seria estéril; a sociedade, somente, não faria criminosos.
Vide, sobre o tema, dentre tantos, PEIXOTO, Afrânio, *Criminologia*, 3. ed., São Paulo, Companhia Editora Nacional, 1936, p. 33 e ALBERGARIA, Jason, *Criminologia. Teoria e Prática*, Aide, 1988, p. 114.

[65] COELHO, Walter, *Teoria Geral do Crime*, v. I, Porto Alegre, Sérgio Fabris, Editor, 1991, p. 159/160: "...Em uma concepção realista, o crime é, primordialmente, um fato humano e social, porque se concretiza em uma ação do homem. E essa conduta é componente básico e nuclear do delito. Mister se faz, no

como a própria **estatolatria** impede o progresso humano. A integração das disciplinas irmãs (direito e sociologia, política e direito, direito e economia, mesmo direito penal e criminologia) não pressupõe o amesquinhamento de nenhuma. O *universum* do direito penal, caracteriza-se, em verdade, pela "enciclopédia das ciências penais"[66], onde são objetos de estudo sua filosofia, história, legislação penal comparada, biologia, psicologia, psiquiatria, dogmática, sociologia, penalogia etc.

Afinal, "Se têm razão os técnicos jurídicos ao dizer que as generalidades sociológicas não são direito penal, tenho-a eu igualmente ao dizer que não é 'criminalista' quem se limita no conhecimento técnico-jurídico das leis penais vigentes" (Enrico Ferri[67]).

Arturo Rocco, da escola técnico-jurídica[68], juntamente com Edoardo Massari e Vincenzo Manzini temiam que o direito penal sucumbisse a qualquer disciplina sociológica[69]. Jiménez de Asúa chegou a profetizar o fim do direito penal, com o império da criminologia[70]. De certo, mesmo, é que o *homo juridicus*

---

entanto, que esse fato humano e social tenha a marca, o vínculo ou batismo da juridicidade, sem o qual não existiria o objeto do estudo do Direito Penal. Se assim não fosse, retroagiríamos aos exageros iniciais do Positivismo dito científico, em que a Dogmática Penal perderia a sua autonomia e personalidade, integrando-se como capítulo de uma Sociologia Criminal (Ferri) ou de uma ciência interdisciplinar como a Criminologia (Garofalo)".

66 *Vide* excelente explicação em Walter Coelho, ob. cit., p. 167 e s. (*Enciclopédia penal: a visão global do crime*).
67 FERRI, Enrico, "*Princípios de Direito Criminal*, trad. Paulo Capitanio, Campinas, Bookseller Editora, 1996, p. 91.
68 O movimento do *tecnicismo jurídico* surgiu na Itália e, como marco, podemos situar a aula magna proferida na Universidade de Sassari, em 1905, por Arturo Rocco.
69 Arturo Rocco, Vincenso Manzini e Edoardo Massari foram os principais e primeiros expoentes da escola "técnico jurídica" que trouxe o método das sistematizações dogmáticas do direito privado, diferentemente do que pretendia a escola positivista que apresentava sistematizações presumidamente objetivas, depois repudiadas. Também, a escola técnico jurídica batia-se principalmente contra a "escola clássica", lastreada eminentemente nas abstrações filosóficas dos séculos XVIII e XIX que invocava constantemente o direito natural, racional ou ideal, levando a corriqueiros exercícios acadêmicos impregnados de metafísica e escolástica (*vide* o que significava para as escolas clássica e positivista as questões do livre arbítrio e da responsabilidade moral). Nesse sentido, Manzini demonstrou a inutilidade jurídica das pesquisas filosóficas, explicando ainda que a sociologia criminal "está para o direito penal, como uma ciência descritiva está para outra normativa. Ao direito penal não importa descrever fatos e relações de causalidade social, mas dar normas imperativas que nada têm a, ver com as leis biológicas ou sociais". Massari foi mais incisivo, lecionando que a ciência do direito penal tem por objeto o estudo sistemático do direito penal vigente, ou *positivo*, afirmando inexistir outro direito penal senão aquele previsto na legislação estatal. Desse modo, não se admitiria um direito penal filosófico, ou ideal, racional, eis que seriam meras abstrações. Para Jiménez Azúa, essa repugnância da "escola técnico-jurídica" à filosofia, não era outra coisa, "mais ou menos inconsciente" do que restou da "escola positivista". Também deu razão a Spirito quando este aludiu que a Escola de Rocco caiu em um "estéril verbalismo". *Vide* JIMÉNEZ DE ASÚA, *Princípios de Derecho Penal. La Ley y El Delito*, Buenos Aires, Abeledo-Perrot, Editoral Sudamerica, 1990, p. 67.
70 "Hemos augurado, y lo venimos repitiendo con inquebrantable tenacidad, que en un futuro más o menos lejano la Criminología imperará sobre el Derecho penal (...) Pero acaso llegue un día en que el Derecho Penal deje de existir...". JIMÉNEZ DE ASÚA, Luis, *Princípios de Derecho Penal*, Buenos Aires, Abeledo-Perrot, Editorial Sudamericano, 1990, p. 73-74.

entenda que incumbem a estas informar àquele, sempre que se disponham em auxiliar, enquanto o direito penal não desaparecer como ciência. Crê-se, mesmo, que não desaparecerá, poderá, se muito, trocar de nome.

Discorda-se de Tobias Barreto quando este se faz inimigo da sociologia[71]. Nesse sentido, entre outros, também Zaffaroni[72]. Como se discorda de Lyra quando colocou o direito penal e a criminologia[73] sob "o mando" da sociologia[74]. Uma sociologia tão voraz e expansionista que devora a ciência penal[75]. Há muitas outras ciências contributivas que nem por isso a dominam, ou a manietam. Psiquiatria, criminologia, vitimologia, são mais que **hipóteses de trabalho**[76] e menos que ciências açambarcadoras do direito penal, são sim, informadoras deste[77]. Concorda-se com Lyra, quando, criticando o método técnico-Jurídico[78] – que faz o jurista tratar do complexo das normas que constituam o direito positivo –, afirma o risco de o operador do direito vir a perder o contato com a realidade social

---

71 Vide ANTONIO BARRETO, Luiz, *Tobias Barreto*, ob. cit., 368 p.
72 ZAFFARONI, Eugenio Raúl, "Elementos para uma Leitura de Tobias Barreto", in *Ciência e Política Criminal em Homenagem de Heleno Fragoso*, ob. cit., p. 176, quando o autor considera "injustificável" a crítica tobiática à sociologia.
73 LYRA, Roberto e ARAUJO JUNIOR, João Marcello de, in *Criminologia*, 2. ed., Forense, 1990, p. 10-11: "Acima da Criminologia, que nem começa nem acaba hierarquia, ficará a Sociologia, o que representará o máximo de importância, descortino e rendimento...
...A sociologia libertará a criminologia, tanto do rastejar no chão técnico quanto do bracejar nos remígios filosóficos desesperadoramente transcendentes...
...A sociologia desintoxicará a Criminologia de particularismos, diletantismos, conjeturas, preconceitos, sem dispensar qualquer cota".
74 Vide *Novo Direito Penal*. v. II, Rio de Janeiro, Borsoi, 1971, p. 30.
75 "O Direito (de *dirigere*) criminal é a parte do ramo jurídico da Sociologia criminal que estuda as normas Jurídico-penais, à luz da doutrina (de *docere*, ensinar), da jurisprudência, da técnica legislativa, da legislação comparada, no tempo e no espaço e, portanto, a organização preventiva e repressiva contra a criminalidade", in *Introdução ao Estudo do Direito Criminal*, 1. ed., Rio de Janeiro, Editora Nacional de Direito Ltda., 1946, p. 47.
76 A expressão "hipótese de trabalho" – designando a criminologia – é de Sebastian Soler em seu *Derecho Penal Argentino*.
77 "Os aspectos extrajurídicos", leciona Walter Coelho, "que são objeto das ciências criminológicas (causal-explicativas), devem atuar como subsídios imprescindíveis, não só de '*lege ferenda*', através da Política Criminal, no momento da elaboração das leis penais, como também, de '*lege lata*', dentro da própria Dogmática Penal, na ótica superior da Crítica Penal. E assim deve ser entendida a 'dogmática', para que o Direito Penal não se estiole num puro tecnicismo de retórica, indiferente aos avanços das ciências criminológicas" (ob. cit., p. 161).
78 O método técnico-jurídico ou lógico abstrato, desenvolve-se em três etapas: a *exegese, a dogmática e o sistema*. Visa a primeira à *interpretação*, buscando estabelecer o conteúdo e a exata significação legal, anuindo à chamada "Jurisprudência inferior" como aludia Jhering. A segunda fase, a *dogmática* (Jurisprudência superior) é a fase verdadeiramente científica, oportunidade em que se elaboram indutivamente os institutos jurídicos, realizando a chamada "concentração lógica da matéria". A última etapa do método é a formação do sistema, classificam-se os institutos, ordenando-os: "A classificação se faz pelo *objeto* e pelo *nexo* que liga uns institutos aos outros, segundo o critério do *mais ou menos geral, do particular e*, finalmente, do *excepcional*", cf. FRAGOSO, Heleno Cláudio, *Lições de Direito Penal. A Nova Parte Geral*, 10. ed., Forense, p. 12-13.

"trabalhando, com a hélice fora d'água", situando-se naquele "esplêndido isolamento" a que aludiu Bettiol[79].

***

Aproveita-se destarte, um Lyra mais jurispenalista, menos no afã de sua sociologia e confessada paixão política[80] na tentativa de situar, agora, no espaço nacional (daí a necessidade de uma **escola brasileira de direito penal**) e sob o signo dos novos tempos, a missão do direito penal em prol da sociedade hodierna e geograficamente considerada. De toda sorte, em certo aspecto de análise, mais Lyra que Hungria (este negou vigência à criminologia, reduzindo-lhe o valor); em outro, mais Hungria que Lyra (Lyra tornou "sabedoria" a sociologia frente ao direito). Este o grande equívoco de Lyra, nossa *vexata quaestio*, ponto controvertido de sua ciência, quando foi generalizante – em algo que é específico – ao tributar à criminalidade uma explicação unifatorial, qual seja, nas causas sociais estaria toda a explicação da criminalidade, eis que predominando sobre causas concorrentes. Haveria que se falar em monogênese da criminalidade, "isto é, a sociogênese que absorve as chamadas bio e psicogênese"[81], quando em verdade, a menos por confessada ideologia política opositora (quando se culpa sempre o "sistema"

---

[79] Nesse sentido, também Heleno Fragoso está vencido pelas modernas tendências, eis que, dentre nós, foi um dos mais fervorosos adeptos do método lógico abstrato. Com efeito, registra Walter Coelho (ob. cit., p. 31): "É estranho, pois, que Heleno Fragoso, que sempre esteve na vanguarda do moderno pensamento jurídico-penal, retroceda aos albores de um ultrapassado 'classicismo', voltando a ver no delito, sob o aspecto jurídico, apenas uma entidade conceitual e abstrata. Veja-se que o próprio Maggiore, um dos mais expressivos representantes do neoclassicismo italiano, acabou por repudiar os exageros do 'tecnicismo', afirmando que se pretendia reduzir o estudo do Direito Penal a uma teorização sem qualquer substância, como 'leite desnatado, café sem cafeína e alimento desvitaminado'".
Como bem salientou Radbruch, "todo virtuosismo técnico se faz perigoso, quando não acompanhado de uma igual proporção de interesse positiva pelo real". É o mesmo alerta genial de Francesco Ferrara quando afirma que "non è la vita che deve adattarsi al diritto, ma il diritto alla vita".

[80] Roberto Lyra, produto de sua época, sempre afinado com princípios humanísticos, foi ao longo de sua vida mais a comprometendo-se com o ideal socialista, razão porque, quantas vezes, fez da sociologia ou da política ideológica criaturas vorazes, a devorarem pelas pernas um pensamento jurídico de penalidade mais independente: "Desde a primeira aula, identifico-me ideologicamente perante os meus alunos: um livre-pensador convencido de que há uma solução para todos os problemas brasileiros e universais – o socialismo. Ficam todos prevenidos, pois, do endereço de minhas ideias e aspirações", *in Guia do Ensino e do Estudo do Direito Penal*, 1. ed., Forense, 1956, p. 243.

[81] Afirmou categoricamente: "A meu ver, as causas propriamente ditas da criminalidade exponencial são sempre sociais", reconhecendo, contudo: "Estou só", para defender-se a seguir "...porém esta opinião apoia-se, cada vez mais, nos fatos ...
Há, portanto, monogênese da criminalidade, isto é, a sociogênese que absorve as chamadas bio e psicogênese. O determinismo sociológico prefere o determinismo biológico. Este só se manifesta sob a coação daquele. Uma sociogenética, de que falo sempre, cobre a biogenética. Os pesquisadores, é claro, acentuarão, sem desarticulá-los do meio geral, meios especiais com peculiaridades e mutações (núcleos religioso, cívico, escolar, profissional, militar, esportivo, recreativo, etc.)" LYRA, Roberto, *Novo Direito Penal*, v. II, Rio de Janeiro, Borsoi, 1971, p. 32-33.

dominante por todas as mazelas humanas), jamais a ciência deixará de reconhecer – e assim tem sido – que o delito se explique multifatorialmente[82], e sempre de modo diverso, caso a caso não se podendo falar na **generalidade da criminalidade**, mas sim no **específico do crime**.

De se perguntar com Enrico Ferri: "Por que causas o tributo quotidiano ao crime é dado por alguns indivíduos (em minoria) e não por outros (em maioria) que fazem parte da mesma sociedade?"[83].

Aliás, seria mesmo uma contradição *in re ipsa*, se notarmos que seguindo em determinado momento de sua vida a Escola Positiva de Ferri (seguidor "temperado"), afirmava a necessidade de o direito penal estudar a verificação e a observação da realidade, colocando-se a *pessoa* do delinquente ao centro da ciência penal, eis que a tarefa do juiz é o **julgamento do réu**, e **não do delito**. "Julgamento do réu", pressupõe o reconhecimento de um *individuum*, alguém momentaneamente jungido à vestimenta (as)social do *homo delinquens*. Se aceitasse o julgamento do "delito" (coisa que não o fez), aí, então, poderia ser coerente eis que trataria o crime no geral, tomando o gênero – a criminalidade – pela espécie, o crime, enquanto *factum* ocorrido.

Nesse ponto de radicalização, Lyra encontrou-se em polo oposto com Lombroso quando das primeiras edições de seu *Homem criminoso*[84]: para o primeiro, a sociedade sempre era a responsável pela criminalidade; para o segundo, a gênese delitiva estaria no indivíduo predominantemente, na maioria dos casos[85].

---

82   Desde as obras de Cyril Burt, *The Young delinquency*, 1. ed., 1925, 4. ed., London, 1948, p. 599 e William Healy, in *The Individual Delinquent*, Boston, 1914.
83   FERRI, Enrico, *Princípios de Direito Criminal*, ob. cit., p. 91.
84   Digo às primeiras edições de seu *L Uomo Delinquente*, eis que a princípio, Lombroso explicava o crime unifatorialmente (com algum condimento do fator "social" a temperar o "homem"). Contudo, a cada sucessiva edição de sua obra, o perfil de seus estudos ia mudando, fosse pela ácida crítica que sofria constantemente, fosse pelo entusiasmo de seu gênio que recebia os sopros de inteligência de seus seguidores mais próximos (Ferri, Garofalo). O fato é que modificou e aprimorou consideravelmente sua obra máxima, anotando "Quando mais ascendo no caminho, como aquele que, de mais alto vê mais longe, eu diviso, cada vez melhor, as lacunas". Para se notar o relevo das alterações, basta a seguinte observação: a princípio, Lombroso avaliou em 65 a 70% os criminosos portadores do **tipo criminal** e a partir da 3ª edição restringiu a categoria de criminoso nato (expressão de Ferri) a uma proporção de 30% a 35% dos delinquentes – e somente em crimes mais graves – reconhecendo, igualmente, a existência do criminoso louco e, em especial, do delinquente ocasional.
Já em sua última obra *Le crime, causes et remèdes* (1899), acentuou a importância dos fatores socioeconômicos (que relegara a plano secundário nas primitivas edições da obra) ao lado dos fatores individuais como desencadeantes do crime, aproximando-se às teorias **multifatoriais** explicativas do delito, iniciando seu trabalho com esta esclarecedora assertiva:
"Todo crime tem na sua origem uma multiplicidade de causas ...".
85   Com muita propriedade ponderou Ferri (*Sociologia Criminal*, 4. ed., Turim, 1900, p. 70):
"A obra de LOMBROSO nasceu com dois pecados de origem: primeiro por ter dado, em substância,

Como o ponto de partida está *brasileiramente* situado, a ideia vem de Tobias Barreto (embora confessadamente amante do pensamento germânico), e se conjuga com Roberto Lyra (embora seguidor **mitigado** da "escola positiva" italiana de Enrico Ferri), podemos combiná-los nos conceitos afluentes, distingui-los nos terrenos nervosos – sem a pretensão de estabelecer qualquer *status causae et controversiae* – e agregar outros entendimentos para a verdadeira servidão social à qual deve se destinar o direito penal. Ao final, se verá que nada mais se pretende que reconduzi-lo ao seu curso histórico, aprimorado nas novas descobertas, mas fiel às suas origens.

5.6 A BUSCA DA EFICÁCIA DO DIREITO PENAL BRASILEIRO

A questão do hasteamento da *bandeira brasileira*, da busca de um nosso direito penal, mais que o flamejar cívico do pavilhão nacional, é a verdadeira busca da solução e do progresso, retirando certo complexo terceiro-mundista por que pranteamos, para erguidos, com entono, podermos contextualizar o Brasil em tempos de globalização, colocando-o no plano da competitividade/eficácia.

Paulo Leminsky, criando uma espécie de determinismo, lecionou que as línguas são **formas sociais**, disse que somos vítimas de um *pedigree* histórico, acabando por sentenciar que "ninguém é maior que sua língua ...a gente já nasce em uma língua periférica". O português não teria cotação no mercado internacional: "Escrever uma coisa em português e ficar calado mundialmente é mais ou menos a coisa. Nos Estado Unidos, o português é estudado assim como o subúrbio do Departamento de Línguas Hispânicas ...que já não é visto com bons olhos". Com razão, o alerta. E fico a pensar: como seriam mundiais e recitados, estudados, lidos, Nelson Hungria, Aníbal Bruno, Roberto Lyra, Heleno Fragoso, E. de Magalhães Noronha, Basileu Garcia (apenas para ficar com os falecidos mais conhecidos) e outros tantos,

---

porém mais na forma, muito mais valor aos dados craniológicos e antropométricos do que aos outros, principalmente os psicológicos; depois por haver amalgamado, nas duas primeiras edições, todos os delinquentes em um só tipo, distinguido apenas (na 2ª ed.) os criminosos por paixão e os loucos dos verdadeiros delinquentes. Pecados de origem que pouco a pouco têm sido corrigidos e eliminados nas sucessivas edições, máxime o primeiro, mas que não ofuscam de nenhum modo os dois fatos luminosos de que após *L'Uomo Delinquente*, na Itália e no estrangeiro, publicou-se em pouquíssimos anos, uma copiosa biblioteca de antropologia criminal e constitui-se afinal a nova escola, com unidade de método, nos pontos de partida, nos pontos de chegada, e com uma fecundidade científica que já agora é desconhecida à clássica ciência criminal."

se fossem alemães, italianos, espanhóis, franceses ou ingleses. Se Shakespeare – disse o poeta – foi grande no século XVII, foi porque seu gênio andou à altura do momento em que a Inglaterra se projetava no cenário mundial, como estando em um processo de ascensão de grande potência[86].

Este o "efeito do inconsciente" nas línguas, que fazem dano aos espíritos: o direito que vem de fora – *with passport* – é bom; a lição do mestre daqui, é tupiniquim, tapuia ou xavante! Fico com a independência e altaneiria de Lyra que, participando de congressos jurídicos na Europa, gritou seu repúdio e competência, afirmando: "não trouxe conhecimentos de lá, levei-os daqui …"!

Parece-nos que a língua como o direito são expressões da soberania de um povo, e já é pensarmos por conta própria. Segue, então, a busca, aqui mesmo – melhor ainda, também daqui! –, para os problemas nacionais. Lembro Gide, que citando Anteo, da fábula grega, perdia suas forças e sua virtude quando seus pés não se apoiavam no solo. Assim o direito nacional deve surgir desta geografia, onde deve se apoiar para fazer nascer sua força e virtude.

---

[86] LEMINSKY, Paulo, "Poesia: A Paixão da Linguagem", *in Os Sentidos da Paixão*, Funarte, Companhia das Letras, 9ª reimpressão, 1995, p. 287-288.

A BUSCA DA VERDADE REAL NO PROCESSO PENAL: A QUESTÃO DAS PROVAS

Sumário: *6.1. Verdade real e verdade formal: limitações das provas. 6.2. A mentira das testemunhas. 6.3. Os problemas perenes das ciências criminais: do combate ao crime à proteção dos direitos humanos. 6.4. Abertura das provas. 6.5. A investigação científica e o in dubio pro reo. 6.6. Resenha do paradoxo penal contemporâneo. 6.7. Sobre os erros judiciários: O "Complexo de Pilatos" como um obstáculo à justiça. 6.7.1. O erro judiciário contemporâneo.*

6.1 VERDADE REAL E VERDADE FORMAL: LIMITAÇÕES DAS PROVAS

"Principio de proporcionalidad y **right of privacy** son tan sólo un pequeño capítulo – aunque bien visible – de las barreras que el Derecho procesal penal ha levantado de propósito contra la indagación de la verdad...

...El Derecho procesal penal despliega una amplia y estructurada serie de prohibiciones de prueba, parte en el texto legal y parte en el desarrollo jurisprudencial del mismo, que impiden al Tribunal y a los órganos instructores adquirir dato cuyo conocimiento sería de gran interés. Se trata de prohibiciones de:

- preguntar lo más mínimo sobre determinadas cuestiones (*Proybición de la prueba sobre determinadas materias*: secretos que el funcionario conoce por el ejercicio de sus funciones y para cuya revelación no ha sido autorizado por el superior);
- emplear determinados medios de prueba (*Medios de prueba prohibidos:* reconocimientos corporals);
- emplear determinados métodos de indagación de la verdad (*Métodos de prueba phohibidos:* aplicación de un detector de mentiras);
- verificar determinadas pruebas por cualquier persona (*Pruebas relativamente prohibidas:* verificación de una prueba sanguínea por un celador);
- valorar para la producción del caso una prueba obtenida contra las prohibiciones anteriores (*Prueba de valoración prohibida:* la confesión de un acusado obtenida cuando se encontraba agotado)" (**Winfried Hassemer**[1]).

E sentencia, continuamente, o mestre alemão, afirmando que em razão das limitações na produção da prova – não se pode fazê-la "a qualquer preço" –, a meta do processo penal não é a busca da verdade, mas sim a *obtención formalizada de la verdad*. Desse modo, e em realidade, o que se descobre no processo penal não é a **verdade material**, mas a verdade obtida por meios e vias formais, resultando na realidade – e não mais – que na própria **verdade formal** ("verdad forense")[2].

Busca da verdade (real ou formal) e obtenção das provas? Eis aí um tema onde digladiam acusação e defesa como "Deus e o diabo na terra do sol", porquanto os advogados invocam os doutrinadores que admitem a "prova ilícita *pro reo*" enquanto os promotores (com justa razão!) contra-argumentam no sentido de que a operação do processo penal pressupõe uma **paridade processual**, para na justa dialética de armas, buscar-se a igualdade de forças produtoras da verdade. Este o ideário para a busca do bem comum: tese e antítese, visando-se à obtenção da verdade que vem antecipada pela certeza[3].

---

1 HASSEMER, Winfried, *Fundamentos del Derecho Penal*, ob. cit., p. 188-189.
2 HASSEMER, Winfried, ob. cit., p. 190. *Vide*, também, por consetâneo, ob. cit., p. 141 e s., 179 e s., 184 e s., 208-209.
3 Conforme Malatesta: "A certeza diz: vejo relações de conformidade entre o meu pensamento e a verdade. O convencimento acrescenta: nesta visão intelectual não há erros, estou certo que o pensamento é conforme com a verdade. A certeza é a afirmação preliminar da verdade, significando que a noção se apresenta como verdadeira; o convencimento é a afirmação necessária da posse da certeza, significando que a certeza é legítima, e que o espírito não admite dúvidas sobre aquela verdade", *in A lógica das provas*, trad. J. Alves de Sá, v. 1, p. 59.

Em verdade, o problema da criminalidade – suas origens, diagnose e solução – parece cada vez mais distante de acerto. A **verdade consensuada** – "verdade" encontrada por um acordo das partes – é a moderna edição de Pilatos na justiça: "Já que, em nome da sociedade, eu, Estado, não soluciono a causa penal encontrando a verdade real, punindo o culpado ou absolvendo o inocente, entrego às partes a **justiça do meio-termo**, um **consenso de justiça**, como forma de verdade estabelecida!"

Os erros judiciários (condenação do inocente) e a impunidade, que são polos extremados, mas que por vezes se encontram (também é erro judiciário a absolvição do culpado!), contribuem, inquestionavelmente para esse descrédito na justiça penal. Afinal, pode-se mesmo caminhar pela noite da história mais primeva, mergulhar na primeira página do livro da passagem terrena do homem, ir mais a fundo, e mirar-se nos próprios alvores da consciência para vislumbrar o verdadeiro oráculo, buscando-se uma explicação para esse desacerto de justiça. Por quê?

Porque não se continua fazendo prova no processo penal muito diferentemente do que se fazia à época de Cristo, e isto precisa mudar: hoje, como sempre foi, a prova se dá quase que apenas com **testemunhas**, que, embora não tenham por profissão aquela da imortalizada Madalena, quantas vezes não dão razão à Mittermayer que metaforicamente chamava de "prostitutas das provas" ao pecarem por gosto… pior que Madalena, que o fez com sofrimento.

Reconheceram-se garantias em favor dos réus, aprimorou-se o princípio ético na produção das provas, formalizou-se a *persecutio criminis in judicio* com um *due process of law*, mas, ao final, continuamos mesmo com todos os vícios e desacertos no estabelecimento da verdade como busca da prova processual, porquanto ainda lastreamos majoritariamente essa mesma busca de verdade e nossas decisões penais nas "velhas" **testemunhas**.

6.2 A MENTIRA DAS TESTEMUNHAS

Homo omni mendax: homens… e mulheres mentem, também! A prova no processo precisa aperfeiçoar, evoluir, desencalhar, arremeter. Caso de **ilustrada burrice** é no que estamos – a estagnação! –, para se aproveitar uma imagem de Ruy Mesquita: "Desde o advento de Copérnico, sabe-se que só o sol não se move no sistema planetário a que pertencemos. E nesse pequeno planeta que habitamos, *apenas a burrice é estática*"[4]. Ou, como com precisão assinalou Raymond Aron *"le seul imbécile c'est lui qui ne change pas"*[5]. Ora, não pode a máquina cerebral ficar de fogo morto, o pensamento jurídico restar adormido.

E o crime hoje não é somente aquele ocasional, mas muitos detêm produção seriada. O próprio crime-símbolo do Nordeste mudou – anota já de tempos Osvaldo Lamartine –, o "cangaceiro *gentilhomem*, tipo Jesuíno Brito foi substituído pelos 'marchantes de gente' que lambem uma rapadura detrás de um toco para perpetrar seus crimes"[6]. A banalização da vida continua tabelando sempre por baixo o seu preço (preço da vida – *vide* as tabelas dos pistoleiros comuns), e hoje, em São Paulo, vale pouco ou menos que os crimes de pistolagens corriqueiros no norte/nordeste brasileiro. Com a banalização da vida (atrás do que se seguiu a banalização de todos os valores subsequentes: liberdade, honra etc.) o crime hoje prototípico não é mais o ocasional, único, ou se é, este menos assusta ou atemoriza de per si (somente a vítima visada, una), mas a criminalidade da reincidência ou da multiplicidade das vítimas, ou os crimes de **vítimas abstratas** ("colarinhos brancos") também matam, e matam muito mais (o estelionatário progrediu, agora engabela, engana aos milhões). O crime a golpe de "peixeira" subsiste, merece efetiva reprimenda, é dor, sangue, choro e morte em lares brasileiros,

---

4   MESQUITA, Ruy, *in* "Prefácio" a *Carlos Lacerda. Depoimento*, 3. ed., Editora Nova Fronteira, 1987, p. 17.
5   "O imbecil é o único que não muda".
6   LAMARTINE, Osvaldo, *Revista Brasileira de Criminologia*, Rio de Janeiro, p. 63, s.d., s.n: "Os bandos de cangaceiros das caatingas do Nordeste, desagregados por dois elementos de civilização – o caminhão e o telégrafo – foram absorvidos pela nossa organização social sob a forma e com a sinonimia de capangas, cabras, empreiteiros ou marchantes de gente (esta mais empregada em nossos dias). Mudou apenas a paisagem, os elementos persitem. A descaracterização imposta pela absorção despiu-os de suas indumentárias, fazendo-os usar a roupa do povo. Substituíram seus rifles, fuzis e cartucheiras pelo revólver e a simbólica faca de arrasto trocada por outra, mais discreta, sinistra e de menor preço – a peixeira. Perpetrado o primeiro crime, acobertam-se à sombra das 'casas grandes' em cujas cancelas a lei esbarra, encurta a vista ou se dobra. Em troca desse refúgio, mourejam na lavoura, sem remuneração, soltando o cabo da enxada quando o coiteiro lhes aponta em que família devem 'fazê chorá viúva'. São pequenos proprietários que teimam em impedir a dilatação das grandes famílias, adversários políticos a agastar, intrigas de família ou avarentos a saquear, cujo dinheiro salpicado de sangue justifica muita fortuna dos sertões nordestinos onde as condições precárias de produção não permitem enriquecer, mas lutar. O caminhão e o telégrafo, que foram os dois fatores de desagregação dos bandos, servem agora às organizações dos que 'ajudam a Deus'. O caminhão conduz os 'marchantes' ao local do crime, auxiliando-os, depois, a transpor fronteiras. O telégrafo transmite os pedidos de 'empreitadas', etc. Dependentes dos coiteiros pela sua situação de criminosos, são mortos ou recambiados à justiça na primeira reivindicação de salário, atrito ou desrespeito. Outros assassinam seus protetores e passam a 'negociar por conta própria', oferecendo seus préstimos às pessoas abastadas (cujo preço varia com a situação social da vítima). A degradação do cangaço apaga os motivos dessa bravura selvagem onde o cenário e a paisagem são desprezados em detrimento da ação. O 'Marchante' foge à luta, executando seus crimes de emboscada. É o assassínio frio e covarde, característico de indivíduos portadores de taras. Essa forma asquerosa, que se asperge por todo o Nordeste, dificilmente será banida, pois tem a sua sementeira na própria organização social do povo. O cangaceiro gentilhomem, tipo Jesuíno Brito foi substituído pelos 'marchantes de gente' que 'lambem uma rapadura detrás de um toco' para perpetrar seus crimes".

mas ainda é ingênuo frente à macrocriminalidade. Esta (a criminalidade organizada, o "colarinho branco" etc.) é infarto, derrame, também choro e morte "à prestação" (as vítimas vão morrendo aos poucos!). O primeiro simboliza-se nas tocaias do Nordeste (à garrucha), ou nos bares regados a aguardente – em qualquer canto ou esquina do Brasil –, mas são sempre setorizados, colhendo vítimas específicas, desafortunados ofendidos. O segundo ascende sobre todo o panorama nacional, deitando danos de norte a sul e perpetuando efeitos sobre o tempo, desagregando lares, destruindo famílias, retirando a felicidade de um povo, a alegria de uma gente.

É verdade que ainda remanesce o exemplo de delito da época das tavolagens, tascas e prostíbulos, onde tresnoitados jogadores, borrachões contumazes, entreveravam-se de lâmina em punho disputando o "amor" – pago da meretriz. "Crime dos pagos sulinos", onde o som do *bandoneón arraballero* emprestava o tom passional *gardeliano* que conclamava os machos aos tapas, à adaga e ao sangue, enquanto a "gaita de botão" soprava na noite uma milonga triste. Mas este tipo de delito, enquanto protrai-se nas fronteiras do tempo, nos longes da história, já resulta mais como um símbolo de uma **fase da criminalidade artesanal, romanticamente** concebida.

Agora se calaram os **cantores/cantoras do rádio** (quando tocam, é pura nostalgia), e "toca fundo", menos nas **radiodifusoras** e mais na lembrança afetiva da audição cordiana dos que viveram os tempos em que se tinham ídolos, época em que a criminalidade era individualizada, demarcada, não banalizada, cometida como agora "aos quilos" (arroubas, toneladas) e/ou sem medições. O Criminoso – em bem menor quantidade – sequer era tutelado na linguagem e no tratamento, em comezinhos princípios de direitos humanos. Isto se passava, digamos, na época do **politicamente incorreto**, quando se azava no modelo explicativo do *labeling* a **profecia--que-a-si-mesmo-se-cumpre**[7], por vezes, fazendo o delinquente assumir mais e mais a identidade marginal, jamais corrigindo-se.

---

7   *A teoria criminológica da etiquetagem/proposições interacionistas (labeling)* alude que, uma vez definida a conduta como criminosa, o delinquente passaria a comportar-se de acordo com o estigma recebido, vale dizer, ocorreria uma **estigmatização com sucesso**. Isto é, assumiria a identidade, o papel do delinquente, passando, doravante, à execução de novos crimes. *Vide* bem, é uma "teoria", uma tese, uma possibilidade plausível que, se não de ocorrência imperiosa, vale a ressalva para impedir-se os excessos que a história registrou e que fomentaram as próprias bases da construção de referida teoria criminológica. Tal "estigmatização com sucesso" (levando a novos crimes) insere-se na ideia da conhecida *profecia-que-a-si-mesma-se-cumpre*, aludida por Becker: "Tratar uma pessoa como se ela não fosse, afinal, mais do que um delinquente, tem o efeito de uma profecia-que-a-si-mesma-se-cumpre. Põe em movimento um conjunto de mecanismos que compelem a pessoa a conformar-se e a corresponder à imagem que o público tem dela. Quando o desviante é apanhado, é tratado de harmonia com o diagnóstico vulgar. E é o tratamento que provavelmente provocará um aumento da delinquência", apud FIGUEIREDO DIAS, J. de e COSTA ANDRADE, M. da, *Criminologia*, ob. cit., p. 352.

O criminoso era a e(in)volução do trânsfuga, do biltre, era o **bandido**, o **larápio**, **marginal** (não o "desviado"); o matador era **assassino** – não se falava "homicida" –; e dos ladrões se raspavam as cabeças e se passava piche (era a pena criada e aplicada, *sponte propria*, arbitrária e estigmatizadamente pela polícia), e eram chamados em voz alta e em sílabas escandidas "la-drõ-es!", apontados para escárnio público. Hoje, sob a égide do *políticamente correto* receberam tutelas e necessário trato que, por outro lado, por vezes foram ou são levados ao exagero – efeito inverso –, gerando agora, outra vez, o "politicamente incorreto" na visão social[8]. É o ridículo a que se entregam alguns, valho-me do *argumentum per absurdum* (cunhei um exemplo e uma expressão demonstradora do equívoco), e chamo aos antigos "ladrões" – permitam-me! – de... **terceirizadores do patrimônio alheio**, para chamar a atenção ao problema.

O som mecânico, digitalizado, *heavy metal, funk metal*, é metáfora virtual a demonstrar que a antiga criminalidade não acabou, mas recresceu no tumulto das discotecas, bares, boates e estádios, generalizando-se pela demasia, e também se aperfeiçoou (qual perfeição?) com o preço pago ao progresso da ciência. De se ver que este é o tempo da energia nuclear, da fibra ótica e robótica, engenharia genética, da realidade virtual, com o crime evoluído, **informatizado**, mas o mecanismo probatório penal, ainda em sua maioria, é o mesmo de antanho: sujeita-se aos mentirosos, loroteiros de carteira, que combinam a versão em casas, escritórios, saletas e quintais, ou mesmo à porta do fórum, e **destramelam** a língua – instrumento da injustiça – em seguida, em juízo, e voltam a um botequim qualquer para comemorar, nas libações de Baco, o engodo e a embriaguez a que sujeitaram *Themis*.

6.3 OS PROBLEMAS PERENES DAS CIÊNCIAS CRIMINAIS: DO COMBATE AO CRIME À PROTEÇÃO DOS DIREITOS HUMANOS

Não teria certa atualidade o que Ferrando Mantovani nominou de **dialética dos contrários** para delinear a "Ciência Penal dos Oitocentos", em sua festejada *Il secolo XIX e la scienze criminali*? Quais eram os quatro problemas permanentes – essenciais e constantes – das ciências criminais para o ilustrado mestre italiano? "Os problemas da definição da criminalidade, da

---

[8] *Vide* nota em rodapé, no Capítulo 8, ao tratarmos do "Direito Penal Privilegiante", no tópico 8.3. "Privilégios da 'déviance'?", na abordagem efetivada sobre a "teoria da etiquetagem".

defesa contra a criminalidade, da determinação das causas da criminalidade, e, por último, das garantias do indivíduo em face das ciências criminais"[9].

Vamos – abrindo um parentese – "de trás para a frente" (na lição de Mantovani), e da *esquerda* para a **direita** (no Brasil contemporâneo). Quando se fala em **direitos humanos**, das **garantias do indivíduo**, hoje, parcela de nossa sociedade alvoroça-se, fazendo-se verdadeiramente revoltada: "lá vem defensor de bandido!", se diz; "e o direito das vítimas?", replicam! A ideia alta e imperiosa das "liberdades públicas" acabou sendo conduzida, também, para um discurso fragmentário, que acabou por identificar muitos integrantes e políticos dos **direitos humanos fundamentais** com grupos elegidos para sua tutela, selecionados ideologicamente para proteção. Assim, estiveram à frente das "rebeliões de presos" e dos "conflitos agrários", em sua maioria, olvidando-se ou não se apresentando a **toda a sociedade** o discurso necessário e veraz de que o **titular do direito** previsto no art. 5º, *caput*, da Constituição Federal, ou seja, o sujeito ativo "é todo e cada um dos seres humanos", conforme lição de Manoel Gonçalves Ferreira Filho[10]. "Todos", **criminosos** ou não. À proteção dos **direitos humanos**, reclama-se, igualmente, a dos **humanos direitos**. De se ver que mesmo a Constituição Federal foi imprecisa ao reconhecer os direitos fundamentais "aos brasileiros e aos estrangeiros residentes no país", "como se tais direitos não fossem reconhecidos a todos os seres humanos" (independentemente do local de nascimento), anotou o precitado professor[11]. Teologicamente visam os direitos humanos fundamentais à proteção da humanidade, sem qualquer distinção, sem uma seletivização marcadamente ideológica, posta em contrassenso com o progresso do homem e que acaba levando a garantia constitucional ao descrédito perante a sociedade, esquecendo-se todos da necessária preservação desses valores e direitos. Quero com isto dizer que o erro é histórico e se, *factum*, se quer ajustar o termômetro jurídico *pro societate* – mais que isso, em prol da humanidade – há que se revisar a postura e revisitar os conceitos, para minorar-se a tensão entre a necessária defesa do homem e a resistência da sociedade brasileira atual. A última não compreende o discurso, porque se sente insegura frente à sua **destutela**; logo, não quer reconhecer "direitos" aos delinquentes, porque teme e porque não vê os "seus direitos" igualmente reconhecidos.

---

9   Citado por Gérson Pereira dos Santos, ob. cit., p. 30.
10 FERREIRA FILHO, Manoel Gonçalves, *Direitos Humanos Fundamentais*, Saraiva, 1995, p. 29; *vide* também fls. 101.
11 FERREIRA FILHO, ob. cit., p. 29.

***

Para estudar o crime, compreendê-lo, minorá-lo, mister o abandono de todas as prevenções, prejulgamentos, juízos apriorísticos, tabus, analisando todas as ideias, buscando onde quer que estejam as soluções, sem que se abra mão, por certo, dos postulados éticos e humanísticos conquistados pelo curso da história. Com a travessia do século XX e o início do novo milênio, esta independência do pensar é que haverá de constituir a "pedra de toque" (*touchstone*) da investigação científica com que o verdadeiro estudioso e operador do direito penal haverá de balizar a busca da criminogênese (causas/concausas do delito) e o combate à criminalidade.

6.4 ABERTURA DAS PROVAS

"A triste história dos erros judiciários – escreve Gorphe, *L'Appréc. de Preuves en Just.*, 1947, p. 14 – que tanto repercute no espírito público para menosprezar a Justiça, se coliga sempre à mesma e profunda causa: a falta ou vício de método. Numa época de progresso, os riscos de erro devem ser absolutamente reduzidos ao mínimo, quando de todo em todo evitados, em matéria onde as consequências podem ser tão graves, mesmo irreparáveis. A Justiça, que aplica o direito aos fatos para resolver os problemas multíplices da vida social, não pode se fechar ao progresso científico, muito menos à evolução social. A velha imagem da Justiça com os olhos vendados nos dá uma ideia equívoca; ela ganharia se houvera sido substituída por aquela de uma tocha na mão, iluminando uma balança moderna: uma Justiça que cerre os olhos às preferências pessoais e que ensurdeça às solicitações, por sem dúvida; mas, também, iluminando-se à luz da ciência, para descobrir a verdade pesando com medidas precisas" (**César da Silveira**[12]).

Este é um capítulo onde os *arqueiros de plantão,* congelados em sua postura, podem mobilizar os seus mil anos de choco e molharem as setas na pimenta para atirar contra quem deles ouse discordar (aliás, faz tempo que nesse assunto não se discorda!). Sintamo-nos já, alvos *in potentia,* a receber mais flechadas que o pobre São Sebastião!

Verdade seja dita. Chega da bem-aventurança do reino dos **concordinos**! É que defendemos uma maior abertura das provas científicas.

---

12 CÉSAR DA SILVEIRA, *Tratado da Responsabilidade Criminal*, ob. cit., v. III, p. 1167.

Semiamplas, **quase gerais**, mas não **irrestritas**, porque condicionadas à ética da justiça, à dignidade do ser humano. O que acontece é que estão interpretando a ética muito personalissimamente, moderna reedição dos *déspotas esclarecidos* – **genius loci** – inviabilizando o Estado de uma eficaz busca de justiça. E o Estado há de estar a serviço da sociedade.

Qual o limite ético da investigação científica, qual o grau de elasticidade da palavra "ética"? O limite é a análise e a advertência que a história registra em seus excessos, suas advertências. O limite é a afronta à ética, como referido, a própria advertência dos excessos registrados pela história. Nem um passo atrás, nem um adiante. O fato é que não se sabe milimetricamente até onde se deva ir, mas incumbe discutir e elucidar. Não se defende, por óbvio, a narcoanálise: não se pode compactuar com análise por narcótico. Ou se defende, por outro lado, porque há acendradas razões que devem ser sopesadas à discussão do método, inclusive como direito *pro reo*[13], acompanhando-se passo a passo os novos progressos da ciência. Esta é uma ambiguidade não resolvida, e somente os radicais (de um a outro lado), pressurosos ou desinformados, podem dar "sentença final" com trânsito em julgado, onde ainda persistem dúvidas, interrogações e reticências.

Mas, *v.g.*, hoje em caso de negativa de autoria alusiva a crime hediondo (*argumentum per absurdum*, para melhor esclarecer), mesmo o réu solicitando como meio de defesa o **detector de mentira** ou o **soro da verdade** como **uma prova a mais** para provar sua inocência, se indefere. E quantos

---

[13] Anota César da Silveira (ob. cit., p. 1122-1123) que "...há notáveis defensores desse método de investigação, porquanto, ao lado dos interesses da sociedade, revela ele distúrbios psíquicos que somente profundas explorações seriam capazes de objetivar". Assim é que Dizilio, na Itália, lembra estes casos de adoção da narcoanálise, quando o réu simular loucura ou deficiência psíquica, pois não é admissível que se mande um são ao hospício ou um louco ao cárcere; quando a vítima simular lesão recebida, por exemplo, afasia. Della Veneria acha que a subnarcose é útil em casos raros, como o de um acusado amnésico, por amnesia não decorrente de lesões anatômicas, para ajudá-lo a recordar circunstâncias que eventualmente lhe poderão ser favoráveis. Declara, enfim, não compreender por qual razão a justiça se deva privar de um método que pode ser útil.
Remata aqui, o Prof. Pacheco e Silva:
"Ora, o que é verdadeiro para o médico em geral, o é também para o perito; este, para chegar a um diagnóstico e desempenhar a missão que lhe assiste, deve se utilizar de todos os dados atuais da ciência. O médico perito não pode assim ficar privado, na prática profissional, dos meios que ele habitualmente emprega no hospital e na clínica domiciliar.
O inculpado não deve deixar de usufruir das vantagens de um diagnóstico exato. Tem ele, segundo Heuyer, os mesmos direitos que assistem a um doente tratato livremente por um médico.
O emprego de narcossíntese permitiria, destarte, se estabelecer o diagnóstico diferencial num caso de histerotraumatismo. Seria também imprescindível, para se distinguir a verdadeira da falsa afasia.
A narcossíntese prestaria ainda serviços na diagnose das esquizofrenias em início e na apuração das diversas formas de epilepsia. Ora, o emprego da narcoanálise deve ser autorizado aos peritos-médicos, com a finalidade única de precisar um diagnóstico".

espertalhões culpados, não postulam a medida, cientes de que, indeferida a prova, "crescerão" em suas defesas, afirmando que "o Estado quer lhes condenar a todo custo (pois nem a prova de sua inocência se lhes permite fazer") e os inocentes que ficam **presos preventivamente** (assim punidos, efetivamente) embora jurem a verdade e se disponham ao devassamento dos refolhos da própria alma, à garimpagem dos desvãos do inconsciente, para prová-lo? Qual ética?

***

Silvio de Macedo abordou com precisão:

"Para os juristas, a aplicação do 'soro da verdade', substância estupefaciente, constrange o criminoso, mesmo que o objetivo seja a verdade. Para os psiquiatras ou psicólogos, trata-se apenas de apurar a verdade e fazer justiça...

...Se no Brasil, uma respeitável figura – o criminalista Nelson Hungria – indispôs-se contra essas experiências, considerando-as formas de constrangimento, condenadas pelo Código Penal, podemos concluir da existência de ilusões de que não se isentam mestres em direito, muitas vezes, um pouco alheios à pesquisa científica atual. Se se quer sobrepor o interesse da coletividade a qualquer outro – pensamos – então não se deve censurar a realização de tais pesquisas em criminosos, mesmo porque ainda não se provou que os mesmos causassem qualquer dano e mais ainda porque a aplicação da justiça deve ser consciente. Há casos, na história de todos os povos, e não raros, em que a justiça erra terrivelmente. E então a condenação torna-se injusta. O 'soro da verdade', aplicado em casos especiais, é providência de alto interesse científico e social. Quanto às provas novas de obtenção da 'evidência', não podemos opor contestação consciente à sua validez, não valendo, por isso, a opinião daqueles que, mestres em deslindar o conteúdo das normas legais, artistas do processo, sejam caducidades em matéria científica, incompetentes, portanto, para julgamento idôneo sobre o assunto. O fato é que A. Wollmer, professor de Criminologia na Universidade de Chicago, obteve êxitos notabilíssimos com o seu 'detector de mentiras' – técnica de registro baseada na 'inscrição gráfica e simultânea das curvas de respiração, tensão sanguínea e volume de extremidades'. O professor Mira Y Lopes, a cujas experiências assistimos, elaborou dispositivo para inscrição miocinética – o **monotômetro** de Mira – pelo qual se verifica o grau de inibição das respostas do indivíduo. Revela-nos o psiquiatra espanhol de fama mundial o emprego recente de substâncias estupefacientes – como o éter, a hioscina, o sonifênio, o luminal, a morfina, etc. – para mediante 'obnubilação suficiente a obscurecer o poder da vontade sem reprimir a capacidade de expressão ou reação automática' obter-se a confissão reveladora da verdade"[14].

***

Não obstante, resumiu Kranz[15], por que a comunidade científica repeliu a seu tempo a narcoanálise:

"1. pela relativa insegurança do método e sua escassa importância na causa criminal;

2. por serem duvidosas as declarações de um indivíduo em estado de turva consciência;

3. pela necessidade de interpretação, com todos seus possíveis erros e inexatidões;

4. pelo risco da utilização abusiva, como meio de averiguação de um fato delituoso, o que jamais foi missão do psiquiatra;

5. pela insegurança, quanto ao critério do narcoanalizado, com respeito às suas próprias declarações".

6.5 A INVESTIGAÇÃO CIENTÍFICA E O *IN DUBIO PRO REO*

"*A minha tese é de que o princípio tradicional* **in dubio pro reo** *atravessa-se no caminho da criminalidade moderna*" (HASSEMER, Winfried, "Três temas de Direito Penal", publicação da Fundação Escola Superior do Ministério Público do Rio Grande do Sul, 1993, p. 94, *in Perspectivas de uma Moderna Política Criminal*).

Mas, passa-se o tempo e a ciência não é estática. A investigação científica terá que ser rediscutida pela comunidade jurídica e científica, vir a público para esclarecer, ser debatida e não ditatorializada, e não ficar restrita à iluminação de dois ou três que imaginam um criminoso romântico que entregará a prova à Justiça Pública, não necessitando deste buscá-la, fazê-la, obtê-la. *Vide*, por exemplo, os "crimes de colarinho branco" e a dificuldade

---
14 SILVIO DE MACEDO, *Revista Brasileira de Criminologia*, n. 10, Rio de Janeiro, 1950, p. 152-153.
15 *Apud*, SILVEIRA, César da, ob. cit., p. 1130.

probatória. Hoje, o que se vê é um sem-número de absolvições de grandes (e pequenos) criminosos, lastreadas no art. 386, VI, do Código de Processo Penal: "insuficiência de *provas*". Ora, **o iluminismo contemporâneo** cobra é **realismo** no combate ao delito, sob pena do morticínio, que já ocorre, da sociedade sã sucumbir mais à criminalidade. Se Beccaria – marco de todo o humanismo penal – hoje estivesse vivo, **reciclaria** muitos de seus conceitos agregando novas observações. Alargaria sua visão para questionar a defesa social mais a fundo. As vítimas do Estado a seu tempo eram os "réus", vitimados em processos penais inquisitoriais, e são hoje representadas (e assim se configuram) pelas vítimas dos criminosos comuns, identificáveis, particularizados mesmo! Incumbe, nesse sentido, ao direito adjetivo instrumentalizar convenientemente o direito substantivo. Depois o caminhar da ciência não se pode colocar na estática (estátua-temporal) de ontem, o homem. Disse Calamandrei que o "Juiz é o direito tornado homem". O homem é processo, e processo é desenvolvimento. A vida é realidade palpitante. Respeitantes os postulados já clássicos, humanísticos, que se preserve a dignidade, não se pode tolher o direito de aprimorar e pesquisar o próprio homem, pena de continuarmos a coser e amarrar processos no século vindouro, lavrar sentenças com pena de peru e deixar à Justiça um papel apaspalhante que invoca o vetusto *in dubio pro reo*, quando toda a sociedade já não tenha mais dúvida quanto à responsabilidade do delito. Monteiro Lobato falou de um magistrado que dava audiência de cócoras. Vamos levantar e progredir! Olhar o crime de frente e combatê-lo. Nesse aspecto, o direito veiculado por suas leis, compara-se à própria lei da física natural: um corpo sólido (a massa da criminalidade, os criminosos) colidindo com um corpo enfraquecido, tíbio (a própria sociedade **destutelada, desprotegida**), este resultará destruído. O **caipirismo** tem hora e lugar. Não combate o Estado essa **massa da criminalidade organizada** e mesmo a **criminalidade de massa**[16], a golpes de inocência, como os afetos e os piedosos conselhos de mãe, adicionados a **marteladas de plástico** (algumas penas, de tão brandas, podem assim ser comparadas). Não se está à caça de borboletas ou ingênuos animais silvestres (até porque sujeitos à incursão em crimes contra a fauna), não está *sub judice* o *homo angelicus*, mas está se lidando muitas vezes com homens perigosos,

---

16 "Quando atualmente se alude a violência e criminalidade", escreve Hassemer, "torna-se necessário distinguir dois campos que, se bem provoquem repercussões públicas semelhantes, distinguem-se radicalmente no tocante à origem, potencial de ameaça e possibilidades de combate: criminalidade de massas e criminalidade organizada". *Vide* o sentido que emprega *in* "Segurança Pública no Estado de Direito", publicada na *Revista Brasileira de Ciências Criminais*, n. 5, cit., p. 57 e s.

quantas vezes facínoras, endurecidos de alma e cruéis latrocidas, traficantes inescrupulosos e toda a sorte de margeadores das regras sociais que em maior ou menor grau provocam danosidade social.

À família, à Igreja e à escola incumbe o primeiro papel. Mas, e se os três falharam?

***

"Não há dúvida, que o joelho das mães é o primeiro banco de escola" anotou Joaquim Pimenta[17], para acentuar que "Também não é menos certo afirmar que a família pode ser a oficina onde se fabrica o primeiro banco de réu". O fato é que esteja onde estiver a causa do desvio de conduta do homem – família, sociedade, Estado, tóxico, biologia, psiquiatria, causas endógenas, exógenas, patalógicas, mesológicas etc. –, ao tempo em que se combatam causas/concausas da criminalidade, a sociedade espera que o Estado-Juiz, o Estado Ministério Público e o Estado-defesa lhe acudam, cobrando efetividade da justiça, resposta satisfativa, como a necessária mantença da ordem. Não se admite, a menos por hipocrisia, que a ciência assista boquiaberta – emprestando sensação ao andrógino –, a um juiz em infinita interrogação e reticência, quando a prova seria **lícita** (é só legalizar) e possível/plausível. Não e re-não! Os séculos de muitas dúvidas já se foram – se quisermos, sem tabus, que tenham eles partido. Reclama-se aposentadoria às velhas máquinas datilográficas e às inocentes chicanas que fizeram a graça e o vezo no foro criminal, quando a dúvida era **fato certo**, batucado em latim enviezado na máquina de carrosel ou produzido pela escrita borrada do bico de pena.

Agora é informatização, computador, genética, e ainda querem impedir o acesso da ciência à justiça, malversando por discurso de conveniência, quantas vezes, o que sejam os postulados universais do "homem e do cidadão"? O criminoso do presente e do futuro, não pode continuar rindo às escâncaras da justiça como se o Juiz e o Promotor fossem inocentes úteis, eternos escravos da dúvida, postuladores de interrogações.

Questões como as das investigações ou provas científicas, são como as do "sigilo bancário" que serão mais bem regulamentados (como as "interceptações telefônicas" estão sendo) e outras afins, e também receberão – mais

---

[17] Joaquim Pimenta (1886-1963), cearense, foi catedrático de direito penal no Rio de Janeiro, tendo sido estudado e recomendado por Lyra em *Novo Direito Penal. Introdução*, ob. cit., p. 116-124.

dia, menos dia – a interpretação que a sociedade necessita, e serão provas lícitas e aceitas, e não se afrontará, só por isso, a dignidade humana ou se violará uma garantia do cidadão. Todos os predicamentos do homem-cidadão estão resguardados na Constituição Federal e a ela se deve obediência.

Mas, "chegaremos lá!", como imprecação que diz que investigaremos cientificamente o crime e ampliaremos nossa possibilidade e rol de provas. É questão de tempo, dias, meses ou anos. Até 1931 poucos se escandalizavam com a proibição das mulheres em votarem. Até 1988 um sem-número de direitos eram apenas capítulos dos dicionários dos sonhos, transcritos depois em nossa Constituição Federal, e hoje são realidades. Em futuro não distante, ainda sorriremos de nossa ingenuidade presente de como investigar e produzir provas em processos criminais.

Incumbe é **distinguir**, delimitar, circunscrever, separar e buscar a substância dos vocábulos, da semântica do conceito de **cidadão**, com o de **indivíduo**; eis que, este, quando do crime, ainda que ocasional, por infortúnio, a loucura *à la minute*, o fato é que apresenta-se como *inimicus* do justo, e sem excessos precisa ser tratado ou punido quando o caso (?), se o caso (?), ou perdoado (perdão judicial/do ofendido) quando o caso, se o caso. E só! Beccaria, o ilustre Cesare Bonesana, daria mil voltas em seu túmulo se soubesse o quanto tem "doutrinado" para a sociedade contemporânea, não por suas virtudes – que são certas – mas por forçadas interpretações de seus escritos, quando pretendem lhe atribuir ao propósito de lições, alguma frase ou pensamento para justificar um pretendido injusto.

6.6 RESENHA DO PARADOXO PENAL CONTEMPORÂNEO

Este o impasse a que aludiu Miguel Reale Jr., ao afirmar que o problema atual do Direito Penal consiste em "conciliar a tutela da segurança social com o respeito à pessoa humana"[18]. Também a síntese de Muñoz Conde que comparou a questão à **quadratura do círculo**: *"Respectar los derechos del individuo, incluso del individuo delicuente, garantizando, al mismo tiempo, los derechos de una sociedad que vive com miedo, a veces, real, a veces supuesto, a la criminalidad, constituye una especie de cuadratura del círculo que nadie sabe como resolver. La sociedad tiene a proteger sus intereses*

---

18 *Apud* TORON, Alberto Zacharias, "Prevenção e retribuição na lei dos crimes hediondos: o mito da repressão penal", *in Justiça Penal: Crimes hediondos, erro em direito penal e juizados especiais*, GRINOVER, Ada Pellegrini e outros, Revista dos Tribunais, 1993, p. 87.

más importantes, recurriendo a la pena si ello es necesario; el delicuente tiene derecho a ser tratado como persona y a no quedar definitivamente apartado de la sociedad, sin esperanza de poder reintegrarse a la misma"[19].

6.7 SOBRE OS ERROS JUDICIÁRIOS: O "COMPLEXO DE PILATOS" COMO UM OBSTÁCULO À JUSTIÇA

O protótipo de erro judiciário, no Brasil, ao final do século passado, fora o caso de Mota Coqueiro, executado, embora inocente. Depois, em tempos de Estado Novo, o conhecido caso dos "Irmãos Naves", em Araguari[20]. Estes erros judiciários do passado já distante, onde inocentes foram condenados – erros judiciários absolutos/positivos[21] – retratavam um processo penal sem garantia, uma Justiça vinculada e circunscrita aos interesses palacianos – como em um passado mais remoto, era a Justiça aos tempos de Beccaria –; depois, ainda não se tinha as luzes das "garantias e direitos individuais" como hoje se dá, o processo penal ainda engatinhava como instrumentalizador do direito substantivo, e o erro era mais factível/plausível de ocorrência. O "promotor público" era o acusador por excelência, acusador sistemático que não podia pleitear a absolvição.

...Este era o erro protótipo-arquetípico do passado, que no presente, de tão raros, ainda nos obrigada à recitação dos casos antigos, que já à época, ensejaram a edição de livros e filmes. Hoje, quando se dá um *caso* assim? Se ocorrer, ainda se torna objeto de livro e filme, e a imprensa multiplica mil vezes a *manchete*. Mas são raros? Raríssimos!

6.7.1 O erro judiciário contemporâneo

Mas o erro judiciário contemporâneo, problema nodular da justiça penal, que acarreta insegurança social e que é o *flash* e o **filme revelado** da impunidade, e as **milhares de cópias** produzidas no laboratório do *day by day* – fator criminógeno eficaz para a geração de novos delitos – é mesmo, sem dúvida, a **absolvição de culpados** (erro judiciário negativo[22]). Escoram-se com frequência no art. 386, VI, do Código de Processo Penal,

---

19 *Id. ibid.*
20 *Vide*, por todas as versões, a narrativa de João Alamy Filho, que advogou para os irmãos Naves: *O Caso dos Irmãos Naves. Um erro Judiciário*, 3. ed., Belo Horizonte, Del Rey, 1993, 376 p.
21 *Vide* SOIBELMAN, Leib, *Enciclopédia do Advogado*, 5. ed., Rio de Janeiro, Thex Editora e Biblioteca Universidade Estácio de Sá. p. 149.
22 *Vide* SOIBELMAN, Leib, ob. cit., p. cit.

onde o *in dublo pro reo* é a cantilena de Pilatos, como o daquela camponesa citada por Anatole France, que se dirigia à Virgem: "Vós que concebestes sem pecar, permiti-me pecar sem conceber".

O "complexo de Pilatos"[23] se instala no seio da Justiça, quando não se busca com eficiência a solução de suas dúvidas; esta a própria **concepção do pecado** que, enquanto **original,** precisa ser purgado. Tais e terríveis "erros" poderiam ser evitados, onde as culpas bem poderiam ser esclarecidas, evidenciadas, assim como os próprios inocentes teriam mais garantias às suas sentenças, à prova da inocência, com uma prova a mais que pudesse ter sido realizada. Quanto de justiça, por exemplo, não se perdeu no curso desta história, em que não se permitia a escuta telefônica ou a quebra do sigilo bancário? Justiça tardia é injustiça manifesta. Sabe-se desde Rui. Mas justiça apressada – a pretexto de celeridade – é trapalhada provável, atropelamento iminente e arremedo de justiça, quase justiça, hipótese possível. É treinamento de justiça, é a justiça do "um dia eu **chego** lá", como se buscássemos no futuro a realização de uma justiça ideal que procrastinamos, treinando ludicamente – *homo ludens* –, brincando de justiça, protelando no presente.

Mudou a concepção dos "direitos e garantias individuais? Mudou a Constituição Federal ou mudaram os cidadãos? Não, criou-se e se formulam novos entendimentos, ao sabor da necessidade, à necessidade de uma maior efetividade da justiça estatal. *Tempus regit actum* e este é o sinal dos tempos. A necessidade de autodefesa. A sociedade, até há bem pouco tempo, tinha na **busca da verdade real,** como princípio informativo do processo penal, uma comparação de uma "agulha no palheiro" – esta a prova do crime que se buscava – e o Estado-sociedade, de mãos atadas, com operadores da justiça quase cegos tentando localizá-la, enquanto, no escuro deste cinema-realidade, o próprio culpado, como ator principal, ainda se incumbia de esconder mais e mais a **agulha** (a prova!).

Depois, fato provado, encontrada a certeza, ainda assim, plenamente possível a infinita reticência de justiça *pro reo* como se constituem as revisões criminais. Nunca soube o Estado dosar com precisão as necessárias garantias do cidadão com a garantia da sociedade, na busca por justiça. O eterno desequilíbrio, filosoficamente irresponsível, do *pro reo* com o *pro societate*. Esta a busca que não se acaba.

---

23 A expressão é de Enrico Altavilla, *Psicologia Judiciária*, v. II, trad. Fernando de Miranda, Coimbra, Armênio Amado Editor, Sucessor, 1982, p. 529-930. *Vide*, também SOUZA, Moacyr Benedito, *Mentira e Simulação em Psicologia Judiciária Penal*, Revista dos Tribunais, 1988, p. 44.

CAPÍTULO 7

UM NOVO CÓDIGO PENAL

Sumário: *7.1. Sobre o nosso Código Penal. 7.2. Condicionantes socioculturais da legislação penal: a conveniência da sociedade. 7.3. A história penal brasileira. 7.4. Direito comparado: um necessário método. 7.5. A estatística criminal. 7.6. A falta do método estatístico.*

7.1 SOBRE O NOSSO CÓDIGO PENAL

"Um novo Código há de ser um monumento legislativo brasileiro socialmente justaposto. Estrutura, sistemática, técnica são arrumações da economia interna ...

...O codificador deve à nossa Pátria, não opções, mas criações. Um Código brasileiro não pode ser repositório de direito comparado ou de recortes de opiniões estrangeiros. Precisamos de agitatórios e não de repositórios.

O Brasil será subdesenvolvido materialmente, aliás por culpa alheia, mas é superdesenvolvido mental, moral e afetivamente. Pioneiros também em marcos jurídicos não precisamos de modelo. O Brasil é o seu próprio modelo. Somos estação transmissora e não somente estação receptora de cultura. Basta que seu gênio possa abrir as asas. Nossa vocação e nossa responsabilidade de precursores obrigam a produzir, e não a reproduzir. Hoje, os que menos andavam estão voando" (**Roberto Lyra**)[1].

---

1 *Novo Direito Penal*, 1. ed., Rio de Janeiro, Borsoi, 1971, v. III, p. 29.

Eis aí um propósito incessante. Com todas as virtudes de nossas reformas penais, mas dentro da realidade que sempre se altera, mister o estabelecimento de nossa identidade nacional **vigente** para o arquitetar de soluções. Não nos acuse, em se tratando deste capítulo, da retomada do velho *clichet* do **nacionalismo** desde Alberto Torres (1914)[2], seja como discurso enraizado atualmente nas propostas políticas da "esquerda", seja como um reavivado integralismo "de direita". Estas exacerbações nacionalistas nunca produziram bons frutos, representando aquela "acre fermentação do vinho novo da democracia nos velhos odres da vida tribal", de que falava Toynbee[3].

Não! A proposta é bem outra. É de crítica e advertência, necessária para formarmos pela consciência histórica as novas gerações de juristas-penalistas no Brasil, e para aprimoramento de nosso direito penal positivo. Destarte, este reclamo histórico não pode ser desconhecido, como marco a coibir toda e qualquer ideia de vedetismo e salvação de todo e qualquer produto importado, sem teste ou análise em nosso terreno. Portanto, nada dos *clichets* de **chauvinismo** (de matriz francesa) ou de **americanismo** (como discurso de integração latino-americana) ou de **nacionalismo**, mas **tudo** de ideias não pré-concebidas, críticas sobretudo, e independentes por excelência.

É que em matéria de direito positivo, da doutrina à interpretação, da dogmática à política criminal, falta inquestionavelmente ao Brasil, ainda, o arriscado e empreendedor espírito da ousadia. Miramos sempre o exemplo do lado ou de longe, para implementarmos pela cópia – nenhuma originalidade! – o que ao lado – ou ao longe! – funcionou. Nélson Rodrigues registrou que "qualquer bobagem em francês soa como uma dessas verdades inapeláveis e eternas" e falou dos "patrícios que passaram quinze minutos em Florença e voltaram com sotaque físico e espiritual". Aproveitamos a imagem ao mundo do direito e veremos verdadeiros cacoetes dos **turistas jurídicos**!

Processo de **clonagem** de um sistema para atendimento a realidades diversas. Se existem modelos, estes servem – na melhor doutrina – ao sabor da indumentária social, à geografia ou política de uma determinada nação: servem, em regra, *a ela*. O homem biologicamente, é certo, constitui-se igualmente em todos os quadrantes do universo, contudo, o direito como

---

2   TORRES, Alberto, *O Problema nacional brasileiro* e *A organização nacional*, ambos reeditados em passado recente, São Paulo, CEN, 1978, onde uma superada ideologia conservadora registra os primórdios do que viria posteriormente como proposta política: integralismo, fascismo etc.
3   *Apud* AGOSTINI, ERIC, *Direito Comparado*, trad. Fernando Couto, Porto-Portugal, Resjurídica, s.d., p. 120.

integração, preservação e mecanismo de progresso social, valora condutas e preserva valores, diversamente, em cada cultura social específica[4]. A feitura da "roupagem legal" à experimentação de um povo prescinde da industrialização *prêt à porter*. É "roupa de alfaiate" feita com exclusividade ao tamanho e à pretensão de um específico cliente. A produção seriada, sem controle de qualidade, prejudica o "caimento". E o **parecido, semelhante, análogo**, para realidades acentuadamente diversas, quantas vezes tem sido a história de nossa produção legislativa. "Entregar-nos, ainda fracos e desorganizados, à 'proteção' alheia é sujeitar-nos à recolonização padronizada", alertou Lyra, dada a peculiaridade, sobretudo, do nosso País ainda estar "em mora com a evolução"[5]. **Politicamente correto**, ele não gostava de dizer "subdesenvolvido", o que legitima certo objetivo do nacionalismo, como forma de purgação da mora.

Não se trata de repelir o invasor bárbaro como Leônidas nas Termópilas, Milcíades em Maratona ou Temístocles em Salamina; tampouco os superados discursos ultranacionalistas, ou antiamericanistas. Trata-se, sim, de respeitar e construir nossa própria história, criando e ajustando um direito às nossas peculiaridades, em um tempo em que o direito penal está em **transição** entre as propostas de mundialização e os problemas nacionais – para o direito penal aproveitaríamos uma expressão de referência política do sociólogo Florestan Fernandes: "somos a geração-*between* –"[6]; estamos, mesmo, entre direito penal que preserve o **mínimo ético** e um direito penal americanizado, meramente pragmático ou utilitário. Afinal e *ad exemplum*, causas e consequências do crime e da impunidade de um roubo à mão armada praticado no Brasil, que podem ser diversos do *vol à main armée* na França, do *robbery under arms* na Inglaterra ou do *bewaffneter raubüberfall,* na Alemanha.

Vide as recentes confusões criadas com interpretações e propostas de tipificações de um crime **típico americano** de "assédio sexual" que, se adotado sem mudanças, provavelmente ocasionaria no Brasil um maior

---

[4] *Vide* MIAILLE, Michel, *Uma introdução crítica ao Direito*, trad. Ana Prata, 1. ed., Lisboa, Livros de Direitos Moraes Editora, 1979, p. 101: "...Queria assinalar aqui, de novo, um risco de erro devido ao universalismo do pensamento jurídico. Tal como já vimos a ausência de perspectiva histórica e o idealismo profundo dos juristas conduzem-nos a acreditar que todas as sociedades se defrontam com os mesmos problemas e que, em consequência, os processos jurídicos têm de encontrar as soluções num fundo único, que não é mais do que a Razão humana".

[5] Carta aberta Carlos Alberto Lúcio Bitencourt (1946).

[6] *Vide* "Florestan ou a tradição do inconformismo", por Carlos Guilherme Mota, *O Estado de São Paulo*, D9, 10-2-1996.

distanciamento entre ambos os sexos e um recrudescimento do discurso do **direito penal do terror**[7], apavorante, onde os jovens do sexo masculino temeriam qualquer investida amorosa à elegida, receosos de em nome do amor, perderem a liberdade.

Vide as bobagens técnico-jurídicas que se converteram em lei para própria imprecisão da tradução técnica, conforme a edição da "desorganizada" Lei n. 9.034/95 para combate ao "crime organizado" – de inspiração alienígena –, onde se confundem conceitos acerca de atividades processuais de magistrados e promotores (o magistrado instrutor da Itália, corresponde ao nosso "Delegado/Promotor"), a par, ainda, de não saber distinguir "crime organizado" dos crimes de quadrilha ou bando, azando-se a edição de uma lei bestunta, reputada por Luiz Flávio Gomes como provavelmente "a mais estapafúrdia da história republicana brasileira", sobre a qual, "após mais de um ano após sua vigência não se tem notícia da sua aplicação em um único caso"[8].

***

"Mandam vir do estrangeiro um por um dos elementos que compõem determinado produto, inclusive o invólucro. Reúnem e colam estes elementos e, metendo-os no invólucro referido, os expõm à venda como produto nacional. *Mutatis mutandis*, é o que praticam aqueles anotadores. Apanham aqui e recortam ali as lições de uns juristas e as decisões de uns tribunais, reúnem e colam tudo isso e metem depois num livro, que fazem publicar. Põem na lombada o seu nome de **autor**, e nesse nome circula e é citado o livro" (**Esmeraldino Bandeira/Nelson Hungria**[9]).

---

7   *Vide* João Gualberto Garcez Ramos, ao tratar da violação ao princípio da proporcionalidade das penas, in *A inconstitucionalidade do Direito Penal do Terror*, Juruá, Curitiba, 1991, 95 p.

8   FLÁVIO GOMES, Luiz, "Esperança frustada?", artigo, *Estado de São Paulo*, 17-8-96. A2. No artigo o articulista reclama a feitura de novo diploma legal para substituir a desastrada Lei n. 9.034/95, pedindo-o "claro e exequível" devendo "começar pela definição de crime organizado (que não é a mesma coisa que quadrilha ou bando). Ainda terá de contemplar o estímulo a tratados e acordos internacionais (principalmente em relação à investigação e à colheita de provas), o crime de lavagem de dinheiro 'sujo', a pena de perda de bens, coligada com a sua indisponibilidade, a responsabilidade indireta da pessoa jurídica, a proteção de testemunhas, etc.".

9   Nelson Hungria criticava quando da preparação do Código Penal de 1940 – cuja feitura liderou intelectualmente – os tradutores de ideias europeias ultrapassadas – "mal compreendidas ou tendenciosamente utilizadas" (ASSIS TOLEDO, Francisco de, in *Princípios Básicos de Direito Penal*, 5. ed., Saraiva, 1994, p. 61), que nada acrescentavam ao progresso da ciência penal e, para tanto, citou Esmeraldino Bandeira, dizendo que às exceções de Galdino Siqueira, Antonio José da Costa e Silva, José Higino Duarte Pereira e alguns outros, havia no princípio do século apenas anotadores do Código Penal "que não faziam avançar um passo na evolução da ciência jurídica e estavam para esta como certos indivíduos para a indústria nacional: 'Mandam vir do estrangeiro um por um dos elementos que compõem determinado produto ...'", HUNGRIA, "A Evolução do Direito Penal nos últimos 25 anos", in *Novas Questões Jurídico-penais*, Rio de Janeiro, Editora Nacional de Direito Ltda., 1945, p. 8.

Da vencida linha do pensar ufanista da década de 1970, caímos na verdadeira desvalorização do pensamento brasileiro que por vezes fazem-nos caricatura dos ideólogos estrangeiros, tal como era no início deste século. Verdadeiro *circulus vitiosus*. Nem se argumente com a ilustrada gama de juristas que alteiam, no cenário internacional, o Brasil, por seus conhecidos méritos. Mas persiste, ainda, como reflexo do passado, verdadeiro costume desta "importação" de que reclamava Hungria (não nos iludamos: o mal não foi plenamente erradicado destas fronteiras, como a malária e o tifo ainda persistem entre nós).

Sem contar que algumas vezes as ideias já vem rançosas, apodrecidas e cadaverizadas pela substituição e desuso no velho mundo, embora desembarcadas com o sabor de novidade. Só depois que estão ultrapassadas como ideias onde foram criadas, é que são exportadas e chegam sem bula e data de validade à grande indústria fármaco-jurídica nacional, mas com jeitão e pompa de *Scienzia nuova*. Anfetamina entorpededora da realidade pátria, adentram em solo brasileiro com a matéria prima manufaturada e manipulada no estrangeiro, por vezes somente aqui rotuladas, mas para tratarem dos problemas nacionais. Disfarçadas, **maquiladas** em belas embalagens, uma vez abertas e expostas, mostram que outra coisa **não são**, senão aquilo que **já foram**. Daí, mistura-se tempo e espaço, na criação de um conceito **cíclico e globalizante**, de cultura. Embora sem muita consequência prática, matéria de dogmática que é, quem não se recorda dos protestos de Hungria sobre a "importação" europeia da **doutrina finalística**[10].

---

10 *In verbis*, "Como toda a vez que a Europa acende fogo, a América Latina há de emitir fumaça, é escusado dizer que já chegou até o Brasil a teoria finalista, tendo havido mesmo quem dissesse dela que é a solução definitiva de fundamentais problemas até hoje insolúveis do tecnicismo jurídico. Antes de tudo, os nossos pressurosos e impenitentes pregoeiros de **novidades** esquecem que as premissas da teoria finalista assentam, quase exclusivamente, em critérios de solução adotados pelo vetusto Código Penal alemão, sem correspondência alguma em nossa lei penal vigente. É exato que os finalistas se propõem o desate mais lógico de tais ou quais problemas de construção domágtica, mas é óbvio que, quando se faz dogmática, deve ter-se em vista o direito positivo de capa país", HUNGRIA, Nelson, "A Teoria da Ação Finalística no Direito Penal" (Excerto de aula inaugural proferida na Faculdade de Direito de Maringá-PR), *in Revista Brasileira de Criminologia e Direito Penal*, órgão oficial do Instituto de Criminologia da Universidade do Estado da Guanabara, n. 16 (1967), p. 9. A mesma imagem utilizou-se em outra ocasião "já não emitíamos fumaça quando a Europa acendia fogo" ("A evolução do Direito Penal brasileiro nos últimos 25 anos", *in Novas Questões Jurídico-penais*, Rio de Janeiro, Editora Nacional de Direito Ltda., 1945, p. 25). No mesmo sentido, relembra René Dotti aludindo a Hungria que "outra saborosa crítica à importação servil de ideias e teorias, se contém no trecho do artigo 'Ortotanásia ou eutanasia por omissão', nos seguintes termos: "Mercê de Deus que no Brasil, à parte uma irrequieta e ínfima minoria de *camelots* a pregoar o súbito mérito de ideias extravagantes, só porque trazem o *cachet* de novidade e da procedência europeia, não há clima para o ceticismo que avassala a mentalidade do Velho Mundo", *Comentários ao Código Penal* (Apêndice), Rio de Janeiro, Forense, 1977, v. I, tomo I, p. 349), *in* excerto colhido do discurso "O Passageiro da Divina Comédia", proferido por René Dotti no Supremo Tribunal Federal em 5-6-1991 (homenagem ao centenário de nascimento de Hungria), e publicado na *Revista Jurídica Mineira*. Vide, também, o *Diário da Justiça*, 28-6-1991 (Seção I, p. 8901).

E agora, a Europa "fazendo fogo outra vez" para aderir ao **causalismo**, o Brasil também "emitirá fumaça[11]" de novo?

Venia para a "Semana da Arte Moderna" (hoje já bastante antiga) de Mário de Andrade, aparando-lhe seus excessos – *mutatis mutandis* – para buscar-se um conceito de modernidade[12] – pós-modernidade, ou néo-pós-modernidade no purismo do conceito – que parece contraditório ao promover-se o debate entre o cosmopolitismo e o nacionalismo, o mundialismo (enquanto processo de "globalização") e a preservação dos valores nacionais:

"Enquanto o brasileiro não se abrasileirar é um selvagem. Os tupis nas suas tabas eram mais civilizados que nós em nossas casas de Belo Horizonte e São Paulo. Por uma simples razão: não há uma Civilização. Há civilizações ...

Nós, imitando ou repetindo a civilização francesa, ou a alemã, somos uns primitivos, porque estamos ainda na fase do mimetismo"[13].

Permitam-nos a deixa, mas é mister que se ponha cobro – em nome do progresso – de todo ranço de defuntismo saudosista do *colonialismo*, que, embora não tendo sido o Brasil colônia inglesa, ainda deixa muito "patrício" em um dilema shakespeareano de **Tupi** *or not* **tupi**!

7.2 CONDICIONANTES SOCIOCULTURAIS DA LEGISLAÇÃO PENAL: A CONVENIÊNCIA DA SOCIEDADE

Às ciências humanas, no contexto em que se inserem as ciências jurídico sociais, cabe ainda o respeito à *geopolítica* de um povo, à necessidade de uma nação, tal como são, onde se situam e, daí advindo – no caso do direito – o ordenamento jurídico para essa **específica** gente.

O nacional, como valoração, positivação, ideia, ajuste, o estrangeiro como técnica – quando houver – sadia conveniência para o progresso dos povos. Como agora, arrimamo-nos outra vez na filosofia de Ferreira da Cunha, pois se de berço luso, de aplicação universal:

---

[11] *Vide* COSTA JR., Paulo José, Finalismo?, *in Ciência e Política Criminal em Honra de Heleno Fragoso*, 1. ed., Rio de Janeiro, Forense, 1992, p. 483. Por oportuno, *vide* também as questões levantadas por NOVOA MOREAL, Eduardo, *in Causalismo y finalismo en Derecho Penal*, S. J. de Costa Rica, Editorial Juricentro, 1980.

[12] Umberto Eco, *apud* Gérson Pereira dos Santos, ob. cit., p. 15-17, assinala (*in* "Arte e Beleza na Estética Medieval") que a modernidade principia no século XII.

[13] *Apud* SCHWARTZMAN, S., BOUSQUET BONEMY, N. M. e RIBEIRO COSTA, V. M, *Tempos de Capanema*, Rio de Janeiro, Editora Paz e Terra, 1984, p. 80.

"Há inúmeros axiomas e silogismos da Indústria que o Direito poderá recriar, por transposição, analogia, por afinidade eletiva. Sem direção não há hierarquia. Sem hierarquia não há ordem. Sem ordem não há trabalho. Sem trabalho não há produção. Sem produção não há riqueza. Sem riqueza não há distribuição da riqueza. Logo, sem direção não há lucro nem salário. Logo, sem uma cabeça para o Direito, sem uma axiologia, sem uma normatividade, sem um Direito pensado, não pode haver Justiça, que é o produto do Direito"[14].

Incumbe é pensar, valorizar, buscar o referencial axiológico aqui mesmo. Sem a superafetação quantas vezes bocó do *magister dixit* – o mestre disse, diz ou dirá –; o mestre europeu, italiano, alemão, espanhol, americano, argentino falou, "é lei".

Não pode o País ficar alheio à marcha mundial do progresso, cair no suburbano frente ao fenômeno do cosmopolitismo, não pode dar-se ao isolacionismo retardador do desenvolvimento com que se amarra o discurso "nacionalista-ufanista" (mais o segundo que o primeiro!), mas, também, não pode perder o direito de **pensar por sua conta**, sobretudo em matéria de um direito penal que atenta de fato à **realidade nacional**, e não à **realidade virtual**. Do contrário, estaríamos desidratando as normas penais, deformando-as por valorações estranhas à realidade pátria. Não há antítese entre o entendimento nacional e o estrangeiro, como não há antinomia entre o novo e o antigo, quando o que se discute é a inteligência, a espessura de uma ideia, no jargão de Tobias, compreendida esta como a conveniência da sociedade. Não há receio "da concorrência" ou prevenção *prejugé* em relação ao estrangeiro – ou mesmo temor –, quando se busca a solução para o homem desencontrado, em processo de desvio, para a querela mal resolvida, para a causa (ou lide) penal.

7.3 A HISTÓRIA PENAL BRASILEIRA

"Parece-nos procedente a crítica de Nelson Hungria, eis que os penalistas que reinaram até a entrada em vigor do Código de 1940 nada mais fizeram do que importar doutrinas penais europeias, ou melhor dizendo, teuto-italianas. Quando Frederico Marques fala em evolução doutrinária do Direito Penal Brasileiro, não nos aponta qual tenha sido a evolução

---

14   *Pensar o Direito. Da Modernidade à PostModernidade*, v. II, ob. cit., p. 174.

ocorrida, quando todos os penalistas até 1940, à exceção de Roberto Lyra, não admitiam, sequer para uma abertura de discussão, qualquer ideia de Lombroso, Ferri e Garofalo.

É verdade que tivemos Braz Florentino, Tobias Barreto, João Vieira de Araujo, Lima Drumond, Paulo Egydio, Cândido Motta, Viveiros de Castro, Pedro Vergara entre outros.

Com a nova codificação penal brasileira (1940) é que começaram a surgir os penalistas que ainda hoje, muitos já desaparecidos, dominam inteiramente o Direito Penal Brasileiro. São eles os magníficos Nelson Hungria, Galdino Siqueira, Aníbal Bruno, Roberto Lyra e E. de Magalhães Noronha, todos no reino da eternidade e da genialidade, absolutos e extraordinários.

Teriam esses homens do Direito Penal Brasileiro criado uma legislação penal brasileira, própria do nosso sangue e das nossas imensidões territoriais?

É neste ponto que vem a minha crítica, exceto a Roberto Lyra a quem sempre chamei de Beccaria Brasileiro, pois todos desconheceram a realidade social, pouco se preocupando com a criminalidade, mas tão somente com o crime, com a norma penal" (**Virgílio Donnici**[15]).

O Brasil que foi juridicamente aportuguesado pelas Ordenações Manuelinas e Filipinas[16], que rezou nos estatutos de seu *liber terribilis*, que doutrinariamente falou o direito francês ou a língua teutônica, que desceu ao berço florentino para embevecer-se de um italianismo puro e romântico, precisa agora voltar a si e brasileiramente falar a língua da necessidade de seu povo. Não se pode mais vitimar uma nação, a pretexto de falta de *pedigree* histórico.

A descoberta de um antibiótico ou uma vacina cura indistintamente o sueco, o alemão, o português e o brasileiro, assim como a descoberta de um novo *chip* empresta-se ao usuário da computação de qualquer povo ou nação; mas a realidade social de um país, as peculiaridades de sua gente, a crônica do seu "eu social", o menor ou maior índice de criminalidade, a reiterada ocorrência de uma determinada espécie de delito clamam por uma legislação mais ou menos severa, por uma criminalização desta ou daquela conduta, em atendimento a seus costumes, tradições, valores, de sua específica gente.

---

15 DONNICI, Virgílio Luiz, *A Criminalidade no Brasil*, Rio de Janeiro, Forense, 1984, p. 86-87.
16 *Vide* THOMPSON, Augusto, *Escorço Histórico do Direito Criminal Luso-Brasileiro*, RT, 1976 (trabalho premiado pela OAB-GB em 1972); FERREIRA, Waldemar, *História do Direito Brasileiro*, MARTINS JÚNIOR, *História do Direito Nacional*; DONICCI, Virgílio, *A Criminalidade no Brasil*, Forense, 1984, p. 85 e s.

Não nos esqueçamos de que o Código Criminal de 1830 não se ocupava do homicídio culposo, das lesões culposas, que só vieram a ser punidos pela Lei n. 2.033 de 20 de setembro de 1871.

Daí não há falta de pensamento pela integração, pela unidade, donde não se aceita também o pensamento **xenófobo** ou **chauvinista**.

O Balanço "cultura e sociedade" em página homônima, também o fez André Gide, Nobel de literatura, denunciando um **nacionalismo caduco** ou um **estrangeirismo gentil**:

"A primeira confusão que surge é a de que os nacionalistas tratam de criar, entre internacionalismo e falta de afeição, desvio e desintegração de seu próprio País. Deram à palavra patriota um sentido tal, tão estreito, tão ambicioso, tão hostil, que já não nos atrevemos a usá-la. Somos uns quantos, somos muitos, o que não podemos é admitir que o amor ao nosso país esteja formado pelo ódio aos demais"[17] – falava do ultrapassado – falso conceito de nacionalismo –, para concluir: "Pessoalmente, creio poder ser profundamente internacionalista, sem deixar de ser profundamente francês. Do mesmo modo, creio poder ser profundamente individualista, sem deixar por isso de prestar meu pleno assentimento e de ajudar inclusive ao comunismo. Pois minha tese tem sido sempre esta: quanto mais particular é o homem, melhor serve à comunidade".

E, *mutatis mutandis*, fazendo o análogo raciocínio que se pretende, acentuando o conceito de que "do particular se alcança o geral", arrematou: "Que há mais especificamente espanhol do que Cervantes, mais inglês do que Shakespeare, mais russo do que Gogol, mais francês do que Rabelais ou Voltaire, e ao mesmo tempo mais geral e mais profundamente humano? – dizia eu há trinta anos. E foi particularizando-se que alcançaram cada um desses grandes autores uma comum e profunda humanidade. Quero falar como francês, e creio não poder fazer nada mais valioso do que examinar, do ponto de vista francês, o grave problema que nos preocupa"[18].

Queremos falar o "direito brasileiro", **sem xenofobismo**[19], e nada mais valioso fazemos que analisar do ponto de vista brasileiro, o grave

---

17 *Vide* Livraria El Ateneo, coleção Os Titãs, v. X, trad. Silvano de Souza, Rio de Janeiro, s.d., p. 354.
18 Ob. cit., p. 355.
19 Roberto Lyra demonstrou a existência de crimes previstos no Código Penal onde se apresentam "Vigorosos traços nacionalistas", porquanto "os legisladores de 1940 fizeram obra exclusivamente brasileira" (Francisco Campos): Art 204. Frustar, mediante fraude ou violência, obrigação legal relativa à nacionalização do trabalho ...; Art. 206. Aliciar trabalhadores para o fim de emigração ...; Art. 311. Prestar-se a figurar como proprietário ou possuidor de ação, título ou valor pertencente a estrangeiro, nos casos em que a este é vedada por lei a propriedade ou a posse de tais bens ...", *in Direito Penal Normativo*, ob. cit., p. 49-50.

problema que nos ocupa. Fora os velhos *clichets*, os bordões de ocasião – "o que é bom para os Estados Unidos é bom para o Brasil", ou a alternativa *inválida* "se é bom para os EUA não é bom para o Brasil". Queremos, nesse sentido, dirigir luzes desta e para esta terra, para no clarão do amanhã que se anuncia, melhorada a *performance*, podermos ser solidários ao apelo que se faz à consciência universal. O raciocínicio é análogo, como, também, se perguntássemos: que há mais *pro justitia* que um juiz com postura e ação de juiz? Um advogado com discurso e ação de advogado? Um promotor que "vestindo e assumindo a camisa" (*rectius*, beca) do Mistério Público aja como promotor?

7.4 DIREITO COMPARADO: UM NECESSÁRIO MÉTODO

"No meu programa de Direito Penal Comparado, que só tem o mérito de haver sido o primeiro (curso de doutorado na Faculdade de Direito da Universidade Federal do Rio de Janeiro, 1935) não consegui situar o estudo inaugural. Eu tinha 33 anos, vaidade agravada pela inexperiência. Em **Visão Doutoral do Direito Penal Comparado (1961)**, corrigi-me, indagando o quê, para quê, como comparar. No curso de 1969 (2º ano de doutorado da Faculdade de Direito da Universidade do estado da Guanabara) aproveitei a humildade da emenda. E consegui alguma coisa mais que transmito aos jovens que cumpram o dever patriótico de superar os velhos. Indaguei também: por quê, quem comparar? Comparei instituições, acompanhando a evolução histórica até os nossos dias, com referências críticas à União e, depois, à Associação Internacional de Direito Penal. Estabeleci o contraste entre as normas e os fatos, desde os mandamentos, repudiando os Códigos e projetos sem caráter, dependentes e copiados, sem o corpo e a alma dos povos a que devem servir. Para orientar os novos legisladores comparei os valores tutelados pelos Códigos de 1830, 1890, 1940. Comparei ideias, estudando a concepção de uma Criminologia Internacional com os esquecidos Pella e Saldaña e documentando as antecipações brasileiras, sobretudo as de Tobias Barreto, no campo jurídico e as de Euclides da Cunha, no sociológico. Agora, transfiro à inteligência dos jovens minhas novas inquietações sobre a preliminar. Que comparar?" (**Roberto Lyra**)[20].

---

20 *Novo Direito Penal*, 1. ed., Rio de Janeiro, Borsoi, 1971, p. 28.

Como desconhecer a importância de tão precioso método que compõe nosso instrumental de estudo? Aí estão os testemunhos eloquentes de penalistas que, aprimorando-se juridicamente em outras terras, trouxeram uma visão comparatística do direito para fazer melhor render as ciências penais no Brasil. O direito comparado fornece para o filósofo o conhecimento de tendências da natureza humana, independente da roupagem da "nacionalidade" imposta ao ser vivo. O jurista, também recolhe do direito comparado o conhecimento de certos fenômenos jurídicos que possibilitam a enunciação de leis formadoras da ciência do direito. Do mesmo modo, pode o político, através dele, conhecer o progresso ou a evolução de certos países. O direito comparado possibilita ainda um eficaz meio para o enriquecimento ou melhoramento do direito, do mesmo modo que as línguas, exercendo influência entre si, emprestam nova força à comunicação e à integração dos povos. O que se prescinde, por certo, é de uma língua alienígena a doutrinar-nos, nós que, de resto, já temos problemas suficientes nas "letras de nossas leis" e de nossas doutrinas[21].

Tratando da matéria, Morais Leme elucidou:

"A linguagem é um fenômeno social, que serve para evidenciar a importância da comparação. As leis de glotologia resultam da comparação das línguas, como as das ciências físicas e naturais, da observação dos fenômenos respectivos"[22].

---

21 César da Silveira, in *Tratado da Responsabilidade Criminal*, São Paulo, Saraiva, 1955, v. I, p. 440, anotou com precisão esse duelo com as palavras, que travam as ideias e as interpretações, denotando falsidade ou verdade, e que preocupam na Itália, Inglaterra ou França, assim como é histórico o problema no Brasil. Verbis:
"ANTONINO CORDOVA houvera escrito, *Filologia e Diritto Penale (Saggio di revisione di teoriche del Codice Penale)* (in Cass. Un., v. XXIV, pág. 801, que "molte difficultà si resolverebbero e si appianerebbero, se invece di cercare, *in* divagazioni e *in* costruzioni accademiche, lo spirito d'una disposizione di legge si tenesse conto della portata etimologica e filologica pratica e convenzionale d'una dizione". BENTHAM, *Trait. de Leg. Civ. et Pénale*, Paris, 1830, 3. ed., tomo I, pág. 151 assertoara, no mesmo teor, que "le langage de l'erreur est toujours obscur, chancelant et variable. Une grande abondance de mots sert à couvrir la disette et la fausseté des idées. Plus on varie dans les termes, plus il est aisé de donner le change aux lecteurs. Le langage de la verité est uniforme et simple: *mêmes idées, mêmes termes*". Muita vez as questões linguísticas, nos Códigos, são chacoteadas por inúteis e estrafalárias, quando, bem ao revés, a legitimidade vocabular é que define os exatos e incontrastáveis conceitos, em qualquer ordem de ciências. Já afirmara notável filósofo que a ciência não é senão uma língua bem feita. As pendências filológicas travadas acerca da redação do projeto do Código Civil, entre os dois luminares da filologia, RUI BARBOSA e ERNESTO CARNEIRO RIBEIRO, sobre excelsarem todas as valorizações vocabulares e sintáticas, no corpo daquele diploma legal, trouxeram imensos progressos à linguística, opulentando-a com inumeráveis divícias da linguagem".

22 Vide MORAES LEME, Lino de, "O sentido de comparação, o sentido do direito e o sentido do Brasil", *Revista da Faculdade de Direito da Universidade de São Paulo*, jan.-dez. de 1942, v. XXXVIII, p. 70-71.

Então, para tratar do assundo – direito comparado, ideias alienígenas – irei me valer, por análogo (como se verá), também da comparação linguística, a demonstrar que muitos pretendem, ao direito comparado, a precisão ou o apreço de uma ciência.

Posso repetir com o velho mestre, que:

"Como as línguas constituem a argamassa, com que trabalha o glotólogo, as várias legislações são a argamassa do jurista"[23], "sendo assim, como pode o direito comparado constituir uma ciência? O absurdo é tão grande como o pretender-se que a comparação das línguas constitua uma ciência. Do fato de a comparação ser o meio por que se induzem as leis da linguagem, pensou-se em denominar **filologia comparada, ou direito comparado**, à ciência do direito. Não, porém, pretender que haja uma ciência do direito comparado ao lado da ciência do direito. Seria confundir o método com a ciência. O direito comparado não tem verdades gerais, necessárias e absolutas, distintas das que constituem o assento da ciência do direito"[24].

"O direito comparado não é uma ciência, mas constitui argamassa para a ciência do direito. O pensamento de considerá-lo uma ciência é fruto de uma época que pretendia fazer ciência de tudo, inclusive da arte de envelhecer, a que denominaram – **macrobiótica**"[25].

***

Mais que ciência, o costume doutrinal e legislatório brasileiro tem importado "teorias inteiras" ou "pedaços de leis", a transformarem o *universum* jurídico brasileiro em uma imensa "colcha de retalhos" de tendências, costumes e métodos estrangeiros. Quantas vezes o entendimento comum dos doutores – a *communis opinion doctorum* – d'além-fronteira, não se converte para nós na comum ilusão dos mestres – *communis ilusio doctorum*?... afinal, o fato de muitos exergarem a miragem não a transforma em um oásis real, diria um filósofo!

Por certo que esse fenômeno não é somente nosso. Também o "colonizador" dele se ressente:

---

[23] Ob. cit., p. cit.
[24] Id. ibid., p. cit.
[25] Id. ibid., p. cit.

"O complexo de inferioridade e de atualização de muitos juristas, sobretudo cultivado por uma doutrina leviana de ratos de biblioteca sem os pés no chão, sempre reduzida com o que se faz 'lá fora' (em qualquer País em que se esteja), sempre ávida de novidades para *épater le bourgeois*, leva a um enorme divórcio entre teoria e prática. É ver o Direito Penal nos nossos Tribunais. Das duas, uma: ou aplica uma confusa sociologia *pro reo*, que é o que se retira em suma das inovações copiadas da doutrina minoritária alemã, ou então dá de barato todas as construções criminais e faz justiça de intuição, não admitindo sequer – por maçadora, imprestável e irrealista – qualquer alegaçãozinha 'de direito' doutrinal. É a reação dos práticos: ou se absolve, e pronto, manda a novidade; ou então vai-se pelo 'bom senso'. É uma técnica sem prudência, ou uma prudência sem técnica. Não é direito", conforme o festejado Ferreira da Cunha[26].

7.5 A ESTATÍSTICA CRIMINAL

A **estatística**, por exemplo, "serva infiel da sociologia", como a chamou o nosso Euclides da Cunha, tem servido mesmo que alienígena para engendrar construções legislativas, teoremas doutrinários e práticas em solo nacional.

A estatística, como mais uma técnica, é **um** dos instrumentos do direito positivo, figurando como sub-ramo da sociologia. Sabe-se que das condições de coleta e do exame de dados (erros, defeitos, manejamento sem o apuro científico), além da possibilidade de ter sido empregada submissa a certos interesses, dependem os resultados estatísticos. Também os seus levantamentos sujeitam-se aos indeclináveis critérios de **tempo e espaço**.

Acresça-se, sobre isso, o fato de que o operador do método estatístico sofre daqueles "sofismas de observação" de que falou Stuart Mill[27]: um caçador viu um pato e atirou. Errou por meio metro à esquerda. Atirou de novo e errou por meio metro à direita. Na **média**, matou o pato que saiu voando.

Assim se pretendem muitas médias estatísticas que nos impingem em questões que interessam ao direito penal, assim muitas sofísticas

---

26 FERREIRA DA CUNHA, Paulo, *Pensar o Direito. I. Do realismo clássico à análise mítica*, ob. cit., p. 39.
27 LYRA, Roberto, *Introdução ao Estudo do Direito Criminal*, 1. ed., Rio de Janeiro, Editora Nacional de Direito, Ltda., 1946, p. 33.

interpretações que concluem pela "média": "cabeça no forno e pés no freezer... corpo em temperature agradável, ambiente, **pela média**".

Não obstante não sabermos quem manejou os dados coletados; de que forma forma cotejados; a quais interesses ou a quem atendia o operador do método e, sobretudo, mesmo sabendo que os dados dizem respeito a outro **tempo** e forma colhidos em outro **espaço**, vale dizer, em outro país, pergunta-se: quem nunca leu, ou ouviu, como **comparação**, que tal ou qual pena, que tal ou qual espécime punitiva, *ad exemplum*, não funcionou ou funcionou em determinado país? Com esse argumento – de que "lá" não funcionou, "lá não adiantou" – busca-se o eco da anuência nacional, para um povo diverso, forjado em uma história e realidade distintas. Mas, pelas portas da **sociologia criminal** a **estatística importada,** mesmo que "subjetivamente", adentra, fazendo danos no direito positivo nacional.

Veja-se, *ad exemplum*, a que altura se levanta nos debates acadêmicos, nos círculos de conferências e congressos, a importância das reformas do Código Penal Espanhol, Chinês, Francês, etc., e gastam-se baldes de tinta sobre o assunto?! E as conferências sobre as "chinesices de lógicas abstratas" que operam matemáticas-sociais alheias – de outras plagas –, colocando o microfone internacional com uma enorme boca de som amplificado para o território brasileiro, doutrinando com o exemplo estranho para uma realidade bem (e particularizadamente) nossa?!

Fortes Barbosa, versado no alemão, professor de direito penal na Universidade de São Paulo, não se absteve de chamar de "farras intectuais" o fato de brasileiros, visitantes da Holanda ou Alemanha Ocidental, pretenderem transportar para nossa legislação penal "certas soluções" teutônicas. Por que ele se insurge? "...por uma razão muito simples... o alemão **não resolveu** os seus problemas jurídico-penais. Então como é que ele pode servir de base para os outros resolverem os deles. A criminalidade na Alemanha, mostra taxa de reincidência de 65%. A do Brasil é de 73%. A Alemanha quase se iguala ao Brasil. Então há teorias, as mais variadas; mas os turcos continuam a ser executados, o racismo continua, os portugueses são discriminados, os muçulmanos são proibidos de frequentar determinados lugares, há agrupamentos nazistas, cometem crimes bárbaros, crimes de crueldade são comuns na Alemanha..."[28].

---

[28] FORTES BARBOSA, Marcelo, Conferência "Inexigibilidade de Conduta Diversa e Outras questões", anais do I Congresso Nacional dos Promotores do Júri, Associação Paulista do Ministério Público, 1996.

Daí que em questões como "pena", "prisão", "menoridade-maioridade penal", *"plea bargaining"*[29] ou *"pattegiamento"*[30] o que pouco ou menos conta é o resultado estatístico "de fora", a roupa tomada ao estrangeiro. A despeito da informação e da técnica que os grandes centros detêm e podem auxiliar-nos – o curso do progresso passa necessariamente pelo interlocutor mais evoluído –, nunca será demasia ao Brasil o cuidado de não emprestar ao direito comparado ou qualquer método (*vide* estatística) mais que o pressuposto de um "método", *quand même*.

7.6 A FALTA DO MÉTODO ESTATÍSTICO

E por outro lado, a despeito dos malévolos efeitos da estatística tendenciosa já citados, ainda falta, no Brasil, por aparente paradoxo, uma maior aplicação da estatística para auxílio e aperfeiçoamento do direito nacional, ou mesmo da prestação jurisdicional. Por exemplo: em razão de levantamentos realizados nas Varas de Execuções Penais de São Paulo, aplicando-se a estatística, que reconheça o legislador os elementos fornecidos – que denotem a alta ocorrência das prescrições retroativas no período 1984-1994, *v.g.*, como forma de aprimoramento legal, repensando-se os dispositivos correspondentes. Que se estabeleça, o quanto possível junto aos encarcerados, quais as causas de cometimento dos crimes visando atacar-se as raízes da criminalidade e facilitar-se, por outro lado, o tratamento ressocializador. Uma *estatística qualitativa*, no protesto de Cheneaux[31], uma real estatística, ainda distante de consecução.

---

29 *Vide* CARVALHO, Paulo Pinto de, "Uma incursão do Ministério Público à luz do direito comparado: França, Itália, Alemanha, América do Norte e União Soviética", *in* CARVALHO, Paulo Pinto de e outros, *Ministério Público, Direito e Sociedade*, Porto Alegre, Editora Sérgio Fabris, 1986, p. 104-106.
Também, sobre o tema, ATHAYDE BUONO, Carlos Eduardo de e BENTIVOGLIO, Antônio Tomás, *A Reforma Processual Penal Italiana. Reflexos no Brasil*, Revista dos Tribunais, 1991, p. 77.

30 *Vide* GOMES, Luiz Flávio, *Suspensão Condicional do Processo Penal*, 2. ed., Revista dos Tribunais, 1997, p. 50 e s.

31 A rigor, o trecho adiante colacionado, extraído da pena de Jean Chesneaux (ob. cit., p. 72), empresta-se, não somente por extensão ao Brasil (porquanto alude à França), como à imensa maioria dos países sub e desenvolvidos. *Verbis*: "Os quantificadores negligenciaram obstinadamente tudo o que têm de incerto, de subjetivo (sim!) as cifras com que nutrem seus vorazes computadores. Essas cifras valem apenas o que valiam as intenções, a ignorância, os *a priori* daquele que as compilou; em resumo, sua ideologia. Tomemos as estatísticas da população penal na França contemporânea. Elas são estabelecidas por funcionários do Ministério da Justiça, para os quais a função social da detenção é assegurar a correta aplicação dos códigos. Classificam-se os detidos como primários e reincidentes, como condenados de correcional, de júri, etc., segundo o tipo de delito e crime. Nada consta nessas estatísticas, tão bem administradas, sobre o significado social da delinquência: quantos detidos estão na prisão por apego ao lucro, em plena conformidade com a lei capitalista da vantagem? Quantos ali estão, pelo contrário, por miséria ou aflição? Quantos por ressentimento, confusão ou desequilíbrio psíquico? A quantificação e o computador são aqui

Nesse sentido que se diz, que, se a estatística for usada como único ou tendenciosamente preponderante meio de interpretação da realidade que se investiga, pode induzir a erros graves o pesquisador, mas se aplicada no critério tempo/espaço em conjunto com outros métodos, é certo que pode e deve tornar-se auxiliar valiosíssimo[32]. O perigo de **exclusividade do método** é o mesmo, digamos, de um jurista que se utilizasse somente do método histórico para análise da lei. Ou somente do método de interpretação gramatical.

O "direito" exsurge da somatória dos métodos interpretativos que vão propiciar a análise do fato sob diversos ângulos, tornando-o mais claro, mais conhecido. O problema consiste em descobrir-se o equilíbrio, ou seja, onde entram e devam fixar-se as ciências cooperadoras do direito, sem lhes entregar a autoridade (*auctoritas*) e o mando da ciência penal, pena de fazer-se "sociologia" ou "estatística" – ciência que se pretenda exata ou "social" –, com o que açambarca conceitos e significações mais amplas, como sugerem as denominadas "ciências jurídicas sociais", notadamente o

---

impotentes. É pela reflexão, pela análise *qualitativa*, pelo estudo de casos significativos que se pode pretender traçar uma tipologia que nunca será quantificável. Essa análise qualitativa das motivações da delinquência, todavia, é infinitamente mais operacional, mais rica de ensinamentos".

[32] Incumbe ao Conselho Nacional de Política Criminal e Penitenciária, como órgão da execução criminal, propor diretrizes da política criminal para a prevenção do delito (art. 64 da Lei das Execuções Penais). O Código de Processo Penal, consoante a regra do art. 809, dispõe que a estatística judiciária criminal ficará a cargo do Instituto de Identificação e Estatística ou repartições congêneres, para a elaboração do "boletim individual". *In verbis*

"Art. 809. A estatística judiciária criminal, a cargo do Instituto de Identificação e Estatística ou repartições congêneres, terá por base *boletim individual*, que é a parte integrante dos processos e versará sobre:
I – os crimes e as contravenções praticados durante o trimestre, com especificação da natureza de cada um, meios utilizados e circunstâncias de tempo e lugar;
II – as armas proibidas que tenham sido apreendidas;
III – o número de delinquentes, mencionadas as infrações que praticaram, sua nacionalidade, sexo, idade, filiação, estado civil, prole, residência, meios de vida e condições econômicas, grau de instrução, religião, e condições de saúde física e psíquica;
IV – o número dos casos de codelinquência;
V – a reincidência e os antecedentes judiciários;
VI – as sentenças condenatórias ou absolutórias, bem como as de pronúncia ou de impronúncia;
VII – a natureza das penas impostas;
VIII – a natureza das medidas de segurança aplicadas;
IX – a suspensão condicional da execução da pena, quando concedida;
X – as concessões ou denegações de *habeas corpus*;
§ 1º Os dados acima enumerados constituem o mínimo exigível, podendo ser acrescidos de outros elementos úteis ao serviço de estatística criminal.
§ 2º Esses dados serão lançados anualmente em mapa e remetidos ao Serviço de Estatística Demográfica Moral e Política do Ministério da Justiça.
§ 3º O *boletim individual* a que se refere este artigo é dividido em três partes destacáveis, conforme o modelo anexo a este Código, e será adotado nos Estados, no Distrito Federal e nos Territórios. A primeira parte ficará arquivada no cartório policial; a segunda será remetida ao Instituto de Identificação e Estatística, e, depois de passar em julgado a sentença definitiva, lançados os dados finais, será enviada ao referido Instituto ou repartição congênere".

direito penal. Ademais, o vício perdura mesmo no Portugal-colonizador – a par de ter deixado o grave vírus do modismo e do complexo de inferioridade inoculado em nosso solo –, e faz dano aqui, como ainda se observam os danos no **direito da Corte**, que ora se opera com a matemática, ora com a sociologia, deixando o direito sucumbir[33].

---

33 A palavra-denúncia vem, outra vez, por FERREIRA DA CUNHA (ob. cit., v. I, p. 38):
"O direito de Leibniz é uma matemática. Já Hobbes aplicara os princípios físicos da pressão molecular para obter a coesão social – e daí o seu juspositivismo e absolutismo. Kelsen sente-se decerto complexado com as investigações do Dr. Freud nos escaninhos recônditos da alma humana e não deixa de ser irônico que pretenda um direito purificado quando o psicanalista tudo parece querer macular de instintos e pulsões. A escola positiva da criminologia, obra de médicos, assenta na caractereologia e na fisiologia mais primárias, etc.
Depois desta fase, que procurará imbuir o Direito de racionalidade e logicismo, sob a atração magnética das matemáticas e das ciências físicas, que levaria ao mito/utopia do computador/juiz como sua forma mais acabada, será a vez da invasão do social. O criminoso passa a ser vítima da sociedade, as leis fazem-se, mudam-se e interpretam-se de acordo com as movimentações sociais (v.g. sindicais, eleitorais etc.), as teorias e a jusrisprudência esquecem a justeza e a justiça das soluções para alinharem pelos fenômenos de massa. A sociologia *engagée* ou a sociometria tomam conta do Direito. Os 'realismos' escandinavos e norte-americanos, as evoluções da escola do direito livre, a análise econômica do Direito, toda uma mole de correntes e ideias-força forçam o jurídico a sair do seu campo, ou a fazer entrar nele perspectivas, concepções, preocupações, valores que não são os seus. O Direito anda a reboque de outras ciências, e as ciências sociais andam a mando da política, a qual se resume à luta pelo poder. Simples questão de força mais ou menos sofisticada, mais ou menos sutil. Ora o Direito é o contrário do puro fato e da pura força".

DIREITO PENAL IGUALITÁRIO. DIREITO PENAL JUSTO

Sumário: 8.1. Ainda sobre certa doutrina estrangeira: o problema da tradução e a formação de nosso direito. 8.2. O direito penal privilegiante: crimes sem vítima e crimes de vítima abstrata. 8.3. Privilégios da "deviance"? 8.4. A criminologia e a construção do conceito de "white collar" (colarinho branco). 8.5. A supressão da liberdade. 8.6. Inutilidade da prisão: dogma? 8.7. A lei em descompasso com os fatos. 8.8. Leis penais: tempo e espaço. 8.9. Processo de criminalização primária. 8.10. Conteúdo e direção da lei penal: o processo de seleção na criminalização primária. 8.11. A posição de Roberto Lyra. 8.12. Outro exemplo ilustrador: os crimes tributários. 8.13. Hungria e o mínimo ético. 8.14. A "coisificação" do direito penal. 8.15. A lei como fator criminógeno. 8.16. A questão das objeções de consciência: o operador penal em desacordo com a lei. 8.17. Os subprodutos da oposição de consciência.

8.1 AINDA SOBRE CERTA DOUTRINA ESTRANGEIRA: O PROBLEMA DA TRADUÇÃO E A FORMAÇÃO DE NOSSO DIREITO

"Perguntam os controversistas se, assim como na sagrada escritura são de fé as palavras, serão também os pontos e vírgulas? E respondem que sim; porque os pontos e vírgulas determinam o sentido das palavras; e variados os pontos e vírgulas também o sentido se varia. Por isso antigamente havia um conselho chamado dos Masoretas, cujo ofício era conservar incorrutamente em sua pureza a pontuação da escritura. Nas palavras de fé, ainda que os pontos e vírgulas pareçam de menos consideração, também pertencem à fé tanto como as mesmas palavras. As palavras: porque formam a significação; os pontos e vírgulas: porque distinguem e determinam o sentido.

...

Bem é que saiba o nosso tempo quanto bastará para falsificar uma escritura. Bastará mudar um nome? Bastará mudar uma palavra? Bastará mudar uma cifra? Digo que muito menos basta. Não é necessário para falsificar uma escritura mudar nomes, nem palavras, nem cifras, nem ainda letras; basta mudar um ponto ou uma vírgula" (Pe. Antonio Vieira, "Sermão da Quaresma").

Rui Barbosa exemplificou o valor de uma aparentemente simples pontuação: "*Surrexit; non est hic*"[1]. O evangelista diz, com estas palavras, que Cristo ressuscitou. Trocando pontos e vírgulas, diríamos o oposto: "*Surrexit? Non; est hic*". Roberto Lyra completou: "*Ipsis litteris ...Ipsis virgulis ...É pouco*"[2], ensinando a seus alunos como o estudo do direito penal há que passar, obrigatoriamente, pelo problema gramatical, pontuação...

Sim, é pouco! Não bastasse a simplicidade em alterar-se apenas uma vírgula modificando-se toda a estrutura de um pensamento, a sintaxe jurídica é ainda mais complexa.

"O Direito deve aprender com a indústria que nem todo o produto se vende, quer dizer, que nem toda a doutrina é útil" lembrou-nos Ferreira da Cunha[3]. Mas importa-se direito – como veículo de cultura e regramento – como se importa o automóvel, veículo da matéria. Bom ou ruim, excelente ou péssimo. Depois, feridos ou mortos os "passageiros", a punição para o importador-condutor é apenas mais um sinal de pontuação (?).

Doutrina é a abstração, generalização, e o direito deve individualizar-se, identicar-se culturalmente com as aspirações e necessidades de um povo. "Doutrina importada"...Qual doutrina? Não se fez para a tradução a "ponte necessária" que para "a arte de traduzir" chamou a atenção Paulo Paes[4]. Não

---

[1] Apud LYRA, Roberto, *Guia do Ensino e do Estudo de Direito penal*, Rio de Janeiro, F orense, 1956, p. 51.
[2] Ob. cit., p. cit.
[3] *Pensar o Direito*, v. II, ob. cit., p. 174.
[4] PAULO PAES, José, *Tradução a Ponte Necessária. Aspectos e Problemas da Arte de Traduzir*, São Paulo, Ed. Secretaria de Estado da Cultura/Ática, 1990.

se observou que o *citizen* inglês, por exemplo, é mais eficazmente amparado pelo Estado que o **cidadão** brasileiro, colheu-se, nesse sentido do direito alienígena, apenas *tutta sua dolcezza* na expressão de Dante – não o digo por má-fé – mas, até pela intraduzibilidade de certas situações sociais que, ocorrendo no Brasil, não acontecem no país de origem do "direito original". É uma questão de *polissemia social*, que leva a uma muito difícil traduzibilidade: a mesma palavra assume significados diversos porque atinentes a contextos sociais bastante díspares.

E o Brasil jurisdicionalizado transformou-se em um imenso e babélico cipoal ideológico, doutrinário, "dogmático", configurando a grande "colcha de retalhos" que é nosso ordenamento jurídico-penal, fruto de todos os traumas e de todas as não soluções, em que testamos muito da doutrina importada – muitas sem eco sequer em seu país de origem – e lastreamo-nos em uma legislação muitas vezes misericordiosa, noutras "de terror", acentuando a inaplicabilidade de um produto estranho a uma realidade toda própria.

Surge daí uma boa sugestão para pesquisa e debate: quais as piores leis penais brasileiras no curso da história (de arquitetura suicida ou malfeita, ou de ineficácia comprovada?); quais as leis, ainda em vigor, que estão na contramão da história e de cuja existência ainda nos envergonhamos? Fazer um paralelo entre os Códigos de 1830, 1890, 1940, 1984, sobre qual era o mais "brasileiro"? Quais as leis que incentivam a própria delinquência por funcionarem como verdadeiro prêmio ao infrator (o crime compensa?!)? Qual a legislação de inspiração itálica, norte-americana, suíça, que serviu como uma luva (de maquinista!) à justiça penal brasileira, quase provocando o descarrilamento do camboio social? Qual o direito penal aterrorizante, que igualmente vigeu no Brasil recente, figurando uma desproporcional repriminenda se cotejada com a infração cometida? Quais normas penais aludem a delitos gravíssimos e em contrapartida a previsão apenatória é diminuta? Quais os tipos penais que mereceriam estar não somente enterrados em uma legislação revogada, como ainda deveriam restar esquecidos pela sociedade atual? Qual gestação legispenal seria desejável aos novos tipos, ao reclamo das atuais circunstâncias sociais?

***

Ora, o sentido, significado, *signifié, significatio, signified, meaning, Bedeutung* informa denotação, conotação, mas também, intenção e referência (*Sinn, denotatum, significatum, sense*), o que à luz da tradição filosófica, semiótica[5], mesmo em contextos gnosiológicos-fenomenológicos, pode se equivaler, equiparando-se, mas, porque não absolutamente iguais (valorativamente falando), não são idênticos ou gêmeos univitelinos buscados à gravidez semântica-jurídica. Nesse "sentido", igualmente, a culpabilidade do nosso cidadão pode não ser mensurável pela *culpabilité* de um francês, pela *colpevolezza* do italiano ou pela *culpability* de um inglês. Assim a clonagem caricaturou o modelo, e fez-se símio o que antes representava a pureza (se representava, quando representava).

Voltaire, disse o poeta, ao traduzir versos do *Hamlet* pedia ao leitor que desculpasse "a cópia em favor do original" advertindo "lembrai-vos, sempre, quando virdes uma tradução, que vedes uma fraca estampa de um belo quadro"[6]. Silvio Romero – lúcido e avinagrado na mesma medida – via nas traduções de Homero e Virgílio efetuadas por Odorico Mendes "verdadeiras monstruosidades", eis que nelas o tradutor "torturou frases, inventou termos, fez transposições bárbaras e períodos obscuros, juntou arcaísmos e neologismos, latinizou e grecificou palavras e preposições, o diabo"[7].

Não nos esqueçamos, como dizíamos, aliás, no introito da obra, do célebre dizer de Buffon, que *"le style c'est l'homme"*, e o tradutor se revela com o seu traço individual ao exprimir o pensamento: *l'ordre et le mouvement qu'on met dans ses pensées* (A "lógica" – em uma visão de Descartes – "é o movimento que se põe nos pensamentos"[8]).

***

A tradução é mais que o depoimento testemunhal do tradutor, e veja-se que mesmo sobre esse, o "condimento pessoal" é gravemente notado registrado mesmo pela ciência[9]. É sobre isto que se diz que seu **testemunho** não é apenas obra do intelecto, mas também da sensação e emoção. Justapõe-se, ainda, uma questão estilística, onde a valoração afetiva incide sobre as variantes temporais, regionais, sociais, situacionais, individuais[10]. Há o contributo,

---

5 *Vide* ECO, Umberto, *Semiótica e Filosofia da Linguagem*, trad. Mariarosaria Fabris e José Luiz Fiorin, Ática, 1991, p. 63.
6 *Apud* PAULO PAES, José, ob. cit., p. 34/35.
7 Ob. cit., p. 44.
8 Trad. livre do autor.
9 MIRA Y LÓPES anota que cinco são os fatores de que depende o testemunho de uma pessoa: como tal pessoa percebeu o acontecimento; como sua memória o conservou; como é capaz de evocá-lo; como quer expressá-lo e como pode expressá-lo, cf. *Manual de Psicologia Jurídica*, trad. Elso Arruda, Rio de Janeiro, Agir, 1955, p. 171.
10 MONTEIRO, José Lemos, *A Estilística*, 1. ed., São Paulo, Ática, p. 96.

o prevalecimento ou a conjugação, *persona ad personam*, na arte de traduzir, do *verbum mentis* ao *verbum cordis*[11]. Se a poesia e a literatura são quantas vezes intraduzíveis na inteireza do "ser", com o direito não é diverso.

Fizemos a ressalva "quantas vezes intraduzível", porque primeiro tem que haver a interpretação, para depois a tradução. Não se propõe, por certo, o extremo da persuasão desconstrutivista assinalada por Umberto Eco, de que *il n'y a pas de vrai sens d'un texte* (não existe o verdadeiro sentido de um texto)[12].

"Lembrem-se sempre" advertiu Lyra de que "são três os suportes do homem que garantem a sua evolução na sociedade. A poesia, o direito e a filosofia". Desses, abstraindo-se vícios ou impurezas linguísticas, parece-nos que apenas a filosofia pode fielmente traduzir "o pensamento original", jamais – ou nunca em sua inteireza – o direito substantivo, e, mesmo assim, há que se perguntar sobre o tradutor. Anatole France lembrou, por meio das palavras de Sembobitis: "Sembobitis", disse ele, "respondes com tua cabeça pela verdade de meus horóscopos?" – "Senhor, a ciência é infalível; mas os sábios se enganam sempre"[13].

***

Sequer a ciência "tem sempre razão", razão tem o homem (e às vezes, não!). E a poesia, mal traduzida, não produz escândalos, não verbera a sorte de uma gente, traz quando muito a falta de uma graça métrica ou a alteração de um perfume de estilo. Mas, ainda continua – mesmo assim – a lastrear por seus versos o próprio progresso humano, a produzir encantamento, a agradar mais ou menos, mas "agradar", acariciar almas, *quand même*; o direito, não, o direito mal "repassado" traz inverdades e falsas proposições sociais. Altera destinos, embaraça rumos, desacredita, faz sofrer, fomenta revoluções pela indignação, mata a esperança.

Por que não, então, em tempos de cidadania, se vislumbrada a "criminalidade dourada" como um grande óbice à marcha do progresso, em nome dos *droits de citoyen ...faire passer une affaire à la juridiction criminelle*, ou para

---

[11] A afetividade, a racionalidade, enquanto sinais personalíssimos, cambiáveis de indivíduo a indivíduo, podem assumir na tradução a representatividade de "palavras da mente" ou "palavras do coração", sabendo-se que os sinônimos podem guardar significações as mais variadas.
[12] Ob. cit., p. 13.
[13] *Apud* CARVALHO NETO, *Advogados – Como Vivemos, Como Aprendemos, Como Sofremos*, 3. ed., São Paulo, Aquarela, 1989, p. 147.

os teóricos anglófonos, em nome dos *civic rights... to qualify a malfeasance as a criminal offence and transfer the case from a civil to a criminal court?*

Por que não melhorarmos, vale dizer, a política criminal no sentido de uma mais vigorosa e justa tipicidade penal no que tange à macrocriminalidade, aos delitos de *white collar*, prescrevendo uma punição adequável?

Doravante, passo a analisar.

8.2 O DIREITO PENAL PRIVILEGIANTE: CRIMES SEM VÍTIMA E CRIMES DE VÍTIMA ABSTRATA

"A lei penal não abrange o infinitamente grande da fraude e da violência e, quando abrange, tímida e fragmentariamente, não pode atingi-lo, efetivamente. E não só pelos privilégios e as consequentes imunidades de fato ou de direito que iludem ou dominam a ação oficial, escapando em função da própria periculosidade. Fatos imprevisíveis e movediços não cabem na moldura legal ou fogem dela. O principal envolve o próprio Estado dependente. Por ser dependente, somente pode adotar fórmulas genéricas, irredutíveis à rigidez da norma penal, contra a criminalidade evolutiva. Os mais perigosos ainda não ingressaram no Direito Penal, a não ser como autoridade indireta e oculta, agora direta e ostensiva. Os velhos pregões humanitários apresentam o réu como coisa sagrada. Hoje, o grande criminoso não chega a ser réu, porque é sagrado. Se as autoridades são impotentes ou tolerantes, o cientista deve algemar à consciência social os voluntários do mal com todos os meios para o bem.

Eles estilizam o primitivismo, sem a inconsciência e a gratuidade dos seus rasgos. Acumulando a impiedade e a improbidade, superam a regressão atávica. O homem elementar é inofensivo diante dos extremos da fraude e da violência conjugadas, onipresentes e onipotentes. Eles, sim, são e não estão criminosos. São criminosos, regaladamente. Quando os denuncio acusam-me de subjetivismo. Será que estão faltando sentido? Nada mais objetivo" (**Roberto Lyra**[14]).

Um exemplo a traduzir odiosos privilégios?

O direito penal "abrange o céu e a terra", no dizer de Alimena. Tomemos por metáfora para interpretar o quanto segue, posto o notório distanciamento

---

14 *Novo Direito Penal*, 1. ed., Rio de Janeiro, Borsoi, 1971, v. II, p. 116.

com que se colocam alguns humanos "no céu", e outros aguardam pressurosos a justiça "da terra". Vamos ao *argumentum ad populum*: alguns inatingíveis para o direito penal (por isso, nas alturas), e outros sujeitos aos acertos/desacertos, benesses/agruras, mas sujeitos sempre, a ele (por isso, na terra!). Assim recrudescem a luta de classes, as desigualdades sociais e as cediças oposições de apaniguados e excluídos.

Devemos tirar para amostragem o que penso ser o marco de uma certa "criminalidade dourada" que transita nos mares da impunidade, deixando atrás de si o rastro de uma neblina miasmática que reaumenta a disparidade das classes sociais brasileiras, acentuando a concentração de riqueza de alguns, ou criando a figura do novo-rico por corrupção-relâmpago (este talvez de danosidade social tão grave como o adepto do capitalismo escravagista). Estão incluídos – parece irônico! – no rol dos delitos que a criminologia denomina de **crimes sem vítima e crimes de vítima abstrata** dada a "impressoalidade" (aparente) dos efeitos criminosos, não se identificando a vítima especificadamente, individualizadamente, na maior parte das vezes colhendo-a por atacado, e não a varejo.

Tratemos do espécime-mor do "delito social" brasileiro contemporâneo, cuja conduta é socialmente reprovada – mas por vezes não penalmente típica – ou/e mesmo **quando** penalmente típica, demasiadamente branda a sanção para o infrator, a ponto de não possuir notável caráter intimidatório ao delinquente *in potentia* – caráter preventivo das penas –, não oferecendo, *ipso facto*, razões maiores para que o mesmo – e terceiros – se abstenha(m) de infringir o preceito ou mandamento proibitivo do tipo.

Não se discutirá aqui o velho chavão de que *societas delinquere non potest* ou o contrário *societas delinquere potest*. Qual correto ou errôneo princípio[15].

---

[15] Anota Marino Barbero Santos, "Responsabilidade Penal das Pessoas Jurídicas", in *Ciência e Política Criminal em Honra de Heleno Fragoso*, ob. cit., p. 439 e s., e reconhece que: "Segundo as épocas e os países tem imperado tanto o princípio **societas delinquere non potest**, como seu contrário **societas delinquere potest**. A aceitação ou a repulsa de um ou de outro princípio tem dependido de condicionamentos históricos complexos" (*vide* a ampla abordagem efetuada, matéria citada, fls. 439-458).
Walter Coelho, *in Teoria Geral do crime*, Porto Alegre, Sérgio Fabris, Editor, 1991, p. 42-45, historia a questão e adentra às questões dogmáticas, postando-se contrário à responsabilização da pessoa jurídica: "**Societas delinquere non potest**" é a norma consagrada, que nos vem desde o Direito Romano, e que foi devidamente solidificada pelo gênio de Savigny.
Houve, por certo, eventual retrocesso no Direito Penal Intermédio e ao longo de toda Idade Média ... Somente a partir do final da primeira grande guerra mundial até a década de trinta, com a expansão dos chamados delitos de Direito Penal Econômico ("White collar crime"), a tese da responsabilidade da pessoa jurídica voltou a receber expressivas adesões de alguns penalistas europeus. Era a primeira preocupação com a nova forma de criminalidade dos ditos 'crimes societários', gerados no mundo das altas finanças e dos negócios escusos, em que a exploração e especulação gananciosas e a obsessão do lucro fácil

A visão é outra. Transcende a construção dogmática[16], para, alteando-se da visão social do Brasil, cobrar uma reconstrução e uma crítica da própria dogmática a fim de emprestar soluções *pro societate*.

Refiro-me, por evidente, ao emprestar noções de direito penal e criminologia, ao palpitante assunto dos crimes de *colarinho branco*[17] – "Preamar dos abusos administrativos que vem bater, então, às portas do pretório", na antiga

> e inescrupuloso começavam a causar crescentes danos financeiros e patrimoniais tanto à economia privada como à economia pública. Tais crime, praticados pelo criminoso rico, o criminoso do 'colarinho duro' (entre nós 'colarinho branco'), geralmente ficavam impunes, como hoje ainda ocorre. Escudados na 'pessoa jurídica' e nas decisões impessoais de colegiados, protegidos pela engrenagem burocrática de grandes organismos empresariais, com estruturas administrativas complexas e requintadas, ficam inatingíveis os verdadeiros criminosos, aparecendo apenas, na estrutura da ação lesiva, os atos isolados e penalmente irrelevantes de meros agentes e prepostos.
>
> Vê-se, assim, que em 1927 o neo-positivista Quintiliano Saldaña, criador da Escola Penal Pragmática e professor da Universidade de Madri, publica na 'Revista General de Legislación e Jurisprudencia', um notável trabalho sobre o assunto, defendendo a 'Capacidade Criminal de las Personas Sociales'.
>
> Tal era o interesse pela matéria que o 2º Congresso Internacional de Direito Penal, realizado em outubro de 1929, na cidade de Bucarest, aprovou a tese da responsabilidade penal da pessoa jurídica, com recomendação aos legisladores para que a instituíssem, expressamente, no ordenamento jurídico. O congresso foi integrado por nove juristas de grande expressão, entre os quais Sílvio Longhi, conselheiro da Corte de Cassação de Roma, expoente da então Escola Penal Unitária e autor da obra 'La persona giuridica come soggetto di responsabilità penale', editada em inícios do século XX. Também participou do congresso Salvatore Cicala, professor de Direito Penal da Universidade de Roma, e que propunha a divisão entre criminosos físicos e criminosos de ficção. Dos noves participantes, apenas dois insurgiram-se contra a tese da capacidade penal da pessoa jurídica: J. A. Roux, representante da França, e M. Ettinger, delegado polonês.
>
> O assunto ensejou, por muitos anos, acalorados debates e controvérsias, sendo de mencionar ainda ...
>
> ...Nos nossos dias, com a evolução significativa dessa espécie de delinquência, em que grandes negociatas, escândalos financeiros e falências fraudulentas estão na manchete cotidiana dos noticiários, volta o tema a ser novamente ventilado, procurando-se derrubar o que chamam de 'dogma' ou 'tabu' da incapacidade penal das pessoas jurídicas. Com efeito, recente monografia do advogado argentino Jaime Malamud Goti, intitulada 'Persona Juridica Y Penalidad' (Buenos Aires, 1981), traz novamente subsídios do Direito Norte-Americano para propugnar, tenazmente, uma mais efetiva repressão à criminalidade econômica, sugerindo sanções conjugadas de natureza penal e privada contras as empresas e sociedades criminosas.
>
> Todavia, por mais persuasivos que sejam os argumentos invocados para penalizar, criminalmente, a 'pessoa jurídica', tal objetivo é, doutrinariamente, de todo inviável, a não ser que se venha a descaracterizar, por completo, a natureza do Direito Penal. Não há, em verdade, como fugir às colocações feitas, sobre a matéria, desde Savigny até Félix de Arámburu, Jiménez de Asúa, Emilio Ondei, Manzini, Cuello Calon e tantos outros notáveis criminalistas.
>
> O velho dissídio sobre se a pessoa jurídica é uma ficção (corrente tradicional) ou uma realidade (corrente realista), que nela vê uma entidade orgânica, com vontade própria e distinta de seus membros, e, assim, capaz de deliberação autônoma, é válido no âmbito do Direito Privado, como hoje não mais razão de ser na órbita do Direito Penal. Na área criminal a questão é totalmente irrelevante, por ser absolutamente inconciliável com a noção de 'fato punível', que exige ação e *culpabilidade*, com os indispensáveis componentes psicológicos e normativos. Ademais, com respeito à resposta penal, como ficaria a problemática da individualização da pena, em concreto, e sua finalidade de emenda e reajustamento do criminoso? E onde o pressuposto biopsicológico de tal procedimento?
>
> Magistralmente, já salientara Emílio Ondei, em 'Il soggetto attivo del reato', que 'não é o ente coletivo que delinque por meio de seus membros, mas seus membros é que delinquem por meio do ente que eles constituíram. Pessoa jurídica é o instrumento'".

16 *Vide* PIERANGELLI, José Henrique, "A reponsabilidade penal das pessoas Juridicas e a Constituição", *in Revista do Ministério Público do Rio Grande do Sul*, v. I, 28, 1992, p. 49-60.

17 *Vide* o esclarecedor artigo de MARQUES DE LIRA, Antiógenes, "Macrocriminalidade", *in Revista do Ministério público do Rio Grande do Sul*, Revista dos Tribunais, 1995, n. 35, p. 80-92.

expressão de Carvalho Neto[18] –, para onde importamos e transportamos a "ideia de compreensão e piedade" de variadas correntes criminológicas nascidas no estrangeiro e que, a rigor, não se emprestam ao Brasil contemporâneo.

***

Os anos 1960-1970 prodigalizaram sob o influxo do pensamento marxista que seduzia o mundo intelectualizado, um sem-número de "criminologias de conflito" diversos rótulos: contestativa, crítica, dialética, radical etc. que sustentavam ser o direito penal (reprodução político-jurídica) uma superestrutura de controle social, de caráter ideológico, a serviço do sistema e condicionada pela **infraestrutura econômica**, e contra o qual deveria insurgir-se a militância *engagée*.

E acusava-se o direito penal de um caráter seletivo, fragmentário, em que previamente escolheria o grupo ou extrato social sobre o qual faria recair o seu rigor, criminalizando e punindo tais condutas. Paralelamente, ao lado de tais correntes ou escolas criminológicas (res)surgiu um direito penal liberal – corrente de doutrinadores, movimento de política criminal – e confundiu-se – vasos comunicantes que por vezes foram – com referidas teorias ou escolas criminológicas, que, se por um lados despertava a comiseração para com os desassistidos do sistema (*excluídos*) buscando soluções humanísticas *pro reo* – estes vistos como verdadeiras "vítimas sociais" –, por outro, não encontrava forças políticas, pela onda "liberalizante" que havia, de se cobrar uma postura mais rígida frente à criminalidade específica cometida pelas mais altas classes sociais.

Afinal, prisão *nem* para o pobre (uma vítima social), tampouco para o rico (vítima do quê?) – eis que o cárcere não o corrigiria –, desumanizando a um e a outro etc.

8.3 PRIVILÉGIOS DA "DEVIANCE"?

Ao se tratar do tema ora iniciado, colherei subsídios a alguns protestos efetivados pelas "criminologias contestativas", de conflito, e a estas agregando uma corrente criminológica que vicejou, com laivos de grande e eficaz descoberta nos anos 1960-1970, em uma teoria que cobraria uma

---

[18] Ob. cit., p. 138.

linguagem politicamente correta no direito penal[19], a *deviance*, embutida na chamada "Teoria da Etiquetagem", *labelling approach*, de perspectiva interaccionista[20] e cuja síntese merece ser transcrita[21] para futuro estudo e comparação.

---

19 *Vide* sobre Baudrillard no III Capítulo, "O 'desvio' do direito penal", onde demonstra o filósofo como o excesso havido de uma ideia, acaba contradizendo-se em seu efeito com a própria ideia originária (*v.g.*, o "excesso do real" no mundo levou ao mundo "virtual", prejudicando-se, portanto, a "inteligência" da questão. Por outro lado, de se ver que, tal como se dá com o emprego correto da linguagem para a não estigmatização do delinquente (a busca do politicamente correto, também não se pode justificar uma "tutela acerbada" factível de ensejar uma "teoria do etiquetamento ao reverso"..., vale dizer, o homem bom, mas "carente", procurando uma "conduta desviante" para merecer a proteção e o carinho estatal de uma tutela – não uma pena – seria como, aproximadamente, uma concreção da filosofia de Baudrillard). A ideia que existe e se protege é nobre, coíbe-se o excesso – de resto tão corriqueiro –, da mesma forma como igualmente ocorre na questão das descriminalizações de determinadas condutas (pena de cairmos outra vez nas superadas convulsões abolicionistas do direito penal). *Vide*, quando ambas as técnicas se encontram – uma nova linguagem criminológica-penal e as reclamadas descriminalizações –, que a propósito de reclamar-se uma proteção a que o réu faça jus, e que sejam "técnicas recuperadoras do desviado", outra coisa não são, todavia, quando *exageradas, colocadas em demasiada evidência*, que técnicas postas a serviço da ideologia abolicionista do direito penal (ultrapassadíssima!), como a sustentada por Louk Hulsman na década de 1980 ("Penas Perdidas"). Vale o preciso propósito de J. de Figueiredo Dias e M. da Costa Andrade, ob. cit., p. 400: "A reconhecida influência do pensamento e da ação de HULSMAN no movimento europeu da descriminalização justificaria, apesar de tudo, uma análise mais cuidada da sua obra. Dito de forma necessariamente resumida e sincopada, HULSMAN acredita que o sistema penal não é *necessário* nem *bom*: para além de produzir sofrimentos, reproduzir e ampliar as desigualdades, 'rouba os conflitos', às pessoas diretamente implicadas. O sistema penal obedece a uma ideologia que é tributária da cosmologia teocêntrica da escolástica medieval, com os seus mitos maniqueístas e as suas exigência de expiação e repressão. O abandono do conceito de crime deve ser acompanhado do abandono total do que designa por 'dialeto penal', que deve ceder o lugar a uma nova linguagem. Em vez de *crime, criminoso, autor, criminalidade, política criminal* deve falar-se de 'atos lamentáveis', 'comportamentos indesejáveis', 'pessoas diretamente implicadas', 'situações-problemas', etc...".

20 Para uma primeira aproximação com referida corrente criminológica, os termos podem ser tidos como análogos. Anotaram, em salvaguarda, J. de Figueiredo Dias e M. da Costa Andrade (ob. cit., p. 342): "Por comodidade de expressão, utilizaremos indiscriminadamente as expressões *labeling approach* e perspectiva interaccionista, designações mais correntemente utilizadas para referenciar esta perspectiva criminológica. Outra possibilidade seria a expressão *teoria da reação social*, que também tem grande curso entre os autores".

21 Garcia-Pablos de Molina, assim a resenha:
"...O exame pormenorizado da atuação do controle social – de suas instâncias formais e informais – constitui um dos objetivos metodológicos prioritários do 'labelling approach', que destacou três características do controle social penal: seu comportamento seletivo e discriminatório (o critério do 'status' social prima sobre o dos merecimentos objetivos do autor da conduta); sua função constitutiva ou geradora de criminalidade (os agentes do controle social não 'detectam' o infrator, senão que 'criam' a infração e etiquetam o culpado como tal); e o efeito estigmatizador do mesmo (marca o indivíduo, desencadeando a chamada 'desviação secundária' e as carreiras criminais)", GARCIA-PABLOS DE MOLINA, Antonio, *Criminologia. Uma introdução a seus fundamentos teóricos*, trad. Luiz Flávio Gomes, São Paulo, Revista dos Tribunais, 1992, p. 77.
...Igualmente leciona René Dotti: "A distinção entre delinquência e comportamento desviante não deve ser procurada nos atos em si mesmos, porém no labéu, no estigma ou no rótulo imposto ao comportamento. Os grupos sociais 'criam' a delinquência quando instituem regras cujas violações se traduzem em criminalidade, estigmatizando grupos ou categorias de pessoas como *outsiders*, desviados ou delinquentes. Portanto, e dentro desta perspectiva, a *deviance* e a delinquência não constituem qualidade do ato isolado, mas resultante da criação e aplicação, por outras pessoas, das regras e sanções à pessoa do infrator", arrematando com uma bem concebida imagem: "... Em consequência, a sociedade não tem os criminosos que merece – conforme antigo aforismo – mas tem 'os delinquentes que quer'", *in Reforma Penal Brasileira*, 1. ed., Rio de Janeiro, Forense, 1988, p. 65/66.

A denominação *deviance* – onde o delinquente passa a ser chamado de autor de conduta "desviante" (*deviant behavior*) está inserida na "Teoria de Etiquetagem"[22]. Para referida "*Labelling Theory*", sobretudo para sua corrente anglo-saxônica, o homem tem o direito de ser diferente (?). Contudo, tal direito, por não ser reconhecido pelos demais e, sobretudo, porque estes últimos representam a maioria e ditam, pelo poder estabelecido, as regras de conduta, apontando-as ou coibindo-as, acabam por estigmatizar socialmente os primeiros. Vale, dizer, a sociedade etiquetaria esses "homens diferentes" de "marginais". Uma vez **autores de condutas desviantes** sujeitar-se-iam à pernalização imposta pelo Estado como um instrumento de controle social operado pelos detentores do poder.

Daí, a par de esteriotiparem-se os delinquentes minorando-lhes as oportunidades socioeconômicas pela estigmatização, acabaria, ainda, por esse fato, em constituir-se outra vez em fenômeno gerador da própria criminalidade, acarretando uma **delinquência secundária**, vale dizer, novos delitos (embora a etiologia da **delinquência primária** jamais restaria explicada por esta teoria).

Escreve Lemert:

"A *secondary deviance* refere-se a uma classe especial de respostas socialmente definidas a problemas criados pela reação social à *deviance*. Trata-se fundamentalmente de problemas sociais provocados pela estigmatização, punição, segregação e controle social, fatos que têm o efeito comum de diferenciar o simbólico e interacional a que uma pessoa responde, comprometendo drasticamente a sua socialização. Tais fatos convertem-se em eventos centrais na existência de quem os experimenta, alterando a sua estrutura psíquica, criando uma organização especial de papéis sociais e de atitudes para consigo. As ações que têm como referência estes papéis e atitudes para consigo, constituem a *deviance* secundária. Por seu turno, o "desviante secundário" é uma pessoa cuja vida e identidade se organizam em tono dos fatos da *deviance*"[23].

---

[22] Sobre a "teoria do etiquetamento", vide ainda, como fonte primária de pesquisas, LEMERT, *Human deviance, social problems and social control*, New Jersey, Prentice-Hall, Inc., Englewood Cliffs, 1967; também BARATTA, Alessandro, *Criminologia crítica e crítica del diritto penale*, Bologna, Il Mulino, 1982; LARAURRI, *La herencia de la criminología crítica*, Madrid, Siglo XXI, 1991, p. 209-216; e mais recentemente as questões levantadas por MOLINÉ, José Cid, *Pena justa o pena útil? El debate contemporáneo en la doctrina penal española*, Ministerio de Justicia, Secretaria General Tecnica, Centro de Publicaciones, Madrid, 1994, p. 238 e s.

[23] *Apud* J. de FIGUEIREDO DIAS e COSTA ANDRADE, ob. cit., p. 350.

Bem, pela estigmatização social que se imporia a determinadas condutas, restaria etiquetado "em processo desviante" apenas parcela social que tradicionalmente esteve sujeita ao jugo do direito penal (desvalidos etc.).

***

Transportem-se como ideia, hipótese de trabalho a ser desenvolvido, as seguintes e necessárias questões: qual comportamento, sociologicamente falando, mais aflige a "sociedade" atual. Tomemos, justamente para comparação, o delito-mor como, por exemplo, o homicídio (morte de um, **a varejo**, geralmente "à vista"), "o crime por excelência" na conhecida lição de Nelson Hungria, e em paralelo os crimes contra os interesses difusos, *white collar* (morte de muitos, por atacado, "à prestação")? No primeiro caso a previsibilidade de uma sanção penal enseja o cárcere? Correto! Por que então não se advogar igual ou mais vigorosa postura nos delitos sequencialmente mencionados?!

Qual o verdadeiro **etiquetamento** e qual a verdadeira **sociedade**?

Parece-nos lógico que, a princípio, já exista um "etiquetamento informal" acerca dos criminosos de colarinho branco, endereçados pela **real** sociedade (conceito público), e, não obstante, o Estado não lhes "etiqueta" por via legislativa as condutas – "criminosos" –, ou se o faz, não os pune como deveria. Muitos deles – se a *labelling approach* como teoria estiver correta – **assumiriam também** a etiqueta de "corruptos" e passariam à delinquência secundária? E novo dano social?!

Configuraria, de algum modo ou seria politicamete correto à luz da atualidade, chamar-se de "desviado" ou autor de "conduta desviante" um criminoso (?) pertencente à alta sociedade e cometendo um delito no rol dos "colarinhos brancos", tal como se protestava contra um usuário eventual de entorpecente que não praticasse ofensa alguma a terceiro? Coloquemos a questão em termos absolutos: a culpabilidade do último (delinquente ocasional, pertencente às camadas de menor poder aquisitivo), poderia ser equiparada à culpabilidade, por exemplo, de um megainfrator da legislação *antitrust*? Qual dos "desviados" ofereceria mais periculosidade e danosidade social?

Como o problema passa pela ideia de "prisão", prevenção da criminalidade e pelas circunstâncias sociais atuais, mister reacender-se o debate em torno de algumas ideias, como se seguirá, porquanto, ao antigo direito penal de cunho liberal, há que sobre ou justapor-se na atualidade, um direito penal consentâneo à nossa realidade, civilizado e humanitário, mas próprio a um país ainda castigado pela miséria e que não pode dar-se "ao luxo" de facilitar as evasões de suas divisas. Destarte, ao propósito do tema, não é de se tomar lições a uma criminologia mais complacente, ou de um direito penal excessivamente liberalizante, ou quaisquer propostas que venham a facilitar o crime, porque prestariam "socorro" aos grandes delinquentes da nação.

As questões que se seguem, visam repensar o direito penal brasileiro, verdadeiramente *pro societate*, lembrando-se que, ao não restringirmos o espaço de liberdade de ação desta privilegiada gama de delinquentes, minoritária em número de agentes, mas pluri e megaofensiva em prejuízos sociais, estaríamos retardando o próprio progresso social.

***

Quais os delitos de que aqui se trata?

Poder-se-ia englobar – sob o rótulo de crimes de *white collar*, perpetrados contra os bens e interesses difusos da coletividade – a criminalidade ecológica, as violações à qualidade de vida, evasões de impostos, fixação monopolista de preços, as infrações à saúde pública, corrupção governamental, fraudes ao consumidor, formação de cartéis, infrações cambiárias, obtenção fraudulenta de fundos do Estado, *dumping* de produtos farmacêuticos, "indústria" de insolvências, agiotagem bancária e todas as formas de abuso de poder econômico e político etc. etc.

8.4 A CRIMINOLOGIA E A CONSTRUÇÃO DO CONCEITO "WHITE COLLAR" (COLARINHO BRANCO)

Anotou o ilustrado Evandro Lins e Silva que Nelson Hungria "pensou e escreveu sozinho a Lei de Economia Popular, de 1938, a primeira a cuidar do chamado crime "do colarinho branco", "texto excelente que se tornou a matriz de todas as leis congêneres posteriores"[24], aduzindo que "Hungria tinha insuspeitados conhecimentos do direito americano, dos monopólios, do *dumpings*, dos trustes, das fraudes e artifícios contra a economia do povo, do *Clayborn Act*, do *Sherman Act*, das leis antitruste"[25].

---

24 LINS E SILVA, Evandro, *Arca de Guardados. Vultos e Momentos nos Caminhos da Vida*, Rio de Janeiro, Editora Civilização Brasileira, 1995, p. 99.
25 Id. Ibid.

Mas, como sabido, foi Edwin H. Sutherland, através de um artigo publicado nos Estados Unidos em 1945, "O *White collar crime* será mesmo crime?", quem fomentou a discussão entre sociólogos, criminólogos e juristas sobre os "delitos-ilícitos" dos colarinhos-brancos, buscando uma definição sociológica e jurídica de tais condutas. O que seria ou não crime, para ele, não seriam dois tipos diferentes de comportamento, mas constituiriam um *continuum*. Relativo tanto no sentido legal, como no social, com um conteúdo constantemente variável. Sutherland mostrou-se surpreso (depois em sua obra *White Collar Crime*, Nova York, 1949), quando encontrou apenas 9% de casos (em um grupo de amostragem de 547) em que havia ocorrido infração às leis *antitruste* (também às leis protetoras dos direitos da propriedade industrial e outras assemelhadas) cujos autores houvessem sido processados criminalmente. Por diversas razões, os demais casos jungiram-se à análise e julgamento por instâncias cíveis ou administrativas, poupando-se a maioria dos infratores das leis *antitruste* americanas (e equipadaradas) de uma condenação criminal. Tratou do fato como uma discriminação benévola a favor de uma privilegiada gama de infratores e, violentando em seu senso de justiça, defendeu o autor, mesmo com a evidência do "ilegal, mas não criminal" que tais condutas eram mesmo **crimes**, sob o ponto de vista legal (tipicidade e previsão de pena) e sob a ótica social. Afirmou que "um ato ilícito não é definido como criminoso pelo fato de ter sido punido, mas sim pelo fato de ser punível". Sutherland, repise-se, não abria mão da concepção jurídica de crime, porquanto exigia a previsão legal de uma punição em face do ato praticado.

Posteriormente, muitos sociólogos o seguiram, emprestando à conceituação de "crime" algo que pudesse **mesmo** ser anterior à própria ideia de tipicidade penal, ou seja, sob o ponto de vista sociológico, o crime independeria da lei, precedendo-a.

Desde então, a polêmica não cessou na órbita jurídico-sociológica. Bianchi, a seu turno, foi à semântica para buscar a conceituação do crime, pretendendo que, à objetiva função semântica do termo, "crime" é tanto como o próprio fenômeno, independente de qualquer atividade legiferante. Nesse sentido, o termo e a eclosão do fenômeno "criminoso" seriam pré-legislativos. Clinard, aparentemente em posição intermediária entre Sutherland e Biachi, pretende – visando não se afastar do legalismo – que se exija à caracterização do crime, além da infração a uma "norma de conduta" que traga certa "danosidade social", também a existência de uma lei que declara ilícito certo comportamento, "não sendo, pois, totalmente líquido se a referida lei o deve ser num sentido estrito de lei penal" acentua Herman Mannheim[26], trazendo o histórico da pendência.

Obviamente, à luz do princípio da legalidade-garantismo – *nullun crimen, nulla poena, sine praevia lege penale* –, a atividade legislativa é inafastável e as posiões sociológicas mais extremadas, como as de Bianchi (que dispensaria tipificação penal), não são aceitáveis, conquanto sejam fruto de puro idealismo.

***

Desse modo, como visto, os "sociólogos" emprestaram à noção de crime cada qual uma definição própria, de regra mais vinculada à violação de "normas de conduta" e "danosidade social"[27] sem o necessário supedâneo na legislação penal como tipificadora de referida conduta. Poderíamos, nesse sentido, aproximá-los, no Brasil – e nesse particular – à definição com que Roberto Lyra inicia seu *Novo Direito Penal:* **"O crime é um fato social de consequências jurídicas e não um fato jurídico de aspectos sociais"**[28].

***

Houve sim um "desvio", mas "desvio" do sentido lógico do discurso penal ou, então, não houve a necessária "transposição interlingual" para a tradução da *ideia*, não acompanhando o Brasil sequer a legislação norte--americana que, em sua sistemática punitiva, condena os autores não só à

---

26 MANNHEIM, Herman, *Criminologia Comparada*, trad. J. F. Faria Costa e M. Costa Andrade, 1. ed., Lisboa, Editora Fundação Calouste Gulbenkian, 1984, v. I, p. 62 e s.

27 Anotaram Jorge de Figueiredo Dias e Costa Andrade, que a partir de Sutherland os estudiosos da criminologia visaram imprimir um caráter ético-político à referida disciplina, e também, por via indireta, à própria administração da justiça, ao pretenderem coibir a impunidade dos delinquentes poderosos. Desse modo só um conceito de crime assente no elemento da *danosidade social* tornaria possível, segundo esta concepção, estender o campo da criminologia às práticas ilegais ou imorais do mundo do grande negócio. Práticas que, apesar da sua frequência e da dimensão e seriedade dos danos que provocam e dos riscos que potenciam, não costumam ser objeto do processo nem das reações criminais. Poderia atribuir-se este privilégio a razões como o poder dos delinquentes de colarinho branco, a desorganização social das vítimas, etc. [...] Mas deveria também imputar-se ao fato de a consciência coletiva não representar tais práticas como criminosas.
Impunha-se, por isso, vencer as resistências do positivismo legal e agrupar todas estas condutas – independentemente da sua qualificação como ilícito criminal, civil, administrativo – sob a designação comum de *crime*. O que era, aliás, perfeitamente justificado, dada a sua inquestionável identidade material. "Uma adequada ciência criminológica" – argumenta CLINARD – "deve tratar ações idênticas dentro das mesmas coordenadas, seja qual for o seu rótulo legal. É que não só a distinção entre ações criminosas e civilmente ilícitas é arbitrária, como frequentemente é difícil conseguirem-se leis que definam as condutas dos colarinhos brancos como ...", in *Criminologia – O Homem Delinquente e a Sociedade Criminógena*, 1. ed., Coimba, Editora Limitada, 1984, p. 76-77.

28 Ob. cit., p. 5.

pena de multa (em valores bastante expressivos), como à de prisão e perda dos bens. *Mutatis mutandis*, ainda tratamos, quantas vezes, de ilícito civil ou administrativo, o que por conveniência da sociedade deveria ser um ilícito penal (cf. Sutherland), abalando fortemente dentre os jurisdicionados (por inevitável cotejo com os delitos penalmente típicos que ensejem menor lesividade) o conceito macro de Justiça.

***

O País não suporta mais o ônus de manter seus cofres abertos à megaespeculação e ao enorme furto, enquanto grande parte de sua população morre à míngua! O legítimo interesse da sociedade – o "bem comum", na expressão tomista – não se compraz com a facilitação dos caminhos e rumos para os crimes, cada vez mais acessíveis e desimpedidos. A legislação reclamada pela sociedade pede freios à escalada da criminalidade e não incentivos, postula óbices à delinquência, não tergiversações e sofismas.

Surgem, ao propósito do tema, as inevitáveis questões acerca da previsibilidade da pena de prisão e sua real função para o correspondente tipo de infratores. Nesse sentido, Lins e Silva escreveu, verdadeiramente resenhando parte da doutrina penalística: "...como ressocializar, com a segregação, um banqueiro que é, no sistema capitalista, por sua própria condição, um hipersocializado?"[29]. Depois, aludiu ser "mais eficaz, compeli-lo a ressarcir o dano causado, além de uma multa que eventualmente poderia torná-lo pobre. Alguns propõem, nesses casos, utilizar, além da multa, uma prisão *sharp, short, shock*, de curta duração, com o sentido da exemplaridade. Seria como uma cafua em que antigamente se prendiam os alunos castigados, por pouco tempo, sem que tal detenção acarretasse os males da prisão carcerária"[30].

8.5 A SUPRESSÃO DA LIBERDADE

Postulamos um *plus* na reprimenda, advogando *pro societate* além da multa, do perdimento dos bens, uma prisão mais vigorosa, lastreada na antiga postura sobre ter a pena um caráter utilitário preventivo.

---

[29] in "De Beccaria a Filippo Gramatica", *Ciência e Política Criminal em honra de Heleno Fragoso*, cit., p. 28-29.
[30] Id. ibid.

Questiona-se, faleceria ou inexistiria interesse Estatal em aplicar pena privativa de liberdade (prisão), porquanto seria inócuo o caráter de "ressocialização" para o ilustrado infrator, não prevalecendo, por outro – e por esse mesmo – lado, sobre a noção de pena, o caráter expiatório?

Mas prisão "para os ricos", apenas para ressocializá-los? Em absoluto, é de se assumir, inicialmente, certo caráter retributivo que toda sanção deve conter[31], para seguida e precipuamente buscar-se o caráter preventivo (especial/geral), tudo englobado em sua utilitariedade. Um pouco de Feuerbach e outro tanto de Grolman[32], mesmo sabendo que hodiernamente a majoritária doutrina penal prefere o caráter de "prevenção geral" e que a "ressocialização deva presidir o cumprimento da pena"[33]. Mas, a proposta não pode ser **unicamente** ressocializar o **hipersocializado** – e isto, com coragem, deve ser assumido! – mas atender a um reclamo maior e mais alto, o interesse de toda a coletividade. Ressocializar, reeducar, readaptar, corrigir, senão expressões análogas, devem ser o lema a presidir **genericamente** a ideia motriz da pena, que inclusive deveria estar nos pórticos de todas as prisões. Corrigidos e corrigentes vislumbrariam o símbolo de suas tarefas. Mas, não mais que isso, **e não somente isso**. Existem exceções, há incorrigidos, há incorrigíveis (embora se diga o contrário!), e há perigosos criminosos que, soltos, atentam contra a ordem pública, donde a função tutelar do Estado, *pro societate*.

Aliás, ressocializar pela prisão será sempre uma tarefa difícil, quando não uma contradição, seja para o rico ou para o pobre[34], na conhecida lição do festejado ministro Lins e Silva. O rico é **hipersocializado** e não teria porque ser readaptado à sociedade na qual comanda; e o pobre, dela sempre foi excluído, nunca se integrou verdadeiramente, então como o cárcere o "reintegraria" a algo a que sempre esteve alheio?

---

31 A propósito, o artigo de MARQUES DE LIRA, Antiógenes. "Macrocriminalidade", *in Revista do Ministério Público do Rio Grande do Sul*, Revista dos Tribunais, n. 35, 1995, p. 80-92.
32 Para Von Feuerbach (*vide Tratado de Derecho Penal*, trad. para o castelhano por Eugênio R. Zaffaroni e Irma Hagemeier, Buenos Aires, Editorial Hammurabi S.R.L, 1989), repousa a ideia da pena na "prevenção geral", isto é, a pena teria seu elogio maior na ameaça e não na execução, enquanto Grolman, seu contemporâneo, afirmava que na ideia de "prevenção especial", alcançada pela *execução da pena*, é que estaria o fim da punição.
33 Cf. JESCHECK, op. cit., p. 59.
34 *Vide*, contudo, em análise à polêmica acerca da questão havida na doutrina espanhola, o trabalho e a proposta de José Cid Moliné no qual alerta para o risco da "dessocialização" do apenado, fazendo um grande apanhado sobre o tema penal, fornecendo vasto referencial bibliográfico, *in Pena justa o pena útil? El debate contemporáneo en la doctrina penal española*, Ministerio de Justicia, Secretaria General Tecnica, Centro de Publicaciones, Madrid, 1994, p. 245 e s. *Vide*, em português, por todos, CERVINI, Raúl, *Os Processos de Descriminalização*, notas e referências de Luiz Flávio Gomes, trad. da 2ª edição espanhola, Revista dos Tribunais, 1995, p. 29-48 ("O fracasso da ideologia do tratamento ressocializador").

O que se propõe é justamente ressuscitar a antiga ideia de Bulhões Pedreira[35] no sentido de prevenir o delito pela prisão (prevenção geral e especial, ameaçando, impedindo o crime; executando a pena e, pela exemplaridade, impedindo-se novos delitos), quando este demonstrou em 1941, na Segunda Conferência Latino-Americana de Criminologia, realizada em Santiago, que **os ricos, sim, estes têm medo de cadeia.**

A prisão, nesse caso, configura-se, ela própria, em verdadeira "pena alternativa", por vez que – para esta privilegiada gama de delinquentes – foi a única pena que, ao longo da história brasileira, ainda não foi aplicada.

***

E têm! Porque **tem mais a perder** (?), pelo medo da queda do "lugar mais alto": o conceito social, a *joie de vivre*, os prazeres que o dinheiro compra e que somente são possíveis de usufruto mediante a liberdade. O pobre? Pobre do pobre – *argumentum ad populum et ad misericordiam?* –, já nasce, por vezes, "encarcerado" em barraco compacto, onde qualquer tentativa de mobilidade é impossível – a morada mínima é dividida com variados "parceiros de cela", que configuram a prole numerosa e faminta –; socialmente está "preso" por parte da existência (ou por toda esta) a um trabalho que, quantas vezes, o "reduz à condição análoga à de escravo"... e o que lhe sobra em tempo à diversão, lhe falta em numerário para divertir-se. Os americanos falaram na subcultura delinquente, estudaram o perfil e o drama humano do *college boy* e do *corner boy*.

É de se ver no Brasil o perfil estereotipado do playboy – que não produz, mas usufrui – e acompanhar os passos do mais "solto" e "bem-sucedido" **ex-excluído**, um *office-boy* (emprego que se configura em verdadeiro *american dream* de muitos desempregados[36]) arrimo de família. O

---

35 Mário Bulhões Pedreira, estudioso e professor das ciências penais, foi brilhante advogado e promotor, orador implacável que perpetuou sua memória – sobretudo na tradição oral – após fragorosos debates travados no foro criminal do Rio de Janeiro nas primeiras décadas deste século. Seguidamente ao movimento revolucionário de 1930, o governo provisório instituiu subcomissões legislativas e, para o estudo e reforma da legislação penal, compuseram a subcomissão de juristas o desembargador Virgílio de Sá Pereira, presidente, Evaristo de Morais e Bulhões Pedreira, como juristas-criminalistas que pontificavam à época no cenário nacional, que apresentaram um projeto substitutivo ao projeto original do primeiro (Sá Pereira).

36 Aduzo ao "sonho americano", porquanto este caracteriza-se pelo *status* a que se busca constantemente ascender na sociedade, ensejando uma interiorização aos jovens das classes baixas que passam a aderir "à ética do sucesso que preside toda a sociedade americana": um trabalho, uma remuneração, a consequente possibilitação da aquisição de fontes e bens destinados ao consumo e ao prazer. Interessam, quanto ao tema e à luz da criminologia, as soluções ou respostas típicas pelas quais os jovens das classes trabalhadoras procuram saídas para as frustações aos conflitos que experimentam, e sobretudo, a constatação de que somente "um escasso número de jovens conseguem romper com sua classe de origem". Por isso, simbolizei

primeiro, aos quarenta anos, é sustentado pela família; o segundo, aos vinte, sustenta a família. Acusar-me-ão de sofisma? Qual? "Ambos locomovem-se, e bastante" – diriam os detratores –; somente que o último **caminha** (com sucesso, **pedala**!); enquanto o primeiro, **trafega** ou é **conduzido**; no caso do afortunado, o transporte é lazer descompromissado, regra de vida; no segundo, é trabalho forçado, estado de necessidade, liberdade do corpo, deambular, mas compromisso de alma em produzir.

Diz que está **se matando** de trabalhar para ganhar **a vida**. Qual similitude? Então, a semelhança é meramente fonética, porque o destino é antônino. Enquanto para um a "prisão" teria o ácido sabor de novidade aterradora (muda, do regime alimentar ao espaço físico-social da vida), para outro é "mal" (*quand même*); mas "mal" que, senão já experimentado, ao menos quase prenunciado pelas exposições arriscadas do dia a dia[37]. Pouca novidade!

Os "ricos" (perdoem-me a expressão, tão antiga, genérica, por isso injusta às vezes, e que, também, de per si não induz sinonímia com "culpa"), as classes mais altas, perderam um pouco o "medo" do cárcere, é verdade; justamente porque, historicamente, foram cada vez mais sendo fortalecidos pela crescente impunidade (então, "não há o que temer", logo, faltou exemplaridade), e por esta seletividade prisional de que falam Figueiredo Dias e Costa Andrade[38], que basicamente abrigou "pobres e desassistidos",

---

neste alvo de sucesso, em homenagem, o nosso (?) **office boy**, por análogo à constatação que se segue: "salvo raras exceções" escreve Figueiredo Dias, "os *college boys* – jovens da classe trabalhadora tendem a reproduzir em modelo reduzido a imagem dos próprios pais". Citando Cohen, afirma que fundamentalmente são três as soluções ou respostas típicas de referidos jovens face à sociedade: "... Assim, além da solução da *subcultura delinquente*" – referida no texto de onde se extraiu este excerto –, "há as respostas típicas do *college boy* e do *corner boy*. Esta última, a mais normal, traduz-se na aceitação dos limites conaturais à sua própria classe, na renúncia à competição na procura do *status* (e segundo os critérios) da classe média e na procura das gratificações que a ligação estável à sua família e vizinhança lhe pode proporcionar, sem quaisquer sentimentos de agressividade em relação à classe média. A solução do *college boy* é a via escolhida por um número escasso de jovens da classe trabalhadora que, à custa de sacrifícios e de deferimento das gratificações, logra romper com a sua classe de origem e atingir as qualificações necessárias ao sucesso no interior da classe média" (FIGUEIREDO DIAS, Jorge e COSTA ANDRADE, Manuel da, *in Criminologia. O Homem Delinquente e a Sociedade Criminógena*, Coimbra, Coimbra Editora Ltda., 1984, p. 295-296). Também, a propósito do tema (*corner boys* e *college boys*), o excelente HERMANN MANNHEIM, *Criminologia Comparada*, Fundação Calouste Gulbenkian, II Volume, trad. J. F. Faria Costa, p. 777-795.

37 Vide sobre a *teoria da subcultura delinquente*, FIGUEIREDO DIAS, *Criminologia...*, cit., p. 293 e s. HERMANN MANNHEIM, ob. cit., p. 775 e s.
38 Registram Figueiredo Dias e Costa Andrade (ob. cit., p. 536):
"Outro dado da criminologia da seleção no tribunal é a comprovada relutância de os juízes condenarem a prisão efetiva as elites e as classes médias da vida econômica, da administração ou das profissões liberais. Da mesma atitute beneficiam, de resto, os filhos destes grupos sociais. As coisas são particularmente ostensivas em relação aos delinquentes de *white collar*, designadamente aos autores de crimes contra a economia. O reduzido número de processos que lhes são instaurados, se não terminam com absolvição, dão lugar a condenações puramente simbólicos, sem o estigma e os custos da prisão".

na expressão de Lins e Silva[39]. Bastaria, contudo, que se aplicasse a ideia (medidas restritivas de liberdade) para o *metus* ressurgir e, com ele, a ideia da prevenção delitiva tornar-se eficaz.

Somente o ressarcimento do dano ou o perdimento dos bens parece-nos pouco, primeiro porque o risco pode compensar o crime, segundo porque quando se descobre o ilícito, de regra, o "dinheiro" já está seguramente depositado (e escondido) no exterior, ou aqui mesmo, em nome de terceiros.

8.6 INUTILIDADE DA PRISÃO: DOGMA?

Não há nada de novo a se dizer sobre a prisão, que persiste controvérsia imemorial. Mas impossível fugir-se ao tema: dizem os apologistas da ideia ou os radicais abolicionistas da prisão: "O que interessa é somente o Estado reaver o dinheiro surrupiado"! Dizemos nós: "O que interessa é **inexistir esse crime, interessa o não agir, a inocorrência de mais esta espécie ilícita**", e uma das formas é pela ameaça de prisão. Depois de efetivado o prejuízo, pelo crime, então, a par da medida restritiva de liberdade com caráter retributivo e utilitário, também as necessárias (e raramente aplicadas) medidas tendentes ao ressarcimento do dano além de vigorosa multa.

Mas, no tocante à prevenção do ilícito, ainda defendemos o encarceramento, através de uma prisão limpa, adequada à Lei das Execuções Penais, às diretrizes humanitárias de política criminal ditadas pela ONU, individualizada – não o *locus horrendus*, a promiscuidade, a selvageria carcerária que mistura delinquentes diversos, o primário com o reincidente, o estelionatário com o latrocida. Mas, pena de reclusão, restritiva da liberdade, enquanto punição/prevenção, **segura e consistente**. Prisão não intimida? Não intimida na medida em que não é aplicada, faltando-lhe exemplaridade, porque da previsibilidade à execução agarra-se o criminosos potencial ao testemunho histórico da impunidade, confiando em sua inaplicabilidade, portanto, não tendo acendradas razões para a abstenção de seu ato, o *non facere* não subsiste. Ademais, sob esse tema (prisão) não se aceita o pretenso "dogma" de sua inutilidade (não se inventou, ainda, substitutivo à altura), até porque diz respeito à matéria de direito, e o direito, como ciência, é incompatível com "dogmas" sobrevivendo nas controvérsias.

---

[39] Ob. cit., p. 23.

"*En science comme en amour, ni jamais ni toujours*"[40].

***

Mister o realismo, de radiografia precisa e sem rodeios, assinalado por Cezar Roberto Bitencourt[41]:

"A prisão é uma exigência amarga, mas imprescindível. A história da prisão não é a de sua progressiva abolição, mas de sua reforma. A prisão é concebida modernamente como um mal necessário, sem esquecer que guarda em sua essência contradições insolúveis. O projeto Alternativo Alemão orientou-se nesse sentido ao afirmar que 'a pena é uma amarga necessidade de uma comunidade de seres imperfeitos como são os homens'. Por conhecermos bem as críticas que o encarceramento merece, acreditamos que os princípios de sua progressiva humanização e liberalização interior são a via de sua permanente reforma, caminho intermediário entre o conservadorismo e a convulsão abolicionista, não seguidas, claro, por nenhum país do mundo, independentemente dos seus regimes jurídico e político".

***

É hora, aliás, nesse sentido, de questionar-se Montesquieu com o seu citado, recitado, cantado e bailado "Não é a quantidade de pena que inibe o crime, mas a certeza da punição".

Dizemos: não é bem assim! Ora, a esse argumento – se tomado *ipsis litteris et verbis*, como de regra se faz – a lógica matemática espanca e sorri, porquanto com uma ameaça tímida de pena – 3 dias de prisão (vamos ao *agumentum per absurdum*) – o delinquente *in potentia*, faz *in mentis* a operação-problema e vê que "o risco da pena" – por demasiadamente branda – compensa o crime – por bastante lucrativo!

A teoria do direito escandinavo do *sharp, short, shock* parece-nos inaplicável à espécie, porque os sentimentos ficam inibidos pelo cálculos, as ideias giram em torno do *quantum*, a ética não leva mais o homem a pensar, mas os fins – de um a outro lado – podem justificar todos os meios.

***

---

[40] "Em ciência como no amor, nem jamais nem sempre".
[41] ROBERTO BITENCOURT, Cezar, *Falência da Pena de Prisão. Causas e Alternativas*, 1. ed., São Paulo, Revista dos Tribunais, 1993, p. 11/12.

Em Canela-RS[42], tratando do tema, na conferência de abertura que pronunciei sobre a "Efetividade do Ministério Público Criminal" junto ao *parquet* gaúcho, gritei minha indignação contra as propostas legislativas que visavam retirar a previsão da pena de prisão a esta gama de criminosos, alertando sobre o risco de a mesma se constituir em mais um fator criminógeno contributivo para a ocorrência desses delitos:

"...Então no raciocínio pragmático do criminoso de 'colarinho branco', em operação de lógica aritmética, ele pensará: 'bom, se me pegarem, devolvo **parte** do dinheiro que desviei do que furtei...se me pegarem devolvo dinheiro, patrimônio, coisas que **sei ganhar'. Virará um negócio, o já existente 'negócio do crime de colarinho branco'**. Dará até para separar uns tostões públicos, para, com esse dinheiro, já custear no futuro a 'defesa de luxo'. Porque ninguém se engane; até que se descubra o tamanho do rombo e se localize algo de seu patrimônio, já terá desviado com muita competência o produto do crime. Apuraremos quireras, brigaremos por calungas, por coisinhas, indenizaremos a sociedade com alguns níqueis (a título de pena), quando assaltaram o cofre da nação em roubo de milhões! Acharemos o 'dinheiro de aguardente' a um custo para o Estado de *whisky* escocês! E onde está o Ministério Público nesse momento? Somente aplicando a lei nas pequenas comarcas? Esperando mais um 'pacote legislatório' com medidas que podem gerar mais desespero da população e crime? Será que ninguém se importa, realmente, com a pobreza, com os desvalidos? Seguirá o direito penal a fomentar a luta de classes? Onde está o Ministério Público timoneiro, de vanguarda, ideias, que se indigna contra uma proposta danosa, que sai à liça e instaura a lide moral, o contencioso ético, colocando-se ao lado e a serviço de seu povo?".

***

Em Bagé[43], naquele mesmo Estado, contagiado pela energia idealística, incomparável dos estudantes de Direito, entusiasmei-me e excedi-me (?) e, sentindo o inverno rigoroso de um agosto naquela fronteira sulina, imaginei o sofrimento de um povo, castigado, como de resto a maior parte da gente nacional, e propus um moderno talião aos criminosos de colarinho branco:

---

[42] Conferência de Abertura: "A Efetividade da Ação do Ministério Público Criminal", III Congresso Estadual do Ministério Público do Estado do Rio Grande do Sul, Canela, junho de 1994.

[43] "A Responsabilidade Penal e a Defesa da Sociedade", conferência na abertura da XV Semana Jurídica da Universidade da Região da Campanha, presidida pelo Prof. Silvio Miranda Munhóz, Bagé/RS, 22-8-1994.

"Lesou o Estado? Furtou o dinheiro, o patrimônio público, o INAMPS, enfim? Virou um rico excêntrico e extravagante, que joga sobras às bocas famintas de seus irmãos... se entregando ao luxo, às custas da miséria e sofrimento do seu povo?

...Ficarás tão pobre quanto tuas vítimas; enfrentarás as filas dos aposentados, receberás as 'roupas' dos desvalidos... Descalços? Sentirás o frio do minuano a cortar-te a carne à espera dos remédios vencidos e de um leito que falta nos hospitais públicos ...como o que entregavas à população adoecida; e enfrentarás longas filas por um prato vazio de comida e cheio de fome. Não comerás! E sofrerás o escárnio e a discriminação pública, como sofrem hoje os infelizes que espolias... Com isso, tu que és inteligente, sabes: 'não pecarás!', como diziam ao tempo do homem cristão!"

Os acadêmicos comoveram-me ao vibrarem um entusiasmo cívico, quando ouviram um discurso penal que buscava na metáfora das pretensões um balizamento de justiça aos sonhos de um povo! "A palavra é um sacramento de mui delicada administração", diria Ortega y Gasset em sua **Rebelião das Massas**. Sempre, na medida do possível "administrei-as". E não me arrependo por um canto de ideal, sinceramente me revigoro ao encontrar eco de indignação nos ouvidos jovens. Convoco-me, assim, sempre, a cada manifestação da palavra falada ou escrita, para não esmorecer, para não recitar sem crença somente o que queiram ou lecionem os doutos – quantas vezes distantes da realidade e da necessidade do seu povo –, como que a buscar um **lugar ao sol no sistema**; mas prefiro a liturgia veraz da palavra que flui da alma, para aguçar a sensibilidade do que pretendem ou necessitam os estudantes idealistas.

***

Nesse sentido, a tipificação do crime e a previsão de uma pena visam à **prevenção delitiva – geral e especial**[44]–, e não ao **muito eventual**

---

[44] Como sabido, a doutrina de Giandomenico Romagnosi constitui reação à do contrato social que Beccaria trouxe de Rousseau, o qual, por sua vez, inspira-se no holandês Hugo Grotius (Hugo de Groot, 1583-1645), considerado o "pai do direito natural" (Alemanha, Século XVIII, *De jure belli ac pacis*, vide *História do Direito Privado Moderno*, Franz Wieacker, Fundação Calouste Gulbenkian e, também, o excelente *Introdução à História ao Direito*, John Gilissen, trad. A. M. Hespanha e L. M. Macaísta Malheiros, 2. ed., Lisboa, Fundação Calouste Gulbeckian, 1995, p. 364 e s.). Mas, mesmo a Beccaria, a norma penal (preceito e sanção) é "um motivo psicológico oposto ao delito" no que o aproxima de Romagnosi que a pretende "uma contraimpulsão à impulsão criminosa", uma "coação psicológica" (conceito de Feuerbach) para levar os cidadãos a absterem-se da realização de ações antijurídicas. Para Romagnosi o direito penal não se destina à vindita; a vingança não é sua finalidade, destinado apenas para evitar novos crimes. Pelo caráter

ressarcimento do dano (obviamente, sem "prejuízo" do ressarcimento quando possível, em já havendo ocorrido o crime); até porque, quando todo o direito penal cair na "matemática", nos "números" e finanças, haverá acordo para

---

utilitário-preventivo e emprestado à pena torna-se um verdadeiro precursor da Escola Positiva, ainda porque desenvolveu estudos acerca da profilaxia criminal. São de seu uso e estudo as expressões **spinta criminosa** (impulso criminoso) e **contra-spinta penale** (contra-impulso penal), ou seja, a pena (**contra-spinta penale**) para conter ou refrear a **spinta** (impulso) do criminoso ao crime.

A ideia e o mecanismo processador da "prevenção geral" como fundamento do direito de punir, teve em Bentham e Feurbach os cientistas máximos. Definiu o primeiro, "punir é infligir um mal a um indivíduo, com uma intenção direta em relação a este mal, em razão de algum ato que parece ter feito ou omitido", dando por fim o conceito utilitário da pena: "as penas legais são males infligidos, segundo formas jurídicas, a autores de qualquer ato prejudicial, proibido por lei, e com o fim de prevenir semelhantes atos". Foi quem melhor sintetizou os efeitos da pena: "A prevenção dos delitos, divide-se em dois ramos: a prevenção particular, que se aplica ao delinquente individual; e a prevenção geral, que se aplica a todos os membros da comunidade, sem exceção" (vide *Théorie des Peines et des Récompenses*, 3ª ed., tomo 1, p. 2 e 6, Paris, 1825, Comp. Dumond). O segundo (Paul Johan Anselm Ritter Von Feuerbach, *Tratado de Derecho Penal*, tradução para o castelhano por Eugenio Raúl Zaffaroni e Irma Hagemeier, Buenos Aires, Editorial Hanmurabi S.R.L., 1989), explicando a psicologia do criminoso, lecionou que o homem age motivado por poder apetitivo, visando resultados que lhe são prazerosos, ou seja, a prática do ilícito é a busca da satisfação de uma necessidade pelo agente. Deu prevalente valor ao **poder intimidatório da pena**, à ameaça, porquanto esta dirige-se a toda a coletividade, indistintamente, tendo-se ou não propensão ao crime. Nesse sentido a ameaça da pena constitui um contramotivo à infração, reforçando o "sentimento moral" da pessoa, no tempo em que lhe demonstra as consequências da resposta penal. Contemporâneo de Feuerbach, Grolman opôs à ideia de "prevenção geral" (onde a pena teria seu maior elogio na ameaça, e não em sua execução) a ideia de **prevenção especial**, porquanto na execução da pena é que estaria o fim da punição. Leciona, a seu turno Eduardo Correia (*Direito Criminal*, reimpressão, Coimbra, Livraria Almedina, 1971, v. I, p. 49): "O pensamento da prevenção especial repousa na ideia de que o crime tem na sua base certas tendências da personalidade do delinquente, de tal maneira que o que em primeira linha interessa é a atuação direta da execução da sanção na personalidade do criminoso".

Sobre a dúplice eficácia preventiva da pena, vide Jescheck:

"Si el resultado de la prevención delictual ha de producirse en relación con la totalidad de los ciudadanos, se habla **prevención general**. Prevención general significa en primer término que, mediante el temor a la pena, toda persona debe ser disuadida para no cometer acciones punibles (**prevención general negativa**). Hay sin embargo, algo más importante: através de la conminación penal en la ley y de la condena del culpable, que indica que el Estado toma en serio aquella amenaza, debe evitarse la legitimación del delito e alentarse esa aversión normal contra el injusto que surge espontáneamente y contribuye en gran medida a poner coto a la predisposición delictiva latente en la cotectividad (*prevención general positiva o prevención por integración*). No cabe decir, en modo alguno, que cada delito cometido cuestione la eficacia de la prevención general del Derecho penal, pues, sin duda, se cometerían muchos más delitos si no hubiera Administración de Justicia penal. El Estado no sólo pretende con la pena intimidar al presunto delincuente mediante la amenaza de un mal cuya imposición depende del hecho, sino que procura, sobre todo, fortalecer la colectividad en su consciencia jurídica y educaria en la obediencia al Derecho, acudiendo para ello a las leys penales justas y sua aplicación comedida e igualitaria.

b) Mientras que la prevención general aspira a prevenir el delito en relación con la totalidad de los ciudadanos, la **prevención especial o individual** se dirige al propio reo. Este es quien, mediante la lección que se le ha impartido con la pena, debe ser apartado de nuevos yerros y educado para que se adapte a las pautas sociales de la colectividad. Si se llega a la ejecución de una pena privativa de libertad, su cumprimiento ha de estar por la idea de la **resocialización**, fortaleciendo con su formación escolar, profesional y corporal el sentido de responsabilidad del recluso y procurando su colaboración activa en la vida del establecimiento. Además, el tiempo de privación de libertad repercute en la seguridad de la colectividad frente al delincuente peligroso. Sin embargo, las posibilidades de una eficaz influencia pedagógica en la ejecución penitenciaria suscitan hoy un escepticismo sustancialmente mayor que en otros tiempos, ya que los grandes esfuerzos realizados en Alemania y en el extranjero (EE.UU., Escandinavia y Holanda) para intensificar el cumplimiento no conseguieron reducir significativamente la cuota de reincidentes. Lo mejor para la prevención especial es sin duda la condena condicional con una asistencia planificada y ayuda social al reo", Hans-Heinrich Jeschek, *Tratado de Direito Penal*, Parte Geral, 4. ed., trad. para o espanhol por José Manzanares Samaniego, Granada-Espanha, Editorial Camares, 1993, p. 59/60.

pagamento, parcelamento e abatimento de prestações das dívidas, até a benesse da alforria-perdão, pura e barata.

Desse modo, aqui e além-mar, ainda vez por outra viabilizam-se grandes projetos de defesa que permitem a caracterização de um ilícito civil, ou de um "desvio" – criminologicamente falando –, descaracterizando-se qualquer pretensão de tipificação penal e por conseguinte da aplicação da pena-prisão, ocorrências, sobretudo, devidas às construções legislativas defeituosas ou que não acompanharam para previsão penal, as novas e sofisticadas formas da alta criminalidade, a chamada "delinquência ilustre". Lyra, a seu tempo, lembrava Marx que "com despercebida prioridade, disse que o cavalheiro da indústria substituiu o cavaleiro de punhal"[45].

8.7 A LEI EM DESCOMPASSO COM OS FATOS

Os fatos ocorrem mais rapidamente que as interpretações; o *just scriptum* é insuficiente para refletir a realidade que constantemente se renova, na expressão de Del Vecchio! A lei anda sempre à retaguarda dos fatos, ilustrou Bonnet[46] e, havendo lacunas na lei, ou aparente permissividade por não adequação "justa" típica da conduta às normas penais incriminadoras, o problema acaba por recair na intrincada rede da integração da norma; na impediência da analogia[47] e, tudo, salvaguardado pelo princípio da reserva legal (garantismo), levando à impunidade expressa ou tácita de infratores ("infratores da norma penal", ou "da consciência de direito penal" ínsita a cada povo)!

Sob a ótica da rígida interpretação literal da lei (legalismo-garantismo) está correto, porque a defesa da liberdade e da igualdade dos cidadãos obriga que os crimes e penas estejam clara e previamente descritos na lei. *Nullun crimen, nula poena, sine praevia lege penale*. Garantia do cidadão. Conquista do Estado de Direito. Respeito democrático. Então, o problema, **é a lei**!

De regra, uma vez impossível a citada analogia – a estrutura formal do direito penal é *numerus clausus* –, acarreta-se um "divórcio sem casamento", o conflito propiciado pelo conceito do injusto popular quando cotejado aos

---

[45] LYRA, Roberto, *Introdução ao Estudo do Direito Criminal*, 1. ed., Rio de Janeiro, Editora Nacional de Direito, 1946, p. 227.
[46] Bonnet, autor francês, escreveu em 1930 uma obra intitulada *Le Droit en rétard sur les faits* (O Direito à retaguarda dos fatos), apud NOVOA MONREAL, ob. cit., p. 32.
[47] *Vide* as ponderações de Manuel Cavaleiro de Ferreira, in *Lições de Direito Penal. Parte Geral. A teoria do crime e o Código Penal de 1982*, 4. ed., Lisboa, Editorial Verbo, 1992, p. 64.

grandes "buracos negros" da legislação, que opõem uma moderna criminalidade à legislação não evoluída, ingênua, acarretando certa atipicidade de condutas de *white collar*, criando o chamado *delitum legale*. O professor Sebastián Soler lecionou que as infrações penais são como ilhas, e o espaço entre uma e outra, sua zona de liberdade[48]. Esse o mar onde nadam braçadas de impunidade os grandes **cetáceos** ("tubarão" já é antigo e vulgar!).

8.8 LEIS PENAIS: TEMPO E ESPAÇO

A questão reflete a temática da lei penal no tempo/espaço. No Brasil, foi o baiano Afranio Peixoto quem lutou pela **periodicidade** dos Códigos[49].

Códigos com datas-limite? Código Penal com previsão de vencimento?! Objeções? Sim, inúmeras, e inúmeros méritos e elogios também! Afinal, não há nenhuma boa/má ideia que não tenha o antônimo filosófico correspondente, o reverso da medalha; vale dizer, não há, nesse sentido, tese sem antítese. De nossa parte – falamos agora –, determinadas leis deveriam vir com bula e data de vencimento, como os remédios, aliás. Afinal, a pena não é a **medicina** da alma – no dizer de Platão – e o direito não é a **medicina** da cultura, conforme Delfim Santos[50]?!

Leis criadas – como todas deveriam sê-lo – ao sabor da necessidade (já se ultrapassou o tempo em que se acreditava na perenidade das leis e os bons Códigos eram os eternos, como se o homem/sociedade fossem estáticos). Assim, não haveria que se falar em desatualização, legislação retrógrada, tompouco em acentuado descompasso com a história-cultura. "Se a vida social fosse imutável, nada teríamos que objetar" sobre leis perenes, bradou Novoa Monreal[51]. É certo que isso agravaria ainda mais o complexo emaranhado de legislações que suportamos, colaborando tal fato – tal como hoje se fazem leis – para a má-formação legislativa; mas isto se deve não ao modelo de *lei temporária* e, sim, ao método de feitura das leis, onde se matriculam e se formaram nossos legisladores, na "Escola de **analfabetização**" lesgislatória, que ministra aulas do como *non facere*.

---

[48] SOLER, Sebastián, *Derecho Penal Argentino*, Buenos Aires, 1945, I, p. 145.
[49] Disse-o Afrânio Peixoto: "O Código Penal precisa ser reescrito, de tempos em tempos. Não só porque certas concepções tenham envelhecido e outras novas advenham, senão também porque o espírito do povo mudou, outra é a concepção que as gerações vão tendo do fenômeno jurídico: todos os dias a vida muda, com as modas, e o direito, apenas expressão de uma, não pode escapar a outra ...", in *Criminologia*, ob. cit., p. 104.
[50] Citado por FERREIRA DA CUNHA, Paulo, V. I, ob. cit., p. 77.
[51] NOVOA MONREAL, ob. cit., p. 28.

Dentro desse entendimento, Silvio Romero lembrou a seu tempo que há crimes que "são mais das épocas do que da vontade dos indivíduos", enquanto Roberto Lyra disse da necessidade de se estudar "o espíríto do século"[52], assemelhado, pelo culturalismo, ao *volksgeist*, "espírito da sociedade" de Savigny. No Chile, Novoa Monreal elaborou gráficos demonstrando o desajuste da lei escrita pelo transcurso do tempo face à mobilidade da vida social[53].

8.9 PROCESSO DE CRIMINALIZAÇÃO PRIMÁRIA

Assim, ao momento em que certos tipos penais envelhecem – tempo em que a astúcia, o engodo, a fraude substituem a violência para o apossamento do patrimônio alheio, tempo em que surgem novas e sofisticadas formas de "criminalidade", os fatos sociais recomendam a criação de novos tipos – uma neocriminalização que contrabalanceie os processos de descriminalização –, pena do direito penal virar nau à deriva.

Aproveitando lições – a pretexto de **"modernas tendências do mundo"** (Qual mundo? Qual país? Qual momento e em que circunstâncias?), *ultimum subsidium da verdade* – ou de uma criminologia mais complacente, sob o *argumentum de homo plus*[54], "compasivo y solidario", busca-se agora – com total desaprovação da população, e de parte de nossa intelectualidade cônscia e não comprometida com desvalores – o banimento da pena de prisão **mesmo** diante da eventual tipicidade penal para casos

---

52 LYRA, Roberto, *Novo Direito Penal*, Introdução, 1. ed., Rio de Janeiro, Forense, 1980, p. 45.
53 *Vide* fls. 27 a 38, *in O Direito como obstáculo à transformação social*, ob. cit ..., especialmente fls. 28/29 quando diz: "De qualquer forma, toda sociedade humana, e com maior razão as que alcançaram um nível cultural apreciável, como as que contam com um Direito relativamente desenvolvido, é dotada de mobilidade. A sociedade está sujeita a mudanças de natureza muito variada, algumas condicionadas por circunstâncias externas e outras orginadas dentro de seu próprio seio. Nisso se assemelha a um organismo vivo.
Essa mobilidade torna inevitável que os esquemas baseados em normas rígidas se afastem, cada vez em medida mais expressiva, das realidades sociais em que essas normas devem ser aplicadas. Podemos representar o mandato da norma, anquilosada em seu texto para o futuro, como uma flexa segmentada, de curso reto, que iniciou seu curso no momento de vigência da lei e que se prolonga indefinidamente, sem alteração (por isso é desenhada reta), até o tempo vindouro. O curso cambiante da vida social, nós o representamos, ao contrário, com um traço contínuo de curso sinuoso, no qual, normalmente, pode ser encontrada uma certa direção preponderante. Isso nos permite observar que, em face das mudanças sociais, pouco depois de editada uma lei, se produz de logo, um distanciamento entre ela e a realidade social que deve regular".
54 A expressão é colhida a BERISTAIN, Antonio, La dimensión religiosa en la filosofia de la Política criminal (El Derecho penal del "homo plus"), *in Estudios Vascos de Criminologia*, Bilbao, Mensajero, 1982, p. 330 e s.; do mesmo autor, também, e sobre o mesmo assunto, *vide Nueva Criminologia desde el Derecho Penal y la Victimologia*, Valencia, Tirant lo Blanch, libros, 1994, p. 85.

da macrocriminalidade com que se revestem os corruptores do erário, dilapidadores do patrimônio público, integrantes dos chamados "colarinhos brancos". Não, o estudo do problema social brasileiro demonstra a enorme danosidade social desses crimes no País. Nossa situação é bem outra. Ainda não avançamos no campo social para o permissivo pretendido, porquanto o montante dos danos produzidos por esta criminalidade específica, atrasa, insofismavelmente, a própria marcha do progresso brasileiro.

Então, enquanto – como dizíamos – envelhecem certos tipos penais, que se mostram por vezes em descompasso ou contraponto com o conteúdo axiológico do "tipo" – *v.g.* o "desusado" crime de adultério[55] –, condutas

---

[55] Vejamos um texto de Afrânio Peixoto, escrito há mais de 50 anos (1936), no qual, citando um caso concreto de adultério (ocorrido ainda há mais tempo), já o nomina "caduco": "Crime de adultério. Não haverá adúlteras? Mas não há processos. E um que houve, o próprio juiz, VIVEIROS DE CASTRO, desculpou a ré, ridicularizando o marido, como o é também pela sociedade. Por quê? Porque a *consciencia* penal já vai adiante, sobre a *consciência* civil, que ainda garante a propriedade legal do marido sobre o corpo da mulher, do que deriva, penalmente, o 'crime' do adultério (art. 279 do CP), espécie caduca ...E a sociedade de qua promove o ridículo, para o marido enganado, impede a esse marido de romper o vínculo, com o que o engana e ridiculariza. Ensina-lhe com isso o chamado crime passional, que ela pune nos Códigos, mas glorifica nos júris ...Abismos de contradições.

Para volver estes disparates só resta à Sociedade adquirir consciência de sua criminalidade, não os tabus imotivados que são mitologias, mas das vantagens e interesses reais, que se protegem e se defendem, com a precária penalogia, ou com as prevenções e precates, medidas de segurança ou de defesa social, das legislações adequadas", *in Criminologia,* ob. cit., p. 22.

Apenas por lembrança, tomemos para análise Beccaria, que enxergava inutilidade na criminalização dessa conduta. Tratou Beccaria o adultério como um fato natural que fugiria à concepção clássica de delito, ditando ao legislador a pecha de influenciador das relações espúrias. Deu ao capítulo o título de "De Certos Delitos Difíceis de Constatar". *Vide,* contudo, as crítica feitas por BASILEU GARCIA, *in Instituições de Direito Penal,* v. I, 4. ed., 30. tir., São Paulo, Max Limonad Editor, 1966, p. 60-61 e s.)

Sem pejo e rodeios, assinalou: "O adultério é um crime que, considerado sob o ponto de vista político, só é tão frequente porque as leis não são fixas e porque os dois sexos são naturalmente atraídos um pelo outro. Se eu falasse a povos ainda privados das luzes da religião, diria que há uma grande diferença entre esse delito e todos os outros. O adultério é produzido pelo abuso de uma necessidade constante, comum a todos os mortais, anterior à sociedade da qual é ele mesmo o fundador; ao passo que os outros delitos, que tendem mais ou menos à destruição do pacto social, são antes o efeito das paixões do momento do que das necessidades da natureza.

Os que leram a história e estudaram os homens podem reconhecer que o número dos delitos produzidos pela tendência de um sexo por outro é, no mesmo clima, sempre igual a uma quantidade constante. Se assim é, toda lei, todo costume cujo fim fosse diminuir a soma total dos efeitos dessa paixão, seria inútil e até funesta, porque o efeito dessa lei seria sobrecarregar uma porção da sociedade com suas próprias necessidades e com as dos outros. O partido mais sábio seria, pois, seguir até certo ponto o declive do rio das paixões e dividir-lhe o curso num número de regatos suficientes para impedir em toda parte dois excessos contrários, a seca e as enchentes.

A fidelidade conjugal é sempre mais segura à proporção que os casamentos são mais numerosos e mais livres. Se os preconceitos hereditários os conciliam, se o poder paterno os forma e os impede ao seu capricho, a galanteria quebra-lhes secretamente os laços, malgrado as declamações dos moralistas vulgares, sempre ocupados em gritar contra os efeitos, omitindo as causas. Mas essas reflexões são inúteis, para aqueles que os motivos sublimes da religião mantêm nos limites do dever, que o pendor da natureza os leva a transpor.

O adultério é um delito de um instante; envolve-se de mistério; cobre-se de um véu que as próprias leis se empenham em conservar, véus necessários, mas de tal modo transparente que só faz aumentar os encantos do objeto que oculta. As ocasiões são tão fáceis, as consequências tão duvidosas, que é bem mais fácil ao legislador preveni-lo quando não foi cometido do que reprimi-lo quando já se estabeleceu.

outras mereceriam a transposição para a tipificação legispenal. Necessita o legislador, à luz do momento em que vive, a necessária referência axiológica para a produção normativa.

***

Se o direito penal destina-se como ciência, a proteger os valores e bens fundamentais do homem[56], e o tipo deve retratar condutas que violem a concepção de um valor em determinado momento histórico-cultural, nada mais hodierno, notável e repugnante, que a ação desviada desta "criminalidade ilustre" a cobrar do legislador a supressão do "direito de ação ao grande furto" com que se entregam os cofres públicos às mãos rapaces. O direito penal não pode mais dar ou admitir razão a Barrabás, tampouco lavar as mãos na bacia de Pilatos! Se descriminaliza, despenaliza, desjudicializa o *pétit criminal* deve buscar a responsabilização penal do grande criminoso.

Afinal, não se fala tanto no acesso à Justiça aos hiposuficientes? Não se fala que a justiça deve se aproximar do povo? A justiça penal, sobretudo, não pode mesmo somente **chegar** aos criminosos pobres, **odiosa restringenda** ...para não fomentar o discurso já vetusto das chamadas "criminologias contestativas", "de conflito"[57] ou mesmo do discurso penal

---

Regra geral: em todo delito que, por sua natureza, deve quase sempre ficar impune, a pena é um aguilhão a mais. Nossa imaginação é mais vivamente excitada e se empreenha com mais ardor em perseguir o objeto dos seus desejos, quando as dificuldades que se apresentam não são insuperáveis e quando não têm um aspecto bastante desencorajador, relativamente ao grau de atividade que se tem no espírito. Os obstáculos se tornam, por assim dizer, tantas barreiras que impedem nossa imaginação caprichosa de agastar-se delas, e que continuamente a forçam a pensar nas consequências da ação que medita. Então a alma se apega bem mais fortemente aos lados agradáveis que a seduzem do que às consequências perigosas cuja ideia se esforça por afastar" (*Dos delitos e das Penas*, trad. Aristides Lobo, prefácio de Evaristo de Morais, 2. ed., São Paulo, Atena Editora, p. 163-165).

56 "Temos por exacto que ao direito penal compete, antes de tudo, uma função de protecção de bens e valores fundamentais da comunidade social, a fim de proporcionar as condições indispensáveis ao livre desenvolvimento e realização da personalidade ética do homem", sustentou J. Figueiredo Dias, in *Liberdade, Culpa, Direito Penal*, 2. ed., Biblioteca Jurídica Coimbra, Editora, 1983, p. 17. Kelsen, contrariamente, entendia que o direito não tem caráter *finalista*, porquanto este objetivo pertenceria à política ou à sociologia. Recentemente, igual negativa em aceitar este caráter teleológico imediato do direito penal, também a fez Marcelo Fortes Barbosa (*Direito Penal Atual*, ob. cit., p. 15). Magalhães Noronha, dentre inúmeros autores, socorre a posição do texto, cf. *Direito Penal*, 2. ed., São Paulo, Saraiva, 1963, v. 1, p. 6). *Vide* também, Francisco de Assis Toledo, in *Princípios Básicos de Direito Penal*, 5. ed., São Paulo, Saraiva, 1994, p. 6-15. Incumbe, a propósito do tema, para que não se perca a **ideia** em nome de discussões acadêmicas, entender-se a expressão "direito penal" como em sentido lato ("enciclopédia penal") açambarcando, como visto alhures, as questões de política criminal etc., e não somente o direito penal normativo.

57 Lembram Figueiredo Dias e Costa Andrade (ob. cit., p. 257) que "Numa síntese muito genérica, o que a criminologia de conflito vem pondo em relevo é o carater 'de classe' do direito criminal. O direito criminal não passa de um instrumento de que os grupos detentores do poder se armam para assegurar e sancionar o triunfo das suas posições face aos grupos conflitantes. Daí a tendência, historicamente comprovada, para a criminalização sistemática das condutas típicas das classes inferiores, ou, noutros termos, das condutas

liberal de Novoa Monreal[58] e Heleno Fragoso, de que o direito penal é "o direito dos pobres, não para protegê-los ...mas, para puni-los". A Justiça deve chegar mesmo a todos, para democraticamente **ouvir as vozes da nação, sobre quem, no quê, e como punir!**

8.10 CONTEÚDO E DIREÇÃO DA LEI PENAL: O PROCESSO DE SELEÇÃO NA CRIMINALIZAÇÃO PRIMÁRIA

Vide Figueiredo Dias e Costa Andrade[59] que, tratando dos "mecanismos de seleção" ("com este conceito designam-se os operadores genéricos que imprimem sentido ao exercício da discricionariedade real das instâncias formais de controle e permitem explicar as regularidades da presença desproporcionada de membros dos extratos mais desfavorecidos nas estatísticas oficiais da delinquência"), alertam e demonstram como "grupos de pressão" podem influir na elaboração do conteúdo e direção da lei penal. Nominam de "interpenetração de papéis" a relação da economia com a política, vale dizer, o poder legislativo (e as influências que sofre) que, criminalizando e descriminalizando primariamente, acaba por proteger os delinquentes de *white collar* figurando "como uma das principais responsáveis pela escassa presença desses delinquentes nas estatísticas da criminalidade"[60].

---

suscetíveis de pôr em causa os interesses dos grupos dominantes. Donde, complementarmente, a tradicional resistência do direito criminal a intervir nas atividades dos detentores do poder, por mais imorais ou socialmente danosas que tais atividades possam revelar-se. É, por exemplo, recorrente a denúncia do contraste entre a legislação, extremamente rarefeita, que pune a criminalidade de *white collar*, e a malha particularmente apertada da legislação que incrimina as pequenas ofensas contra o patrimônio".
Apontou bibliografia sobre o caráter seletivo da *criminalização primária* em Alessandro Baratta (*Criminologia crítica y policia penal alternativa*, *Sistema penale ed emarginazione sociale* e *La questione criminale*; também, W. Chambliss; M. Kennedy, *Beyond Incrimination. Some Neglected Facets of the Theory of Punishment*. Lembrou que Hermann Mannheim – *in Pioneers in Criminology*, London, 1960, Stevens & Sons, v. II, p. 459 e s. – elucidou o problema com um expressivo exemplo: o caso típico da caça ilícita na história do direito inglês: "incriminada e punida se praticada pelos que a ela recorriam como meio de sustento; tolerada como um 'vício' se praticada pelos nobres ou possidentes" (ob. cit., p. cit.)

58 "É o Direito Penal o ramo jurídico em que, de modo ostensivo, se pode advertir uma aplicação classista da lei. Para verificá-lo, basta indagar a que classe social pertencem os réus condenados, em particular aqueles aos quais foram aplicadas penas mais graves, e examinar o grande número de atentados, de grande envergadura, que perpetram banqueiros, empresários, especuladores e agiotas e membros das máfias da prostituição, das drogas e do jogo de azar, que não estão tipificados penalmente ou que não são seguidos de sentença penal condenatória", NOVOA MONREAL, E., *O Direito Como Obstáculo à Transformação Social*, ob. cit., p. 121.
59 Ob. cit., p. 387.
60 *Vide* também, ob. cit., p. 437.

Até quando Victor Hugo será atual (?):

"Sobre as multidões pesa o duro trabalho e todos os encargos inerentes à sua dependência. Examinai esta balança: todos os gozos no prato do rico, todas as misérias no prato do pobre.

Não são desiguais as duas partes? Não deve necessariamente pender a balança e o Estado com ela?"[61].

***

Não abstraio aqui o caráter criminoso de alguns "pobres" – há muitos "excluídos" verdadeiramente criminosos –, eis que "pobre e criminoso" não são sinônimos, não se confundem, a menos em malicioso discurso[62], como também não desconheço que, sobre determinadas situações e determinados ilícitos, a pobreza gera o crime, e o crime gera a pobreza. Pobreza e crime não induzem sinonímia[63], como riqueza não é sinônimo de virtude – há os que nascem em "berço de ouro" mas querem revesti-lo de brilhantes, daí se corrompem –, como não existem excludentes nem obrigatória confluência entre economia e valoração ético-moral. O que impede à Justiça penal é, de fato, "ver" o criminoso – e criminalizar certas condutas – e não distinguir, diferenciar *in melius* o abastado delinquente, selecionando *in pejus* o "criminoso comum" para entregar-lhe – somente a esse – algema e prisão, fazendo um direito penal fragmentário e seletivo. Este, o reverso da medalha, o contraponto à descriminalização advinda do **minimalismo penal ou mínimo intervencionismo** pertinente às infrações bagatelares[64].

Nisto, aproximamo-nos a certos postulados da "Escola da Nova Defesa Social" de Marc Ancel[65].

---

61 *A Sociedade e o Crime*, Porto, 1890, p. 42.
62 Atenção aos oportunistas de plantão!
63 Com apuro, o juiz Correa de Morais escreveu: "Suposto que houvesse inexorável nexo de causalidade entre a miséria e a delinquência, todos os pobres e desvalidos seriam, mais dia, menos dia, tangidos para o crime, porque, presentes as mesmas condições, era de esperar que se produzissem análogos efeitos. Contudo, não é assim que se passam as coisas. Milhões vêm da miséria ou ainda nela vivem e, sem embargo, não delinquem", citado por Miguel Reale, *in* "Como coibir a violência", *O Estado de São Paulo*, 19-10-1996, p. 2.
64 *Vide*, por todos, GOMES, Luiz Flávio, *Suspensão Condicional do Processo Penal*, 2. ed., Revista dos Tribunais, 1997, p. 35 e s.
65 A Escola da Nova Defesa Social liderada por Marc Ancel, que atenuou o radicalismo da "Escola" de Filippo Gramatica surgida no pós-guerra (1945), postulou a redução da atividade punitiva do Estado (princípio do mínimo intervencionismo), recomendando, em contrapartida, a criminalização dos comportamentos que importem em dano ou ameacem os interesses fundamentais das maiorias: criminalidade econômica, ecológica.

Ambos, "ricos ou pobres", devem sujeitar-se, aliada a certa periculosidade, ao cárcere quando presente a danosidade social de suas condutas, em favor da retribuição/prevenção. Afinal, não se trata de economia, finanças, de "números sem consequência", mas de crimes que se denotam pela danosidade social que se multiplica. Ademais, o velho princípio das diferenças das penas *distinctio delictorum ex poena* que se baseia em duplo critério – objetivo formal e da gravidade ou diferença da pena – pode ensejar uma pena maior ao grande criminoso, e não, simplesmente, puni-lo.

***

Desse modo, à antiga e famosa colocação de Antolisei – de paternidade incabida tantas vezes atribuída a terceiros – de que **as contravenções são** (*delitti nani*) **crimes anões** (logo, sujeitar-se-iam às penas brandas), ofereço esta outra: os crimes de colarinho branco são **delitos gigantes** e, a par de deverem ser mais bem estudados para a criminalização, necessitam de uma **reprimenda mais severa**. Aqui, neste particular, um ponto a favor da "Criminologia contestativa ou radical"[66] ("dialética", "crítica").

Esta a forma mais **lata**, altiva, equânime e **nobre** (também **burguesa, proletária e intelectual**, para que não se aleguem "excluídos" ...fica mais "soviético" assim!) do conceito de acesso à Justiça!

8.11 A POSIÇÃO DE ROBERTO LYRA

Descendo às causas da criminalidade, pesquisando vícios, origens, virtudes e defeitos de seu povo, Roberto Lyra diferenciou o que chamava de "criminalidade relativa" – a criminalidade comum, o pequeno criminoso – da "criminalidade absoluta", aquela referente ao grande "criminoso", que integra a temática do *white collar*. Separou os "batedores de carteira" dos "batedores de tesouros". Tratou estes últimos como responsáveis pela "causa das causas da criminalidade"[67]. Protestou com veemência contra

---

[66] Nesse particular, inegável acerto contém a pretensão da "Criminologia Radical" no sentido de observar-se no processo de criminalização "a penalização da criminalidade econômica e política das classes dominantes (ampliação do sistema punitivo)", cf. CIRINO DOS SANTOS, Juarez, *Criminologia Radical*, Rio de Janeiro, 1981, p. 91, ou seja, não porque representem o sistema dominante, mas porque representem, quando tipificadas certas condutas de danosidade social, um conceito mais profundo do ilícito "penal".

[67] Fazendo-lhe par, com o verbete "Mãe da violência", Afrânio Peixoto, é por Lyra citado em *Novo Direito Penal. Introdução*, ob. cit., p. 112-113. De se notar que o texto é repleto do ideário socialista que unia a ambos, mas que guarda, inequivocamente uma histórica página a incorporar para reflexão e análise a temática tratada:

o conceito de marginalismo, para quem marginais não seriam somente os que tangenciam à lei, que andam (por isso "marginais") à beira dela, enquanto pequenos criminosos. Estes, seriam no mais das vezes meros prepostos a serviço do "eixo da criminalidade e da imoralidade", a serviço ou microconcorrentes dos grandes marginais que "vivem em alto mar". Afirmou que ao pequeno "vigarista" – se aceita a expressão do estelionatário de alguns tostões – há a macrocorrespondência dos grandes vilões-chefes que transitam na estratosfera legislativa, e que com a enormidade de suas ganâncias levam a miséria e a delinquência ao povo. Chamou-os "papistas", reconhecendo-lhes a importância frente ao meros "vigaristas". Viu a "residência" desses golpes, e apontou-os, o que demonstra a completa atualidade da ocorrência, porque encontráveis nas mesmas residências de autora.

Onde estão, pois, as sedes dos grandes golpes? Onde estariam, para estudos criminológicos, para os processos de criminalização primários os macroestelionatários?

Responde o autor que são encontráveis nos "oligopólios, empreendimentos, investimentos, reinvestimentos, financiamentos, negócios, refaturamentos, lucros extraordinários, golpes e planos financeiros, fornecimentos, contas especiais, promoções, patrocínios, caridades, propagandas, publicidades, concorrências, exposições, desfiles, concursos, sorteios, consórcios, loterias, leilões, festas, feiras, salões, butiques, boates, 'caixinhas', participações, gratificações, comissões, 'beiradas', câmbios de todas as cores, operações de todas as formas geométricas, homenagens, presentes, cortesias, prêmios, etc. etc."[68].

***

"Através do tempo o lucro impiedoso cresceu e campeou. É ele que faz as calamidades e as guerras, porque a ambição ilícita é que gera a ferocidade da espoliação e da conquista. Deus não será mais ouvido e suas sentenças são desprezadas. Mas, nas consciências dos homens de bem, Jesus falará sempre, como outrora: – Sempre o Senhor, na velha lei, condenou as balanças e os pesos infiéis ...Essas balanças e esses pesos fraudulentos são o símbolo das injustiças sociais. O trabalho não é pago devidamente. O produto caro onerou o consumidor. E o intermediário, negociante ou industrial – indústria é compra e venda de trabalho – acumula para o fausto e o desperdício ...Por isso, os termos, o chicote, como aos vendilhões do templo, os vão castigando, no opróbrio. Comércio era trato, mas tratante já é insulto. Trato se fez tráfico, mas traficante já é condenação. Industrioso já é labéu, ao industrial. Se o cavalheiro de guerra será assassino, o de indústria já é ladrão. Não é que logro vem de lucro? Mas não se comovem aos apodos ...comover-se-ão à ação social que procura corrigir o mal feito, e a fazer? Endurecidos, talvez esperem o 'dies irae', da undécima hora. E, então, a violência do Estado, ou do povo, pelo imposto e pelo confisco da propriedade, tornará comuns os bens de que se apoderaram por indústria ou tráfico ...todos devem viver, mas não uns à custa dos outros ...".

68 LYRA, Roberto, *Novo Direito Penal*, v. II, ob. cit., p. 14.

Acrescentei apenas os "s" buscando atualizar a quantidade (não a qualidade) das ocorrências desses espécimes delitivos nos últimos vinte e cinco anos – data da "catalogação" de Lyra – são os "juros" da criminalidade ilustre.

***

São autores de delitos que "matam, em grosso, pelo mais torpe dos motivos, mediante insídia lenta e requintada; vendem, a preços extorsivos, substâncias alimentícias e medicinais, muitas vezes adulteradas, sacrificando, ao mesmo tempo, a economia, a saúde ou a vida dos mais necessitados, dos mais aflitos, dos mais merecedores.

Há polvos gigantescos que sugam, por inúmeras ventosas, a carne e o sangue das vítimas indefesas, até processando-as e prendendo-as, ao lado dos concorrentes. São macro-organismos celerados, cada vez mais acessíveis à evidência científica. São inimigos públicos, pois não fazem mal a alguns e sim a massas de inocentes. Entidades complexas, sinuosas e escorregadias não cabem nos bancos dos réus. Encheriam a praça. De cadeias só conhecem as próprias.

Se os cientistas não podem policiar e capturar os criminosos absolutos, que não figuram nas estatísticas, porque burlam ou dominam a autoridade, devem indigitá-los, algemando-os à consciência social".

***

Anotou que a criminalidade absoluta "não se vincula à organização, mas ao funcionamento da sociedade. É a criminalidade coonestada, legitimada, compensada, legalizada, 'incorporada', patenteada, autorizada, registrada, aprovada, licenciada, com selos e carimbos e todas as formalidades. São 'quadrilhas e bandos' mascarados, são 'associações para delinquir' disfarçadas. Elas estão presentes na literatura social e ausentes da lei. Não há graus na criminalidade e sim graus na participação. No 'oceano da criminalidade' só aparecem como crostas de 'icebergs' ou 'Yatches' de luxo, velozes e indenes por entre espumas sobre as podridões submersas.

Os que desperdiçam as palavras com tecnidades anacrônicas dogmatizam sobre 'crimes privilegiados'. Não fazem a menor ideia do mais importante e consistente, isto é, os criminosos privilegiados, cujas atividades desenvolvem-se normalmente, sem pudor e sem medo da lei e da autoridade impotente ou conivente. É a criminalidade que compensa com a fortuna, o poder, direto ou indireto, a ostentação mundana, e até a boa fama. **Os maiores e piores criminosos são apresentados pela autopropaganda como bons e caridosos, porque dão migalhas do furtado ou roubado, isto é, do alheio. Não sei se, escreveu Alípio Silveira, fui o primeiro a proclamar que o crime compensa** (*Criminalia*, México, outubro, 1962, p. 615). O fato é que o crime compensa os absolutistas. Aliás, a expressão – o crime não compensa – foi importada e traduzida. Poderíamos substituí-la com vantagem: o crime não vale a pena. Ela aproveitaria, brasileiramente, os recursos da língua, jogando as palavras com malícia e propriedade. '*Cherchez la femme?*' '*Cherchez le grand bonnet*' ou '*l'argent*'.

...

Nem me refiro apenas ao 'crime organizado', nem a 'mercado clandestino' – lugares-comuns e, muitas vezes, formas ocultas ou acintosas que só merecem tentativas de cobrança da parte do fisco. Aludo à praça (duplo sentido?), ao Mercado. Não aludo a trajes e cores, a colarinhos, blusões, casacos, camisas, gravatas, chapéus etc. (*white Collar Criminality* e suas imitações). Uniformes? Nada mais desuniformizado, aparente, caricato. Exibem alguns a pele do lobo, como se vestem de Papai Noel os pacientes de agentes da exploração calada e oculta na fraude.

Por outro lado, não considero 'robber barons', que Edwin P. Hoyt ressuscitou ('*The House of Morgan*'). Não era preciso ir tão longe para apresentar personagens que, no Brasil, já se diluíram no 'folclore'.

Bancos assaltantes provocam o alarme publicitário e promovem campanhas de repressão contra assaltantes de bancos. Cheques sem fundos? E fundos sem cheques? Que são ratos de hotel diante de ratazana da casa que extorquem os clientes e exploram 'serviços paralelos' de prostituição, tóxico, jogo, extorsão, contrabando? Contrabandistas? Não menciono os que ainda usam o meio bisonho (ou irônico?) de passar pela aduana sem entendimento prévio. Há batedores de carteiras e batedores de tesouros. Quando os 'técnicos' dissertam sobre 'capacidade criminal' ignoram os mais capazes – a 'aristocracia' da criminalidade com reis e príncipes.

Existem mais criminosos em certos escritórios, clubes e salões do que nas prisões, no 'mundo do crime'. Eles não voltam aos locais de seus crimes porque estão sempre neles, vivem neles. Exploram, como fundo e objeto de comércio, até as atividades responsáveis pela ordem moral (religião, caridade, ensino etc.).

...

Grandes 'empresas' desfrutam, praticamente, do privilégio da extraterritorialidade, protegidas pelo segredo comercial e bancário, pela 'livre iniciativa', pelo 'liberalismo econômico'. Os instrumentos de pressão e corrupção atual desenvoltamente, de alto a baixo. A alta (alta?) criminalidade prejudica suas 'regiões administrativas' (pontos, zonas etc.). Segundo as especialidades (usura, tráfico, prostituição, jogo, extorsão, tóxico, contrabando, falência, incêndio etc.), defendendo ou disputando a 'posse' à mão armada sob as vistas de autoridades iludidas vencidas ou subordinadas. A sonegação fiscal é da natureza dos celerados que, se afrontam a moral e a lei para ganhar o que quiserem, não hão de declarar os lucros e hesitar diante do insignificante, comparativamente"[69].

8.12 OUTRO EXEMPLO ILUSTRADOR: OS CRIMES TRIBUTÁRIOS

Cuidemos para que não se passe, por odiosos privilégios, nos processos seletivos de criminalização, um atestado de óbito à honra do direito penal.

Outro exemplo, irmanado umbilicalmente ao primeiro, pois inserido em seu contexto – quantas vezes a pretexto de direito – ou sob a égide de outro discurso rotulado de "moderna tendência", advém do caso dos **fraudadores do fisco** (refiro-me aos **grandes**, não aos sacoleiros da "economia informal'), dizendo respeito aos crimes contra a ordem tributária, que se inserem, igualmente, dentro do contexto da **criminalidade de colarinhos brancos**.

Busca o legislador menos que uma **concepção indenizatória** de pena, mas o próprio reembolso do valor aos cofres públicos por parte dos sonegadores – esse o argumento aríete, nodular –, e o direito penal assume ares e cores de um "direito comercial", civilisticamente pensado, retirando outra vez o próprio popular de "justo", porquanto o "estelionatário de pequena monta" sujeitar-se-á ao processo penal, enquanto o fraudador – exemplifiquemos com o *grande* – simplesmente devolverá o *quantum debeatur*.

Questiona-se: a que preço para a sociedade esse dinheiro virá aos cofres públicos?! A curto, médio e longo prazo já não é possível imaginarmos os danos causados ao conceito de "justiça"? Já que se trata de "teorias

---
[69] Id. ibid., p. 11-15.

econômicas" aplicadas ao que deveriam ser "teorias de direito", indaga-se: qual o **custo-benefício** da recente lei criada? Se tal conceito se estender – e há essa tendência, até pelo que chamam de "justiça" – outras figuras delitivas, o furto, o estelionato e outras mais, sairão da órbita penalística e adentrarão a visão mercantil do direito pelas portas de conceitos civilísticos... quando não pelas portas de falaciosos conceitos de humanitarismo.

É o princípio da anomia retornando com ares de sapiência. Em muitos aspectos, fazem escola no Brasil certos teoremas produzidos na Holanda por Louk Hulsman[70] – a pretexto de "Penas Perdidas"[71] – e trazidos com banda de música ao território nacional[72].

***

René Dotti – ressalve-se seu entendimento quanto à matéria em específico – falou da "Escola de Defesa Social" cuja ala radical procura negar "qualquer dimensão **ética** ao direito penal, como se poderá ver em Louk Hulsman" e que pode levar ao "retrocesso à incontrolável vingança privada", eis que o fim colimado por tal pregação doutrinária "tem como ponto alto a abolição do direito penal"[73]. Esses os que adotam "uma posição anárquica e simplista", "corifeus pseudo-humanistas que, a partir do radicalismo da Escola Positiva, desencadearam um movimento contra as reações penais e o direito penal como um todo"[74]. Pois tenho para mim que o ponto de partida, o marco zero dessas novas posturas que, para Dante Busana consistem em "querer transformar o direito penal em **pedagogia corretiva**"[75], notadamente, hoje, retirando o pressuposto ético do direito penal, são oriundas da própria Escola de Gramatica, do próprio abolicionismo penal, que hoje se reeditam ou permanecem.

---

[70] Já em 1977 (4 de janeiro), durante o "Colóquio do Centro Nacional de pesquisas Científicas", – realizado em Villeurbanne – como preparação ao VIII Congresso Internacional de Criminologia (Lisboa), Louk Hulsman (Professsor da Universidade de Roterdam) acabou provocando tumulto na sessão final quando defendeu tese abolicionista visando ao desaparecimento do próprio sistema penal. *Vide* DOTTI, René, "Execução penal: pena privativa de liberdade", *in Enciclopédia Saraiva do Direito*, v. 35, p. 85-86.

[71] HULSMAN, Louk e BERNAT DE CELIS, Jacqueline, *Peines Perdues – Le Système Pénal en Question*, Paris, Éditions du Centurion, 1982, já traduzido ao português por Maria Lúcia Karan, *Penas Perdidas. O Sistema Penal em Questão*, 1. ed., Rio de Janeiro, UAM editora, 1993.

[72] *Vide*, propositadamente, ZAFFARONI, Eugenio Raúl, *Em busca das Penas Perdidas – A perda de legitimidade do sistema penal*, trad. Vânia Romano Pedrosa e Amir Lopes da Conceição, 1. ed., Rio de Janeiro, Editora Revan, 1991.

[73] DOTTI, René, *Reforma Penal Brasileira*, ob. cit., p. 401.

[74] Id. Ibid., p. cit.

[75] *Apud* FORTES BARBOSA, Marcelo, "Inexigibilidade de Conduta Diversa e outras Questões", conferência constante dos anais do I Congresso Nacional dos Promotores do Júri, cit.

"Um Código Penal", disse Afrânio Peixoto, "é mais um livro de higiene, que de terapêutica; mais previne, do que cura"[76].

***

O Ministério Público que impediu a comercialização em nosso território do contaminado "leite de Chernobyl" precisa ficar atento a essas **alimentações espirituais** que mais debilitam do que nutrem, a pretexto de gastronomia batava, Londrina, espanhola, russa. Há muitos "remédios legais" chegando nos portos brasileiros, que mais não são que placebos deteriorados. "É preciso se precatar contra muita mercadoria suspeita que é introduzida no consumo", preveniu Virgílio Sá Pereira. "O legislador só transfundirá nos textos da lei o que se cristalizou na consciência pública, se quiser fazer obra que viva".

Aliem-se à cruzada cívica o Judiciário e a própria OAB (Ordem dos Advogados do Brasil) de tantas companhas pela ética.

8.13 HUNGRIA E O MÍNIMO ÉTICO

Que falta fazem a auxiliar a sociedade, o verbo contundente, o adjetivo preciso, e a denúncia destemida e oportuna de Nelson Hungria, que já a seu tempo reclamava dos que pretendem retirar à pena o caráter de *ultima ratio* na garantia do **mínimo ético**", cultores da "criminologia *cream puff*" (pão de ló) cujo grande erro na "debelação ou atenuação da delinquência não é a conservação do sistema penal tradicional, mas o afrouxamento que a este imprimira um **humanitarismo choramingas**, cujo exagero resultara na minoração sistemática das penas e na descontrolada outorga de favores aos inimigos da sociedade"[77].

Que falta faz – repetimos! – o pranteado mestre, quando atacando em outro flanco, em sua antológica conferência "Os Pandectistas do Direito", tratou da invasão das teorias cíveis em áreas penais, portando-se como "gafanhotos em campos cultivados", que fazendo do direito penal uma "excessiva análise" dissecatória e crítica, acabavam deformando-o, transformando-o em apenas uma massa asquerosa, como a "mosca azul" de Machado de Assis que à luz

---

76 PEIXOTO, Afrânio, *Criminologia*, ob. cit., p. 46.
77 HUNGRIA HOFFBAUER, Nelson, *Comentários ao Código Penal*, v. I, 3. ed., Rio de Janeiro, Editora Forense, 1955, p. 48/57 etc.

do poleá que a examinou, perdeu o brilho que antes mantinha[78], sucumbindo. Tal se dá, hoje, com a ideia da pena, transformada em excessiva análise em um *mysterium magnum*, chegando-se a duvidar da existência do próprio direito.

8.14 A "COISIFICAÇÃO" DO DIREITO PENAL

Ora, quando descobríamos tais crimes e conseguíamos coibi-los, via ação penal, enquadrando-os em conduta típica, com a edição da Lei. n. 9.249, de 26 de dezembro de 1995, a sociedade fez-se mais uma vez vencida. É o Estado humilhado, roto, de chapéu na mão, **Brasil caboclo**, envergonhado e constrangido, praticamente **pedindo** o **seu** próprio dinheiro ao malfeitor privilegiado. É a inversão dos valores, em que se fortalece aos poucos o **poder informal** de certa casta da delinquência, minorando-se a força do Estado. O coroamento do constrangimento da sociedade politicamente organizada (?) face à impunidade de seus consectários, como o recrudescimento da criminalidade. Como segue a tendência legislatorial, surgirá, não longe, também alguma espécie de "acordo" pelo qual se negociará a devolução de parte do numerário em troca de nenhuma punição. Dirá o Estado: devolva-me **parte** do que é meu (em última instância, da sociedade) e lhe entrego oficialmente a impunidade! Afinal, "também é melhor perder só uma parte do dinheiro do que ele todo" diriam já os defensores da medida.

"Art. 34. Extingue-se a punibilidade dos crimes definidos na Lei n. 8.137, de 27 de dezembro de 1990, e na Lei n. 4.729, de 14 de julho de 1965, quando o agente promover o pagamento do tributo ou contribuição social, inclusive acessórios, antes do recebimento da denúncia.

---

[78] HUNGRIA HOFFBAUER, Nelson, Conferência "Os Pandectistas do Direito Penal", pronunciada na Faculdade de Direito da Universidade de Minas Gerais, em maio de 1949, reproduzida, derradeiramente, na *RT* 724:751 de fevereiro de 1996, onde, combatendo a indevida intromissão dos conceitos civilísticos no direito penal, espicaçou: "O movimento ou diretriz de 'pandectização' do direito penal teve o seu início entre os modernos germanos: afirmou-se com Carlos Binding e atingiu o seu auge com Ernesto Beling.
Em seguida transpôs os Alpes e, na Itália, na alma mater da latinidade, começou com Arturo Rocco para culminar com Francesco Carnelutti. De permeio, além e aquém da cordilheira alpina, pulularam os discípulos. Os apóstolos do novo credo, os sectários fanáticos cuja ortodoxia conduziu a todos os exageros e a todas as extravagância. Surgiu a mania da análise minudente, sob a varinha mágica da lógica pura, para enfeixar num sistema impecável as regras de um direito que, antes de ser ditado pela lógica, é imposto pela inconstante e oportunística política social. Os tratados e monografias de direito penal passaram a ser uma sucessão indefinida de teorias capilares, uma infatigável trituração de ideias e noções, um vasto complexo de sutilezas, de artifícios e de logogrifos. Foi um trabalho sistemático de deformação do direito penal. Quase se poderia dizer que aconteceu com o direito penal o mesmo que aconteceu com aquela 'mosca azul' de que nos contam os versos de Machado de Assis: o poleá, que a achou, quis decifrar o mistério do seu explendor e 'Dissecou-a a tal ponto, e com tal arte, que ela, / Rota, baça, nojenta, vil, / Sucumbiu ...'".

Art. 35. Esta Lei entra em vigor na data de sua publicação, produzindo efeitos a partir de 1º de janeiro de 1996".

Não se discute aqui a (in)constitucionalidade da prisão por dívida (hipótese do art. 5º, inciso LXVII da CF) que seria matéria de outra indagação. Discute-se o *argumentum* que levou à desconstituição da força punitiva que havia na Lei n. 8.383, de 30 de dezembro de 1991, que no seu art. 98 revogara a causa extintiva de punibilidade antes havida na Lei n. 8.137/1990, em seu art. 14. agora reeditada com a nova lei que reinstitui a extinção da punibilidade pelo recolhimento do tributo.

O argumento é "bom", é jurídico-financeiro, defensório-jurídico; mais financeiro que jurídico, mais advocatício que jurídico e, financeiro-defendente a um só tempo. Argumento pró-mercantilização do direito, ao tempo em que a ciência penal vai aos poucos sendo **coisificada, bagatelizada e despudorizada**. Não é a voz da sociedade, tampouco a pretensão dos muitos que militam em favor de uma apurada ética no direito. Sem contar a argumentação puramente dogmática, como a lição de Manoel Pedro Pimentel e Heleno Fragoso que eram contrários a essa **destutela** da fé e da administração pública[79], em favor do interesse mediatamente tutelado (o crédito tributário)[80], mas, faz o gosto, a graça e o gasto com e para certas *defesas de luxo* que caracterizam o *advocatus ad pompam, luminar fori.*

8.15 A LEI COMO FATOR CRIMINÓGENO

Diz-se que, tal como posto, obtém-se o retorno aos cofres públicos do valor sonegado; bastaria – para o perfazimento da "justiça" e para o defensor –, portanto, apenas uma aplicação ridícula de vetusto provérbio francês: "*Il faut des sacs à un plaideur: un sac de papier, un sac d'argent et un sac de patience*"[81]. Outra vez mais, acaba por representar a lei mais um fator criminógeno pois se o "risco compensa", o crime principia a compensar. Repete-se e fortalece-se a ideia do "homem disponível", preocupado com o

---

[79] Para eles, os crimes contra a ordem tributária eram formais ou de mera conduta, razão pela qual não exigiam que ocorresse efetiva sonegação fiscal, restando inócuo para o deslinde da ação penal o pagamento do tributo ou contribuição social após o recebimento da denúncia.

[80] Em sentido contrário ao entendimento deste autor, confira-se o artigo de César de Faria Junior, "Crimes Contra a Ordem Tributária", *in Revista Brasileira de Ciências Criminais*, n. 5, 1994, p. 70-76.

[81] "São necessários três sacos a um advogado: um saco de papel, um saco de dinheiro e um saco de paciência."

prazer/lucro fáceis e imediatos e desprovido do senso ético[82]. Além do que, o pressuposto de uma ação penal, o anteposto de um *processu*, à luz da lei derrogada, não impedia a tomada de medidas assecuratórias no processo penal visando à prestação pecuniária ao fisco. O que se aprovou, em síntese, foi o recrudescimento de uma "pragmatização do homem" (a verdade se resumindo na utilidade), a institucionalização legal de uma antiética **Lei de Gérson**, onde cada vez coloca-se-o mais distante das **coisas do espírito – crise do espírito**, aludiria Paul Valéry –, dos valores de dignidade, ao assumir as vestes formais de um *Homo oeconomicus*[83] – indumentária jurídico-legal para acobertamento do antissocial *homo delinquens* – levando a perplexidade ao *Homo juridicus* e ao *Homo socialis*[84], mercê da mercantilização dos valores da justiça... *Honor non pecunia estimatur*.

"...*Um exemplo: hoje em dia estou defendendo um grande processo penal econômico, que já está completando cinco anos. Não houve ainda nenhuma acusação formalizada, mas já existe do lado da Procuradoria um sinal que talvez antes da acusação se possa fazer um acordo, ou seja, não haverá audiência pública, os fatos não serão esclarecidos. Não se trata de culpa ou inocência, mas haverá uma negociação, secreta naturalmente; negocia-se quanto se pode dar e quanto se pode ceder. Eu acho isso um escândalo em processo penal!*" (Winfried Hassemer, 'Perspectivas para uma moderna política criminal", *in Três temas de direito penal*, ob. cit., p. 93).

Não basta ao direito (enquanto ciência jurídica e social) uma utilidade imediatista e uma instrumentalidade como um fim em si mesma; será tanto mais útil quando não se descurar do **homem**. Marx, Weber e Schumpeter iniciaram a vivência intelectual na ciência jurídica e a trocaram, depois, pela economia. Na essência, esse o rito doutrinário-legal que está sendo seguido: o *direito* sendo pensado com a cabeça do *homo oeconomicus*, guiado com sofismática argumentação jurídica e mudando-se, de mala, cuia e guaiaca (cinto onde se guardam as moedas) para os livros de economia.

---

[82] *Vide* capítulos anteriores.
[83] HASSEMER, Winfried, *Fundamentos del Derecho Penal*, trad. para o espanhol por Francisco Muñoz Conde e Luis Arroyo Zapatero, 1. ed., Barcelona, Bosch Casa Editorial, S.A. 1984, p. 386. SOAREZ MARTINEZ, *Filosofia do Direito*, 1. ed., Coimbra, Livraria Almedina, 1991, p. 237, define-o como aquele "dominado por preocupações de enriquecimento individual".
[84] SOAREZ MARTINEZ, ob. cit., p. cit., nomina *homo socialis* aquele "orientado para uma igualização de patrimônios e rendimentos".

8.16 A QUESTÃO DAS OBJEÇÕES DE CONSCIÊNCIA: O OPERADOR PENAL EM DESACORDO COM A LEI

"A justiça como todas as divindades só se manifesta àqueles que nela crêem" (Piero Calamandrei).

"Gastar palavras em contar extremos, de golpes feros, cruas estocadas" (Camões).

Então, o operador do direito, quando titular da ação penal ou quando magistrado, já busca a prestação de um direito/uma justiça no qual muitas vezes ele próprio não acredita, coincidindo com imensa parcela da população nacional, para as quais vige – agora sim, tomamos uma veraz ideia importada – *las objeciones de conciencia* na expressão de Rafael Palomino[85]. O crédito da justiça vai se corroendo, pois dela, por vezes duvidam os seus próprios operadores (juízes, promotores, advogados), descontentes com o caráter fragmentário do direito penal que não tem força contra os "fortes".

Opõe – nesse sentido – *consciência* ao "direito criado", o povo – ou respeitável parcela dele – "em nome do qual todo Poder emana" e hipoteticamente "em seu nome é exercido"; **opõem consciência** à nova lei, seus intérpretes e aplicadores, ao não compactuarem com a edição da mesma. **Opõe consciência**, ainda, por paradoxo que pareça ou metafísico que se denote, o "inconsciente coletivo" (teoria de Jung) da nação que se vê dia a dia, lesada e manietada, enquanto ao inescrupuloso ávido por finanças, o "crime compensando". Não opõe consciência o jurista doutrinador – defenda-se-o – que acredita em sua tese (é direito!). Não **opõe consciência** o legislador, que atribui ao teórico-técnico o fornecimento da melhor "doutrina", então, à sua família e aos seus eleitores, estará sempre "em paz com a consciência". Não **opõe consciência**, também, todo aquele que puder locupletar-se sem o risco da sanção, como **não opõe consciência** todo aquele que direta ou indiretamente puder auferir vantagens de mais uma "válvula de escape legal" com que se surra legislatoriamente a "a consciência da Nação". **Não opõem consciência**, porque se beneficiam do "injusto" tutelado legalmente.

---

[85] PALOMINO, Rafael, *Las Objeciones de Conciencia*, Madrid, Editorial Montecorvo, S.A., 1994, obra onde estuda e expõe os conflitos de conciência *versus* a lei. *Vide* também, por consentâneo ao entendimento do tema, O hábito de obediência e a continuidade do Direito, *in* L. A. HART, Herbert, *O Conceito de Direito*, 2. ed., Lisboa, Fundação Calouste Gulbenkian, 1994, p. 60 e s.

8.17 OS SUBPRODUTOS DA OPOSIÇÃO DE CONSCIÊNCIA

Mas, desta **oposição de consciência** surgem subprodutos perigosos: formas alternativas de interpretação do direito, enfraquecimento do discurso jurídico, e, sobretudo, descrença da sociedade nas suas instâncias formais de controle, cuja consequência é o descrédito na autoridade constituída e consequente desobediência dos jurisdicionados: formas essas, todas, conscientes ou não, de se **minar** a ideia do Estado Democrático de Direito, em última análise.

Pergunta-se: A Justiça Estadual e Federal, o Ministério Público Nacional compactuam com certa doutrina do *white collar* (que entende desnecessária a prisão ao infrator), importada sob as vestes do *illegal but not criminal*? Ou, atentos aos valores culturalmente aferíveis pela gente brasileira neste dado momento histórico, muitas vezes da lei discordam? Onde os operadores da justiça estão a tutelar nossos valores, mostrando-se eficazes para impedir essa blandícia legislatória, que acaba por fortificar a intenção meliante – ou **desviante** – daqueles que depauperam ainda mais a castigada gente brasileira, vergastando um conceito de dignidade nacional?

Se há uma frustração com muito da legislação criada, se não compactuamos com a aventura legislativa que enfraquece o próprio conceito de Estado de Direito e a heteronomia do direito[86] – na medida em que continua a fomentar a discussão do conflito entre o "justo" e o "direito" –, então precisamos rever nossos mecanismos operacionais para podermos participar

---

[86] *A heteronomia do direito* pertence à filosofia jurídica, ao estudo de introdução à ciência do direito, quando Kant estabeleceu o ponto diferenciador em ser a moral *autônoma*, e o direito, *heterônomo*. Puxemos como vertente da *heteronomia do direito*, uma *heteronomia* enquanto aplicada ao direito penal. Merece ser pensada e apreendida, cotejada sob os influxos da democracia, porquanto o não reconhecimento leva à anomia, à desestruturação do Estado, à anarquia social. Aproveitemos a lição de Reale: "Podemos criticar as leis, das quais dissentimos, mas devemos agir de conformidade com elas, mesmo sem lhes dar a adesão de nosso espírito. Isto significa que elas valem *objetivamente*, independentemente, e a despeito da opinião e do querer dos obrigados. Esta *validade objetiva e transpessoal* das normas jurídica, as quais se põem, por assim dizer, acima das pretensões dos sujeitos de uma relação, superando-as na estrutura de um querer irredutível ao querer dos destinatários, é o que se denomina *heteronomia*. Foi Kant o primeiro pensador a trazer à luz essa nota diferenciadora, afirmando ser a moral *autônoma*, e o direito *heterônomo*. Nem todos pagam imposto de boa vontade. No entanto, o Estado não pretende que, ao ser pago um tributo, se faça com um sorriso nos lábios; a ele, basta que o pagamento seja feito nas épocas previstas ...Há, no Direito, um caráter de "alheiedade" do indivíduo, em relação à regra. Dizemos então, que o Direito é *heterônomo*, visto ser posto por terceiros aquilo que juridicamente somos obrigados a cumprir" (*Noções preliminares de Direito*, 6. ed., São Paulo, Saraiva, 1979, p. 49). Arremata, depois: "Dirão os senhores que os terceiros são o Estado e que o Estado é constituído pela sociedade dos homens, de maneira que, em última análise, estamos nos governando a nós mesmos. É uma satisfação poder pensar que nós mesmos estamos nos governando e ditando regras a que devemos obedecer. *Nem sempre, contudo, existe essa aquiescência, porque posso estar contra a lei, em espírito, mas ser obrigado a obedecê-la. A Lei pode ser injusta e iníqua mas, enquanto não for revogada, ou não cair em manifesto desuso, obriga e se impõe contra a minha vontade. O caráter de heteronomia é, portanto, bem mais profundo do que à primeira vista parece.* Daí podermos dar mais um passo e dizer que o Direito é a ordenação heterônoma e coercível da conduta humana" (op. cit., p. 49).

eficazmente de uma produção legislativa que venha de encontro ao **real atendimento dos interesses de nosso povo**, ainda sob o fluxo idealístico do positivista lema da "Ordem e Progresso"[87].

"Pena de não haver intermediação popular no Poder" – expressão de Raimundo Faoro[88] – e às portas do novo milênio, tornarmos ao século XVIII, *flash-back, old fashion again,* onde em nome de um direito natural inexistia o direito à resistência, donde o absolutismo "ilustrado" de El Rey – a representar um Executivo (com poderes legislativos e judicantes) –, exercidos "em nome de Deus" e sem fiscalização popular.

"...Viveríamos sempre em uma continuada discórdia, se por qualquer injustiça houvesse o povo de se armar contra o soberano para o castigar e depor. A minha opinião é que o rei não pode ser de forma nenhuma subordinado ao povo; e por isso, ainda que o rei governe mal e cometa algum delito, mostramos que os delitos do rei não podem ter outro juiz senão a Deus, de que se segue que como o povo não pode julgar as ações dele, o não pode também depor, pois que a deposição é um ato de conhecimento e por consequência de superioridade.

(...)

Todas as vezes pois que o povo elege algum para seu soberano e este aceita, adquire logo o império de tal forma, que nem o mesmo povo lho poderá mais tirar nem ele carecerá de confirmação alguma, inda a do mesmo papa"[89].

---

[87] O governo Provisório da República, encomendou a Teixeira Mendes (1855-1927) o desenho da bandeira nacional quatro dias após a Proclamação da República. O mesmo, então chefe do Apostolado Positivista no Brasil, adotou o dístico "Ordem e Progresso" que sintetiza o programa sociológico de Augusto Comte: "O amor por princípio, a ordem por base, o progresso por fim. O amor procura a ordem e leva ao progresso. A ordem consolida o amor e dirige o progresso. O progresso desenvolve a ordem e retorna ao amor". A pedido de Rui Barbosa, Teixeira Mendes fundamentou a indicação do lema:
"O povo brasileiro, como todos os povos ocidentais, acha-se vivamente solicitado por duas necessidades, ambas imperiosas, que se resumem nas palavras – Ordem e Progresso. Todos sentem, por um lado, que é imprescindível manter as bases da sociedade, mas todos percebem também que as instituições humanas são suscetíveis de aperfeiçoamento. Ora, acontece que o tipo da Ordem, só foi, até hoje, fornecido pelo regime teológico e guerreiro do passado, e que o Progresso tem exigido a eliminação, por vezes violenta, de certas instituições, sendo por isto, o espírito público empiricamente levado a supor que são irreconciliáveis as duas necessidades. Daí a formação de dois partidos opostos, tomando um para lema a Ordem e o outro o Progresso; partidos que se combatem encarniçadamente, transformando as pátrias ocidentais em permanentes campos de batalha. Entretanto, a Dinâmica Social, fundada por Augusto Comte, para completar e desenvolver a Estatítisca Social,estabelecida por Aristóteles, demonstra que as duas necessidades de Ordem e Progresso, longe de serem irreconciliáveis, por toda parte se harmonizam. É que, nas palavras de Augusto Comte, o progresso é o desenvolvimento da ordem, assim como a ordem é a consolidação do progresso, o que significa que não se pode romper subitamente com o passado e que toda reforma, para frutificar, deve tirar seus elementos do próprio estado de coisas a ser modificado. Conservar, melhorando, é a fórmula sociológica que traduz o aforismo leibnitziano – *"natura non facit saltus"*. Apud Roberto Lyra, *Noções de Sociologia*, Rio de Janeiro, 1938, p. 119 e, também, em R. Lyra e João Marcello de Araujo Junior, *Criminologia*, 2. ed., Rio de Janeiro, Forense, 1990, p. 35-36.
[88] Apud FAORO, Raimundo, *Existe um Pensamento Político Brasileiro?*, São Paulo, Ática, 1994, p. 48.
[89] Id. Ibid., p. 48/49.

DAS FONTES DO DIREITO À LEGISLAÇÃO PENAL

Sumário: 9.1. Tempo de "revisão indireta" sobre a clássica tripartição de poderes para o início de um real direito penal da sociedade. 9.2. Leis em desacordo com a consciência popular. 9.3. As fontes do direito, o Estado de Direito e o processo de tutela da sociedade: a proteção de quais valores? Quem recolherá os bens à preservação? A incumbência do Ministério Público.

9.1 TEMPO DE "REVISÃO INDIRETA" SOBRE A CLÁSSICA TRIPARTIÇÃO DE PODERES PARA O INÍCIO DE UM REAL DIREITO PENAL DA SOCIEDADE

"A autoridade real despachava para a colônia 'pachás' desapiedados, magistrados corruptos e enxames de agentes fiscais de toda a espécie, que, no delírio de suas paixões e avareza, despedaçavam os laços da moral, assim pública como doméstica, devoravam os mesquinhos restos dos suores e fadigas dos habitantes e dilaceravam as entranhas do Brasil, que os sustentava e enriquecia" (Manifesto de D. Pedro I às "nações cultas", agosto de 1822).

Esse era o tempo das fardas avoengas, do aspensada, da lâmpada a óleo, do lampião alumiador onde românticas meninas de vira e mexe ensaiavam a mazurca e a polca no varandão das casas assobradadas, para debutarem sua inocência com crédulos rapazes nos bailes da Ilha Fiscal. Tempo desenhado pelo magistral pincel de Silva Rillo, onde os 'coronéis ganhavam seus galões debaixo da fumaça em peleias a pata de cavalo" e o padre ainda usava "uma batina cheia de manchas e botões... batizava crianças, encomendava os mortos, rezava missa em latim: *Agnus Dei*"[1].

Tempo de duques e barões, de mitologia com deuses vivos e estátuas de carne ambulantes; onde acalmados pela chegada da *belle époque*, esteriotipava-se o perfil estético, a plástica no *Homo carnosus* – padrão do *Homo aestheticus* – que, tranquilo, entregava-se a cantar a **igualdade**, **liberdade** e **fraternidade** dos ideiais franceses, como cria a exatidão da tripartição de poderes, à feição imaginada por Montesquieu. Fazia pouco a vigência das Ordenações Manuelinas e Filipinas; mas, no fórum, ainda, desfilava uma ignorância galopada pela rabulária curiosa, e se "achanava os níveis da cultura", **fiscalizada** por promotores tirados a "Fouquier-Tinville de aldeia" e juízes **interinos** – *interpres legum sanctissimus* –, que se prostravam genuflexos ao altar da justiça, com uma toga solene, um ar sepulcral de uma ciência que morrera sem ter nascido, ou uma eloquência simplesmente "canina", buscando aplicar a pena do "baraço e do pregão"[2], em marinheiros de primeira viagem que naufragavam em processos penais.

***

Chronos (ou Saturno), contudo, para alguns o deus do tempo, filho de Gaia, a terra, e de Uranos, o céu, sepultou esse tempo e já devorou os seus filhos – diria um filósofo –, época em que o eleitor cria piamente que seus políticos atendiam no exercício do mandato à expressão da vontade de seu voto, enquanto esperava, calçando sandálias, o pagamento do outro pé de sapato prometido na eleição. Hoje já não se cavalgam quimeras e, a justiça togada não mais se opera por "leguleios, circunferâneos, toda a casta de profissionais empíricos que ... são piores que os balabregas de patente e chapa" na expressão de Hungria[3]. Busca-se a técnica e a precisão, para o Judiciário, para o Executivo e... para o

---

1 Aparício Silva Rillo, poeta gaúcho que se radicara em São Borja às margens do Rio Uruguai (falecido em 1996), pincelou "Herança" (editor Airton Ortiz, Porto Alegre, 1989), poema que retrata "aqueles tempos" com deliciosa evocação saudosista e fino **humour**.

2 "Baraço e pregão" ou "pregão e gargalheira", figura penal extraída do direito português que era cominada a certos crimes pelas Ordenações Filipinas. O réu era obrigado a caminhar pelas ruas com uma corda (baraço) de enforcar, enquanto se lia para o conhecimento público a notícia do crime e da pena. Por vezes a corda era substituída pela "gargalheira", uma corrente de ferro (cf. MENDES DE ALMEIDA, Cândido, *Código Filipino*, Rio de Janeiro, Tipografia do Instituto Filomático ed., 1870).

3 *Vide* HOEPPENER DUTRA, Mário, "A Evolução do Direito Penal e o Júri!, *Revista Forense*, 249:50.

Legislativo que, para poder expressar melhormente a conveniência de um povo, não pode entregar-se a um *genus irritabile*, como se a colaboração do Ministério Público ou do Judiciário e Ordem dos Advogados do Brasil (OAB) fosse a representação de uma invasão terrível na esfera de suas atribuições, e não a expressão generosa da colheita e reprodução dos ideais da cidadania nacional. Se fiscalizaria colaborando, sim, mas a lei seria acompanhada em seu nascimento, como se escolhe a semente ao plantio, e o adubo à necessidade, devidamente "licitados", para uma colheita alvíssara, e não a produção deteriorada que tem ensejado a "legislomania" nacional[4] que transforma a legislação "em uma selva preceptiva", na expressão de Novoa Monreal[5].

9.2 LEIS EM DESACORDO COM A CONSCIÊNCIA POPULAR

A verdade é que crescemos no direito sob o influxo da **escola da exegese** nascida na época da promulgação dos grandes códigos, no começo do século XIX: flui, com ela, a lição de que a lei é a expressão da vontade do povo e da razão. Mas, desde logo, reconheceu-se mesmo em França a possibilidade do contrário: "É má a lei se em desacordo com a consciência popular", acentuava *maître* Garçon. Aliás, desde Montesquieu era essa a pregação. O direito penal positivo não fugiu à exigência de um conceito que, embora tenha dois séculos de vigência (com mais ou menos variantes ou atenuantes interpretativas), ainda nos manieta ao cumprimento dos textos legais – não se descobriu nada de melhor a substituir a obrigatoriedade de obediência às leis. Mas, para ser **bom direito**, precisa, inquestionavelmente, ser **vivido pelo povo**, como reafirmou nesse sentido, no passado recente, René Dotti:

"Com efeito, a opinião pública desempenha um papel capital na aplicação do sistema jurídico e, assim, deve intervir efetivamente no seu processo de construção. Ainda que não seja necessário modificá-lo, o direito

---

4   Expressão de Luís Rodriguez Manzanera, in *Lei Criminal e controle da criminalidade*, Lisboa, 1976, p. 154. Aliás, o problema da grande quantidade de leis penais no Brasil remonta, conforme registro de Ruy Rebello Pinho, a Maurício de Nassau, demonstrando, como era a própria inflação econômica brasileira, um problema já verdadeiramente *cultural*, patrimônio de costume incorporado à nossa história. *Verbis*: "Números exagerado de leis penais, fato que Nassau condenou.
Já vimos que vigorara no Brasil a legislação vigente na Holanda, Zeelândia e Frísia. E que leis também podiam ser promulgadas em Pernambuco. Ao que parece, as leis penais eram muitas. Nassau mesmo salientou a necessidade de 'abolirem-se as penas dos delitos leves e várias leis, salvas aquelas com as quais se punem os crimes graves...'", in *História do Direito Penal Brasileiro*, José Bushatsky, Editor, Editora da Universidade de São Paulo, p. 177.
5   MONREAL, Novoa, *O Direito como obstáculo à transformação social*, ob. cit., fls. 41.

penal está condenado a ser letra morta se não for **vivido pelo povo**, isto é, sustentado pela opinião popular. No momento em que a lei se esforça em reprimir uma conduta tida socialmente como não agressiva, ela corre o risco de ser desacreditada.

É profundamente correto o pensamento de que não basta a vontade do legislador para a criação do bom direito..."[6].

Após postar-se contrário às tentativas de usurpação da função legislativa (direito alternativo etc.), mesmo frente a uma legislação confusa ou equivocada, o ministro Francisco Rezek acentuou a promotores e procuradores de Justiça reunidos que "A esse respeito, a tarefa de cobrar, vejam bem, do legislador, um trabalho responsável de depuração da ordem jurídica e de aprimoramento da sua qualidade é dos juristas, mais do que dos outros extratos da sociedade. Mas, podem crer, é bem mais do Ministério Público do que da judicatura, ou da advocacia do Estado ou da advocacia privada"[7].

9.3 AS FONTES DO DIREITO, O ESTADO DE DIREITO E O PROCESSO DE TUTELA DA SOCIEDADE: A PROTEÇÃO DE QUAIS VALORES? QUEM RECOLHERÁ OS BENS À PRESERVAÇÃO? A INCUMBÊNCIA DO MINISTÉRIO PÚBLICO

A história da legislação penal brasileira é a história do caos. Legisla-se atrabiliariamente[8]. Hoje não se sabe sequer quantas leis temos ou estão em vigor. Legisla-se, simplesmente pelo prazer de legislar, acabando por criar leis desprovidas de funcionalidade e repletas de ornamentalidade, como em solo nacional tem feito vigorosos protestos, de há muito, Paulo Pinto de Carvalho, postulando, nesse sentido, para eficácia legislatória, que os movimentos de reforma do Código Penal e de Processo Penal "sejam realizados à luz do direito comparado, sobretudo, na Europa"[9] reclamando uma política

---

[6] DOTTI, René Ariel, ob. cit., p. 16.
[7] RESEK, Francisco, "O Ministério Público na Constituição Federal", conferência pronunciada no I Congresso Nacional dos Promotores do Júri, anais (Associação Paulista do Ministério Público), cit.
[8] Damásio de Jesus lembrou que Jescheck quando, em 1979, "avaliando a evolução da legislação penal brasileira, disse que o direito penal brasileiro era tão incerto quanto seu destino político. O legislador penal brasileiro não tinha direção. Enquanto isso, a criminalidade violenta se intensificava", in "Justiça e Criminalidade", *Revista Brasileira de Ciências Criminais*, n. 5, ob. cit., p. 78.
[9] Tese "O sistema penal sob o impacto de uma irreversível crise estrutural", apresentada ao X Congresso Nacional do Ministério Público em Belém, *Anais*, cit., p. 274.

de "desinflação penal... sobretudo com leis despidas de ornamentalidade e disfuncionalidade"[10].

Nelson Hungria falava, a respeito, que esse costume no Brasil é "prurido legiferante, coceira de urticária".

Nos novos tempos tem se apregoado – com boa dose de razão – o **princípio da intervenção mínima do direito penal**, segundo o qual se busca a aplicação de um martelo de Thor, quando já não possíveis outras formas de solução aos conflitos ocorridos em sociedade. Ressurge a necessidade imperiosa de quando criada, vale dizer, de quando o Estado intervenha tipificando condutas, significar o reconhecimento de absoluta necessidade, e, portanto, o instrumento legal avulta como de mais valia na esfera da sociedade.

Se em um Estado de Direito, portanto, a lei é a única fonte imediata de conhecimento e tem como fonte formal mediata "os costumes" (**consuetudo**) e os "princípios gerais do direito"[11], parece-nos ressurgir a tese de que se necessita de um bom intérprete da catalogação de costumes[12] e valores de um povo[13], aptos à transposição às fontes formais imediatas. Até porque, "O direito penal é o rosto do Direito, no qual se manifesta toda a individualidade de um povo, seu pensar e seu sentir, seu coração e suas paixões, sua cultura e sua rudeza. Nele se espelha a sua alma. O direito penal é o povo mesmo, a história do direito penal dos povos é um pedaço da humanidade" (Tobias Barreto).

***

Nesse sentido, quem ao sabor da ordem constitucional tem a incumbência da "defesa dos interesses sociais e individuais indisponíveis" (art. 127 da CF),

---

10 Cit., p. 273 e 276.
11 Vide "Dificuldades da matéria – Teoria e realidade"", in Os Grandes Sistemas do Direito Contemporâneo – Direito Comparado, por RENÉ DAVID, trad. Hermínio A. Carvalho, 2. ed., Lisboa, Ed. Meridiano, s.d., p. 119/120.
12 Leciona Nilo Batista (Introdução Crítica ao Direito Penal Brasileiro, ob. cit., p. 70): "Só a lei escrita, isto é, promulgada de acordo com as previsões constitucionais, pode criar crimes e penas: não o costume". "Destacar a exclusão do costume como fonte de crimes e penas", frisa Mir Puig, "é exigência do princípio da legalidade".
13 Vide as ponderações de Winfried Hassemer sobre a proteção de bens jurídicos (ob. cit., p. 37) e a danosidade social: "La doctrina penal de los últimos tiempos ha transformado consecuentemente la concepción del bien jurídico en una teoría de la danosidad social. Con ello se han marcado las más importantes orientaciones de la política criminal. En primer lugar, se pone de manifiesto que la teoría y la praxis del Derecho penal no pueden prescindir de las Ciencias sociales y que, más allá del Derecho penal, se han de tomar en cuenta las necesidades e intereses del sistema social. En segundo lugar, se esclarece que no toda lesión de un interés humano (bien jurídico) exige una reacción mediante el Derecho penal, sino tan sólo aquella que, además, presenta el carácter de socialmente dañosa, es decir, que en sus efectos lesivos va más allá del conflicto entre autor y víctima y del daño individual que esta última sufre ...", ob. cit., p. 38.

ou seja, o Ministério Público, órgão ao qual é entregue a tarefa constitucional de "defesa da ordem jurídica e do regime democrático", pode e deve interferir nesse processo, colaborando para o aperfeiçoamento da democracia[14]. Então é ao Ministério Público que incumbe, por sua própria natureza e missão constitucional, uma maior proximidade com o Legislativo, posto o Judiciário ter função diversa e a OAB (Ordem dos Advogados do Brasil) historicamente já vir prestando sua colaboração acentuadamente.

Bem, se se pode coadjuvar de forma objetiva e acentuada na elaboração das leis – dada a salutar combinação como filtradores dos costumes, combinando-se-os com os conceitos de "princípios gerais de direito" –, teremos iniciado, verdadeiramente, também como **reais e constitucionais intérpretes** *dos valores de nosso povo,* a uma colaboração com o Poder Legislativo, **forma-constitucional intérprete da vontade/conveniência popular**[15]. Desse modo, pode-se congregar o conceito de "Poder Legislativo", apondo à **capacidade formal do Legislativo** de atendimento na produção legal à "vontade e conveniência popular", a **capacidade material**

---

[14] Já apontamos outrora – a pretensão em buscar eco de nossos entendimentos – uma maior participação do Ministério Público nas propostas legislativas, por ocasião da abertura do citado Congresso de Canela (Conferência "A Efetividade da ação do Ministério Público") na qual, com vigor, postulamos tal mobilização. Depois, fizeram bons protestos, em sentido análogo, em painel realizado sobre o tema, o então Procurador-geral de Justiça do Rio de Janeiro. Antonio Carlos Biscaia e o Procurador de Justiça (hoje Juiz do Tribunal de Alçada/RS) e Professor José Antonio Paganella Boschi, fosse acusando uma legislação defeituosa retratada nos "anteprojetos" de lei penal, fosse denunciando a já existente por divórcio com os valores da nação. Tudo culminou com forte e necessária crítica retratada na prolação da "Carta de Canela", da qual destaco os seguintes artigos: "...Art. 6. Os Procuradores e Promotores de Justiça repudiam os anteprojetos de Reforma do Código de Processo Penal recentemente divulgados pela imprensa Oficial nos itens que retardam a prestação da Justiça, aumentam a impunidade, tornam a defesa irrestrita e inviabilizam a acusação, deixando ao desamparo interesses da sociedade. Art. 7. O Ministério Público vai adotar, cada vez mais, uma postura participativa e vigilante na elaboração das leis penais, encaminhando propostas e estimulando o debate, em defesa dos interesses sociais ...".
Noutra feita, em Campos do Jordão, por ocasião da conferência inaugural do "I Congresso Nacional dos Promotores do Júri", tornamos à carga, reclamando a necessidade ministerial de participar da construção do direito positivo desde a fixação de seus andaimes, ou melhor, desde o lançamento de sua "pedra fundamental" (*vide Anais do Congresso,* cit.). A seu tempo, em palestras proferidas e no mesmo conclave, com precisão reforçaram tal ideia e teceram competentes críticas os Professores e Promotores gaúchos José Fernando Gonzalez (palestra: "Aspectos do Júri Brasileiro") e Marcelo Roberto Ribeiro (palestra: "Ministério Público e reforma processual").

[15] A propósito do tema, *vide* sob o título "A Função Criadora da Sentença Criminal", em que o articulista Sérgio de Oliveira Médici retrata na *Revista Brasileira de Ciências Criminais* (cit., v. 5, p. 127-136) o problema das "criações na justiça penal", sobretudo exemplificando com o conhecido "Jogo do bicho" cuja tipicidade penal/contravencional subsiste, contrastando com a exploração corriqueira das loterias "oficiais" impunes, tornando-se o "jogo do bicho" uma "contravenção *demodé*". Salienta o autor o dissidio jurisprudencial onde digladiam duas grandes correntes, a legalista (cita acórdão do eminente Desembargador Dante Busana, ob. cit., p. 132, também dos Juízes Aroldo Luz e Silva Pinto), para a qual "não pode o juiz negar tipicidade ao fato que o direito penal considera contravenção sob o fundamento de que a conduta apenada não contrasta com o sistema axiológico e os padrões culturais da sociedade brasileira", porquanto não cabe ao Judiciário descriminalizar condutas a pretexto de desvalores, incumbindo, se o caso, ao Poder Legislativo ...E o entendimento contrário (cita acórdão da lavra de Nelson Schiesari, cit., p. 131).

e constitucional do Ministério Público de auferi-las. Ambos – Ministério Público e Legislativo –, assim como sístole e diástole do "coração do interesse social", se conjugariam e se completariam, adequando à clássica concepção tripartite de poderes (funções) formulada por Montesquieu, o conceito de um "fundo participativo" do Ministério Público junto ao órgão que legisla. Restaria pleno, e adequado à necessidade contemporânea, um ajustamento do Ministério Público à concepção montesquiana.

Daniel Pécaut, sociólogo francês, tratou da questão nominada "Os intelectuais e a política no Brasil – Entre o povo e a Nação" em obra homônima[16], onde analisou detidamente a trajetória da intelectualidade nacional entre 1920 e 1982, demonstrando que nem sempre nossos intelectuais podem ser considerados "cidadãos acima de qualquer suspeita". Na obra citada, aponta que muitas vezes a *intelligentsia* nacional acreditava "ter acesso à realidade brasileira", colocando-se, por conseguinte, como mediadora entre as classes e posicionando-se, "projetando-se acima da sociedade". Melhor dizendo, quase messianicamente. Contudo, atuando em partidos políticos, universidades e instituições de pesquisa, mesclaram "saber e poder" e, ao revés da defesa e da proposição de um diálogo independente interclasses, mais serviram a interesses de elite, que àqueles aos quais se propunham intermediar.

***

O Ministério Público – mesmo o Judiciário, temos defendido – não pode igualmente sujeitar-se a esse discurso já desgastado (objeto da citada crítica). Há que agir, ao sabor do mandamento constitucional e, para isso, ciente das advertências da história, ciente dos erros e desencontros – que não foram "privilégio" da intelectualidade nacional –, haverá que resguardar-se em sua independência e não confundir-se com os "Poderes", buscando verdadeiramente a essência de seu perfil institucional-constitucional. Para tanto, distante do *Homo theoreticus* prototípico da intelectualidade sem "o conhecimento de causa" que só a "ação" do *Homo praticus*[17] pode propiciar, posiciona-se um *Homo juridicus* – perfilando o conhecimento dos "costumes" do povo e ciente dos "princípios gerais do direito", interagindo **discurso e prática, pensamento e ação** – apto, portanto, a verdadeiramente poder **filtrar**

---

[16] PÉCAULT, Daniel, *Os Intelectuais e a Política no Brasil – Entre o Povo e a Nação*, trad. Maria Júlia Goldwasser, São Paulo, Ática, 1989.
[17] FERREIRA DA CUNHA, Paulo, *Pensar o Direito – Do realismo clássico à análise mítica*, 1. ed., Coimbra, Livraria Almedina, 1990, p. 334.

os valores da sociedade brasileira, para a produção de um direito positivo verdadeiramente *pro societate*. Longe, os tempos da obediência servil a certo pensamento emanado da intelectualidade sem prática, dos "teoréticos de carteira" que ditaram ação e modos de sua produção, para o *facere do Homo faber*[18] enquanto ser realizador, empreendedor, e não simplesmente teorizador, distante da realidade, por deformação de propósitos ou desinformação de argumentos e fatos.

---

18 Expressão de H. BERGSON (*La pensée et le mouvant*, p. 105, *apud* LALANDE, André, *Vocabulário Técnico e Crítico da Filosofia*, Martins Fontes, Editor, 1ª ed. bras., 1993, p. 47). Franklin, complementando o homem com o poder de fabricar instrumentos *(homo faber)*, agregou o conceito de poder "transformar as coisas", nominando-o *toolmaking animal*.

CAPÍTULO 10

A CONTEXTUALIZAÇÃO DO DIREITO PENAL DA SOCIEDADE BRASILEIRA NA NOVA ORDEM GLOBAL

Sumário: 10.1. Introdução: o culto ao mito da globalização. 10.2. Juristas ainda hoje? O penalista-criminalista. 10.3. A globalização e o direito penal. 10.4. A cooperação dos países do Cone Sul. 10.5. A questão da transnacionalização no processo penal. 10.6. Origens da proposta de uma legislação transnacional.10.7. Código Processual (Penal) Modelo: o problema da uniformização das leis.

10.1 INTRODUÇÃO: O CULTO AO MITO DA GLOBALIZAÇÃO

"...Adere-se não ao que deve ser, mas ao que vai ser, pela simples razão de que vai ser. Por isso, as ideologias modernas não se apresentam propriamente como doutrinas, mas como prognósticos. Não se diz que deve ser assim, mas que é fatal que seja assim. O mito ultrapassa a razão.

Assim aconteceu com o marxismo, com o nazismo, com o corporativismo, com o neocapitalismo... Se se criar a fé na fatalidade tem-se ganho de causa, pois ninguém quer marchar no cortejo errado" (**Oliveira Ascensão**[1]).

---

1 OLIVEIRA ASCENSÃO, José de, *O Direito. Introdução e Teoria Geral. Uma Perspectiva Luso-Brasileira*. 4. ed., Lisboa, Editorial Verbo, 1987, p. 564.

"Faz parte da lógica da globalização a unanimidade com que ela se espalha. Ela não opera pela crítica, como já foi dito, mas pela adesão" (**Eugenio Bucci**[2]).

Cultor de "mitos" e destruidor deles, com a rapidez que os constrói, os põe por terra, o homem "pós-neomoderno" já está mesmo agora abraçado a outro mito: a **globalização**, uma panaceia, milagrosa, vinda da economia e desenhada em seu *theatro mundi* e remédio contra todas as suas dores.

E o brasileiro, sobretudo, anda mesmo "fascinado pelo tema. Ninguém sabe direito o que significa, mas todos estão certos de que se trata de uma novidade de grande importância"[3].

Como os mitos são entidades que também *contaminam*, o que antes era um discurso do segmento econômico (economistas, políticos etc.) já contagiou o mundo do direito, e a fantasia de pressurosos e afoitos juristas sugere o falatório que será, transformando o tema em "última palavra em matéria de direito", a *big word* do momento[4], até em direito penal.

"Tudo isso exige, pois, uma tomada de consciência ética e cívica", alertou Reale, "por parte de cada povo, a fim de não ser submergido pelas ondas da globalização, geradora de soluções uniformizantes que bloqueiam

---

2   BUCCI, Eugenio, "Comunicação e globalização. Processo é estrada traiçoeira da unanimidade", *O Estado de São Paulo*, D2, 11-2-1996.

3   NOGUEIRA BATISTA JR., Paulo (Professor da Fundação Getúlio Vargas e pesquisador-visitante do Instituto de Estudos Avançados da Universidade de São Paulo), *in* "O Mito da Globalização", artigo publicado na *Folha de S.Paulo*, 30-5-1996, 2º caderno, p. 2. Acentua a matéria: "...a palavra tem um charme irresistível aos brasileiros, eternos provincianos que somos, sempre ávidos pelas últimas novidades ou pseudonovidades fabricadas nos países mais avançados. Quando se organiza uma conferência, digamos, 'Aspectos Internacionais da Questão da Mulher', aparecem 20 ou 30 gatos pingados. Mas, se o tema é 'A globalização e a Questão da Mulher', aparecem centenas de curiosos. Naturalmente, a substância não muda um milímetro, mas a plateia sai convencida de que assistiu a uma discussão diferente e inovadora... A mágica da palavra 'globalização' corresponde, como se sabe, à percepção generalizada de que há um processo em curso que domina de maneira inexorável a economia mundial e tende a destruir fronteiras nacionais. Os Estados nacionais estariam em crise ou declínio irreversível. Em fase de extinção, para alguns mais afoitos. Assim entendida, a globalização é um mito. Um fenômeno ideológico nada sofisticado, que serve a propósitos os mais variados. No plano editorial, por exemplo ajuda a vender jornais, revista ou livros superficiais. Nos planos econômico e político, contribui, por exemplo, para apanhar países ingênuos na malha dos interesses internacionais dominantes. No plano cultural, a globalização é um codinome para americanização, para a difusão em escala planetária das vulgaridades que a sociedade americana produz em profusão. E o brasileiro, com seu deslumbramento provinciano, mentalidade colonizada e crônica desinformação sobre temas internacionais, é um candidato natural, nato e até hereditário a desempenhar o papel de otário nesta história ...". Sobre a mística exercida pela força das palavras, *vide* mais uma vez a sábia e profunda ironia de FERREIRA DA CUNHA, *Pesar o Direito. Do Realismo Clássico à Análise Mítica*, v. I, ob. cit., p. 159.

4   Para uma compreensão básica sobre o assunto, *vide* PRAXEDES, Walter, *O Mercosul e a Sociedade Global – História em Movimento*, 7. ed., São Paulo, Ática, 1996. No âmbito jurídico, BAPTISTA, Luiz Olavo e outros, na coleção de atigos *Mercosul – Seus efeitos jurídicos, econômicos e políticos nos Estados Membros*, Maristela Basso (org.), Porto Alegre, Editora Livraria do Advogado, 1995, 444 p.

ou estancam as fontes essenciais do pluralismo e da liberdade, para a instauração de uma unidade amorfa e indiferenciada. Mais do que nunca se deve ter consciência que sem pluralismo não há liberdade possível"[5]. Também se insurgiu Eugênio Bucci, atacando em outro flanco – no processo de comunicação –, apontando que "na globalização de economia, a cultura da humanidade sofre um drástico empobrecimento", porquanto "aglutinam-se blocos empresariais com poderes inéditos enquanto o homem perde em diversidade cultural"[6], onde seus valores facilmente sucumbirão: "Não quero concluir este artigo", escreveu o articulista, "receitando fórmulas eficazes para isso e aquilo. Elas não existem. O que quero deixar é uma preocupação compartilhada. No fim do milênio, pedaços da história do homem vão desaparecer, junto com línguas, religiões, cantos. Talvez estejam ameaçados, também, não com a mesma gravidade, mas ainda assim ameaçados, alguns valores democráticos, como a independência incondicional da imprensa"[7].

Por aí afino-me com aqueles que trazem certa descrença no assunto, seja pela sucumbência que irá se impor às "culturas menores" açambarcadas no *processus* de globalização por meio da comunicação imposta pelos ditadores na nova ordem[8], seja mesmo pela limitação natural que existe no terreno financeiro, porquanto "mesmo no terreno financeiro, a globalização é muito mais limitada do que sustentam os seus arautos"[9]. Por outro lado, se

---

5 "Globalidade e mundialização", artigo em *O Estado de São Paulo*, 27-7-1996, p. A2.
6 BUCCI, Eugênio, "Comunicação e Globalização. Processo é estrada traiçoeira da unanimidade", *O Estado de São Paulo*, D2, 11-2-1996.
7 Id. ibid.
8 Bucci (id. ibid), em seu ensaio, escreveu: "Comecemos pelas perdas culturais. Em sua primeira edição deste ano, a revista semanal americana **New Scientist** publicou um artigo sobre a morte iminente de milhares de idiomas que ainda hoje são falados. Segundo Gail Vines, autor do texto, existem cerca de 6 mil línguas vivas. Metade delas deve sumir nos próximos cem anos. Pelo menos 2 mil já se encontraram ameaçadas de extinção: nenhuma delas é falada por mais de mil pessoas... Mais números: cinco línguas (o inglês, o russo, o espanhol, o chinês e o hindu) representam metade dos humanos vivos; e com mais outras cem teremos 95% da população do planeta. A diminuição da diversidade linguística é inexorável. Milhares de identidades culturais e linguísticas estão virando poeira no passado. Embora não possamos atribuir um valor exagerado aos desaparecimentos de culturas e idiomas – a marcha da civilização pressupõe a destruição de outras civilizações e sempre foi assim –, é bastante esclarecedor ver como se dão esses desaparecimentos em nossos dias. A televisão e os meios eletrônicos não podem ser responsabilizados pelo estrago, mas assumem o papel destacado em arrematar o serviço: são veículos de comunicação, ou melhor, veículos da globalização, ou pior, veículos da supremacia da palavra do mais forte sobre a palavra do mais fraco. A TV cobra o sacrifício dos idiomas mais frágeis. Ao abarcar mais e mais públicos, ela pressiona pela prevalência de uma linguagem sobre outras. Atraídos pela luminescência de novos mundos, os telespectadores apenas aderem – e aceitam entender a língua que ela fala. A conquista se processa pela adesão acrítica dos conquistados. Mais: as migrações já não acontecem apenas de uma terra para outra, mas de uma língua para outra, para língua que reina nos meios eletrônicos. Há povos inteiros migrando sem sair do lugar ...".
9 REALE, Miguel, art. cit., p. cit.

a perigosa combinação direito/ideologia também assusta os estudiosos das ciências jurídicas, merece também a lembrança de sociólogos como Alain Touraine[10], que vislumbram no "Canto da Sereia da Globalização", em seu processo de liberalização da economia, os grandes interesses ideológicos americanos ali escondidos[11].

***

No ciclo evolutivo da passagem do homem pela terra, também este vento novidadeiro passará – e aqui o verbo se conjuga no futuro –, nova desesperança advirá, e com certeza o homem do direito – voltemos à nossa casa – tornará aos seus Códigos, às suas legislações, às questões doutrinárias, à divergência de ementários, aos conflitos sumulares, e terá então outra tarefa: a de reconstruir a organicidade de seu sistema jurídico, abalado em determinado momento de sua história pela confiança depositada na Economia, a qual resolveria os problemas que o direito não solucionou[12]. No campo penal, falará outra vez da culpabilidade, da tipicidade, da dosimetria apenatória, das causas da criminalidade e suas formas de prevenção, enfim, coisas "comezinhas", mas que jamais sucumbiram ao progresso, porque inerentes a um ramo do conhecimento humano – o direito – necessário à preservação/progresso da vida em sociedade, como *instrumentarium* posto ao lado da própria economia.

Poderíamos, então, questionar, com Rocco, de como acender "a luz do direito futuro sobre as últimas sombras do direito atual"?

---

10 Sociólogo, diretor da Escola de Altos Estudos em Ciências Sociais em Paris, tendo publicado diversos livros no Brasil, dentre outros, *A Crítica da Modernidade*, pela editora Vozes.

11 Entende o citado autor: "Uma coisa é afirmar o triunfo da sociedade de mercado; outra, totalmente diferente, é dizer que a sociedade deve ser regulada como um mercado e, portanto, ser liberal, ou seja, reduzir tanto quanto possível as intervenções centralizadas e voluntaristas do Estado, dos monopólios, da igreja. De fato, somos submetidos a uma imensa campanha ideológica que tenta nos convencer de nosso ingresso na sociedade global e da irrefreável tendência do planeta em tornar-se uma imensa zona de livre comércio. É compreensível que essa ideologia se difunda a partir dos Estados Unidos pois ela lhes favorece a hegemonia: soa mais elegante dizer que a Coca-Cola, a CNN ou a Microsoft são empresas globais antes de serem norte-americanas, o que entretanto elas não deixam de ser. Menos compreensível é que o resto do mundo aceite tal descrição ideológica...

...Do mesmo modo, amanhã veremos dissipar-se a ilusão de um mundo globalizado e presenciaremos a ascensão do império chinês, assim como presenciamos a ascensão do poderio japonês...". TOURAINE, Alain, *in* Folha de S.Paulo, 14-7-1996, p. 5.

Alertando igualmente para os riscos de "um novo imperialismo" no qual as identidades nacionais serão engolfadas pelo processo de globalização, *vide* também o artigo de Miguel Reale, "Novo imperialismo?", *in O Estado de São Paulo*, 11-1-1997, p. A2.

12 *Vide* todas as questões levantadas à luz da filosofia por Ferreira da Cunha, ob. cit., v. II, p. 168 e s., III Capítulo, sob o título "Direito e Indústria: Pensar o Direito e a sua Filosofia como produtos de primeira necessidade e tecnologias de pontas".

Essa proposição, muitas vezes até inconsciente, de transferir o discurso jurídico ao mundo financeiro, como se este operacionalizasse de per si "cura" que a justiça convencional não efetivou, retardará o estudo e o progresso das **ciências jurídicas e sociais**.

10.2 JURISTAS AINDA HOJE? O PENALISTA-CRIMINALISTA

Oliveira Ascensão, em sua obra *O Direito*, formula a pergunta-chave em um capítulo "Juristas ainda hoje?", questionando: "Resta um problema que se pode colocar, radicalmente, nestes termos: ainda haverá lugar para o jurista no mundo atual, ou ele será também um resto de época passadas? O dinamismo de outras mentalidades, para quem o jurídico é sinônimo de formalista ou reacionário, não terá razão de ser?"[13]. E conclui: "Respondemos que não – se olharmos para o que o jurista essencialmente é, e não nos limitarmos a uma arbitrária imputação de erros passados, que aliás cabem tanto ao jurista como a qualquer outro. Ao jurista incumbe necessariamente em toda a sociedade dar testemunho de uma ordem que a deve informar na sua estrutura e na sua evolução. Tem de afirmar pois o primado do direito contra todas as violações e contra todas as pressões. De novo encontramos aqui a noção de ordem social, que nos deu o ponto de partida. O jurista é um elemento dessa ordem e assegura, no seu aspecto mais alto, a realização do direito"[14].

A força-tarefa imposta ao direito ao longo da história não arrefecerá pelo discurso da economia em fase globalizante, pelo menos a médio prazo. E a proposta da Justiça, adentrando ao novo século, há que se dar com previsões que façam sentido até onde possa alcançar os pés desta ou da próxima geração em terreno buscando a passo largo. Adiante? Adiante não mais que as teorias puramente especulativas, porquanto **os caminhos se fazem ao caminhar**[15]. O Estado, via do Judiciário, não deixará a gestão das coisas da

---

[13] OLIVEIRA ASCENSÃO, José de, *O Direito. Introdução e Teoria Geral. Uma Perspectiva Luso-Brasileira*, 4. ed., Lisboa, Editorial Verbo, 1987, p. 563.
[14] Id. ibid., p. 564.
[15] MACHADO, Antonio:
"Caminante, son tus huellas el camino
y nada más;
Caminante, no hay camino,
se hace camino al andar.
Al andar se hace camino
y al volver la vista atrás se ve la senda
que nunca se ha de volver a pisar.
Caminante, no hay camino,
sino estelas en la mar".

Justiça toda entregue ao "direito das coisas". A consolidação dos conceitos e processos de "cidadania", "democracia", "defesa dos interesses difusos", "infância e juventude", "meio ambiente", "direitos do consumidor", em um primeiro momento, não se vinculam objetivamente às propostas colocadas no "terreno financeiro internacional" (Mercosul, Comunidade Econômica Europeia etc.)[16], quanto mais às questões vinculadas ao direito penal.

10.3 A GLOBALIZAÇÃO E O DIREITO PENAL

Vittorio Olgiati, trata da reciclagem das profissões jurídicas, do pluralismo jurídico, procurando demonstrar como a teoria do direito e a sociologia "definirão novos campos temáticos"[17], tentando assentar andaimes para a construção de propostas no infinito e nebuloso céu do futuro.

O discurso terra a terra, realista e prático, é efetivamente a pergunta clara e objetiva: o que irá afetar em matéria de atribuições ou competência, ou auxiliar diretamente, enquanto operadores do direito penal, o processo de mundialização ou globalização[18]?

Talvez, a resposta se alvitre se ofertarmos a pergunta na forma negativa: onde nós **não** "entramos" nesse processo?

Em termos de perspectivas para o futuro imediato, do que se colhe na *comunnis opinio doctorum*, referente ao fenômeno da globalização no campo do direito, pode-se dizer que irá ocorrer como "ruptura mais importante" (no sentido de potencialidade a afetar-nos) uma "expansão de um direito paralelo ao dos estados, de natureza mercatória (*lex mercatoria*), como decorrência da proliferação dos faros de negociações descentralizadas estabelecidos pelos

---

16 A propósito, *vide* SOARES, Guido F. S., "O Direito Supranacional nas Comunidades Europeias e na América Latina: O caso da ALALC/ALADI e o Mercado Comum Brasil-Argentina", *RT* 668, jun. 1991, p. 11-34.
17 "Direito Positivo e Ordens Sócio-Jurísticas: 'Um engate operacional' para uma sociologia do Direito Europeia", *in Direito e Globalização Econômica*, ob. cit., p. 81-104.
18 Miguel Reale distinguiu globalidade e mundialização. Afirmou não serem sinônimas as duas palavras: "O termo globalidade tem mais um sentido reducionista, indicando um processo de unificação total, no qual as partes se ajustam e se submetem a algo de esférico, envolvente e dominante. É nesse sentido que MacLuhan já anunciava, em virtude dos processos tecnológicos, a redução de todos os povos a uma 'aldeia global'. O adjetivo mundialização possui mais um sentido expansionista, estendendo-se às nações o que o poeta John Donne sabiamente disse das pessoas: 'nenhum povo é uma ilha'. Com efeito, a informática, filha dileta da cibernética, como ciência das funções e transmissões eletrônicas, torna cada vez mais os povos interdependentes ...", depois recomendou "...Poder-se-á dizer que, entre globalidade e mundialização, a preferência deve ser dada a esta, que nos conduz mais na diretriz do intercâmbio que do predomínio, embora não se possa deixar de reconhecer que as condições ecológicas e sobretudo o progresso tecnológico asseguram a determinados países natural hegemonia", *in* "Globalidade e mundialização", artigo publicado no *Estado de São Paulo*, 27-7-1996, p. A2.

grandes grupos empresariais"[19]. Vale dizer: as mudanças que se desenham a ocorrer, em nada dizem respeito às nossas atividades diárias; de regra, o que se prenuncia como **"novo" alude a um "direito" não penal**, porque atinente ao direito econômico internacional, direito comercial etc.

Quando presente certa questão penal, resulta tão particularizada que somente o estudo específico poderia desenhá-la (foros de eleição, foros especiais), fugindo à perspectiva de propósito desta obra.

Logo, forçoso concluir-se que nenhuma grande afetação se avizinha – repise-se: quanto à criminalidade comum e seus reflexos na órbita penal! –, a menos que se faça o discurso *ad terrorum*, em que, sem qualquer perspectiva, queria amedrontar-se incautos. Desse modo, sobretudo à Justiça Estadual, nenhuma "terrível" modificação exsurge[20]. E enquanto o constitucionalismo subsistir, mesmo com a invasão dos tradicionais Poderes entre si[21], a ideia de Justiça Penal não será atingida pelo *processu* em curso, a não ser, como dito, atinente a certa criminalidade específica[22] que, a rigor, sequer pode ainda ser projetada com segurança.

---

19   FARIA, José Eduardo, ob. cit., p. 10/11.
20   *Vide* sobre os Campos Jurídicos, "A internacionalização dos campos jurídicos e a criação de espaços transnacionais", artigo de Yves Dezalay e David M. Trubek, *in Direito e Globalização Econômica*, p. 35-37.
21   Paulo Ferreira da Cunha tratou do *Mito da Separação dos Poderes* (ob. cit., p. 235 e s.) comparando o tema da separação de poderes ao *umbral dantesco do labirinto de Minos – por ele se penetra no mais complexo dos dédalos, no próprio cerne da trama das realidades complexas ardilosas do Estado e do poder político*. Afirmou que ante tamanho labirinto *nenhuma das soluções do cardápio resultaria: matar como Teseu o Minotauro é eliminar, abolir a questão; voar como Ícaro até a um sol de teorias brilhantes e escaldantes, mas aéreas e muito longínquas, é sublimá-la; ou fugir dela como Dédalo, num voo planado e rasteiro, uma forma de a evitar num olhar frente a frente*. Alertou que *a análise da separação de poderes arrisca-se, a embrenhar-se por tais e tantas excursos prévios e laterais, por tão meandrosa floresta de enganos que periga transformar o fito inicial num pretexto, num involuntário começo, tornando o investigador ingênua presa da sua obra, autogeradora, autossegregada e potencialmente caleidoscópica, infinita. Além do mais, pulverização teórica pré-existente, a confusão conceitual instalada, o propositado uso retórico e até demagógico do próprio sintagma "separação de poderes ..." se por uma lado esvaziam um tanto de conteúdo e cientificidade a matéria em apreço, por outro provocam o estranhamento e a suspeita de se, sob a capa da atomização teórica e do verbalismo parlamentar, se não esconderão realidades bem dignas afinal de aturado estudo, eventualmente aptas a revelar o âmago de um problema bem importante, e não exclusivamente para investigadores ociosos, antes para qualquer cidadão...*
Luiz Flávio Gomes acentua que, via de regra, não tem havido na prática o "controle equilibrado" dos Poderes tal qual a clássica divisão retratada por Montesquieu, e dentre outras razões, aponta o fato de estar o Legislativo funcionando apenas como uma "câmara de ressonância" do Executivo, ou seja, converteu-se o Legislativo apenas em um órgão homologador das decisões do Executivo que historicamente tem assumido o papel de Poder predominante. "Uma Aproximação aos Valores Fundamentais do Estado Democrático e Social do Terceiro Milênio" (Esboço de um Libelo Contra o Autoritarismo, a Intolerância, o Egoísmo, a Corrupção e a Miséria), *in Uma Vida Dedicada ao Direito. Homenagem a Carlos Henrique de Carvalho – O Editor dos Juristas*, 1. ed., São Paulo, Revista dos Tribunais, 1995, p. 307.
22   *Vide* LÓPEZ LECUBE, Alejandro Freeland, "El Derecho Penal de la integración europea y las perspectivas em nuestro MERCOSUR", *in* BASSO, Maristela (org.), *Mercosul: Seus efeitos jurídicos, econômicos e políticos nos Estados-Membros*, ob. cit., p. 323 e s.

A rigor, a "globalização econômica" apenas "vem multiplicando as oportunidades profissionais para os grandes escritórios especializados em direito econômico transnacional e em *lex mercatória...*"[23]. Nada mais. O mais, repita-se é adivinhacionismo. Usemos, então, a linguagem atual de um autor – Michael Hammer – sobre modernas tendências de **reengenharia**: "O segredo do sucesso não é prever o futuro, é criar uma organização que prosperará em um futuro que não pode ser prevista".

Este, aliás, é o testemunho confirmador prestado pela Comunidade Econômica Europeia e sua experiência, conforme precisou López Lecube[24]:

"A más de cuarenta años del nacimiento de las Comunidades Europeas, la CECA, y de sus continuadoras, la CEE y el Euratom, no existe un Derecho Penal Comunitario ni tampoco un Derecho Procesal Penal Común. Esto es: no existen tipos ni sanciones penales a nível de las Comunidades ni un sistema comunitario de investigación y persecución penal. La Unión Europea, a la hora de perseguir y castigar penalmente las infracciones a las normas comunitarias de derecho originario o derivado, es todavia dependiente de las legislaciones de los Estados miembros.

El derecho penal no se presenta como una prioridad para la construcción de un Mercado Común y tampoco fue prioridad en el proceso de integración europeo. Un Mercado Común implica, en lo esencial, la consagración de las cuatro libertades básicas (la de circulación de personas, mercaderías, servicios y capitales), la adopción de un arancel aduanero externo común, la coordinación de políticas macroeconómicas y la armonización de legislaciones de los Estados parte en los sectores pertinentes".

10.4 A COOPERAÇÃO DOS PAÍSES DO CONE SUL

Contextualize-se, dentro da ideia maior – mundialização –, a ideia de cooperação dos Países do Cone Sul (Mercosul) e afastem-se agora, outra vez, as mesmas noções retrorreferidas no que toca às relações comerciais, no que estas significam e em que se inserem, no âmbito de um direito internacional

---

23 Id. Ibid., ob. cit., p. 13.
24 LÓPEZ LECUBE, Alejandro Freeland, "El Derecho Penal de la integración europea y las perspectivas em nuestro MERCOSUR", *in* BASSO, Maristela (org.), *Mercosul: Seus efeitos jurídicos, econômicos e políticos nos Estados-Membros*, ob. cit., p. 311-312.

econômico. Tornemos, outra vez, à pergunta: o que pode surgir, então, em matéria de transnacionalização de um "direito penal" que possa inovar, criar ou tocar-nos?

Atinente ao direito substantivo, as mudanças não são "visíveis a olho nu", somente a título adivinhacionista (onda *gipsy*). Primeiro, porque não se vislumbra nenhuma perspectiva próxima de um "salário mínimo único mundial" – e a sociologia sabe o quanto isto significa para o estabelecimento do regramento jurídico –, segundo, porque sendo o direito concebido em razão do processo histórico-cultural de cada país, restaria bastante improvável que em nome de um "sistema-mundo" as Nações, sabedoras da plúrima e peculiar formação de cada povo respectivo, transacionassem os arraigados conceitos de soberania e autonomia, mesmo porque, coligadas à noção rígida de ordem pública e territorialidade. Ademais, os tratados ou convenções[25], já possibilitam, de longa data, a devida flexibilidade, quando, esta se faz necessária[26].

10.5 A QUESTÃO DA TRANSNACIONALIZAÇÃO NO PROCESSO PENAL

Mas, é justamente pelo direito adjetivo (a transnacionalização opera-se nos processos, alterando regras de competência, inovando no princípio da territorialidade) na área penal, que mais proximamente pode-se solicitar reforço supranacional de combate à ocorrência delitiva que mais afeta a civilização contemporânea globalizadamente concebida: crime organizado (terrorismo e corrupção, *ad exemplum*).

Chaga social que nenhum Estado consegue deter, e a menos que se cotizem, que se consorciem buscando um combate conjunto, arriscam-se eles próprios (os Estados) a sucumbirem, mercê deste "poder criminoso"

---

[25] Tratados e convenções usados aqui como sinônimos, tal como lecionado por Francisco Resek, no tópico-verbete "Terminologia", p. 15, de sua obra *Direito Internacional Público*, 6. ed., São Paulo, Saraiva, 1996: "O uso constante a que se entregou o legislador brasileiro – a começar pelo constituinte – da fórmula *tratados e convenções*, induz o leitor desavisado à ideia de que os dois termos se prestem a designar coisas diversas...".

[26] *Vide* sobre o tema as questões levantadas por López Lecube, ob. cit., p. 327 e s. e, principalmente Nadia de Araújo, Carlos Alberto de Salles e Ricardo R. Almeida, "Cooperação interjurisdicional no MERCOSUL. Cartas rogatórias, homologação de sentenças e informação no Direito Estrangeiro", *in* MERCOSUL. Seus efeitos jurídicos ..., ob. cit., p. 339-369 que, partindo de hipóteses suscitadas por possíveis ocorrências do processo civil, permitem uma ampla análise do tema para o enfoque do processo penal e constitucional.

que não tem regras, nem fronteiras, e que deita efeitos sobre as raízes socioculturais que se situam no coração da civilização, adoecendo todo o corpo social: sobre o homem, enquanto pessoa humana, e sobre o cidadão, enquanto garantia de sua dignidade historicamente conquistada[27].

10.6 ORIGENS DA PROPOSTA DE UMA LEGISLAÇÃO TRANSNACIONAL

A questão não é de hoje. Pertence a Donnedieu de Vabres a proposição de que "...Era, por isso, necessário opor ao internacionalismo do crime o internacionalismo da repressão; era preciso que os Estados se entendessem, não só para combinar a ação das suas polícias, mas também para fixar o domínio das suas jurisdições, das suas respectivas legislações[28].

Para um combate efetivo ao crime organizado, mister a previsão de "normas processuais e procedimentos investigatórios descentralizados e desburocratizados[29] para que a Justiça Penal possa em melhores condições manejar um processo. Daí, então, o conceito de "transnacionalidade e

---

[27] "Os estudiosos" escreve Miranda Rosa "têm passado ao largo de algo que é fundamental para a compreensão do Direito Processual e, objetivamente, do processo judicial, começando quase sempre pelos aspectos conceituais, teóricos e doutrinais que mencionamos, saltando, porém, certos aspectos de base que estão na própria motivação ou razão de ser do processo judicial e de seu conhecimento científico no estudo do Direito Processual. Trata-se das raízes socioculturais que dominam a existência do processo e dirigem o seu encaminhamento para soluções encontradas na sua formulação, nas diversas ordens jurídicas. Assim é que o processo penal difere do processo civil segundo sua própria razão de ser. Já aqui, começam a se apresentar as bases socioculturais que são causadoras da necessidade de uma especialização ou de uma diversa maneira de tratar a matéria processual nos dois grandes ramos do processo.
...São assim valores socioculturais específicos que dominam o quadro do processo penal de qualquer natureza, comum ou especial (militar)... O processo penal comum ou o especial, abrangendo o processo penal militar e as disposições processuais penais da legalização processual eleitoral, dessa maneira, têm motivações ligadas àqueles valores socioculturais.
Por outro lado, o processo civil, sem minimizar de maneira alguma, aqueles valores, põe especial atenção no assegurar a igualdade das partes. As disposições do processo trabalhista e aquelas, do processo eleitoral de natureza não penal, são regidas pelo mesmo tipo de preocupações. É que, em tais casos, não se trata do julgamento de condutas contrárias à ordem pública e aos interesses da sociedade como um todo, mas sim, em geral, do exame dos conflitos surgido entre componentes da sociedade, ou por vezes, entre a expressão institucionalizada desta, que é o Estado, e aqueles indivíduos ou entidades de natureza privada.
Isso deve sugerir a importância que pode ter para a compreensão exata do Direito Processual, o estudo dos valores socioculturais dominantes nas suas motivações ...". MIRANDA ROSA, Felipe Augusto, "O Direito Processual como Expressão de Valores Socioculturais", in Estudos Jurídicos em homenagem ao Professor OSCAR TENÓRIO, pub. pela Universidade do Estado do Rio de Janeiro, 1977, p. 232-333.

[28] A Justiça Penal de Hoje, trad. Fernando de Miranda, 2. ed., Coimbra, Arménio Amado, Editor, Sucessor, 1962, p. 23. H. Donnedieu de Vabres foi eminente professor de Direito Penal da França, havendo contribuído decisivamente para a criação de um Direito Internacional. Como juiz, representou seu país no julgamento de Nuremberg.

[29] Cf. BARROS SILVA, Cláudio, "Reforma Processual Penal. Combate ao Crime Organizado Transnacional e Direitos Humanos", Anais do X Congresso Nacional do Ministério Público, Impresso na Gráfica CEJUP, Belém-PA, 1995, p. 20.

cooperação", que, afetando a área da Justiça, se avizinha e lhe faz sentido. Valho-me, sobre o assunto e dada a sua importância, da visão de Cláudio Barros Silva, que dentre promotores e procuradores de Justiça salientou a importância do tema no "X Congresso Nacional do Ministério Público"[30], propugnando:

"A transnacionalização do crime, desrespeitando as fronteiras e a soberania dos Países, leva à necessidade da cooperação internacional em matéria penal de forma efetiva, deixando de ser a colaboração, como é hoje, mero favor entre os Países envolvidos. Deve o Brasil, de forma clara, através de suas autoridades, estabelecer com os países que, de alguma forma, se veem envolvidos com o crime organizado, regras de cooperação judicial em matéria penal. A reforma processual penal, que está sendo elaborada, deve conter normas que possibilitem a assistência mútua em matéria penal, como forma de combate efetivo ao crime organizado, desburocratizando procedimentos e aproveitando a prova efetuada por autoridade competente em outro País. É necessário que as autoridades envolvidas no processo penal, tanto do Ministério Público como do Judiciário, possam efetuar provas que tenham validade em outros Países sem maiores formalidades. Neste envolvimento, poderemos ter o Ministério Público procedendo investigações e orientando investigações policiais, e o Judiciário instruindo procedimentos e prestando jurisdição. Estes procedimentos, tanto investigatórios como instrutórios e decisórios, desde que garantam os direitos fundamentais do homem, devem ser acolhidos como meio de prova. Para que se possa em cooperação em matéria penal e processual penal, é necessário que os princípios constitucionais sejam preservados, pois estes são os garantidores dos direitos humanos. Assim, os princípios da reserva legal, da anterioridade das leis, da lei certa, da lei escrita, da lei justa, do contraditório e da ampla defesa, da presunção de inocência, da necessidade de fundamentação, da restrição de liberdade, entre outros, são fundamentais para que se possa haver cooperação. Portanto, somente poderemos pensar em combater o crime organizado transnacional se os Países envolvidos resolverem mudar suas leis processuais, desburocratizando os procedimentos, sem, de forma alguma, deixar de respeitar o próprio homem, destinatário da lei. Estes procedimentos devem estar atentos a uma dupla exigência; primeiramente, para evitar que normas processuais possam estar a serviço de mãos deformadas ou instrumentalizados por mãos prepotentes. A par disso, é necessário o empenho responsável e corajoso daqueles que querem transformar, combatendo de forma aguda o crime organizado, que nos assola e nos derruba diariamente. Para tanto, é necessário que tenhamos normas penais e

---

30 "X Congresso Nacional do Ministério Público", Belém-PA, 20-8 a 1º-9-1994.

processuais penais disponíveis, sobretudo no plano de cooperação internacional, 'para contrapor uma organização efetiva da Justiça a uma organização iníqua das internacionais do crime'" (Verbis, conclusões de sua tese[31]).

***

Afora essa cooperação necessária, a integração dos diversos Ministérios Públicos e das autoridades judiciárias do Cone Sul, sobretudo – hoje todos vivendo em **esplêndido** isolamento –, viabilizando-se a discussão dos novos rumos da Justiça, pouco sobra em matéria de **grandes** novidades.

Aliás, em época de transição, de visões ainda abstratas no porvir, de transformações culturais, se a ansiedade por mudanças faz do irrequieto ser humano um cobaia *in potentia* para novas experienciações, tem-se que acautelar: "por amor aos miríficos anéis da utopia, o homem moderno já perdeu alguns dedos e pode perdê-los todos"[32], lembrou nosso filósofo Kujawski.

10.7 CÓDIGO (PROCESSUAL) PENAL MODELO: O PROBLEMA DA UNIFORMIZAÇÃO DAS LEIS

Os idealizadores de um "Código de Processo Penal Modelo para a Ibero-América" reconhecem – como a ilustrada Ada Pellegrini Grinover – que "a busca de uniformização, tendo contra si as resistências nacionalistas, constitui um processo lento, sem resultados imediatos e concretos, aconselhando a elaboração de propostas de integração imediatamente operantes, ainda que menos ambiciosas"[33].

O que é bom, dado que a reedição do sonho de Simón Bolívar (1783-1830) e José Martí (1853-1895) neste novo século – que lutaram pela unidade latino-americana – deve vir resguardada de uma ampla discussão[34].

---

31 BARROS SILVA, Cláudio, tese citada, p. 21-22.
32 KUJAWSKI, G. de Mello, ob. cit., p. 26/27.
33 GRINOVER, Ada Pellegrini, "Lineamentos Gerais do Novo Processo Penal na América Latina: Argentina, Brasil e o Código Modelo para Ibero-América", *in Ciência e Política Criminal em Honra de Heleno Fragoso*, 1. ed., Rio de Janeiro, Forense, 1992, p. 39.
34 *Vide*, em um espectro mais amplo, o conflito de entendimentos entre os autores dualistas – para os quais o direito internacional e o direito interno de cada Estado são sistemas diversos e independentes, onde a validade Jurídica de uma norma interna não se condiciona à sua sintonia com a ordem internacional – e os autores monistas – divididos em duas correntes, uma, sustentando a unicidade da ordem jurídica "sob o primado do direito internacional, a que se ajustariam todas as ordens internas. Outra apregoa o primado do direito nacional de cada Estado soberano, sob cuja ótica a adoção dos preceitos do direito internacional reponta como uma faculdade discricionária", *in* RESEK, Francisco, *Direito Internacional Público*, 6. ed., São Paulo, Saraiva, 1996, p. 4-5 e, por pertinente, fls. 103-104.

Essa pretensão, **hoje**, de uma **linguagem jurídica universal** pode ser comparada a uma **metalinguagem sobre formas de espaço**, que não respeitando as fronteiras de cada país, visa transcender, cheirando mais a abstrato esoterismo.

Lyra assinalou que as primeiras tentativas de unificação de Códigos resultaram em esforço frustrado (Hamburgo, 1900), mesmo que limitado à Áustria e à Itália. Desde então, a União Internacional de Direito Penal colheu "ideias fundamentais uniformes para a unidade superior" (Con Liszt), tendo cogitado "inutilmente, da reunião de projetistas de códigos nacionais" e se contentado com a sugestão da adoção de **princípios básicos comuns** às diversas nações, através dos Congressos de Bruxelas, Varsóvia, Roma etc[35].

Por força da mobilidade social e das diversas conjunturas socioculturais, sempre se mostrou inviável a ideia de um código comum – transnacional, supranacional – que atendesse à demanda de um direito comum dos povos, fosse em nome de um direito natural, fosse substantivo ou adjetivo, fosse a qualquer título que fosse.

Ademais, nesse particular, novidade, novidade mesmo, surgem poucas, seja quando o assunto visa o processo, ou sobre o direito substantivo: Cícero, já a seu tempo, pretendia uma lei **universal, imutável**. Garófalo (1852-1934), em sua *Criminologia* chegou a pensar em uma criminalidade **natural**, não condicionada às circunstâncias de tempo e lugar[36].

Nesse assunto, relembre-se Pascal (1623-1662), que há bem mais tempo não admitia a moral natural, tampouco o direito natural, fazendo observações para condicionamento do direito nos critérios de tempo/espaço:

"Não se vê quase nada justo ou injusto que não mude de qualidade, ao mudar de clima. Três graus de elevação no polo atiram por terra toda a jurisprudência. Um meridiano decide a verdade ...O Direito tem suas épocas. A entrada de Saturno em Leão nos assinala a origem de um crime. Bela Justiça distinta em uma e outra margens de um rio! Verdade num lado

---

35　Vide LYRA, Roberto, *Direito Penal Normativo*, 2. ed., Rio de Janeiro, Editora José Konfino, 1977, p. 14/15.
36　Para Garófalo, a definição de *delito natural* passava pela exigência de ser a conduta *socialmente danosa*, e que corresponderia à violação dos sentimentos altruísticos básico-fundamentais dos seres humanos: a *piedade* (ensejaria os crimes contra a pessoa); a *probidade* (crimes contra o patrimônio público). Desse modo, o *delito natural* resultaria da violação de tais sentimentos, sempre que estes configurassem a expressão de uma ofensa realizada contra "o senso moral da humanidade civilizada", tomando-se por parâmetro, a média da comunidade. Pretendia então excluir dos Códigos Penais, todas as infrações que não configurassem *delitos naturais*, o que possibilitaria, no seu entender, a elaboração de "um código de *delitos naturais*, sensivelmente igual para todos os povos de idêntica raça e civilização", cf. Raffaelle GARÓFALO, *Criminologia*, Lisboa, Clássica Editora, 1908, p. 81.

dos Pirineus, erro em outro... Nada segundo a razão só é justo em si; tudo se transmuda com o tempo. O costume faz lei pela só razão de ser aceito"[37].

Donnedieu de Vabres tratou da unificação do direito penal[38]. Edouard Lambert em *La fonction du droit civil comparé* pretendeu um **direito comum legislativo**, conjunto de regras de aplicação **universal**, e João Monteiro, em 30 de maio de 1892, tratou da **Cosmópolis do Direito** (Da futura universalização do direito)[39].

"É o sonho de Napoleão ampliado", diz Morais Leme: ..."O grande cabo de guerra pretendia unificar os códigos europeus. Não se satisfazem os espíritos com essa ideia, e querem unificar os códigos do mundo inteiro"[40].

Extremos que não nos convencem: um, a mágica ideia de um só Código (caminham para tal as pretensas unificações, um grande e laborioso *vade-mecum* para povos completamente diferentes); outro, a excessiva atomização das próprias disciplinas jurídicas, e do direito como um todo, levando a um ecletismo confuso, a um conceitualismo estéril e a uma interdisciplinariedade absurdamente atomista que fará perder a noção do "todo", o "direito"[41]: "Direito Penal do meio ambiente", "Direito Penal da intimidade", "Direito Penal tributário ou financeiro" chegando até, conforme ironicamente critica Raul Chaves[42] a um "Direito Penal do amor" para os casos passionais ...assim um direito dos velhos, das crianças, dos jovens, das mulheres, dos homens, dos negros, brancos, cafusos, mamelucos.

---

37 (Prov., III, I), apud FOULLÉE, *Historia de la Filosofia*, 1951, p. 321.
38 Ob. cit., p. 23.
39 Vide MORAIS LEME, Lino de, "O sentido de comparação, o sentido do direito e o sentido do Brasil", *Revista da Faculdade de Direito da Universidade de São Paulo*, jan.-dez. de 1942, v. XXXVIII, p. 70-71.
40 Art. cit., p. cit.
41 Sob o título de "Efeitos nocivos do incremento de leis", escreveu NOVOA MONREAL (*O Direito como Obstáculo à Transformação Social*, ob. cit., p. 45-46):
"O vertiginoso crescimento do número de leis faz com que as antigas especialidades jurídicas já não bastem para permitir a alguém o domínio de toda a matéria legislativa que elas abrangiam. Os antigos civilistas, penalistas, constitucionalistas *et coetera* precisaram subdividir seus conhecimentos em partes mais reduzidas, a fim de melhor poder apreendê-las, dada a sempre crescente complexidade. Encontramo-nos, agora, com juristas especializados em propriedade horizontal, sociedades, garantias constitucionais, delitos políticos, documentação comercial, e assim por diante. O campo de atividade de cada um deles cobre tão somente uma pequena parte do que, antes, constituía o ramo, e, ainda assim, se veem em apuros para estar em dia com as leis, regulamentos e normas de toda classe que, cotidianamente, aumentam as disposições aplicáveis na área. A atomização do Direito é muito nociva e, por princípio, contraria sua natureza e finalidade; compromete o conceito do que deve ser um conjunto sistemático, ordenado, claro e acessível de regras de conduta exigidas – normalmente – a todos os homens. Por causa desse *mare Magnum* de preceitos de todas as classes, inspirações e épocas, com esta avalancha legislativa que presenciamos, o sistema legal positivo passa a converter-se numa espessa e impenetrável selva normativa que, em vez de ordenar a vida social, a desarticula e confunde, tornando-a ingrata".
42 Apud DOTTI, René, "Anteprojeto do Júri", *Revista Brasileira de Ciências Criminais*, n. 6, abril-junho de 1994, p. 293.

A FORMAÇÃO DO CRIMINALISTA

Sumário: 11.1. Por onde passa o problema penal: o ponto de estrangulamento da prestação jurisdicional. 11.2. O epílogo da obra como introito do direito penal da sociedade. 11.3. Sobre certo tipo de prisão. 11.4. Problemas no ensino jurídico? 11.5. Ensino universitário: o espólio que recebemos. 11.6. Especialização do trabalhador penal. 11.7. As novas gerações e a ideia das "Escolas Superiores" (Ministério Público, Judiciário, Advocacia): onde o futuro principia. 11.8. Qual especialização? 11.9. Promoção nas carreiras jurídicas. 11.10. Pareceristas encomendados: chancela de burla à justiça. 11.11. Casuística ilustradora: o problema das perícias médico-legais.

11.1 POR ONDE PASSA O PROBLEMA PENAL: O PONTO DE ESTRANGULAMENTO DA PRESTAÇÃO JURISDICIONAL

Mas nada basta a boa lei, o bom direito concebido, com um mau intérprete. Aventureiro ou medroso, de bravatas ou trêfego, o problema da justiça penal – como de resto, da humanidade – é do homem/mulher, no caso, trabalhador do direito penal.

Para tanto, para o progresso das ciências penais e o trato dos problemas sociais a ela afetos, mister um trabalho de operacionalização árduo, de sua conformação à execução. Estamos mesmo convencidos de que a solução para o problema penal inquestionavelmente passa pela educação. Não somente dando escola a todos, obviamente. Até porque, isto é mais antigo (e certo) que o primeiro caminhar do *erectus*. Mas quero dizer também do ensino jurídico, posto que o crime sempre haverá, e as novas gerações de operadores do direito precisam estar preparados para bem interpretar os novos tempos e alvitrar soluções. Então educação/ensino, sim, mas também àqueles que operam o direito penal. A questão pertence, já em um primeiro momento, à própria formação do jurista ou do trabalhador do direito penal. Explicitarei assim os capítulos finais desta obra, e porque estes ajudariam na busca e solidificação de um real "direito penal da sociedade".

11.2 O EPÍLOGO DA OBRA COMO INTROITO DO DIREITO PENAL DA SOCIEDADE

Os cursos jurídicos priorizaram hoje o ensino do direito por manuais; não é incorreto, mas é apenas um introito, o abecedário para a formulação *a posteriori* de mais demoradas orações jurídicas. Mas os concursos jurídicos para as carreiras públicas, e o próprio "exame da ordem", acabam, por absoluta impossibilidade (isto aprioristicamente) de serem diversos, em não fugirem muito disso, denominadamente dos conceitos-chaves a cada disciplina, ficando na superfície das matérias – porque plúrimas – sem o mergulho na especialidade. Ao estudante, explicável a razão: o tempo que se consome em estudo, conta com um aliado igualmente implacável a "desinstruí-lo" – ...é o custo do livro ...e não adianta a "superior" ideia de omitirmos essa interferência das **razões mundanas**, como verdadeiro concurso delinquencial a aquietar o apetite intelectual do estudante. No **bolso** homizia-se o espírito. Chronus (para alguns o deus do tempo) a limitar o homem. Hermes (do comércio), a conter-lhe o progresso. E imperam, então, os necessários manuais, às vezes requentados na leitura por uma espécie de caudilhismo doutrinário: *Magister dixit*.

O mestre disse! E isto é perigosíssimo, a fomentação do "argumento de autoridade" que quantas vezes pretende dar mais valor à doutrina de **um** que à legislação aprovada ou à *communis opinio doctorum*, que é a própria democratização da exegese. Perigoso, porque de início, por vezes, a ideia por absurda que seja, de um homem – que pretenda implementar a **ditadura do ponto de vista, o bloco do "eu sozinho"** – não chega a fazer efeito ou causar dano.

Mas, não custa, em tempos de aventura, logo após, encontrar um *alter ego*, uma alma gêmea que já se disponha a buscar prosélitos, o que em breve significaria uma legião. Sinal dos tempos. E a interpretação extensiva do afirmado, com a analogia do pretendido, na metáfora das situações, mostra que esse tipo de raciocínio faz chegar até o "ovo da serpente" do direito alternativo (chamei-o em conferência o "anjo pornográfico" do direito[1]). O homem com o direito em sua cabeça; criando e aplicando a lei (muito embora seus apologistas construam intrigantes explicações visando negar o afirmado, mas, para, ao final, obter o mesmo e desejado efeito). Portanto, o julgador acima das convenções, além do Legislativo. E busca-se o respaldo em teoremas políticos e o calço em complicadas construções de interpretação. E gasta-se um Amazonas de tinta para se explicar o inexplicável... como, antigamente, o Príncipe também estava livre dos laços da lei (*legis nexibus absolutus* ...sob a invocação de buscar pela equidade do rei justo e bom (*rex Justus et bonus*) o interesse do Estado (*rei publicae utilitatem*), agora também defende-se uma razão análoga em nome de uma concepção social.

E outros mostram com a letra da lei, o quanto é injusto o direito em certas situações, para determinados casos.

Talvez tenha sido este o sentido que levou algum Bocage togado a compor quadrinhas pobres e quase verídicas: "quando Deus voltou ao mundo para castigar infiéis, deu ao Egito gafanhotos, e ao Brasil deu bacharéis". O direito é para clarear, esclarecer, solucionar, e não complicar, entorpecer, obnubilar e cegar. Lombroso falava de uma "espécie de catarata, sobretudo teológica, que cega os homens mais honrados". Hoje podemos catalogar e falar em diferentes espécimes de "cataratas culturais", **doutrinológicas**, **ideológicas** etc.

---

[1] Utilizei-me do título do livro de RUY CASTRO (*O Anjo Pornográfico*) sobre Nélson Rodrigues (Editora Cia. das Letras) para combater a ideia, em conferência promovida sobre o Direito Alternativo na Universidade de Guarulhos-SP, na abertura da VII Semana Jurídica (8-8-1994). Aliás, cabe a boa lembrança o afirmado pelo eminente ministro Francisco Resek em Campos do Jordão-SP ("Anais do I Congresso Nacional dos Promotores do Júri", C. do Jordão-SP, setembro/95): "... as tendências alternativas do direito nos atemorizam pelo fato de que se o juiz, se o promotor têm o direito de em nome da sua concepção de interesse social usurpar a função legislativa e ler a regra como deseja lê-la e não como se estampou pela pena de eleitos pelo povo; se o juiz, se o promotor podem fazê-lo, vem à cena a pergunta do professor Celso Bastos: 'Por que os militares não poderiam fazê-lo também e como muito mais eficácia operacional?' O Estado de Direito vai por água abaixo se admite que temos a prerrogativa". Ademais, relembrou o eminente ministro que o legislador brasileiro é confuso o bastante, para que, caso se queira decidir de uma ou outra forma, sequer haja a necessidade de afrontar-se a legislação: o "justo" conceito até pessoal – pode ser buscado na própria letra da lei, ou em outra, ou em parêntese, sem a quebra ou ruptura do direito positivo.

***

O acesso fácil, a mastigação rápida e a digestão sem problemas justificam a quantos o empréstimo de enzima alheia. Mais que **cataratas**, quantas vezes falta hoje ao homem até o "apetite intelectual"; portanto não procura, não olha, não busca, por desesperançoso, entendendo-se **sem necessidade**. Fazemos a faculdade do "manual" (de direito penal, civil, processo etc.) sem que se aprenda, quantas vezes, a arte da manufatura. Do pensamento e entendimentos próprios, individualizados, última instância da constitucional "liberdade de opinião", de "expressão" (art. 5º, incisos IV e IX da Constituição Federal), decorrência remota, mas natural e segura do anterior direito de educação (arts. 205, 206, 207, 208 e s. da Constituição Federal)[2].

A Constituição Federal assegura o direito de opinião, de expressão, mas primeiro há que vir o direito de informação, posto que recitamos o que lemos, experimentamos, ou vivemos e processamos em nossa inteligência, corrigindo, analisando. Ao direito de condições básicas de sobrevivência física, há que se justapor um outro, o da alimentação diária que nutra o espírito, o intelecto. Industrializou-se hoje o bacharel de batelada. Aos milhares, já criamos uma casta, um estamento diferente ...os profissionais desprofissionalizados que redundam nos profissionais sem profissão, como se tem os despossuídos de terra – os sem-terra – e mesmo os desprovidos de pátria, os apátridas. E o direito de não ter direito também é proclamado, reinaugurando-se, outra vez, uma já antiga confusão, anarquizadora do direito, enquanto não direito.

A formação humanística de antanho perdeu para o pragmatismo da necessidade imediata, e às portas da prisão, aguardam recém e mal formados **causídicos** para entrarem e se encontrarem com *criadores de caso* que querem sair. "*Rabula, tratator, togatulus, leguleius, formularius*, que em acepção pejorativa mostram diminuição do advogado, andam por aí, em proliferação espantosa pelos cartórios sem correição", conforme protestou já faz tempo Carvalho Neto[3]. Depois o trabalho diário obtusa, porque de

---

[2] Por consentâneo, *vide* as questões levantadas em FÁVERO, Osmar (org.), *A Educação nas Constituintes Brasileiras – 1823-1988*, Editora Autores Associados, 302 p., 1996.
[3] CARVALHO NETO, *Advogados – Como vivemos, Como Aprendemos, Como Sofremos*, 3. ed., Editora Aquarela, S.A., 1989, p. 101.
Citou, também, Alfredo Baltazar da Silveira:
"Sou dos que entendem que só se deveria conceder a faculdade de advogar aos bacharéis em direito de comprovada idoneidade moral e intelectual, a fim de que se não multiplicasse a cifra dos que só sabem questionar amparados pelos recursos da chicana; e sendo a advocacia uma profissão de inquestionável significação social, claro é que o Estado não deve alhear-se do modo por que são pleiteados os feitos" (ob. cit., p. 100).

regra se é pouco exigido, mister nas carreiras jurídicas onde os vencimentos são assegurados ao final de cada mês, e os *cases* se sucedem com personagens novos mas a repetirem situações semelhantes. As lições antigas da faculdade ficaram escondidas nos apontamentos de aula e esquecidas nos alfarrábios já gastos de uma memória preocupada com o sustento em um mundo altamente imediatista.

11.3 SOBRE CERTO TIPO DE PRISÃO

E é nesse sentido que os criminalistas falam das prisões, e combate-se-as em nome do ser humano como gênero e espécie. Não se admite sem protestos – é verdade! –, o agrilhoamento da carne, o encarceramento do homem. Prisão corpórea. É que, à falta de invento melhor, aceita-se sua ideia como um mal necessário. Mas não se tem falado, contudo, nessa ditadura exercida de e por um só autor, ou na sabedoria de um só livro: aí está a prisão da alma, do espírito. A opinião de **um**, hoje, faz a regra de muitos ou quase todos, não fossem os inconformistas. A prisão temporária da alma, da chama do acadêmico é prisão perpétua da vocação profissional. Acorrentam-se cérebros na catequese espiritual, filosófica, ideológica e científica de alguns. A verdade não tem dono – e isto é verdade a não constituir fato novo, nem proprietário recém-adquirente – mas alguns acabam por se estabelecer como seus legítimos possuidores, buscando usucapi-la pelo tempo, ao ofertá-la pela vocação à canga com que se apresentam alguns.

O mundo de hoje aprisionou o bacharel. Não se acredita mais no profissional liberal. "Liberal" que trazia a ideia do livre. Não é livre o homem "de um livro", de um autor; e é esta a ditadura que se impõe nos bancos acadêmicos, na mais espartana acepção de "academia", onde se vaticinava o futuro pela lente da repetição do exercício único! Academia, de *Academo*, o herói mítico de onde, em seu jardim – quatro séculos antes de Cristo –, Platão, o mais notável discípulo de Sócrates, ensinava os cânones de sua filosofia. Embora estivesse em Atenas, o rigor era **espartano**. Exercício único de filosofia, mas exercício de pensamento, portanto desenvolvimento, que levava à ação e ao progresso. Agora nem pensar se pretende, nem ao exercício da filosofia se dão ao trabalho? Aristóteles a recomendar "Se devemos filosofar, filosofemos; se não devemos filosofar, ainda assim devemos filosofar para provar que não devemos; em qualquer hipótese, devemos filosofar".

***

É mister o amor aos livros que redimensiona o talento natural, multiplicando-o mil vezes, devotando-lhes o carinho falado por Padre Vieira: "São os livros uns mestres mudos, que ensinam sem fastio, falam a verdade sem respeito, repreendem sem pejo, amigos verdadeiros, conselheiros singelos ...".

Por outro lado, diz Lyra, com sua linguagem peculiar: "Não basta adquirir livros. É preciso usá-los e, sobretudo, saber usá-los".

Aquele filósofo nato do sertão somente confiava em médicos com muitos aparelhos e em advogados com muitos livros.

A dieta intelectual de Staden a Costa Pinto[4], cuja "biblioteca" bem analisada se resumia no Código Penal, Código de Processo Penal e "Espumas Flutuantes" de Castro Alves, é preferível, aliás, àquela do possuidor de uma coletânea de **obras virginais**[5].

Reclama-se por informações – aqui, com certeza, **amplas, gerais e irrestritas!** – para que não se idolatre a figura do homem acima da lei, sem

---

[4] João da Costa Pinto foi rábula e genial, conforme anotam aqueles que o conheceram proximamente (vide LYRA, Roberto, Como Julgar, Como Defender, Como Acusar, Rio de Janeiro, Editora Científica Ltda., s.d., p. 30 e s.).
Vd. LINS E SILVA, Evandro, O Salão dos Passos Perdidos. Depoimento ao CPDOC, Fundação Getúlio Vargas, Editora Nova Fronteira, 1997, p. 79, 97-101, 104, 138, 230. "Foi Costa Pinto quem descobriu, entre os repórteres junto ao Tribunal, um jovem estudante de Direito, ainda segundanista. Sua sensibilidade profissional o levou a chamar o moço para acompanhá-lo na tribuna. O repórter se chamava Evandro Lins e Silva", registrou Alfredo Tranjan, in A Beca Surrada, Rio de Janeiro, Editora Civilização Brasileira, 1994, p. 279. Estivador, brilhou no Tribunal do Júri do Rio de Janeiro onde, lastreado em sua experiência de vida, protagonizou grandes debates. No tribunal que tanto honrou, na tribuna de onde fizera jorrar seu talento, principiou o seu fim, conforme aponta esta outra passagem registrada por Alfredo Tranjan (ob. cit., p. 279-280): "Ganhou Costa Pinto a morte sonhada por muitos de nós. O promotor era Francisco Baldessarini. Costa Pinto desenvolvia a defesa. 'Vejam, senhores ju...'. A palavra não se completou. Levou as duas mãos ao peito. Conseguiu respirar. Da careta de dor saiu: 'jurados' Estava tendo um ataque de angina. Antes, sofrera outros.
Foi suspensa a sessão.
O promotor e o presidente Ari Franco eram seus amigos. Conheciam-lhe o mal. Passaria, como de outras vezes... Passou. Costa Pinto voltou à tribuna, donde defendia gratuitamente um réu miserável. Recomeçou no 'vejam, senhores jurados', e continuou por mais poucos minutos. De repente, nova careta de sofrimento. Então, caiu sentado em sua cadeira, as mãos crispadas apertando os autos do processo, a cabeça tombada na tribuna.
Da assistência ocorreu seu compadre, o advogado Augusto da Costa Magalhães, que o removeu, ainda vivo, para o Hospital do Pronto Socorro (hoje, Souza Aguiar), onde logo chegaram dona Maria, sua esposa, e as filhas Zilda e Cacilda. Costa Pinto ainda falou com elas. Entregou a Cacilda seus documentos, um anel e o chapéu gelot. Pressentia que aquela era sua última crise de angina.
Os médicos foram vencidos.
A reportagem permanente no Hospital avisou seus jornais. As emissoras de rádio, em edições extraordinárias, transmitiram a notícia. Ouviram-na, em suas salas no Júri, Ari Franco e Baldessarini. Depois de dona Maria e as filhas, foram os primeiros a chegar. Entraram chorando. Baldessarini, o adversário, convulsivamente.
Tinha o rábula genial 48 anos.
Eram as seis da tarde de 30 de março de 1942".

[5] Vide LYRA, Roberto, Guia do Ensino e do Estudo do Direito Penal, ob. cit., p. 331.

abater-lhe no balanço das contradições, contabilizadamente, também, seus virtuais defeitos (*vide* o "pendularismo" de alguns penalistas/criminalistas perenes, que em um momento defenderam uma ideia, depois, como pêndulos oscilantes, mudaram o entendimento).

O direito ao menos precisa acompanhar a medicina, ou ao menos a boa **gastronomia intelectual**. Hoje, se seleciona pela substância vitaminosa a alimentação corpórea. O **macrobiótico** século XX proclamou a antiga ideia do autor de Kraft Und Stoff[6]: "O homem é o que ele come"[7] (ou o que ele não come, gritou Lyra!). E nós complementamos: o profissional do direito e o que ele lê (ou o que ele não lê![8]), ou melhor, o que estuda, posto a notória diferença entre ter, o consultar, o ler e o estudar. Em matéria de leitura, alimentação espiritual, há muito **dietista errante**. Mais grave que a tibieza física é a desnutrição intelectual. Pregamos o bacharel, de "baca + laurus", cabeça coroada de bagas de ouros, sinônimo da boa formação, resultado de incansável aprendizado; o criminalista de formação híbrida, um ser miscigenado, mas livre de alma, para, e apenas, servir. Não se pode apenas dogmatizar o homem, sem dar-lhe os vértices da dogmatização – a história e os homens do direito – e sem dar-lhe a discricionariedade optativa.

***

O título "direito penal da sociedade" sugere o reclamo social pela tutela de seus valores mais caros, cuja incumbência é entregue ao Estado – deste se aguardando resposta – desde que avocou a si o *jus puniendi* comprometendo-se a uma satisfação ao ofendido e à sociedade por extensão. "A Formação do Criminalista" visa situar o operador do direito criminal (mais abrangente que "penal") em uma perspectiva-expectativa da própria sociedade, na

---

6   LUDWING FEUERBACH (1804-1872).
7   Este o aforismo de Antelmo de BRILLAT-SAVARIN, antigo pontífice da gastronomia "Dis-moi ce que tu manges; je te dirai ce que tu es" (diga-me o que comes, que direi quem tu és).
8   Aldous Huxley escreveu sua preocupação em "Natureza e Limite da influência dos Escritores": "Com o fim de aclarar nossos debates, tentei esclarecer um tema muito obscuro, embora para nós, escritores, muito importante: as relações que existem entre os escritores e os seus leitores. Qual é a natureza da influência que um escritor pode exercer sobre os seus leitores? Quais são os limites desta influência? E de que maneira as circunstâncias conspiram para aumentá-la ou diminuí-la?...
    ...
    Uma das maiores desgraças da nossa época é esta: em todos os estados, e principalmente nos estados totalitários, o pensamento científico não é respeitado senão quando se ocupa, ou de problemas de ordem puramente teórica, ou de problemas de ordem geral que não têm nenhuma relação imediata com os assuntos humanos...", Coleção "Os Titãs", trad. Silvano de Souza, v. X, Rio de Janeiro, Livraria "El Ateneo do Brasil", s.d., p. 364.

medida do anseio que esta nutre pelo profissional, seu serviço e o porvir, comprometendo-se-o, enquanto integrante de uma comunidade de homens, com técnica, para a aptidão profissional a que se dispõe, e com ética, como poesia do caráter do direito em que se deve nortear sua aplicação.

A obra visa esclarecer a diferença – e buscar soluções – entre o direito penal formalizado (substantivo e adjetivo) pelo Estado, quantas vezes em conflito com o direito penal reclamado pelo cidadão e necessário para o próprio progresso social.

11.4 PROBLEMAS NO ENSINO JURÍDICO?

Muitos!

"Temos que ter todos a clara noção de que a crise de estudos universitários de Direito e a crise dos juristas hoje deriva, em larguíssima medida, de um sistema escolar que cada vez mais premia a passividade, a falta de espírito crítico, e não opera qualquer seleção – deixa passar toda a gente. Há inúmeros casos de professores por esse País pressionados ou perseguidos por não cederem ao clima instalado do passa-culpismo. Não tenhamos ilusões. Depois é a ponte que cai, o doente que morre, a empresa que vai à falência, o inocente que vai para a cadeia.

...

Mas há cura possível. No tempo de Camilo não havia estudantes que matavam lentes e viviam da pilhagem? Graças a Deus ainda aí não chegamos. Há cura se os cidadãos estiverem atentos à demagogia, se os profissionais competentes recusarem ombrear com as contrafações, se a Universidade horar os seus 700 anos e se não transformar num jardim infantil.

E aqui haverá que cortar o mal pela raiz logo no 1º ano das Faculdades de Direito. Está provado (e é reconhecido internacionalmente) que só será um bom jurista se simultaneamente se possuir uma formação técnica e cultural profundas. O jurista não é o que sabe leis de cor... É por isso que cada dia vai ganhando mais adeptos uma Introdução filosófica e técnica ao Direito – que ensine os mecanismos básicos (desde logo, como interpretar uma lei), e que questione os grandes problemas do Direito. O Jurista não é um burocrata da coação – deve saber o que faz e porque faz.

...

Homens de sete ofícios? Não. Homens plenos. Homens universais. Vamos comemorar a Universidade, formadora não de burocratas, técnicos aptos a dirigir máquinas, mas de seres pensantes e não computadores de rosto humano. Qual é a sociedade de Homens a que quer depositar o seu futuro nas mãos de *robots*?" (**Ferreira da Cunha**[9]).

11.5 ENSINO UNIVERSITÁRIO: O ESPÓLIO QUE RECEBEMOS

"Universitas magistrorum et scholarium

Le Docteur Faust a voulu tout savoir

Il fut dammé nous conte la chronique

ah le Bon Dieu n'a pas l'air de vouloir

Encourager l'instruction publique"

(M. Lubeck – Dieu et l'arbre de la science)[10].

"Muniz Freire comparou o estudante de Direito no Brasil ao 'aprendiz de pedreiro, a quem o mestre, em vez de pôr-lhe nas mãos a colher e o martelo, e de ensinar os meios de compor a argamassa, disserta sobre estilos arquitetônicos, a beleza das linhas dóricas ou jônicas e a graça estética da ogiva comparada à gravidade da abóboda romana ...'"[11].

Esse espólio que recebemos das universidades. Assim, se alista um exército de bacharéis despreparados e que pretendem iniciar a advocacia ou ingressar na carreira do Ministério Público e da magistratura, atropelados às portas do concurso de ingresso, com uma legislação inflacionada, uma jurisprudência invencível e uma biblioteca de 11.000 **virgens**. Daí o apuro, o despreparo e o medo: do candidato (em não passar) e da banca (que por vezes não tem como aprová-lo e solucionar a demanda) ...ou mesmo do cliente, em não ser bem atendido.

O governo entra com uma parte: entrega um ensino público da pior qualidade, que incorre nos vícios apontados por Muniz Freire, enquanto também propõe a existência de um professor resignado a viver de "ideal", pagando-lhe pela cátedra uma quantia visível (ou risível) somente a golpe de luneta; o estudante encarrega-se da outra parte, no mais das vezes contraria

---

[9] FERREIRA DA CUNHA, *Pensar o Direito*, v. II, ob. cit., p. 278/279.
[10] *Apud* FERREIRA DA CUNHA, Paulo, ob. cit., p. 107.
[11] *Apud* LYRA, Roberto, *in Guia do Ensino e do Estudo do Direito Penal*, 1. ed., Rio de Janeiro, Forense, 1956, p. 283.

sua própria denominação: não estuda! Toda faculdade de direito deveria trazer por dístico em seus pórticos, a velha proposição de Tobias, aos alunos: "Estudai! Estudai!", aos professores: "Ensinai! Ensinai!"[12].

"As faculdades não se interessam pela formação de juristas", disse Orlando Gomes, "contentam-se com a diplomação, aos magotes, de profissionais desvalorizados no mercado universitário de trabalho"[13]. "O professor", insistiu, "limita-se a ratificar conceitos tradicionais, sem se preocupar, no seu monólogo enfadonho, com a contribuição das Ciências Sociais à formação e ao funcionamento do instituto que está a explicar"[14].

Cada qual com suas críticas, mas todos anuindo a um só diagnóstico: que as universidades em grande parte estão despreparadas ao ensino, formando bacharéis, por vezes, "pelo simples decurso de certo tempo". Partamos da ideia geral "universidade" para a ideia nuclear da "faculdade de direito", para, depois chegar à ideia de Ministério Público e Judiciário. Consoante a filosofia que Ortega y Gasset (1883-1955) em seu *Livro das Missões: Missão da Universidade* acentuou sobre o tema **universidade**:

"Uma instituição em que se finge dar e exigir o que não se pode exigir nem dar é uma instituição falsa e desmoralizada. Entretanto, esse princípio da ficção inspira todos os planos e a estrutura da atual universidade".

***

Ora, já não se aceita o mirífico pensamento de décadas passadas, quando a Comissão do plano da Universidade do Brasil apresentou relatório ao então Ministro Gustavo Capanema aduzindo o improvável, argumentando com o descabido e pretendendo o impossível para o egresso dos bancos acadêmicos do curso de ciências jurídicas:

---

[12] Sobre o problema do Ensino Jurídico no Brasil (Universidade: missão, origens, ensino e pesquisa, confira-se o clássico "O Ensino do Direito", Almeida Júnior, *Revista da USP*, 1912, v. 20, p. 45 e s.; também a aula inaugural proferida pelo ilustre Professor na USP (24-3-1942), "A Cooperação entre professores e alunos no estudo do direito", publicada na *Revista da USP*, jan.-dez. 1942, v. XXXVIII, p. 83; as ponderações éticas que lecionou em "A celebração da chave da academia" (publicada na *Revista da USP*); LEME, Ernesto, "O método do ensino do Direito", *Revista da Faculdade de Direito da USP*, 38:164; PINTO FERREIRA, Luís, *Comentários à Constituição Brasileira*, v. 7, São Paulo, Saraiva, 1995, p. 87-125; CARVALHO, Orlando, "Características e Distorções da Universidade do Brasil", in *Estudos Jurídicos em Homenagem ao Professor OSCAR TENÓRIO*, 1. ed., Rio de Janeiro, Ed. UERJ, 1997, p. 419-426; FARIA, José Eduardo, "A Reforma do Ensino Jurídico", 1. ed., Porto Alegre, Sérgio Fabris Editor, 1987; SANTO MACIEL, BOSCO DA ENCARNAÇÃO e outros, *Seis temas sobre o Ensino Jurídico*, São Paulo, Cabral editora, 1995.

[13] "Em torno da Formação do Jurista", *RT* 558:248.

[14] Id. ibid., p. 249.

"O juiz e o advogado precisam estar habilitados, com efeito, a apreciar tanto uma jurisprudência médico-legislativa relativa à matéria crime, como perícias referentes a questões de técnica de engenharia; de organização do trabalho industrial; de contabilidade; de tráfego terrestre, marítimo, fluvial, lacustre e aéreo; de seguros"[15].

Nada mais impróprio que um plano de estudo e formação profissional que ainda se situa no terreno mitológico, criando a figura do aplicador da lei, ou do postulador da justiça, um ser quase supremo, que amealhando todo o conhecimento humano, cria o **mito do saber universal**[16]. Dois extremos que se evidenciam. Um, o do penalista dogmático, lógico-abstrato puro, imune a toda contribuição de outras ciências. Obtuso, portanto. Outro, o que cultua o "mito do saber universal". Não bastasse a pretensão de culturas enxundiosas, lavradas na busca de um saber livresco-jurídico, onde a pretensão programática do ensino do direito já tateia enciclopédias específicas (direito penal, civil, comercial...,) ainda se quer o prepare elevado em ciências estranhas? Com todas as qualidades pretendidas pela comissão citada – imaginando um juiz, advogado, ou promotor com conhecimentos profundos e particularizados em áreas não lindeiras ao saber jurídico –, podemos dizer que, se o mesmo tiver tempo para saber "direito", tanto melhor[17].

---

15   CARVALHO NETO, ob. cit., p. 48-49.
16   Henri Robert, o venerável mestre e **bâttonier** do **barreau** francês alude a uma época em que o homem tinha tempo e devia obrigatoriamente formar-se, pela média, no que hoje consistiria em exceção. Diz ele que seu colega Camus (nascido em 1740), sobre a profissão do advogado, afirmava que para ser digno do título, exigia:
"É indispensável adquirir *omnium rerum magnarum atque artium scientiam*, a ciência de todas as grandes coisas e de todas as artes.
Para precisar este programa um tanto vasto e que só um Pico de Mirândola pode lisonjear-se de possuir, Camus enumera os conhecimentos em sua opinião mais necessários: 'humanidades, literatura, história, direito e política'.
No direito é indispensável possuir a fundo o direito natural, o público, o romano, o canônico, o comercial, o criminal, o eclesiástico, o civil francês, enfim, as ordenanças reais, os costumes e a jurisprudência.
É preciso naturalmente ter lido e estudado, ao ponto de se tornarem familiares, os seguintes autores: Platão, Cícero, Grócio, Pufendorf, Cumberland, Montesquieu, Cujácio, Pothier, Voët, Hennécio, Godefroy. Um advogado não deve também ignorar os segredos da economia social nem da política.
Enfim, depois de iniciado duma maneira completa nas belezas misteriosas do processo prático, pode pensar em pedir a sua admissão ao estágio e tomar parte nas conferências da biblioteca da Ordem", in *O Advogado*, 2. ed., trad. J. Pinto Loureiro, São Paulo, Saraiva & C. Editores, 1938, p. 28-30.
17   O Problema é apontado daqui e d'além fronteira. Em Portugal, o festejado Paulo Ferreira da Cunha chama atenção (*Pensar o Direito*, v. II, ob. cit., p. 277):
"A Universidade está manietada. Não pode ensinar. Todos clamam contra os *numeri clausi*, mas a verdade é que (não é culpa dos alunos, é o sistema) os estudantes que nos chegam à universidade não sabem ler e escrever. Nem pensar. Quer dizer, não são, em geral, capazes de interpretar um texto, de discorrer sobre ele, de expor o seu pensamento. A sua falta de cultura é clamorosa. Como vai a universidade substituir-se ao que deveria ter sido aprendido na Escola Primária? Como há já mais de uma década dizia a propósito da História o Prof. Doutor A. H. de Oliveira Marques, a Universidade produz 'verdadeiros abortos', 'monstruosidades diplomadas'".

De priscas eras os tempos de Montaigne (1555-1592), na França, quando a leitura de apenas quatro ou cinco centos de obras, abrangia toda a alta produção escrita mundial, em todos os ramos do saber; é longevo o homem à Shakespeare (1564-1616) que podia conhecer as ciências e toda a obra de seu tempo, e o fazia.

***

Desse modo, mais competentemente se encontraria a solução humana – e não mágica – para melhoria da verdadeira **profissionalização dos profissionais do direito**. É célebre a assertiva de Gabriela de Mistral[18] em *O Sentido da Profissão:*

"Muito mais que o homem latino, que no fim conta com o sábio francês para saldar seu déficit, é o latino-americano quem faz uma separação traiçoeira entre ofício e moral, entre função pública e conduta individual. A tal ponto cresce, entre nós, essa falta, indo da culpa ao delito, que já o grau universitário ou o título oficial dizem bem pouco e são mais aproximações que afirmações. Dizemos 'licenciado', e o substantivo, com todo o seu valor, não auxilia ninguém; dizemos 'químico', e o apelativo, tão técnico, não assegura nenhuma técnica; dizemos 'engenheiro', e o chefe de uma empresa de minas pedirá ao candidato um noviciado de provas, antes de entregar-lhe a direção do trabalho.

Dessa maneira, vimos parar numa espécie de quebra do crédito universitário, em quase toda a parte. E a universidade, onde quer que exista, deve constituir uma instituição de qualidade pura, de seleção."

Dentre outros, atinente particularizadamente ao Ministério Público, Hugo Nigro Mazzilli, em seu *Regime Jurídico do Ministério Público*, 1. ed., São Paulo, Saraiva, 1993, p. 14/15, fala do despreparo dos candidatos aos concursos de ingresso ao Ministério Público, aduzindo que antes das "faculdades deficientes", com certeza houve também déficits no ensino primário e secundário que contribuíram desde a base, para um completo despreparo do bacharel. Afirma:
"Vencido o desconhecimento da língua pátria, passamos ao desconhecimento jurídico. Perguntas simplesmente elementares – como o significado do princípio da igualdade – foram deixadas em branco por inúmeros candidatos; a existência de leis de repercussão nacional, em vigor há mais de dois anos – como a dos crimes hediondos – sequer era do conhecimento de pessoas que pretendiam ser promotores criminais ...O tratamento jurídico dos crimes qualificados pelo resultado – embora comuns em nosso sistema codificado – era uma incógnita para a maioria".
Preocupado com a questão, Thales Nilo Trein apresentou tese (aprovada) no III Congresso do Ministério Público do Rio Grande do Sul, onde propôs, em síntese: "a alteração nos artigos 09 e seguintes do Estatuto do Ministério Público (Lei n. 6.536, de 31 de janeiro de 1973) para que haja inserção no Concurso Público de ingresso na Carreira do Ministério Público da prova de **dissertação** ou **redação jurídica**, na qual seriam avaliados, em caráter eliminatório, o desenvolvimento da expressão linguística dos candidatos e, mais particularmente, a argumentação jurídica. Sustenta, também, que integre a Comissão de Concurso um profissional da área de Letras" (*Anais*, cit., p. 209).

18   Nome literário da escritora chilena Lucila Godoy Alcayaga, nascida em Elqui (Vicunha), Chile, em 1889 e falecida em 1956.

***

Assim, com alguns **vícios de origem** chega o bacharel ao mercado e aos concursos públicos. Examinado pelas bancas (Ministério Público, Judiciário, Defensoria Pública, Procuradoria), é demoradamente sabatinado sobre álgebras jurídicas e versículos legais e, finalmente, aprovado. Com o carimbo da aprovação, aguarda a chancela do tempo ("dois anos de carreira") para vitaliciamento ...esperando que nesse lapso não se manifestem eventuais **vícios redibitórios**. Uma vez vitaliciado, advém para muitos o doce ócio da tranquilidade, a calmaria inconteste da estagnação; afinal, a promoção nos quadros da carreira pode se dar por **antiguidade**. Daí, pouco importa o talento ou não talento, o preparo ou não preparo, para esta ou aquela função especializada, que o "tempo" também se encarregará de promover o homem ao cargo eleito.

Não existirá, hoje, preterimento do "promotor-merecedor", do "juiz-merecedor" em favor de outro de menos méritos, prejudicando a boa atuação e administração da Justiça?! Inexistem "civilistas" ofertando pareceres na Procuradoria Criminal ou criminalistas dizendo o que lhes parece no cível? Certo ou errado? Falo daqueles que estão "civilizando" a área criminal, ou "criminalizando" a área cível! O futuro? O futuro – caso a Justiça queira realmente adequar-se aos novos tempos – clamará pela absoluta especialidade.

O homem será feliz no cargo que escolheu; e o terá escolhido, em nome de sua vocação. E a posse no cargo será motivada pela competência. O cargo não passará à frente do homem; será meio e não fim, não será um objeto em si mesmo, mas o ajustamento ao talento do homem, ao seu preparo, à sua missão e vocação. E a classe será mais feliz, as promoções priorizarão o critério técnico de merecimento[19] – assim as virtudes serão aferidas objetivamente e com iguais condições a todos – e a política ministerial/judiciária higienizarão qualquer favorecimento pessoal, não dando azo às técnicas empregadas pelos políticos de carreira.

---

19 Há quem compare os critérios de promoção por *merecimento* nas carreiras jurídicas, à "justa causa" da ação penal: todo mundo sabe que tem, mas ninguém sabe exatamente precisar o que seja.
É necessária a explicitação de um método objetivo aferidor do merecimento: **ad exemplum**, comarcas em que se atuou (se de difícil provimento ou não); tempo de permanecimento nas referidas comarcas; qualidade e quantidade da produção laborativa; eventuais punições pelos órgãos corrigentes ou elogios constantes dos prontuários (corregedoria) etc.

11.6 ESPECIALIZAÇÃO DO TRABALHADOR PENAL

Os novos tempos clamam pela especialização em todas as atividades humanas, destinando ao oftalmologista os deficientes visuais, aos pediatras os infantes, havendo um sem-número de novas especialidades. No direito, há que se distinguir, também essa "especialização" (necessária, prudente) da excessiva "atomização" (fragmentária, diluente), como visto alhures. O médico de almas enfermiças ou curador de espíritos aflitos – no que se amolda o operador do direito – terá um pouco do sacerdote – é verdade! –, menos do matemático, mas sobretudo será o bom entendedor e conhecedor da legislação vigente (um legisperito), para, com "o instrumento nosso de cada dia, a lei", emprestar a melhor forma de sua aplicação. É certo: a faculdade terá dado a genérica noção do todo, da árvore; depois descerá o formando à ramagem da especialização. Na carreira do Ministério Público/Magistratura não poderá ser diverso: primeiro, o "todo", genericamente apreendido para a aprovação no concurso; depois, a especialização na função, em razão do específico cargo que ocupa.

Sem que essa especialização comprometa o conhecimento global, posto que o direito é concebido como um **todo**, um "complexo orgânico" na expressão de Picard[20]. Assim a bússola institucional/judiciária direcionada para o aperfeiçoamento, não deixando cair a qualidade do serviço público oferecido.

Buscarão os pósteros a aplicação da teoria empresarial – o Ministério Público uma grande empresa ético-social –, o Judiciário, um grande empreendedor da Justiça, e o lema de suas administrações será sempre o *the man right in the right place*, conjugado em bom português. O mito do "saber universal" cairá por terra, e ninguém será ferido em seu orgulho; e o juiz/defensor/promotor terá demonstrado conhecer não só o genérico do direito (aferido quando de seu ingresso à carreira) mas as profundezas da matéria nova, específica, que abraçou ...e será fiel a ela, e saberá a necessidade de sua constante atualização. E a sociedade agradecerá feliz.

Não estaria chegando a hora, já, em um primeiro momento, de poderem os membros do *parquet* – uno e indivisível – solicitarem auxílio, gritarem por socorro a colegas-irmãos e o obterem, e sem muitas barreiras burocráticas, uns aos outros, auxiliarem-se mutuamente na medida de suas especializações?

---

20 O professor belga Edmond Picard, trata da ideia do "direito como complexo orgânico", remetendo-se o leitor à sua obra, o clássico *O Direito Puro*, Editorial Ibero-Americano, 1932, p. 36 e s. *Vide*, também, Miguel Reale, *Lições Preliminares de Direito*, ob. cit., p. 321.

Sem prejuízo do princípio do **promotor natural** que nunca é demais, não é passada a hora de uma verdadeira e real integração? Aos magistrados não deverá ser repensada essa engenharia do judiciário?

Os advogados, quando são contratados a uma causa, em caso de necessidade, subdividem o mandato, e comparece ao serviço uma verdadeira banca. E o Promotor e o magistrado são sobrecarregados, cobrados em demasia, necessitam saber tudo e tudo fazer bem? Agindo em defesa da sociedade em todas as causas de interesse público; atacando em todas as frentes, com o mesmo denodo e desvelo, com o mesmo "genérico" saber? Qual o custo ao "homem" e à justiça dessa **ficção-utopia** que remonta a Flash Gordon?

11.7 AS NOVAS GERAÇÕES E A IDEIA DAS "ESCOLAS SUPERIORES" (MINISTÉRIO PÚBLICO, JUDICIÁRIO, ADVOCACIA): ONDE O FUTURO PRINCIPIA

Precisamos mesmo evoluir para mantermo-nos eficazmente *atuantes*, para atingirmos na área penal, o direito penal de que a sociedade necessita! A Escola Nacional do Ministério Público que deve se criar em Brasília, por meio de cursos, reciclagens, congressos, intercâmbios, discussões variadas sobre os assuntos institucionais, poderá dar luzes às futuras gerações, congregando em sua sede os valores do Ministério Público Brasileiro dispersos na imensidão do território nacional[21]. Já basta a *theoria da contemplatio* sobre o *parquet*, é preciso analisá-lo e discuti-lo, preparando-o como a "instituição do Futuro". Ao Judiciário, igualmente. E a "Escola Nacional de Advocacia", a quantas anda, a ideia?

---

[21] *Ad curiositatem*, para confronto, estudo e mapeamento de pretensões, *vide* bibliografia específica sobre a "formação de magistrados" e "Escolas da Magistratura", referência obrigatória dado a primazia da ideia (Escola da Magistratura) por parte do Poder Judiciário: ALIENDE, Aniceto Lopes e BENETI, Sidinei A., "O que a Magistratura espera da formação do bacharel", *Revista de Jurisprudência do Tribunal de Justiça de São Paulo*, set./out. 1990, 24(126):9-22; ALIENDE, Aniceto Lopes, "Recrutamento de Magistrados", *Revista de jurisprudência do TJSP*, mar./abr. de 1991, 25(129):9-16; DOLGA, Lakowsky, "A Escola Judicial de Minas", *Revista da Faculdade de Direito Milton Campos*, Belo Horizonte, 1(1), 1994; GALLI, Claudio A., "Las escuelas judiciales en el mundo moderno. Antecedentes y possibilidades en Argentina", *Ajuris, Rev. da Associação dos Juízes do Rio Grande do Sul*, nov. 1991, n. 18; GOMES LARA, Cipriano, Política judicial (preparación, selección y promoción de jueces), *Ajuris*, Porto Alegre, jul. 1994; Silveira, José Neri da, "A Formação do magistrado e o centro nacional de estudos judiciários", *Ajuris*, Porto Alegre, 20(57):149-61, março 1993; TEIXEIRA, Sálvio de Figueiredo, "A Escola Judicial", *Revista de Processo*, São Paulo, 15:98-113, jul./set. 1990; NALINI, José Renato, "Componentes Específicos da Reforma Judiciária", *RT* 707:243; SILMAR FERNANDES, "Notas sobre a Organização Judiciária e a Formação dos Magistrados em Portugal", *RT* 707:247; RÉGIS PRADO, Luiz, "O Ministério Público em França", *JAMP Jornal da Associação do Ministério Público do Paraná*, abril 1996, p. 8.

Nessa busca, sempre, a especialização reclamará aprimoramento na função e no **pensar** ou no **sentir** – não somente estudo de uma matéria específica –, e aplicador vocacionado e preparado para empregá-la, **especificadamente**[22]. Basta que se veja, para tanto, a evolução da proposta de nossas carreiras jurídicas, quando de gênese comum – bancos acadêmicos – ficavam os profissionais (juízes, promotores, advogados) filiados a uma mesma corporação (Ordem dos Advogados) e, até há pouco, *v.g.*, eram dublês de advogados e promotores (estes podiam igualmente advogar), a demonstrar o amálgama que se produzia no terreno técnico, ético e tático, sobretudo quando o Ministério Público confundia-se com o ministério privado (o promotor podia advogar). Bastante improvável que, nesse coquetel étnico de convivência promíscua, a justiça saísse vencedora.

***

Não existe essa consaguinidade espiritual das profissões e carreiras jurídicas. Nery Júnior lembrou que somente se identifica um ponto em comum entre as carreiras jurídicas: o de que seus integrantes são todos graduados em direito[23]. A facilidade com que o advogado, juiz ou promotor, mudava com armas e bagagens de um lado a outro, prostituía o conceito ético das funções. Hoje a própria Ordem dos Advogados do Brasil já reluta em aceitar egressos aposentados das carreiras jurídicas sem um novo teste (embora sob outro argumento e nenhuma razão, *data venia*!).

Binding tratou das "normas penais em branco", "corpos errantes em busca de almas". O Judiciário, o Ministério Público e a Advocacia precisam selecionar e aprimorar eticamente os seus agentes para que a "alma do advogado" não se transporte ao corpo do promotor, ou a "alma do juiz" (sobretudo os que sofram da **síndrome de magnaud** ou **Complexo de Pilatos**[24]) não se transporte ao corpo ministerial ou do advogado. A Promotoria/Magistratura precisam de **identidade**, encontrar-se em seu "eu" institucional, para servirem a sociedade, não traí-la culposamente. Não existe *alter ego*. O primeiro (o

---

[22] Dominique Carreau viu nas especializações um grave perigo face às mutações econômicas e sociais por que o mundo passa: "Spécialisation et professionnalisation constituent, à notre sens, de graves dangers pour les facultés de droit et les étudiants dont elles ont la responsabilité. En effect, dans un monde dominé par des mutations économiques et sociales selon un rythme inconnu et inimaginable dans le passé, il ne saurait y avoir de repos intelectuel pour quiconque – pas même pour le juriste dont pourtant la discipline est, par définition, rigide et conservatrice", apud FERREIRA DA CUNHA, *Pensar o Direito*, v. II, ob. cit., p. 271.
[23] NERY JUNIOR, Nélson, apud NIGRO MAZZILLI, Hugo, *Regime jurídico do Ministério Público*, ob. cit., p. 195.
[24] Vide SOUZA, Moacyr Benedicto, *Mentira e Simulação em Psicologia Judiciária Penal*, 1. ed., São Paulo, Revista dos Tribunais, 1988, p. 44. Vide também a classificação de ALTAVILLA, Enrico, *in Psicologia judiciária*.

advogado) acostuma-se ao *munus* privado, de regra tem uma visão particular, quando a do Ministério Público transcende, para alcançar o geral, o patrocínio da coletividade. O segundo (o Juiz), tem "mais direito à dúvida" que o promotor, que com mais obrigação à ação, deve solucioná-las o quanto possível[25]. Três honrosas e distintas funções, mas, compostas de estrutura óssea, muscular, nervosa e afetiva diversas. Coordenação motora-cerebral diferentes.

***

Daí a necessidade de se repensar sobre eventual eliminação do "quinto constitucional". Por que almejaria um agente do *parquet* um cargo no Judiciário? Representaria uma promoção? Vaidade pessoal (ou mérito e mudança necessária?) em detrimento da instituição? Prêmio de carreira? Necessidade de balancear o Judiciário, abrindo-o ao complemento das instituições coirmãs? Seria a ideia compatível com os novos tempos de fortalecimento do Ministério Público (pós-Constituição 1988)? E seria conveniente à sociedade? Não soaria igualmente absurda a ideia de um juiz "promovido" a procurador de Justiça? *Argumentum a simile...*

Não se pode dar-se ao luxo irresponsável de privilegiar aquilo que o vate mineiro Belmiro Braga chamava de "corpos casados, almas em plena viuvez", o faz de conta do matrimônio de quartos separados. Precisamos de almas gêmeas a corpos semelhantes. Melhor, precisamos identificar a "vocação" (a alma) para a entrega do "cargo" (o corpo). Daí sim, um "uno e indivisível" *parquet*. Daí sim, a magistratura com identidade.

Disso é certo, também, não advém o extremo – aproveite-se a ideia para a tríade jurídica (advogado, juiz, promotor) – de que, conforme anotou Eliézer Rosa "O advogado não é Saul, nem o Juiz é Davi, para se malquererem e perseguirem"[26].

---

25 Observou Hugo Nigro Mazzilli (*Regime Jurídico do Ministério Público*, ob., cit., p. 36-37):
"Embora seja conhecido como magistratura em pé e tenha prerrogativas semelhantes e uma carreira estruturada à índole da Magistratura, o Ministério Público não pode ser com esta confundido nem abrir mão de sua indentidade para propositadamente confundir-se com a Magistratura, como na Itália. Em substância, as respectivas carreiras são distintas, em especial quanto à natureza de suas funções e sobretudo quanto ao aspecto psicológico que deve nortear a atuação de seus membros. Embora o dinamismo e a iniciativa não sejam apanágio pessoal ou exclusivo dos promotores, na verdade, visto em si mesmo, é mais acentuado o dinamismo de uma instituição, pois a ela compete denunciar, provar, convencer, postular e combater, enquanto à outra cabe receber ou recusar, ponderar e resolver. Pode-se falar até mesmo num perfil psicológico correspondente a cada uma das funções, havendo consequentemente desvios, quando, nas respectivas áreas de atuação, o promotor quer ser juiz e o juiz se comporta como promotor".

26 ROSA, Eliézer, *in* prefácio a *Defesa Penais*, ROMEIRO NETO, José Ovídio, 3. ed., Rio de Janeiro, Liber Juris, p. 15.

***

Em aula inalgural que proferimos na Escola Superior do Ministério Público do Rio Grande do Sul, em Porto Alegre, sobre o "Futuro do Ministério Público", reclamamos o exemplo gaúcho à toda nação, valendo para a magistratura e a advocacia, para todas as carreiras jurídicas, que especificadamente têm um selo que as distinguem, um timbre que as diferenciam, pois que servem individualizadamente a um determinado "cliente"[27]. Afinal, "aquele que abraça uma profissão determinada proclama por esse fato publicamente que está apto e pronto para executar todos os serviços que ela comporta. Põe os seus serviços à disposição do público; dá a todos o direito de lhos irem solicitar" como pretendeu Von Jhering (*A Evolução do Direito*).

Assim, o verdadeiro "profissional" a serviço da sociedade, há de estar preparado jurisfilosoficamente para o atendimento à **identidade** do mandato recebido: ao promotor e ao juiz o conceito de que está a servir a um mandato público. Ao advogado, a ideia privatística de seu *munus* – e apriorística – em um primeiro momento, para remotamente atingir o **social**. A criação de tais Escolas (do Rio Grande do Sul o exemplo estendeu-se a diversas outras unidades federativas), supre, de sua parte, a pretensão maravilhosa da Universidade em formar um profissional apto a militar em qualquer dos ramos do saber jurídico e, sobretudo, em qualquer das áreas

---

[27] Aula proferida em 15-2-1995, excerto colhido de gravação "... O fato é que hoje, nós estudamos cinco anos em uma faculdade de direito e formamos a mentalidade do bacharel que ainda não sabe qual o caminho de sua navegação profissional. Estudamos cinco anos e temos quase certeza – e a 'quase certeza' significa filosoficamente a absoluta dúvida – de que seremos promotores, ou juízes, ou advogados, ou...
De forma que há que se registrar uma visão de futuro com os pés plantados no terreno do agora, para podermos, no oráculo do tempo, olharmos o amanhã.
... Porque nós não podemos imaginar que aquele advogado que atende com exclusividade o mandato particular, de interesse privado, outorgado pelo cliente, tenha a mesma postura que se cobra da autoridade ministerial, que é o promotor de justiça, ou, de outro lado, da autoridade judicante, a representar o Poder Judiciário. A faculdade forma acadêmicos, transformando-os em bacharéis, o exame da ordem transforma-os em advogados e os concursos públicos os revestem de autoridades. Mas será que se muda o homem, em sua postura e ótica (ou impostura e ética?), em sua forma de agir, apenas por sabatinas jurídicas com que se dão no mais das vezes os concursos de 'provas e títulos'? Bastaria questionarmos elocubradas álgebras dogmáticas, questões acadêmicas, se se sabe, e o quanto se sabe de lei ou doutrina o bacharel, e entregar-mos-lhe uma carteira vermelha, emblemática de toda a Instituição do Ministério Público – uno e indivisível – ou uma carteira simbólica do Judiciário? ...
Daí que me perguntavam ontem, qual seria exatamente o perfil filosófico de uma Escola como essa, que, como o próprio homem, ainda é um conceito em evolução, ainda que evoluída. Esta Escola deve somente preparar homens para a aprovação nos concursos? O meu entendimento é 'não', apenas isso 'não', decididamente! Para sermos aprovados nos concursos bastaria o estudo em casa, no silêncio do lar e na faina diuturna do estudo sistemático. Mas o que faz e o que pretende essa Escola? Com sua visão do porvir, já prepara o verdadeiro profissional lecionando-lhe a deontologia e a filosofia de um agir próprio, *motu proprio*, não aceitando simplesmente preparar o bacharel para a entrada ao futuro imediato, mas preparando-o, por suas portas, para o futuro mediato, formando o profissional do futuro".

profissionais. Pretensão maravilhosa e impossível, como aquele fabuloso e mitológico monstro **quimera**: "cabeça de leão, corpo de cabra e cauda de dragão" – assim também se pretende a utopia de um bacharel que se amolde em qualquer função com justeza e precisão ...quem sabe, um bacharel com dotes e verve de advogado, cabeça e sensibilidade de um juiz, coração e vocação de promotor; um ser mitológico, feito à imagem e semelhança de uma **surrealista** tela de Dali.

***

Nota-se, então, que a Escola Superior, sobretudo, ao ministrar lições de deontologia – ética-profissional, burilando a eventual vocação do aluno para aquela área específica, preenche o vácuo trazido dos bancos acadêmicos, de que se revestem muitos deles, em que se formam "bacharéis de batelada", por vezes até iniciados nas letras do direito, mas ainda distantes do verdadeiro perfil do **profissional**. Entregue à própria sorte, finda a faculdade, à porta da vida pública, poeticamente o recém-formado está apenas com o coração batendo compromissos e os olhos úmidos de saudade, enquanto ostenta, um pouco vaidosamente, o brilho do rubi no anular[28], a procurar o horizonte incerto, vivendo mais do sentimento da lembrança que do preparo técnico e da certeza. E quem pagará a conta de uma melhor informação e formação que lhe falta? Será o cliente mal servido ou a sociedade mal advogada? Da "lei da causalidade" (Bain) – para a qual "todo efeito exige uma causa" – possibilita-se o diagnóstico para que se prenuncie um amanhã mais alvíssaro: se desaparece a causa, desaparece o efeito: *cessante causa, cessat effectus*. Portanto, se é improvável – diríamos melhormente, se é certo – a existência e identificação de uma causa única, acarretadora do descrédito da população na Justiça, ou do mal serviço eventualmente prestado, o fato é que inquestionavelmente a má formação profissional também é "causa contributiva desse resultado".

11.8 QUAL ESPECIALIZAÇÃO?

J. Maier atinge o ponto nevrálgico da Justiça criminal contemporânea, ao postular "magistraturas penais especializadas"[29], sobretudo para as

---

[28] Vide LYRA, Roberto, *Formei-me em Direito. E agora?*, 1. ed., Rio de Janeiro, Editora Nacional de Direito Ltda., 1957, p. 23.

[29] J. MAIER, Julio B. "Balance y propuesta del enjuiciamiento penal del siglo XX", *in* "El Poder Penal del Estado. Homenaje a Hilde Kaufmann", Ediciones Depalma, Buenos Aires, 1985, pp. 297-298:

novas áreas de aplicação do direito penal (direito penal econômico, do meio ambiente etc.). Afirma o autor que, quando a Justiça com sua organização tradicional depara-se com estas específicas manifestações de criminalidade, está desaparelhada, não podendo lograr eficácia na busca punitiva. Salienta que falta, precipuamente ao Ministério Público, um assessoramento técnico específico (*v.g.* perícia contábil).

11.9 PROMOÇÃO NAS CARREIRAS JURÍDICAS

Nesse sentido, a própria concepção das carreiras jurídicas privilegia a desatualização ou a não especialização. Juízes e promotores são promovidos a áreas especializadas por "merecimento" (critério abstrato ou metafísico) e "antiguidade" (critério objetivo). Se a chamada "antiguidade" é uma salvaguarda contra eventuais injustiças da carreira, acaba por beneficiar, por vezes, quem esteja completamente desatualizado – ou não apresente sequer vocação àquele cargo específico (não obstante o pleiteie por diversas razões) –, prejudicando o fazimento da justiça que se almeja.

Aprovados no concurso, o promotor ou juiz demonstram o conhecimento das generalidades que continuará, na prática, como "generalidades" enquanto estiverem atuando ou judicando nas pequenas comarcas. Tão logo recebam promoção para centro maior – comarca de superior entrância – o cargo vai cobrando especialização e, como dito, quando preenchido por antiguidade não se pergunta sequer da vocação (quanto mais do preparo)

"Las nuevas áreas de aplicación del derecho penal, los llamados derecho penal económico y derecho penal que apoya las disposiciones que pretenden preservar el medio ambiente, se han enfrentado, cada vez más, con una forma o modalidad de comisión de hechos punibles que, aunque no parece conmover los principios de aplicación del derecho penal tradicional al punto que se menciona, de hecho afecta a alguno de ellos en aras de la eficacia o, por lo menos, los pone en juego por la misma razón.
En verdad, esta nueva forma de comisión está representada por la concentración del capital en empresas colectivas cuya organización y funcionamiento son tan complicados como las del propio Estado y hasta llegan a superar el ámbito de vigencia de las disposiciones estatales, con la importante diferencia de que no persiguen necesariamente la aplicación de principios éticos consustanciales con la organización estatal, ni están limitadas por ellos.
Cuando aparece esta forma de comisión de hechos punibles, esto es, cuando un hecho punible es cometido por medio de la dirección, administración, control o el poder de decisión de una persona colectiva, resulta notable a la vista que la magistratura penal, en especial el ministerio público con su organización tradicional, no responde con eficacia a la naturaleza de su labor. Ello ha llevado a pensar en la necesidad de crear dentro de la magistratura penal órganos especializados, dotados de un asesoramiento específico, tal que permita enfrentar con eficacia a estos grandes centros de pode económico y político, no tan sólo para lograr eficacia en la persecución penal – que es lo que se requiere urgentemente en este ámbito – sino también para amparar a las personas de la aplicación del poder penal del Estado cuando sea del caso.
A mi criterio, ela principal cambio en este sentido debería suceder en la organización del ministerio público si, como lo postulo, a él se le encomienda casi con exclusividad las labores relativas a la persecución penal en sentido estricto".

do candidato a preenchê-lo. Não raro o promotor avesso ao júri, com voz sumida e sem entono, veste a beca, perde o júri e ...culpa os jurados após a derrota pessoal (Lyra lembrava que o Promotor que "ganha" o júri corre para o abraço da assistência, e o que perde culpa os jurados). Também o magistrado, após anos de militância em vara cível, remove-se e passa a sentenciar destinos na área criminal, e seguem penas e absolvições, absurdamente injustas, errôneas. Que o digam os Tribunais Superiores.

***

O profissional que milita na área criminal, é certo, jamais conhecerá com profundidade as ciências que afluem para o direito penal; é verdade que não se pretende a formação de um *perito* na interdisciplinaridade das matérias, cada uma de per si, porquanto é fantasista a pretensão de um juiz ou promotor que seja, a par de versado nas questões legais (também doutrina e jurisprudência), ainda um profundo conhecedor de medicina legal, psiquiatria forense, psicologia judiciária penal etc. Todavia, há que conhecer ao menos rudimentos dessas e de outras disciplinas contributivas do direito penal, para que se possa, com propriedade, ao menos exercer o papel de crítico[30], e não de simples homologador de laudos[31]. Ante o caso concreto, mais facilmente **esquentará a água que já esteja morna**[32]. O conhecimento médio dos

---

30 Vide, por todos, as bem lançadas recomendações de Evandro Lins e Silva, in *A Defesa Tem a Palavra*, 2. ed., Rio de Janeiro, AIDE, 1984, p. 29 e s., nas quais demonstra como obteve sucesso em causas defensivas que lhe eram confiadas, valendo-se de conhecimentos pertinentes a outras áreas do conhecimento humano.

31 Entre outros pertinentes, do CPP:
"Art. 181. No caso de inobservância de formalidade ou no caso de omissões, obscuridades ou contradições, a autoridade policial ou judiciária mandará suprir a formalidade ou completar ou esclarecer o laudo. Parágrafo único. A autoridade poderá também ordenar que se proceda a novo exame, por outros peritos, se julgar conveniente".
"Art. 182. O Juiz não ficará adstrito ao laudo, podendo aceitá-lo ou rejeitá-lo, no todo ou em parte".

32 Escreve César da Silveira, in *Tratado da Responsabilidade Criminal*, ob. cit., v. III, pp. 1166-1168:
"O magistrado contemporâneo, a que BOMBARDA chama de *sociologista*, há mister tanto da ciência psicológica, como dos princípios de física orgânica, química, fisiologia, antropologia, psicopatologia, bacteriologia, microscopia, lógica, para que não permaneça com os olhos em mira diante das conclusões da perícia. Merecem a pena ser transcritos estes elevados conceitos de FIORE, *Psicologia Judiciária*, 1914, págs, 83 a 85, capítulo VII: 'Uma aplicação completa e profícua das normas que a psicologia judiciária nos sugere, não pode conceber-se desde que se prescinda de uma radical renovação da consciência e da educação profissional da magistratura. Hoje na educação acadêmica e profissional do magistrado predomina a preocupação da cultura jurídica. O magistrado tem principalmente em atenção delinear com a máxima perfeição a configuração técnica e jurídica do crime. Obseca-o a mania de ser impecável na classificação de uma determinada ação criminosa e na aplicação das respectivas normas de processo. Verdade é que para assim proceder tem o incentivo sobretudo no código e nas leis penais, de cuja lição e espírito não se pode desprender; mas a sua educação intelectual moderna leva-o a exagerar esta tendência. Diariamente assistimos ao deslizar de rios de tinta, que correm em encher folhas de papel no intuito de precisarem a linha divisória de dois crimes, de compendiarem todos os elementos de lesão jurídica. Certamente não pode pretender-se que a cultura do magistrado seja pobre de noções de direito. Em sendo chamado à

operadores do direito penal nas disciplinas auxiliares é precário. Mais que precário. Por vezes não sabe sequer **qual** perícia requerer. Assim as vezes deixa de postulá-la, de requerê-la, impedindo uma prova decisiva (pericial), que geraria um "direito peptonizado", melhor absorvível no ventre dos autos, resolvedor de dúvidas, solucionador.

***

Nesse sentido, César da Silveira pretendeu:

"... porém, não é menos certo que ao julgador impende apreciar a prova pericial, e para cujos conhecimentos os juízes, via de regra, somos faltos. O ideal seria a íntima interpenetração das doutrinas de medicina e de direito, particularmente com atinência à psiquiatria. O alienista português Bombarda acentuava que era de mister uma completa fusão entre o direito e a medicina, união que terá de fazer-se quando os médicos e juristas hajam desaparecido dos nossos tribunais, para serem substituídos por um novo prático, encarregado de assuntos criminais, meio médico, meio jurista, médico, psicólogo e antropólogo, jurista de um direito simplificado até ao extremo, e que esse magistrado do futuro se chamaria de **sociobiologista**"[33].

Dispõe o art. 59 do Código Penal:

"O juiz, atendendo à culpabilidade, aos antecedentes, à conduta social, à personalidade do agente, aos motivos, às circunstâncias e consequências

---

aplicação de uma norma legal, o magistrado não pode naturalmente ignorá-la, nem os seus precedentes históricos, a sua razão de ser filosófica e as normas de legislação comparada que a ela se ligam ou dela se afastam, como ignorar não pode a jurisprudência que a essas normas respeita. Mas o que com direito se pode negar ao magistrado é que, se a cultura jurídica deva constituir um capítulo importante da sua educação intelectual, esta não pode unicamente restringir-se à cultura do direito. HANS GROSS, em sua longa e afortunada carreira de juiz instrutor, auxiliado por uma imensa cultura criminológica e pela paixão severa e sincera da finalidade do seu ofício, teve ocasião de verificar quão larga deva ser a corrente dos estudos necessários a alimentar a educação profissional de um juiz. No seu último e já célebre volume de 'Polícia judiciária', demonstra-nos como uma série de pequenos conhecimentos de diversas ciências resultam de maior auxílio ao magistrado do que uma abundância de conhecimentos jurídicos. Noções de química, por exemplo, foram de muito auxílio a juízes instrutores, que em processos de envenenamento entenderam conveniente não comunicarem a alguém as suas suspeitas. Noções de filosofia serviram a muitos magistrados, em momentos em que não podiam recorrer ao auxílio de especialistas, para conhecerem a natureza, sexo e idade de restos humanos, seu estado de putrefação e assim calcularem o momento da consumação do crime. **Noções de microscopia e bacteriologia põem o magistrado em condições de seguir com amor e conhecimento a obra do perito, sem ter de aceitar, de olhos fechados, o resultado. Noções de psicologia e psicopatologia dir-lhe-ão como deve interrogar testemunhas e arguidos, como surpreender as suas contradições e fraquezas, como tirar proveito das improvisadas confusões, como provocar confissões parciais e totais.** Com todas estas noções, conhecendo o Juiz os homens e as coisas, ambientes e hábitos, aprenderá a alcançar as convicções e a firmeza serena das investigações e, tendo fé em si e nos seus métodos, procederá sem dependências na sua obra, com a segurança de que da muda eloquência das coisas poderá fazer saltar a verdade'".

33 SILVEIRA, César da, *Tratado da Responsabilidade Criminal*, v. III, ob. cit., p. 1096.

do crime, bem como ao comportamento da vítima, estabelecerá, conforme seja necessário e suficiente para reprovação e prevenção do crime:

I – as penas aplicáveis dentre as cominadas;

II – a quantidade de pena aplicável, dentro dos limites previstos;

III – o regime inicial de cumprimento da pena privativa de liberdade;

IV – a substituição da pena privativa da liberdade aplicada, por outra espécie de pena, se cabível".

A individualização da pena, garantia constitucional (art. 5º, XLVI) pressupõe certo conhecimento de criminologia, vitimologia, psicologia judiciária, do contrário é previsão ingênua sem aplicabilidade prática. Juízes, promotores, advogados, os que pedem e decidem a justiça penal, deveriam informar-se e reciclarem-se com frequência sobre assuntos correlatos ao direito penal, por vezes **bem mais importantes** que complexos teoremas dogmáticos-penalísticos. O *arbitrium regulatum* do magistrado na dosificação apenatória conclama um vigoro *substractum* de conhecimentos aquém e além da dogmática penal para uma reta (ou equânime?) aplicação da lei; a abstração do método técnico jurídico se faz pequena ante a imensidão da tarefa judicante, porquanto é imprescindível essa noção da ciência dentro da ciência, conglobalizando as disciplinas verdadeiramente humanas e sociais (sociologia, criminologia etc.).

O preenchimento de certos cargos e carreiras jurídicas – se quiser que se alcance real efetividade – pressupõe um exame acurado das virtudes dos candidatos, objetivamente tratados. O contrário é o erro judiciário: a absolvição do culpado, a pena exacerbada para crime pequeno, a inocência condenada, a pena minorada para grave crime. É a Justiça pública perdida entre pareceres técnicos encomendados por particulares abastados: balancetes falsos (e que convencem); semi-imputabilidades de ocasião (minoram a pena ou ensejam tratamento ambulatorial); pareceres de medicina legal, criminalística, todos, *pour épater le bourgeois* "provando" inverdades, o engodo, fazendo do quadrado redondo, enganando, ludibriando, fazendo crer o que não é, acarretando, por vezes, escandalosas absolvições que se lastreiam (?) nas mais esfarrapadas mentiras travestidas de "pareceres técnicos". Por certo, mais preparados as autoridades e profissionais da área, não se impedirá o vício apontado, não se logrará a redução a zero do problema, mas seguramente minorará até mesmo a ousadia.

***

Hélio Gomes falou de um delegado de polícia que, suspeitando da natureza de certas manchas na camisa de um suicida, determinou perícia, respondendo o Instituto de Criminalística que se tratava de manchas espermáticas! Desconfiado e pressuroso pela verdade, encaminhou o insólito delegado novo ofício ao Instituto, requisitando explicações: "Afinal?" – quis saber –, "trata-se de manchas de esperma de **homem ou de mulher?**"[34].

E disse o preclaro mestre: "Não basta a um médico ser simplesmente médico para que se julgue apto a realizar perícias. Como não basta a um médico ser simplesmente médico para que se façam intervenções cirúrgicas. São indispensáveis estudos mais acurados, treino adequado, apropriação paulatina da técnica da disciplina"[35].

E processar e julgar exigem **perícia** na disciplina – é de se passar o tempo da simples curiosidade que se apraz em não entender e homologar –, exigem ao direito os predicados que Hélio Gomes cobrou à medicina legal: ciência, consciência e técnica[36].

Afirmou também que "não é raro juristas pouco versados em Medicina Legal interpretarem erroneamente os laudos existentes nos processos em que intervêm". Minha observação pessoal registra vários casos a esse respeito. Já tenho sido consultado por advogados sobre a exata significação da expressão "personalidades psicopáticas", por alguns juristas interpretada erroneamente como sinônimo de alienação mental, quando o verdadeiro significado da expressão é de estados fronteiriços, semiloucos, de Grasset[37].

11.10 PARECERISTAS ENCOMENDADOS: CHANCELA DE BURLA À JUSTIÇA

Há "pareceristas e pareceristas...", diria um sábio. Aquele que sabe, estuda e conclui; e aquele que não sabe, complica e dilui. Nada passou despercebido a Roberto Lyra, valendo o registro:

"... há quem procure confiar o exame criminológico aos psiquiatras. Não seria preciso ouvi-los. Todos conhecem suas prenoções. Até o velho anexo psiquiátrico de Vervaeck reaparece como novidade. O exame criminológico será coonestação sistemática da dúvida no processo penal por

---

[34] GOMES, Hélio, *Medicina Legal*, 25. ed., Rio de Janeiro, Freitas Bastos, p. 13.
[35] Ob. cit., p. 29/30.
[36] Ob. cit., p. 43.
[37] Ob. cit., p. 13.

entre o nevoeiro da terminologia e da conceituação técnicas, da incessante agitação científica, sobretudo hoje.

Os escrúpulos normais ou anormais do juiz que vai decidir sobre o destino de um semelhante, em função da defesa pública, serão explorados 'eruditamente' em arrazoados 'periciais' ignorantes de convenções, contingências e relatividades da Justiça. Será a invasão dos 'formadores de opinião' para as pressões subreptícias no ambiente mais carecido de serenidade, isenção e equilíbrio. O mais sacrificado será o Ministério Público.

A perícia é que constituirá o contraditório, desigual e perturbador, transformando em litígio permanente o que deve ser objeto de certeza, embora relativa, como toda certeza judicial...

Peritos sem compromissos funcionais ou assistentes particulares ou peritos oficiais **particularizados** infiltrarão no processo a voz polêmica e panfletária com fotografias, gráficos e ilustrações *'pour épater'* o juiz e a parte contrária. E isto quando o Estado está se aparelhando para todo o gênero de perícias. Surgirão empresas bem pagas mascaradas de entidades criminais para 'instruir' a Justiça sobre as correntes e subcorrentes criminológicas, para todos os aspectos e minúcias. Não haverá certeza, sequer, da *'causa mortis'*. Que não se lembrem de exumações contínuas. O cadáver se defenderá com a decomposição"[38].

Quanta atualidade! Quantos especuladores invocam o argumento de autoridade, blasonam títulos e louros, para venderem pareceres encomendados. Certa vez, chamei um parecerista, por escrito, de "palpiteiro de encomenda": tentara advinhar o que não vira intrometendo-se em ciência que sequer eram de sua especialidade[39], não tendo delas qualquer leitura, quanto mais conhecimento profundo.

***

O festejado César da Silveira, nesse sentido, também registrou:

"Tocante, ainda, à perícia médica, é de absoluto mister sejam repelidos os chamados peritos da defesa e da acusação, peritos esses que constituem uma das melhores armas dos adversários no pretório. Esse dualismo de peritos

---

[38] LYRA, Roberto, *Novo Direito Penal (Processo e Execução Penais)*, v. III, 1. ed., Borsoi, 1971, p. 63-64.
[39] *Vide*, a propósito do tema, as reflexões de DORADO MONTERO, *in Los Peritos Médicos y la Justicia Criminal*, Madrid, 1906, p. 70-78 e TEIXEIRA BRADÃO, *Elementos Fundamentais de Psiquiatria Clínica e Forense*, Rio de Janeiro, 1918, p. 169-172.

de defesa e de acusação, longe de evidenciar que a medicina é a *ancilla justitiae*, entenebrece os dados valorativos da verdade científica do fato, devendo o juiz precatar-se contra os puros bairrismos intelectuais, em desprestígio não só da justiça, senão também da legitimidade dos julgamentos"[40].

Citamos o protesto vigoroso, candente e veraz, d'além-mar e ainda atual de Dorado Motero:

"Con los pareceres oficiales o semioficiales coinciden los doctrinales. 'Tengo la convicción – decia en el Congreso de Antropologia criminal de Roma el abogado Berenini – de que **las discusiones de los peritos, en el juicio, público, quizás incompetente desde el punto de vista cientifico, pero dotado de buen sentido, el espectáculo escadaloso de dos o más sabios, los cuales, sólo por el hecho de haber sido nombrados, los unos por la defense y los otros por la acusación, someten su respuesta, que deberia ser libre, independient e inspirada exclusivamente en la verdad más escrupulosa, al interés de la parte que les ha llamado. Es un triste espectáculo que perjudica tanto al prestigio de la ciencia como al de la justicia, y hasta me atreveria à decir que es una inmorabilidad. Es, es efecto, muy raro que un perito, animado tan sólo por el espiritu de la verdad y de la justicia, olvide á la parte à quien representa y diga sincillamente la verdad'.** Para Setti, 'el perito mismo (se refiere á los peritos médicos) envilece ho, muchas veces, la ciencia; pocos procesos llegan ante las audiencias, sin que en ellos se note una constante preocupación en el perito de la acusación – aun cuando se diga llamado sólo para la verdad – de adherirse á la parte que lo ha presentado'; **las audiencias son á menudo, por esta causa, teatro de 'un antagonimo, una divergencia, una discusión realizada ante los ojos del jurado, sin rigor de doctrina, sin dignidad para el verdadero hombre de ciencia, sin preocupación por parte del disertante, sin edificación para el público; resultando de ello siempre un montón de sutilezas, de errores, de dudas, ya escoltados con la autoridad de autores exóticos que se citan ó robustecidos con experimentos inéditos que se aducen, ya adobados con la elocuencia charmatana de cualquier bachiller universitario', 'por lo demás, escribe otro jurista, es lógico lo que manifiestan ciertos publicistas, esto es, que algunos**

---

40 SILVEIRA, César da, *Tratado da Responsabilidade Criminal*, ob. cit., v. III, p. 1096.

peritos llamados al debate, en vez de exponer la verdad, tratan, con sofismas y sutilezas, de introducir incertidumbres aun alli donde éstas no existen, y de desacreditar los informes periciales, aun los mejores, á fin de sembrar la duda en el ánimo de los juzgadores, sobre todo los jurados...'

'Mientras el magistrado llama al perito que le parece mejor, las partes tienen la faculdad para hacer otro tanto. De donde resulta que si el perito del magistrado obedece á una obligación legal, los peritos invitados por las partes se convierten en abogados, de éstas. Efecto de lo cual, en los debates públicos, señor ministro, los peritos, em lugar de praticar serenamente las correspondientes operaciones, se hallan sometidos á las influencias exteriores, las cuales no ayudan á facilitar la acción de la justicia, sino que, por el contrario, la dificultan. Efectivamente, en los debates públicos, los peritos se obstinan en buscar todos los argumentos posibles para sostener su tesis, con mayor fervor y con más obstinación que pueden hacerlo los propios abogados, porque los abogados se habituan, al cabo, á obrar un poco mecánicamente, en tanto que los peritos médicos se enciende y e se empeñan en una lucha insólita para ellos, con lo que se enfervorizan y se comprometen más en defender cada uno su propria valentia. De todo lo cual resulta, señores, la oscuridad, no la luz'.

También Carnevale pone de resalto el mismo defecto y asegura que los peritos médicos no pocas veces, y especialmente en las causas célebres, se salen de los limites que les están naturalmente señalados; y entonces la palabra augusta de la ciencia, sin ira ni pasión, se torna, bien en defense del procesado, bien en acusación, exuberante de concitación oratoria, y de tal forma que hace palidecer la del representante del ministerio público y hasta la de los patrocinadores mismos. Y si los peritos no están de acuerdo, como ocurre con facilidad, entonces llega el caso de presenciar verdaderas luchas académicas, cuyos episodios divierten á la multitude, cuya argumentación cansa y confunde á la magistratura popular, y cuyo conjunto aumenta la teatralidad de la causa tanto como merma el prestigio de la justicia... Pero eso, se dan causas que ofrecen su mayor interés, no ya en el crimen á que se referen, sino en la pugna cientifica que en las mismas se desarrolla ..."[41].

---

[41] DORADO MONTERO, *Los Peritos Médicos y la Justicia Criminal*, Madrid, 1906, p. 185-189, n. 38.

11.11 CASUÍSTICA ILUSTRADORA: O PROBLEMA DAS PERÍCIAS MÉDICO-LEGAIS

"O penalista sente hoje que não mais pode ser simplesmente um jurista, discutindo abstratamente as condições legais da responsabilidade ou os elementos jurídicos do delito segundo uma definição estabelecida pelo direito e uma técnica unicamente jurídica. Mas o criminalista mais avisado sente igualmente que ele não pode reconhecer, sem distinção, ao médico, ao sociólogo ou ao psicólogo o direito de substituí-lo. A Criminologia moderna pretende estudar a ação criminosa com o concurso de todas as ciências humanas. Todavia, suas conclusões, como seus métodos, são ainda incertos, e o problema permanece sendo o de transformar os ensinamentos que defluem das regras de direito aplicáveis a esse fenômeno individual e social que constitui o delito. Sob pena de descambar para o arbítrio mais absoluto ou mesmo para uma espécie de caos social, é necessário conservar um verdadeiro direito penal.

O problema não consiste portanto, como acreditaram algumas mentes simplistas, na supressão da lei penal ou na subordinação do jurista ao criminólogo, mas numa utilização racional no campo jurídico dos diferentes elementos da ciência criminológica" (**Marc Ancel**[42]).

O excerto de Marc Ancel dará o tom e será a síntese do capítulo!

Em palestra que proferimos na Universidade de São Paulo (18-10-1994), a convite do departamento de medicina forense – presentes, peritos, acadêmicos e docentes –, postulamos um futuro mais alvíssaro às perícias:

"Sonho com o dia em que a perícia facilitará o trabalho do juiz, esclarecerá e nunca tumultuará, como tantas vezes ocorre.

O dia em que a perícia trará a certeza, e não a probabilidade. Um dia em que, não apenas, o perito dirá da natureza das lesões suportadas pela vítima, da *causa mortis* do ofendido, ou do grau de responsabilidade do acusado. Mas dirá sobre a própria existência da alma, onde, mergulhado um *periscópio*, poderá detectar as causas do crime, os impulsos e frustações do acusado, levando ao papel não somente a autoria do delito, mas também o dolo, as ideações anímicas do celerado ou afetivas vibrações do inocente acusado. Espera-se no futuro, mais que um perito da matéria, mas um anatomista do sentimento, um viajor experiente das sensações".

---

[42] ANCEL, Marc. *A Nova Defesa Social*, trad. Osvaldo Melo, 1. ed., Rio de Janeiro, Forense, 1979, p. XXI-XXII.

Esse dia é distante, horizonte não vislumbrável. Por enquanto, ainda estamos no "sono de Epimênides", vale dizer: sobretudo em exames criminológicos, psiquiátricos, não somos mais que "bandeirantes" em busca de uma clareira.

***

"Bourguignon acrescenta: 'Como explicar que o mesmo paciente possa ser rotulado por dois psiquiatras com dois diagnósticos diferentes, como testemunham os debates dos peritos diante dos tribunais? Sem contar que por vezes, o mesmo diagnóstico não designa a mesma realidade clínica para dois psiquiatras de serviços vizinhos'" (MICHEL LANDRY, *O Psiquiatra no Tribunal. O Processo da perícia psiquiátrica em justiça penal*, Livraria Pioneira Editora, Editora da Universidade de São Paulo, 1981, p. 30).

Um caso ilustra a matéria[43] – dentre tantos que rotineiramente ocorrem –, demonstrando a necessidade de certa especialização, até para que se possa analisar com intimidade os próprios laudos periciais, discutindo, questionando, interrogando.

W.F.S. foi processado perante o I Tribunal do Júri de São Paulo por cometimento de homicídio qualificado, originando, do caso, os autos de ação penal n. 430/91. Discutiu-se, em incidente instaurado, sua imputabilidade, advindo daí, uma série de laudos conflitantes, todos subscritos por conhecidos peritos e costumeiros colaboradores do juízo: para os doutores G.A.P. e J.A.S, o periciando era **inimputável** em virtude de doença mental que lhe retirava completamente a capacidade de entender o caráter criminoso do fato praticado. Surgida certa dúvida sobre o laudo, nomearam-se novos peritos, os doutores J.R.P. e L.C.P.F. que entenderam ao contrário, ou seja, firmaram laudo que asseverava a plena *imputabilidade* de W.F.S. Tentado o desempate por uma terceira dupla de peritos[44], a divergência aumentou: os

---

[43] "La literatura para la formación de los penalistas complementa sus explicaciones últimamente con casos prácticos, los cuales presentean grandes diferenciais desde el punto de vista de la magnitud, el origen, la cercanía a la realidad y la suficiencia de información. Las diferencias se explican en parte porque con los casos se persigue objetivos pedagógicos diversos, al menos éstos son seleccionados con sentido común. Los tipos de libros pueden ser clasificados según la clase de casos que se emplean. La oferta de esta clase de literatura de formación es en la actualidad muy amplia. El muestrario va desde la forma clásica de exposición de la materia, en la que los casos sirven meramente para su ilustración o concreción, hasta las exposiciones que consisten exclusivamente en casos y soluciones, pasando por numerosas variantes intermedias, poniendo de manifiesto todas ellas que los casos se emplean cada vez con mayor intensidad en la enseñanza del Derecho penal". Cf. HASSEMER, Winfried, *Fundamentos del Derecho Penal*, ob. cit., p. 17.

[44] "Dada a índole da prova penal, o laudo dos peritos, conquanto categórico e unânime, não vincula com efeito a convicção do juiz. Se a dois ilustres cultores da psiquiatria, o mesmo indivíduo, para um deles

doutores V.T. e S.P.B. concluíram que se tratava de um caso ...de **semi-imputabilidade**, porquanto diagnosticou-se no municipiando uma perturbação da saúde mental[45]. A partir daí a aventura psiquiátrica era mais intensa, e surgiu novo laudo, para nova elucidação (?) da questão, concluindo também pela semi-imputabilidade[46].

Designado para o plenário, honrei minha antiga preferência acadêmica pela medicina legal. Aprofundei-me na discussão técnica (entrevistas com especialistas, vasto estudo em literatura adequada) e aliando a outros elementos dos autos – o réu era chefe de quadrilha, líder de outros "imputáveis"

---

pode ser louco e, para o segundo, são da mente, o senso prático, que constitui o fundamento de toda a ciência jurídica, imporá mais razão em se chamar um terceiro perito, não iniciado nos mistérios de tão maravilhosa disciplina, a fim de que decida entre os dois" (MANZINI, ibid., I, p. 443, n. 264), CÉSAR DA SILVEIRA, v. III, ob. cit., p. 1105.

[45] Aliás, a história dos erros judiciários é pródiga em ter sido informada por "laudos conflitantes". O mais famoso caso de erro judiciário de que se tem notícia – na travessia do século XIX para o século XX – e que mobilizou protestos advindos da alta intelectualidade europeia (Émile Zola, Anatole France, rainha Vitória, Clemenceau) ao nosso Rui Barbosa, e que teve como protagonista-réu, Dreyfus, também lastreou-se em laudo pericial. O processo foi iniciado em 1894 e somente concluído em 1906. O capitão Alfred Dreyfus foi acusado de crime de lesa-pátria, traição, em razão de uma "minuta" sem data e sem assinatura que se descobrira na seção de Estatística do Ministério da Guerra da França. Continha informação, passadas à Alemanha, sobre a capacidade do freio hidráulico, sobre as tropas de cobertura e as modificações de artilharia, bem como sobre Madagascar e relativamente ao projeto manual de tiro da artilharia de campanha. A suspeita recaiu sobre o descendente de judeus, Dreyfus, ao tempo em que a campanha antissemítica era a tônica de certa política francesa àquele tempo. Dreyfus negou o crime. Realizaram-se, então, dois exames periciais. No primeiro os dois grafólogos dissentiram, eis que Gobert opinara no sentido de que a letra do acusado diferia da caligrafia da "minuta"; Bertillon, contudo, concluíra que eram iguais. No segundo laudo, apesar da divergência do perito Pelletier, os dois outros – Teyssonières e Charavay, apontaram o acusado (verdadeiramente inocente!) como o autor da "minuta". Ao final, foi Dreyfus julgado e considerado culpado por haver entregue a uma potência estrangeira documentos de interesse da defesa nacional, condenado à deportação perpétua, quando, em realidade, o criminoso era o Comandante Esterhazy, autor da referida "minuta".

[46] Reacende-se aqui, a polêmica sobre a semirresponsabilidade retratada por Nelson Hungria, quando falava da periculosidade dos mesmos enquanto fator impositivo da medida de segurança, aludindo ao Código Penal já revogado (1940, Parte Geral). *In verbis*:
"Em seguida aos irresponsáveis em geral, a lei presume perigosos os denominados 'semirresponsáveis' (*rectius*: responsáveis com culpabilidade diminuída), de que cuida o parágrafo único do art. 22. Trata-se dos fronteiriços, de MAUDSLEY, ou semiloucos, de GRASSET. É bem conhecida a polêmica que o conceito de semiloucura suscitou. Digladiaram-se em campos opostos a teoria dos 'dois blocos' e a teoria do 'bloco único'. Segundo a primeira (a que se apegou à 'escola positiva' como a uma definitiva solução científica), ou é-se louco ou não se é louco, ou é-se responsável ou não se é responsável: não há graus intermédios. A unidade das faculdades psíquicas não admite a concepção de indivíduos parcialmente loucos. De modo diverso, entretanto, postulava a teoria do 'bloco único': não há uma nítida linha de separação entre os mentalmente sãos e os doentes mentais: estão de permeio os fronteiriços, que são graus de passagem (*natura non facit saltus*).
Se os fronteiriços não são inteiramente responsáveis, também não podem ser declarados irresponsáveis. Atualmente, porém, pode dizer-se que o dissídio está superado: não há semiloucos ou semirresponsáveis, mas entre a saúde mental e a loucura há estados psíquicos que representam uma variação mórbida da norma, embora alheios à órbita da loucura ou doença mental, e os seus portadores são responsáveis, mas com menor culpabilidade, em razão de sua inferioridade bio-ético-sociológica, isto é, sua menor capacidade de discernimento ético-social ou de autoinibição ao impulso criminoso... A moderna psiquiatria fornece base científica ao critério do 'vício parcial da mente'...", in Comentários ao Código Penal, ob. cit., v. III, p. 92/93.

– acabei por entender que assistia razão aos peritos J.R.P. e L.C.P.F., optando por sustentar o libelo e negar qualquer diminuição da responsabilidade penal ao acusado, no que acataram os jurados. Ademais, a existência dos laudos ou a inexistência dos mesmos, à luz da verdade pericial já de pouco valiam, porquanto, a rigor, nada se esclarecera, apenas tumultuara. Sobrara o homem (promotor, advogado, jurados, réu) e sua **fé** em busca de justiça.

Posteriormente, através da apelação intentada pela defesa (n. 148.225-3/8), onde sustentou-se "decisão manifestamente contrária à prova dos autos" (porquanto o último laudo homologado fora negado), prolatou-se acórdão na Terceira Câmara Criminal do Tribunal de Justiça de São Paulo, subscrito pelos Desembargadores Luiz Pantaleão, Silva Leme e Segurado Braz, em 18 de outubro de 1993, negando-se provimento ao recurso defensivo, reconhecendo-se *litteris*:

"A pretensão nulificatória do julgamento escudada na circunstância de os Srs. Jurados, por 6 a 1, terem repondido negativamente o quesito n. 5 e, como tal, terem decidido contra as conclusões do laudo pericial, que deu o réu como semi-imputável, não está, a nosso ver, a merecer agasalho.

É bem de ver que a matéria não é pacífica em nossos Tribunais, optando uma das correntes pelo reconhecimento 'in casu' de decisão manifestamente contrária à prova dos autos (nesse sentido *vide RJTJSP*, v. 125/494; *RTJ* 53/205 e *RT* 556/293).

Outra orientação, ficando-se no permissivo legal que autoriza o juiz repelir laudo pericial, no todo ou em parte, estende tal poder aos jurados (nesse sentido: STF, *RTJ*, 53/207 e *RJTJSP*, 122/483).

Consabido que os Srs. Jurados decidem pela livre convicção, não estando adstritos a motivar seus votos, sendo válidos seus julgamentos, quando ausentes causas de nulidade e quando não sejam atentatórias da verdade apurada no processo, bastando que se finquem em versão razoável dos fatos.

Oportuno transcrever-se tópico de magistral voto proferido pelo Desembargador Acácio Rebouças **in** *RT 430/340:*

'A regra legal ...dispõe que a perícia não vincula o juiz podendo este aceitar ou rejeitar o laudo, no todo ou em parte (Código de Processo Penal, art. 182). Consequentemente não é dado controlar, pelo mérito, o veredicto do Júri, que é o juiz natural, quando este julga em desacordo com laudos periciais. As partes podem, no debate da causa, levar o julgador a convicções diversas daquelas adotadas pelos peritos e ninguém pode forçar julgamento contra a convicção. O contrário seria atribuir aos peritos a função judicante: '**Roma locuta causa finita'**. Em suma, a perícia como apreciação humana, sempre passível de erro, ainda que doutos os seus autores, sobre determinados fatos, é sempre discutível e não consubstancia assim aquela prova manifesta que enseja o controle sobre os veredítos do Tribunal do Júri, em molde a exigir-lhe o juiz togado decisão diferente'.

Destarte, os Srs. Jurados ao rejeitarem o laudo, embora leigos, mas não '**minus habens'**, convenceram-se de seu desacerto, após ouvirem as explicações técnicas por parte da d. Acusação, como se deixou patente nas contrarrazões recursais".

***

Surgem, do caso, evidentes e preciosas lições. A primeira é a de que as perícias psiquiátricas ainda estão muito aquém do ideal. Daí, também uma advertência: ou se lhes dá crédito – sob pena de a Justiça perder sua bússola – ou com alguma substância – somente possível em acurado estudo do fato – contestam-se seus laudos. Na primeira hipótese, sempre subsistiria uma dúvida. Na segunda, corre-se o risco – já tão comum – de qualquer um contestar, sem fundamento ou subsídio aceitável, a perícia psiquiátrica, deixando-se a Justiça como nau à deriva. No caso citado, se o magistrado não houvesse determinado uma segunda perícia, W.F.S. estaria fadado ao manicômio[47]. Também esteve sujeito às benesses **virtuais** do outro laudo (semi-imputabilidade). O fato é que o advogado, o promotor, o juiz, até o Tribunal, todos tiveram que se defrontar com assuntos que reclamam análise técnica, que não aceitam superficialidades.

Em matéria pericial, a Justiça não pode de tudo duvidar – por certo –, mas também não pode ser a simbólica e inútil estátua que, de olhos vendados, aceita sem discussão, até a *prova* do absurdo. É passado o tempo de *Roma locuta causa finita*, como asseverado por Acácio Rebouças. Se isso evidencia um perigo em mãos aventureiras – perigo grave, traiçoeiro, mercê dos grulhas

---

[47] "A missão do perito" – diz Bento de Faria, *Cód. Pen. Brasil.*, v. II, p. 316 – "é apenas esclarecer o Juiz, para que este possa bem aplicar a lei, e se a este não cabe indicar-lhe o processo a seguir, os meios a empregar em suas investigações, também não lhe é lícito, abdicando da faculdade de julgar e de punir, submeter-se cegamente ao parecer dos peritos, sem uma razão sequer que o justifique. Na dúvida – deve o Juiz negar a enfermidade mental, dês que a presunção relativa de normalidade e sanidade só pode ser excluída por prova contrária e não por conjecturas duvidosas", SILVEIRA, César da, ob. cit., p. 1104.

e espertalhões do foro criminal –, também denota uma advertência: não se pode, em matéria de perícia, como em matéria de qualquer prova, lavar-se as mãos na bacia de Pilatos. Porque do mesmo modo, disse a respeito de tais julgamentos, Tamayo y Baus (*"Los hombres de bien"*) **"También se lavó las manos Pilatos; y no hay manos mas sucias que aquellas manos tan lavadas"** (Também Pilatos lavou as mãos, e não há mãos mais sujas que aquelas mãos tão lavadas).

POSFÁCIO

O homem ainda não conseguiu realizar o sonho da paz universal que iluminara a fronte de Kant. Ainda é, na célebre colocação de Platt, a "síntese dramatizada da estrutura social inteira", amálgama e contradições ...Kant que se apressara a concluir sua última obra sentindo que lhe tardara a vida. Vida que é uma síntese do eterno, por isso, breve – vita brevis! –, mas que não se encerra na morte quando se a toma no universo das ideias. Ideias que não morrem e que perduram; porque os exemplos se fazem e se solidificam, e a doutrina é um *perpetuum mobile*. Assim os ensinamentos que concebemos dos velhos ideais e grandes mestres, que no tribunal das letras jurídicas, do alto de suas cátedras, da culminância de suas culturas, desceram aos alunos, opinando, discordando, criticando, polemizando, cerzindo consciências, fabricando o saber.

Como homenageá-los, aos autênticos mestres, que não lecionam pelo soldo miúdo, mas pela grata satisfação de celebrar a vida, e comunicá-la, senão através da bela e sábia imagem da vela que se consome, desgastada e velha, difundindo luz e calor, até apagar-se e morrer.

Kant, gerou Hegel, que gerou Marx, de quem Tobias discordava, que gerou Lyra, que concordava e discordava de Ferri, que gerou (...)

Peço vênia, por necessário, à ressalva do filósofo Féres Matos ao recomendar "é significativo interpretar o frontispício do *Novum organum* ...na gravura, uma inscrição:

"Muitos passarão, a ciência avançará!".

***

O direito ainda é aquela velha peça de "ajeitar e torcer", conforme ensinava Tobias Barreto. "A paz é a meta do direito", sintetizara Jhering, "sua luta o meio". O direito é uma projeção humana, para o homem mesmo, àquele qe ainda não chegou à sociedade fraterna a que nós todos almejamos, aquela "organização do amor" pregada por Jesus, onde "cada qual ganhará o pão com o sour do seu rosto" e "amará o próximo como a si mesmo".

Nesse lapso, enquanto o espírito não se aperfeiçoa, trabalhamos com vasto *instrumentarium* científico, do qual o direito, a ciência jurídico-penal, somente é mais um deles, funcionando como um contensor social na transição da humanidade.

***

Este livro é a reedição de um estilo ou pensamento de muitos que já passaram, mas de cuja ciência, muito ficou. Os chineses dizem, *Gu wei jin yong*, pôr o passado a serviço do presente. É, pois, mais que um tributo à inteligência humana, mas uma releitura requentada ao sabor do tempo presente, e conjugada para o tempo futuro, inspirada aos antigos "polemistas" que brilharam faz um século, mas que eram uma plêiade de notáveis que estiveram à frente das ideias no País, ao final dos "oitocentos" e que avançaram abrindo clareiras na "nova-velha floresta". Destemidos e idealistas, não procuraram outra recompensa senão o saber, mas um saber produtivo, que promovia debates, alvitrando soluções.

Polemistas de que, no século XX, Lyra e Hungria foram exemplos de fogo, brilhantes de lume, perfilados à altura, desbravadores de linha de frente, que não aceitaram no magistério superior nenhuma influência mediocrizadora sobre suas verdades, que, mesmo contrariando, "deram passos sem muleta e emitiram títulos sem precisar de aval". De pretensões paisanas, foram autônomos em inteligência – sem serem caturras – e foram antônimos à estagnação apodrecedora das águas do pensamento.

***

O progresso não se faz com caudatários, meros subservientes doutrinários e doutrinados, isto não é ciência, não é ciência jurídica, e não é direito, porque o direito é independente mesmo dentro de suas interdependências. Onde a legitimação da polêmica comedida e cortês, da antítese frutuosa e sincera; porque verdade ontem, hoje mentia. Os problemas nascem a cada minuto, e as soluções devem ser buscadas a cada tempo. Donde o rebrotar do pensamento. Este o jurista verdadeiro, aperfeiçoamento do entusiasta acadêmico de direito, aquele que não estuda apenas "o ponto que cai na prova", mas elucida e estuda a prova que cai dia a dia em algum ponto do mundo. Mundo, cheio de insurgências, pleno de novidades, que propõe ao operador do direito a mesmo imagem que se propõe ao operador das flores, o jardineiro: "pela manhã, a tesoura contém o ímpeto vegetal. À noite, rebentos zombam da poda".

***

Hoje não há que se falar em um centro único de nada; nem o nada é um centro em si mesmo. Não há, bem assim, à luz do desenvolvimento, do progresso, que se falar em centro – aqui tomado no sentido de eixo único – porque não há, no universo do saber e das soluções, um "eurocentrismo", como não há que se falar no terreno econômico, servis, em "dominação americana"; antes de se falar em globalização, mundialização, haveremos de pensar em termos nacionais, falando dos problemas que nos afligem, voltando os olhos ao nosso leito e eito, vendo o País tal como o é. A independência de pensamento, a liberdade de espírito, ainda nos libertará a matéria.

***

"Amo o passado", escreveu Renan, "mas queria viver no futuro".

Para que se justifique o pleito, contudo, é preciso um futuro melhor; para que se pague a pena lutar para vivê-lo. Portanto, é preciso construí-lo assentando e rebocando os tijolos de nossa civilização. Este um ideal honesto, de avançar e progredir, por isso os protestos e embates.

***

Lembrei-me de que li, no penalista baiano Gérson Pereira dos Santos, um trecho de Hugh Macdiarmid, "Outros podem continuar a compor em si bemol", assinalou, "mas nós avançamos em direção à conflagração dodecafônica".

A justiça penal do porvir deverá estar em consonância com um direito penal realmente da sociedade; um ponto de encontro dos antagonismos naturais e sociais, de forças em conflito, da justa dialética entre acusação e defesa, dentro da ética, vencendo resistências. Porque a ética será do **homem**, rediviva, não somente da roupagem jurídico-social que ele vista (promotor, juiz, advogado). Hoje, queremos, pretendemos tantas justiças penais quantas forem nossas posições dentro de um processo: pior (ou melhor!), dependendo de nossa posição no **grande processo** da vida: o advogado é liberal enquanto advogado; cambia de posição se é pai de uma vítima ou se a verdade lhe chega pela assistência da acusação; o promotor acusa, por necessário, enquanto promotor de Justiça repensaria o feito e a lei, se estivesse de alguma forma envolvido no *case*; o juiz tem grande dificuldade de abstração quando envolvido afetivamente a um dos polos da ação penal, e nesse sentido também almejaria personalisticamente uma justiça de sua conveniência, mais ou menos rígida, amoldável sempre aos seus interesses.

***

Incumbe é identificar o momento, separar a função pública, do "eu". O homem não é dono do cargo. Rui Barbosa, a seu tempo, no célebre *habeas corpus* de Vandelcock, apontou aos ministros do STF os esquifes aonde se destinariam suas humanas carcaças. É sempre "preciso distinguir a pele da camisa", como dissera Charron. Jamais existirá, nesse sentido, um *domus* na Justiça, vale dizer, jamais, um tempo e um lugar comum, onde se encontrem o homem-juiz, o homem-promotor, o homem-advogado, indissociáveis como *homens* da função que ocupem, e que se encontrem todos, com verdade única, no templo de *Themis*.

Merece análise a mitológica túnica de Nessus, que para tirá-la, arranca-se com ela a própria pele. Por quê? Porque diante da suspeição, do envolvimento, da profissão de fé ou de fé política, com o caso, deve-se tirar a toga, a beca, e deixar a outrem, imparcial, a função. A sociedade espera Justiça digna em seus parâmetros, não de sectarismos, pessoalidades, servilidades e subserviências. O "absolutismo" em todas as suas faces acabou, e o iluminismo é uma necessidade transepocal. Este Iluminismo moderno que acende tochas em louvor de *Themis*, em um palácio ou barraco da justiça que jamais pode ser obscuro.

"Diz a mitologia que, com ciúmes de Hércules e por medo de perdê-lo, Dejanira, sua esposa, deu-lhe uma túnica banhada de sangue do Centauro Nessus, acreditando, assim, reconquistá-lo para sempre. A túnica penetrou até a medula dos ossos e colou de tal maneira à pele e aos membros que, ao tentar arrancá-la dos ombros, Hércules rasgava a própria carne. Alucinado de dor, escalou o monte Eta e lançou-se sobre uma fogueira perecendo carbonizado".

Salve-se o próprio homem de caráter, dentro da roupagem e da função que ocupe, aquele que não dará jamais uma solução injusta e que tampouco alvitrará iniquidades, e que se pautará dentro dos ditames da lei e dos rigores de sua consciência e escrúpulo.

***

À perplexidade que vi brilhar em olhos acadêmicos e de bacharéis em direito por todo o Brasil, respondo com esta obra, deixando-a, *ex toto corde* ao leitor ...é preciso ousar para argamassar as soluções. É o dilema shakespeareano de renovar-se ou morrer. Dessa tarefa, ninguém mais hoje pode descurar como dar um seu contributo, mesmo, à história. É possível, como fizeram Tobias e seguidores, ao final do século XIX, que, com nossos talentos nacionais, também possamos reformular velhas ou desgastadas imagens à margem do milênio que se iniciou, interferindo nessa realidade que não se cansa em acontecer.

É finda a elocução.

Com a palavra, a juventude eloquente e empreendedora, os novos filhos do Brasil, na travessia!

***

Nossas propostas, refletirão no amanhã de sol, como balizamento de premissas e conceitos desenhados hoje; e que servirão à reflexão – mais que ao reflexo –, ao estudo e ao desenvolvimento da ação da Justiça, assim como, – nem mais e nem menos –, aproximadamente, uma **filosofia de referência**.

E, "Se no futuro, quando amanhecer a sociedade que advinhamos no próprio tumulto de luzes, cores, perfumes, sons e movimentos – a alvorada – alguém puser os olhos sobre estas páginas não há de ser para desdenhar ou combater a precedência na ruptura finalística com veículos pedagógicos distantes da ciência e da vida.

Mas, se falhou o instinto fascinado pelos horizontes em que surgem as réstias do porvir, que me reconheçam, ao menos, guardadas as proporções, a escusa de Gabriel Tarde a Lombroso: É preciso perdoá-lo, como a Madalena, porque ele muito amou" (**Roberto Lyra**).

BIBLIOGRAFIA

AGOSTINI, Eric. *Direito Comparado.* Tradução de Fernando Couto. Porto, Portugal: Editora Resjuridica, s.d.

ALAMY FILHO, João. *O Caso dos Irmãos Naves. Um Erro Judiciário.* 3. ed. Belo Horizonte: Del Rey, 1993.

ALBERGARIA, Jason. *Criminologia. Teoria e Prática.* Rio de Janeiro: Aide, 1988.

ALIENDE, Aniceto Lopes. *Recrutamento de Magistrados. RJTJSP,* mar./abr. 1991, 25(129): 0-16.

ALMEIDA, Cândido Mendes de. *Código Filipino.* Rio de Janeiro: Tipografia do Instituto Filomático, ed. Rio, 1870.

ALMEIDA JÚNIOR. *O Ensino do Direito. Revista da USP,* São Paulo, v. 20, 1912.

ALMEIDA JÚNIOR. *A cooperação entre professores e alunos no estudo do direito. Revista da USP,* São Paulo, v. XXXVIII, jan./dez. 1942.

ALTAVILLA, Enrico. *Psicologia Judiciária.* Tradução de Fernando de Miranda. Coimbra: Armênio Amado Editor, Sucessor, 1982.

AMADO, Gilberto. *Minha Formação no Recife.* Rio de Janeiro: José Olympio, 1955.

ANCEL, Marc. *A Nova Defesa Social.* Tradução de Osvaldo Melo. 1. ed. Rio de Janeiro: Forense, 1979.

ARAUJO JR., João Marcello *et al. Criminologia.* 2. ed. Rio de Janeiro: Forense.

ARAUJO LIMA, Carlos de. *Os Grandes Processos do Júri.* 5. ed. Rio de Janeiro: Liber Juris, 1988. v. 1 e 2.

ASCENSÃO, José de Oliveira. *O Direito. Introdução e Teoria Geral. Uma Perspectiva Luso-Brasileira.* 4. ed. Lisboa: Editorial Verbo, 1987.

ASSIS TOLEDO, Francisco de. *Princípios Básicos de Direito Penal.* 5. ed. São Paulo: Saraiva, 1994.

ATHAYDE BUONO, Carlos Eduardo de *et al. A Reforma Processual Penal Italiana. Reflexos no Brasil.* São Paulo: Revista dos Tribunais, 1991.

BANDECCHI, Brasil. Fortuna Crítica, *in Obras Completas de Tobias Barreto,* volume *Crítica Política e Social.* São Paulo, Governo de Sergipe/Record.

BARATTA, Alessandro. *Criminologia Crítica e crítica del diritto penale.* Bologna: Il Mulino, 1982.

BARBERO SANTOS, Marino. *A Reforma Penal –* Ilícitos Penais Econômicos. Rio de Janeiro: Forense, 1987.

BARBERO SANTOS, Marino. Responsabilidade Penal das Pessoas Jurídicas. *In* ARAUJO JR., João Marcello de (org.). *Ciência e Política Criminal em Honra de Heleno Cláudio Fragoso*. Rio de Janeiro: Forense, 1992.

BARRETO, Luiz Antonio. *Tobias Barreto*. Aracaju: Sociedade Editorial de Sergipe, 1994.

BARRETO, Tobias. *Estudos de Direito*. Salvador: Livraria Progresso Editora, 1951.

BARRETO, Tobias. *Estudos de Direito. Obras Completas de Tobias Barreto. Edição Comemorativa*, Record, v. 1, 2 e 3. 1991.

BASSO, Maristela (org.). *Mercosul – Seus efeitos jurídicos, econômicos e políticos nos estados-membros*. Porto Alegre: Editora Livraria do Advogado, 1995.

BATISTA, Nilo. *Introdução Crítica ao Direito Penal Brasileiro*. 1. ed. Rio de Janeiro: Editora Revan, 1990.

BAUDRILLARD, Jean. *Sistema de objetos*. Perspectiva.

BAUDRILLARD, Jean. *Esquecer Foucault*. São Paulo: Rocco.

BAUDRILLARD, Jean. *À sombra das maiorias silenciosas; o fim do social e o surgimento das massas*. Brasiliense.

BAUDRILLARD, Jean. *Baudrillard diz que homem não terá direito ao futuro* (entrevista). *Folha de S.Paulo*, 18-10-1996, 4-11.

BELO, José Maria. *Inteligência do Brasil*. São Paulo: Companhia Editora Nacional, 1935.

BENETI, Sidnei *et al*. O que a Magistratura espera da formação do bacharel. RJTJSP, 24(126); 9-22, set./out. 1990.

BERISTAIN, Antonio. *Estudios Vascos de Criminologia*. Bilbao: Mensajero, 1982.

BERISTAIN, Antonio. *Nueva Criminologia desde el Derecho Penal y la Victimologia*. Valencia: Tirant lo Blanch, libros, 1994.

BEVILÁCQUA, Clóvis. Tobias Barreto, *in Juristas Filósofos*. Salvador: Livraria Magalhães, 1897, p. 107-130.

BEVILÁCQUA, Clóvis. *Época e individualidade*. 2. ed. Salvador: Livraria Magalhães, 1895.

BIKO, Steve. *Escrevo o que EU quero*. Tradução de Grupo Solidário São Domingos. 2. ed. São Paulo: Ática, 1990.

BITENCOURT, Cezar Roberto. *Falência da Pena de Prisão. Causas e Alternativas*. 1. ed. São Paulo: Revista dos Tribunais, 1993.

BLOOM, Harold. *O Cânone Ocidental*. Tradução de Marcos Santarrita. 1. ed. São Paulo: Objetiva, 1995.

BOBBIO, Norberto *et al*. *Dicionário de Política*. Tradução de Carmen C. Varrialle *et al*. 2. ed. Brasília: Editora Universidade de Brasília, Gráfica Editora Hamburg, 1983.

BORNHEIM, Gerd. Crise da ideia de crise. *In* NOVAES, Adauto (org.). *A crise da razão*. 1. ed. São Paulo: Companhia das Letras, Funarte, 1996.

BORNHEIM, Gerd. O bom selvagem como *philosophe* e a invenção do mundo sensível. *In* Novaes, Adauto (org.). *Libertinos e Libertários*. São Paulo: Minc-Funarte, Companhia das Letras, 1996.

BOUDON, R. et al. *Dicionário Crítico de Sociologia*. São Paulo: Ática, 1993.

BRANDÃO, Junito. *Dicionário mítico-etimológico*. 1. ed. Petrópolis: Vozes, 1992.

BRUNO, Aníbal. *Direito Penal*. Rio de Janeiro: Forense, 1956, v. I.

BRUNO, Aníbal. Excerto de conferência. Faculdade de Direito do Recife, centenário da morte de Tobias Barreto, 1939.

BRUNO, Aníbal. Tobias Barreto, Criminalista. *Revista Acadêmica da Faculdade de Direito do Recife*, Recife, v. XLVII, 1938, p. 425.

BUARQUE DE HOLANDA, Sérgio. *Livro dos Prefácios*. 1. ed. São Paulo: Companhia das Letras, 1996.

BUCCI, Eugênio. Comunicação e globalização. Processo é estrada traiçoeira da unanimidade. In O *Estado de São Paulo*, D2, 11-2-96.

BURKE, Peter. As Máscaras Seculares do Moderno. In *Folha de S.Paulo*, 14-7-1996, caderno 5, p. 7.

CABRAL DE MONCADA, L. *Filosofia do Direito e do Estado*. Coimbra: Coimbra Editora, 1995, v. II.

CAENEGEM, R. C. van. *Uma introdução histórica ao Direito Privado*. Tradução de Carlos Eduardo Machado. São Paulo: Martins Fontes, 1995.

CARDOSO, Sérgio. Paixão da igualdade, paixão da liberdade: a amizade em Montaigne. *In Os Sentidos da Paixão*. São Paulo: Funarte/Companhia das Letras, 1995.

CARPEAUX, Otto Maria. *Pequena bibliografia da literatura brasileira*. 2. ed. Rio de Janeiro: Ministério da Educação, 1935.

CARRARA, Francesco. *Programa del curso de Derecho Criminal dictado en la Real Universidad de Pisa*. Tradução espanhol. Buenos Aires, 1944-1946.

CARVALHO NETO, Antonio Manoel. *Advogados. Como Vivemos. Como aprendemos. Como sofremos*. 3. ed. São Paulo: Aquarela, 1989.

CARVALHO, Orlando. Características e Distorções da Universidade do Brasil. *In Estudos Jurídicos em Homenagem ao Professor Oscar Tenório*. Rio de Janeiro: UERJ, 1977.

CARVALHO, Paulo Pinto de. *Direito Penal, Hoje*. 1. ed. Porto Alegre, impresso na Escola Profissional Champagnat, 1974.

CARVALHO, Paulo Pinto de et al. *Ministério Público, direito e sociedade*. 1. ed. Porto Alegre: Sérgio Antonio Fabris Editor, 1986.

CARVALHO, Paulo Pinto de. O sistema penal sob o impacto de uma irreversível crise estrutural. *Anais do X Congresso Nacional do Ministério Público*. Belém, Gráfica CEJUP, 1994.

CARVALHO, Taipa de. Condicionalidade Sociocultural do Direito Penal. *Separata do número especial do Boletim da Faculdade de Direito de Coimbra* – "Estudos em Homenagem aos Professores Manoel Paulo Merea e Guilherme Braga da Cruz. Coimbra, 1985.

CAVALEIRO FERREIRA, Manoel. *Lições de Direito Penal. Parte Geral. A Lei Penal e a Teoria do Crime no Código Penal 1982*. 4. ed. Lisboa: Editorial Verbo, 1992.

CERVINI, Raúl. *Os Processos de Descriminalização*. Tradução de José Henrique Pierangelli e outros. São Paulo: Revista dos Tribunais, 1995.

CHESNEAUX, Jean. *Devemos fazer tábula rasa do passado? Sobre a história e seus historiadores*. Tradução de Marcos A. Silva. São Paulo: Ática, 1995.

CIRINO DOS SANTOS, Juarez. *Criminologia Radical*. Rio de Janeiro: Forense, 1981.

COELHO, Walter. *Teoria Geral do Crime*. Porto Alegre: Sérgio Antonio Fabris, 1991.

CORREIA, Eduardo. *Direito Criminal*. Reimpressão, Coimbra: Livraria Almedina, 1971, v 1.

COSTA ANDRADE, Manuel. A Vítima e o Problema Criminal. Separata do volume XXI do *Suplemento ao Boletim da Faculdade de Direito da Universidade de Coimbra*, 1980.

COSTA ANDRADE, Manuel et al. *Criminologia. O Homem Delinquente e a Sociedade Criminógena*. 1. ed. Coimbra: Coimbra Editora, 1984.

COSTA, Faria. *O Perigo em Direito Penal*. 1. ed. Coimbra: Coimbra Editora, 1991.

COSTA JR., Paulo José. Finalismo? *In* ARAUJO JR., João Marcello (org.). *Ciência e Política Criminal em Honra de Heleno Cláudio Fragoso*. 1. ed. Rio de Janeiro: Forense, 1992.

CRUZ COSTA, João. *A filosofia no Brasil*. Porto Alegre: Globo, 1945.

CRUZ COSTA, João. *Contribuição à história das ideias no Brasil. O desenvolvimento da filosofia no Brasil e a evolução histórica nacional*. 1. ed. Rio de Janeiro: José Olympio, 1956.

DAVID, René. *Os Grandes Sistemas do Direito Contemporâneo* – Direito Comparado. Tradução de Hermínio A. Carvalho. 2. ed. Lisboa: Meridiano, s.d.

DEL VECCHIO. *Études de Philosophie Juridique*. Paris, 1938.

DOLGA, Lakowsky. A Escola Judicial de Minas. *Revista da Faculdade de Direito Milton Campos*, Belo Horizonte, 1 (1), 1994.

DONICCI, Virgílio Luiz. *A Criminalidade no Brasil*. Rio de Janeiro: Forense, 1984.

DONICCI, Virgílio Luiz. *Polícia. Um estudo de criminologia*. Rio de Janeiro: Forense Universitária, 1990.

DONNEDIEU DE VABRES, H. *A Justiça Penal de Hoje*. Tradução de Fernando de Miranda. 2. ed. Coimbra: Armênio Amado Editor, Sucessor, 1962.

DOTTI, René. Anteprojeto do Júri, *Revista Brasileira de Ciências Criminais*, São Paulo, n. 6, abr./jun. de 1994, p. 294 e s.

DOTTI, René. Execução Penal: pena privativa de liberdade, *in Enciclopédia Saraiva de Direito*, v. 35.

DOTTI, René. *Reforma Penal Brasileira*. 1. ed. Rio de Janeiro: Forense, 1988.

DOTTI, René. O Passageiro da Divina Comédia (Discurso em homenagem ao centenário de nascimento de Nelson Hungria, pronunciado no STF em 5-6-1991), *in Revista Jurídica Mineira*, Belo Horizonte, s.d., p. 18-19.

DUARTE SEGURADO, Milton. *O Direito no Brasil*. São Paulo: José Bushatsky, Editora da Universidade de São Paulo, s.d.

DURKHEIM, E. *De la Division du Travail Social*. 2. ed. Paris, 1902.

ECO, Umberto. *Como se faz uma tese em ciências humanas*. Tradução de Ana Falcão Bastos e Luíz Leitão. 5. ed. Lisboa: Editorial Presença, 1991.

ECO, Umberto. *Semiótica e filosofia da linguagem*. Tradução de Mariarosaria Fabris e José Luiz Fiorin. São Paulo: Ática, 1991.

EVARISTO DE MORAES FILHO, Antonio. *Medo à utopia:* O pensamento social de Tobias Barreto e Silvio Romero. Brasília: INL, Rio de Janeiro: Nova Fronteira, 1985.

EVARISTO DE MORAES FILHO, Antonio. Tobias Barreto, Intérprete do Caráter Nacional. *In Tobias Barreto. A questão do poder moderador e outros ensaios brasileiros*. Petrópolis: Vozes, Brasília: INL, 1977.

EVARISTO DE MORAES FILHO, Antonio. Tobias Barreto – Pluralista do Direito? *Revista Brasileira de Filosofia*, São Paulo, p. 259-280, jul./set., 1975.

FAORO, Raimundo. *Existe um Pensamento Político Brasileiro?* São Paulo: Ática, 1994.

FARIA, José Eduardo. *A Reforma do ensino Jurídico*. 1. ed. Porto Alegre: Sérgio Antonio Fabris, 1987.

FARIA, José Eduardo (org.). *Direito e Globalização Econômica*. 1. ed. São Paulo: Malheiros, 1996.

FARIA JUNIOR, César. Crimes Contra a Ordem Tributária. *In Revista Brasileira de Ciências Criminais*, São Paulo, n. 5, 1994.

FÁVERO, Osmar (org.). *A Educação nas Constituintes Brasileiras* –1823-1988, Autores Associados, 1996.

FERNANDES, Florestan (coord.). *História – Euclides da Cunha*. São Paulo: Ática, 1984.

FERNANDES, Silmar. *Notas sobre a organização judiciária e a formação dos magistrados em Portugal*. São Paulo, *RT*, 707:247.

FERRAJOLI, Luigi. *Derecho Y razón. Teoria del garantismo penal*. 2. ed. Madrid: Editorial Trotta, 1997.

FERRAZ JÚNIOR, Tércio Sampaio. *Apresentação à teoria do Ordenamento Jurídico de Norberto Bobbio*, 2ª reimpressão. Brasília: Polis-UNB, 1991.

FERRAZ JÚNIOR, Tércio Sampaio et al. *Direito, Política, Filosofia e Poesia. Estudos em homenagem ao Professor MIGUEL REALE no seu octogésimo aniversário*. São Paulo: Saraiva, 1992.

FERREIRA DA CUNHA, Paulo. *Pensar o Direito – Do Realismo clássico à análise crítica*. 1. ed. Coimbra: Livraria Almedina, 1990.

FERREIRA DA CUNHA, Paulo. *Pensar o Direito. Da Modernidade à PostModernidade*. 1. ed. Coimbra: Livraria Almedina, 1990.

FERREIRA FILHO, Manoel Gonçalves. *Direitos Humanos Fundamentais*. 1. ed. São Paulo: Saraiva, 1995.

FERRI, Enrico. *Il Delinquente e la Legge Penale*. 2. ed. Napoli: A. Morano Editore, s.d.

FERRI, Enrico. *Princípios de Direito Criminal*. Tradução de Paolo Capitanio. Campinas: Bookseller, 1996.

FERRI, Enrico. *Sociologia Criminal*. Tradução para o espanhol por Antonio Soto y Hernández. 2. ed. Madrid: Centro Editorial de Góngora, 1907, v. I e II.

FEUERBACH, P. J. A. R. von. *Tratado de Derecho Penal*. Tradução para o espanhol por Eugenio R. Zaffaroni e Irma Hogemeier. Buenos Aires: Editorial Hammurabi S.R.L., 1989.

FEYERABEND, Paul. Entrevista. *In Ideias Contemporâneas*. Tradução de Maria Lúcia Blumer. São Paulo: Ática, 1989.

FIGUEIREDO DIAS, J. de et al. *Criminologia. O Homem Delinquente e a Sociedade Criminógena*. 1. ed. Coimbra: Coimbra Editora, 1984.

FIGUEIREDO DIAS, J. *Liberdade, Culpa, Direito Penal*. 2. ed. Coimbra: Biblioteca Jurídica Coimbra, 1983.

FORTES BARBOSA, Marcelo. *Direito Penal Atual*. São Paulo: Malheiros, 1996.

FORTES BARBOSA, Marcelo. Inexigibilidade de conduta diversa e outras questões. *Anais do I Congresso Nacional dos Promotores do Júri* (Campos do Jordão, São Paulo, 1996), publicado em São Paulo, APMP/Fiúza, 1997.

FRAGOSO, Heleno Cláudio. A Reforma da Legislação Penal. *Revista Brasileira de Direito Penal e Criminologia*, Rio de Janeiro, n. 35, 1983.

FRAGOSO, Heleno Cláudio. *Lições de Direito Penal. A Nova Parte Geral.* 10. ed. Rio de Janeiro: Forense.

GALLI, Claudio A. Las escuelas judiciales en el mundo moderno. Antecedentes y posibilidades en Argentina. *Ajuris, Revista da Associação dos Juízes do Rio Grande do Sul*, n. 18, nov. 1991.

GARCEZ RAMOS, João Gualberto. *A Inconstitucionalidade do "Direito Penal do Terror".* Curitiba: Juruá, 1991.

GARCEZ RAMOS, João Gualberto. *Audiência Processual Penal. Doutrina e Jurisprudência.* Belo Horizonte: Del Rey, 1996.

GARCIA, Baliseu. *Instituições de Direito Penal.* 4. ed. 30. tir. São Paulo: Max Limonad, 1966, v. 1.

GARÓFALO, Raffaelle. *Criminologia.* Lisboa: Clássica Editora, 1908.

GÉNY, François. *Méthode d'interprétation et sources en droit privé positif. Essai critique.* Préface de Raymond Saleilles. 2. ed. Paris: LGDJ, 1954, v. 2.

GILISSEN, John. *Introdução Histórica ao Direito.* Tradução de A. M. Hespanha e L. M. Macaísta Malheiros. 2. ed. Lisboa: Fundação Calouste Gulbenkian, 1995.

GOMES CLARA, Cipriano. Política judicial (preparación, selección y promoción de jueces). *Ajuris, Revista da Associação dos Juízes do Rio Grande do Sul*, Porto Alegre, jul. 1994.

GOMES, Hélio. *Medicina legal.* 25. ed. Rio de Janeiro: Freitas Bastos.

GOMES, Luiz Flávio. Esperança frustrada? In *O Estado de São Paulo*, 17-8-96, A2.

GOMES, Luiz Flávio. *Suspensão Condicional do Processo Penal.* 2. ed. São Paulo: Revista dos Tribunais, 1997.

GOMES, Orlando. Em torno da formação do jurista. *RT* 558:248.

GONZALEZ, José Fernando. Aspectos do Júri Brasileiro. *Anais do I Congresso Nacional dos Promotores do Júri APMP*, São Paulo, Fiúza, 1997.

GRINOVER, Ada Pellegrini. In ARAUJO JR., João Marcello (org.). *Lineamentos Gerais do Novo Processo Penal na América Latina: Argentina, Brasil e o Código Modelo para Ibero-América, in Ciência e Política Criminal em Honra de Heleno Cláudio Fragoso.* 1. ed. Rio de Janeiro: Forense, 1992.

GUALBERTO DE OLIVEIRA, João. *História dos Órgãos de Classe dos Advogados.* 1. ed. São Paulo: Lex Editora, 1968.

HARRIS, Ruth. *Assassinato e loucura:* Medicina, leis e sociedade no *fin de siècle*. Tradução de Talita M. Rodrigues. Rio de Janeiro: Rocco, 1993.

HART, Hebert L. A. *O Conceito de Direito*. 2. ed. Lisboa: Fundação Calouste Gulbenkian, 1994.

HASSEMER, Winfried. *Fundamentos del Derecho Penal*. Tradução para o espanhol por Francisco Muñoz Conde e Luís Arroyo Zapatero. Barcelona: Bosch, Casa Editorial, 1984.

HASSEMER, Winfried. Três Temas de Direito Penal, *Publicações fundação Escola Superior do Ministério Público do Rio Grande do Sul*, Porto Alegre, 1993.

HOBSBAWM, Eric. *Era dos Extremos* – O Breve Século XX 1914-1991. Tradução de Marcos Santarrita. 1ª reimpressão. São Paulo: Companhia das Letras, 1995.

HOEPPNER DUTRA, Mário. A evolução do Direito Penal e o Júri. *Revista Forense*, Rio de Janeiro, 249:50.

LECLERC, Jacques. *A Revolução do Homem no Século XX*. Coimbra: Armenio Amado Editor Sucessor, Coleção Studium, 1966.

LEFORT, Claude *et al.* O imaginário da crise. *In* Novaes, Adauto (org.). *A Crise da Razão*. São Paulo: Funarte/Companhia das Letras, 1996.

LEME, Ernesto. O método do ensino do Direito. *Revista da Faculdade de Direito da USP*, São Paulo, v. 38:164.

LEMERT. *Human deviance, social problems and social control*. New Jersey: Prentice-Hall, Inc., Englewood Cliffs, 1967.

LEMINSKY, Paulo. Poesia: A Paixão da Linguagem. In *Os Sentidos da Paixão*, 9ª reimpressão. São Paulo: Funarte/Companhia das Letras,1995.

LINS E SILVA, Evandro. *A Defesa Tem a Palavra*. 2. ed. Rio de Janeiro: Aide, 1984.

LINS E SILVA, Evandro. *O Salão dos Passos Perdidos. Depoimento ao CPDOC*. Rio de Janeiro: Nova Fronteira, 1997.

LINS E SILVA, Evandro. *Arca de Guardados. Vultos e Momentos nos Caminhos da Vida*. Rio de Janeiro: Civilização Brasileira, 1995.

LINS E SILVA, Evandro. De Beccaria a Filippo Gramatica. *In* ARAUJO JR., João Marcello (org.). *Ciências e Política Criminal em Honra de Heleno Cláudio Fragoso*. 1. ed. Rio de Janeiro: Forense, 1992.

LOSANO, Mário. Os Correspondentes Alemães de Tobias Barreto. *In Direito, Política, Filosofia e Poesia. Estudos em homenagem ao Professor MIGUEL REALE no seu octogésimo aniversário*. São Paulo: Saraiva, 1992.

LYRA, Roberto. Como um passional se pronuncia sobre o seu crime, sua vida, sua prisão. *Boletim da Sociedade Brasileira de Criminologia*, Rio de Janeiro, 1932.

LYRA, Roberto. *Como julgar, como defender, como acusar*. Rio de Janeiro: Científica, s.d.

LYRA, Roberto. Confidências com criminosos passionais. *Revista de Direito Penal*, Rio de Janeiro, abril de 1933.

LYRA, Roberto. Crime Passional. *Revista Forense*, Rio de Janeiro, v. 76, 1938.

LYRA, Roberto et al. *Criminologia*. 2. ed. Rio de Janeiro: Forense.

LYRA, Roberto. Criminosos Passionais. *Revista de Direito Penal*. Rio de Janeiro, abr. 1940.

LYRA, Roberto. Crônica: Tobias Barreto e o Direito Penal. Rio de Janeiro, *Revista Forense*, fev. 1940, p. 235.

LYRA, Roberto. *Direito Penal Normativo*. 2. ed. Rio de Janeiro: José Konfino, 1977.

LYRA, Roberto. *Formei-me em Direito. E agora?* Rio de Janeiro: Nacional de Direito, 1957.

LYRA, Roberto. *Guia do Ensino e do Estudo do Direito Penal*. 1. ed. Rio de Janeiro: Forense, 1956.

LYRA, Roberto. *Introdução ao Estudo do Direito Criminal*. Rio de Janeiro: Nacional de Direito, 1946.

LYRA, Roberto. Legítima defesa da honra. *Revista Forense*, Rio de Janeiro, v. 108, 1946.

MEDICI, Sérgio de Oliveira. A função criadora da sentença criminal. *Revista Brasileira de Ciências Criminais*, São Paulo, v. 5.

MELO FRANCO, Afonso Arinos. Filosofias e Ideologias Políticas (De um livro em preparo). *In Estudos Jurídicos em Homenagem ao Professor Oscar Tenório*. Rio de Janeiro: UERJ, 1977.

MENDES DE ALMEIDA, Joaquim Canuto. *Processo Penal. Ação e Jurisdição*. São Paulo: Revista dos Tribunais, 1975.

MENNA BARRETO, João de Deus Lacerda. A simbiose dogmático-criminológica. *In Estudos Jurídicos em Homenagem ao Professor Oscar Tenório*. Rio de Janeiro: editora da Universidade do Estado do Rio de Janeiro, 1977.

MIAILLE, Michel. *Uma Introdução Crítica ao Direito*. Tradução de Ana Prata. Braga: Moraes, 1979.

MIRANDA ROSA, Felipe Augusto. O Direito Processual com Expressão de Valores Socioculturais. *In Estudos Jurídicos em Homenagem ao Professor Oscar Tenório*. Rio de Janeiro: editora da Universidade do Estado do Rio de Janeiro, 1977.

MIRA Y LOPES, Emílio. *Manual de Psicologia Jurídica*. Tradução de Elso Arruda. Rio de Janeiro: Agir, 1955.

MIRA Y LOPES, Emílio. *Os Quatro Gigantes da Alma*. Tradução de Cláudio de Araujo Lima. Rio de Janeiro: José Olympio, 1949.

MOLINÉ, José Cid. *Pena Justa o pena útil? El debate comtemporáneo en la doctrina penal española*. Madrid: Ministerio de Justicia, Secretaria General Tecnica, Centro de Publicaciones, 1994.

MONTEIRO, Dorado. *Los Peritos Médicos y la Justicia Criminal*. Madrid: ed. Ileg., 1906.

MONTEIRO, José Lemos. *A Estilística*. 1. ed. São Paulo: Ática, 1991.

MORAES FILHO, Evaristo de. Tobias Barreto – Pluralista do Direito? *Revista Brasileira de Filosofia*, São Paulo, jul./set. 1975.

MORAES LEME, Lino de. O sentido da comparação, o sentido do direito e o sentido do Brasil. *Revista da Faculdade de Direito da Universidade de São Paulo*, jan./-dez. 1942, v. XXXVIII.

MORIN, Edgar. Entrevista ao *Le Monde*. Tradução de Maria Lúcia Blumer. *In Ideias Contemporâneas*. São Paulo: Ática, 1989.

MOTA, Guilherme. Florestan ou a tradição do inconformismo. *O Estado de São Paulo*, D9, 10-2-1996.

MOTTA FILHO, Cândido. Política e Direito. *In Estudos Jurídicos em Homenagem ao Professor Oscar Tenório*. Rio de Janeiro: UERJ, 1977.

MOUGENOT BONFIM, Edilson. A Efetividade da Ação do Ministério Público Criminal. *Anais do III Congresso Estadual do Ministério Público do Rio Grande do Sul* (Canela, jun. de 1994). Porto Alegre: Palotti/AMPRGS, 1994.

MOUGENOT BONFIM, Edilson. *A Responsabilidade Penal e a Defesa da Sociedade*. Conf. abertura da XV Semana Jurídica da Universidade da Região da Campanha, Bagé/RS, 1994.

MOUGENOT BONFIM, Edilson. *Júri – Do Inquérito ao Plenário*. 2. ed. São Paulo: Saraiva, 1996.

PIERANGELLI, José Henrique. A responsabilidade penal das pessoas jurídicas e a Constituição. *Revista do Ministério Púbico do Rio Grande do Sul*, n. 35. São Paulo: Revista dos Tribunais, 1995.

PIERANGELLI, José Henrique. *Processo Penal. Evolução Histórica e fontes legislativas*. Bauru: Jalovi, 1983.

PINTO FERREIRA, Luís. *Comentários à Constituição Brasileira*. 1. ed. São Paulo: Saraiva, 1992, v. 5.

PINTO FERREIRA, Luís. *História da Literatura Brasileira*. Edição da Faculdade de Direito de Caruaru, 1982.

PINTO FERREIRA, Luís. *Tobias Barreto e a Nova Escola do Recife*. 2. ed. Rio de Janeiro: José Konfino, 1958.

PIZARRO BELEZA, Maria Teresa Couceiro. *Mulheres, Direito, Crime ou A Perplexidade de Cassandra*. 1. ed. Lisboa: Edição da Faculdade de Direito, 1990.

PRAXIDES, Walter. *O Mercosul e a Sociedade Global* – História em Movimento. 7. ed. São Paulo: Ática, 1996.

QUEIROZ LIMA. *Sociologia Jurídica*. 4. ed. São Paulo: Freitas Bastos, 1936.

REALE, Miguel. Como coibir a violência. *O Estado de São Paulo*, 19-10-1996, p. 2.

REALE, Miguel. Culturalismo na Escola do Recife. *In Horizontes do Direito e da*

História. São Paulo: Saraiva, 1956.

REALE, Miguel. *Filosofia do Direito*. 13. ed. São Paulo: Saraiva, 1990.

REALE, Miguel. Globalidade e mundialização. *O Estado de São Paulo*, D2, 11-2-1996.

REALE, Miguel. *Lições Preliminares de Direito*. 6. ed. São Paulo: Saraiva, 1979.

REALE, Miguel. Novo imperialismo? *O Estado de São Paulo*, 11-1-1997, p. A2.

REALE, Miguel. *Paradigmas da Cultura Contemporânea*. São Paulo: Saraiva, 1996.

REALE, Miguel. Tobias Barreto na Cultura Brasileira. *In Tobias Barreto – Edição Comemorativa*, Estudos de Direito, 1. ed. Governo de Sergipe, Record, p. 42.

REBELLO PINHO, Ruy. *História do Direito Penal Brasileiro. Período Colonial*. São Paulo: José Bushatsky Editor/Editora da Universidade de São Paulo, 1973.

REGIS PRADO, Luiz. O Ministério Público na França. *JAMP, Jornal da Associação do Ministério Público do Paraná*, abr. 1996.

RESEK, Francisco. *Direito Internacional Público*. 6. ed. São Paulo, 1996.

RESEK, Francisco. O Ministério Público na Constituição Federal. Conferência do I Congresso Nacional dos Promotores do Júri, publicada nos *Anais da APMP*, São Paulo, Fiúza, 1996.

RIBEIRO, Darcy. *O Povo Brasileiro. A Formação e o Sentido do Brasil*. 2. ed. São Paulo: Companhia das Letras.

RIBEIRO, Marcelo Roberto. Ministério Público e Reforma Processual. *Anais do I Congresso Nacional dos Promotores do Júri* (Campos do Jordão/1995). São Paulo, APMP/Fiúza, 1997.

RIBEIRO LOPES, Maurício Antonio. *Princípio da Insignificância no Direito Penal*. São Paulo: Revista dos Tribunais, 1997.

ROBERTO, Henri. *O Advogado*. Tradução de J. Pinto Loureiro. 2. ed. São Paulo: Saraiva, 1938. (Coleção Studium).

ROMERO NETO, J. *Fora do Júri, em outras tribunas*. Rio de Janeiro: Ebrasa, s.d.

ROSA, Eliézer. Romeiro Neto, o último romântico da advocacia criminal. *In* ROMEIRO NETO. *Defesas Penais* (Prefácio). 3. ed. Rio de Janeiro: Liber Juris, s/d.

ROUSSELET, Marcel et al. *Délits et Sanctions dans les Sociétés par Actions*. Paris, 1938.

SANGUINÉ, Odone. *Fascículos de Ciências Penais*. Porto Alegre, 1990, v. 3.

SARAIVA, Railda. *Poder, Violência e Criminalidade*. 1. ed. Rio de Janeiro: Forense, 1989.

SARTRE, Jean Paul. *Em Defesa dos Intelectuais*. São Paulo: Ática, 1994.

SCARANCE FERNANDES, Antonio. *O Papel da Vítima no Processo Criminal*. São Paulo: Malheiros, 1995.

SCHWARTZMAN, S. *et al. Tempos de Capanema.* Rio de Janeiro: Paz e Terra, 1984.

SILVA, Cláudio Barros. Reforma Processual Penal. Combate ao Crime Organizado Transnacional e Direitos Humanos. *Anais do X Congresso Nacional do Ministério Público.* Belém, Impresso na Gráfica CEJUP, 1995.

SILVEIRA, César da. *Tratado da Responsabilidade Criminal.* São Paulo: Saraiva, 1955, v. 1, 2 e 3.

SILVEIRA, José Neri da. A formação do magistrado e o centro nacional de estudos judiciários. *Ajuris*, Porto Alegre, 20 (57): 149-61, mar. 1993.

SOARES, Guido F. S. O Direito Supranacional nas Comunidades Europeias e na América Latina: O caso da ALALC/ALADI e o Mercado Comum Brasil-Argentina. *RT* 668, jun. 1991.

SOAREZ MARTINEZ. *Filosofia do Direito.* 1. ed. Coimbra: Almedina, 1991.

SOIBELMAN, Leib. *Enciclopédia do Advogado.* 5. ed. Rio de Janeiro: Biblioteca Universidade Estácio de Sá/Thex, s.d.

SOLER, Sebastián. *Derecho Penal Argentino.* Buenos Aires, 1945, v. I.

SOUZA, Moacyr Benedito. *Mentira e Simulação em Psicologia Judiciária Penal.* São Paulo: Revista dos Tribunais, 1988.

SÜSSEKIND DE MENDONÇA, Carlos. *Silvio Romero:* Sua formação intelectual. São Paulo: Editora Nacional, 1938.

TAIPA DE CARVALHO, Américo A. Condicionalidade Sociocultural do Direito Penal. Análise Histórica. Sentido e limites. Separata do número especial do Boletim da Faculdade de Direito de Coimbra – *Estudos em Homenagem aos Professores Manuel Paulo Merêa e Guilherme Braga da Cruz,* Coimbra, 1985.

TEIXEIRA, Sálvio de Figueiredo. A Escola Judicial. *Revista de Processo,* São Paulo, 15:98-113, jul./set. 1990.

THOMPSON, Augusto. *Escorço histórico do direito criminal luso-brasileiro.* São Paulo: Revista dos Tribunais, 1976.

TORRES, Alberto. *O Problema Nacional Brasileiro,* São Paulo: CEN, 1978.

TORRES, Alberto. *A organização nacional.* São Paulo: CEN, 1978.

TORON, Alberto Zacharias. Prevenção e retribuição na lei dos crimes hediondos: o mito da repressão penal. *In* GRINOVER, Ada Pellegrini *et al. Justiça Penal:* Crimes hediondos, erro em direito penal e juizados especiais. São Paulo: Revista dos Tribunais, 1993.

TOURAINE, Alain. Canto da Sereia da Globalização. *Folha de S.Paulo,* p. 5, 14-7-1996.

TRANJAN, Alfredo. *A Beca Surrada. Meio século no foro criminal.* Rio de Janeiro: Civilização Brasileira, 1994.

TREILLARD, Jacques. *Droit privé comparé*. Polycopié Montaygne, 1977-1978.

TREVISAN, Dalton. Carta a um crítico. *O Estado de São Paulo*, D6, de 20-7-1996.

TRÍPOLI, César. *História do Direito Brasileiro*. São Paulo: Revista dos Tribunais, 1936, v. 1 e 2.

VIVEIROS DE CASTRO. *A Nova Escola Penal*. Rio de Janeiro, 1913.

VON JHERING, Rudolf. *A Evolução do Direito*. Tradução de Abel D'Azevedo. Lisboa: José Bastos & C. Editores, s.d.

WELZEL, Hans. *Derecho Penal Alemán*. Jurídica do Chile, 1987.

ZAFFARONI, Eugenio Raúl. *Em busca das penas perdidas. A perda de legitimidade do sistema penal*. Tradução de Vânia Romano Pedrosa e Amir Lopes da Conceição. 1. ed. Rio de Janeiro: Revan, 1991.

ZAFFARONI, Eugenio Raúl. Elementos para uma leitura de Tobias Barreto. *In* ARAUJO JR., João Marcello (org.). *Ciência e Política Criminal em honra de Heleno Fragoso*. 1. ed. Rio de Janeiro: Forense, 1992.

ZAFFARONI, Eugenio Raúl e PIERANGELI, José Henrique. *Manual de Direito Penal Brasileiro. Parte Geral*. São Paulo: Revista dos Tribunais, 1997.